GLENDA GREEN

L'AMOUR

Enseignements du Maître

ARIANE
ÉDITIONS

Titre original anglais : *Love Without End*

Publié par Spiritis Publishing
P.O. Box 1455, Sedona, AZ 86339

C.P. 183, Saint-Sauveur, Qc,
Canada J0R 1R0
Téléphone : 514 276-2949
Courrier électronique : info@editions-ariane.com
Site Internet : www.editions-ariane.com

Traduction : Annie J. Ollivier
Révision : Martine Vallée
Révision linguistique : Monique Riendeau et Marielle Bouchard
Graphisme : Carl Lemyre
Page couverture : First Light (Première lumière), un portrait spirituel de Jésus-Chris. © Glenda Green, 1998

ISBN : 978-89626-616-6

Dépôt légal :
Bibliothèque nationale du Québec, 2001
Bibliothèque et Archives Canada, 2001
Bibliothèque nationale de Paris, 2001

Diffusion
Québec : Flammarion Québec – www.flammarion.qc.ca
France et Belgique : D.G. Diffusion – www.dgdiffusion.com
Suisse : Servidis/Transat – www.servidis.ch

Gouvernement du Québec – Programme de crédit d'impôt
Pour l'édition de livres – Gestion SODEC

Nous reconnaissons l'appui [financier] du gouvernement du Canada. | Canada

Membre de l'ANEL

Imprimé au Canada

Dédicace

Notre Père qui est innocent et pur,
que ton nom soit sanctifié.
Que l'amour soit vu comme tout ce qui est.
Que la Terre soit vue comme le Ciel.
Donne-nous aujourd'hui notre pain quotidien
et accorde-nous le droit de recevoir
comme nous le concédons aux autres.
Libère-nous de la tentation de l'illusion
et redonne-nous la véritable perception de la vérité.
Car la vérité est le royaume et l'amour est le pouvoir.
Que ta gloire soit pour l'éternité.

Table des matières

Remerciements

Ce fut en 1996 que furent publiées les premières cassettes révélant mes conversations avec le Maître. Depuis cet instant, une vague de dévotion et un réseau d'enseignements ont vu le jour dans le monde entier. Nous formons maintenant une fraternité dont l'amour et l'objectif commun m'ont réellement procuré la force, le courage, le soutien et l'allant pour me permettre de me préparer pendant des années à publier les paroles de Jésus, tâche qui m'honore grandement. Mes remerciements éternels et mon amour infini vont à chacun de ceux qui m'ont aidée à mener cette mission à bien. Je n'aurais rien pu faire toute seule, et sans eux mon ciel aurait été dénué d'étoiles !

Je suis reconnaissante à tout jamais à Brian Bibb, mon époux durant les années où s'est déroulée cette histoire. Sa perspicacité, sa ténacité, son courage et ses infatigables efforts m'ont propulsée dans le vent de ma destinée. D'infinis remerciements à Lola Lear, dont l'esprit d'initiative et les doigts magiques ont permis de réaliser la transcription des messages de Jésus à partir de mes notes pour en faire des cassettes audio en 1997 ; elle m'a aussi gentiment poussée à me mettre au travail. Mon extraordinaire réviseure, Wanda Evans, m'a bien appris que « moins vaut mieux que trop ». Sa main assurée, sa tête froide et son bon sens professionnel m'ont donné de la force quand j'en avais besoin et de la liberté là où rien d'autre ne fonctionnait. Elle m'a par-dessus tout aidée à trouver le point de synchronicité entre les paroles de Jésus et moi, justement là où sa présence était la plus marquée et la mienne la moins actualisée. Son don pour la révision est un véritable bienfait.

Mes compagnons permanents durant la rédaction, qui prit de nombreux mois, furent mes dévoués lecteurs John Ryan, Mary Cole et Nancy French, qui me gratifièrent de centaines d'heures de leur temps et de leur énergie pour faire en sorte que le message de Jésus arrive au lecteur avec clarté, vitalité et fraîcheur. Je leur dois appréciation, gratitude et amour infinis.

Je tiens à remercier tout particulièrement trois autres personnes. Robert Applegate de la Ligue de la vérité du Christ, qui m'éclaira à bien des occasions lorsque j'eus besoin d'encouragements sur le plan spirituel et d'avis pénétrants mais simples sur des points de théologie. Harold Puthoff, physicien et directeur des cycles supérieurs à l'université du Texas, qui me conféra de la confiance pour entreprendre de partager publiquement les révélations scientifiques faites par le Maître et me procura d'inestimables clarifications et explications scientifiques. J'ai aussi le grand privilège de compter au nombre de mes amis Don Slanina, dont les connaissances en physique se sont avérées de précieux atouts pour moi en ce qui concerne le contenu scientifique.

... Je fus réveillée par une vive lueur qui brillait dans la pièce. Il s'agissait d'un doux rayonnement lumineux baignant toute la pièce à la manière d'un nuage descendu du ciel.

Bien que la pièce fût tranquille, des ondes vibraient dans l'air comme si elles provenaient de la chaleur d'une flamme. Elles fusaient dans toutes les directions, emplissant la pièce d'énergie. Alors que j'identifiai du regard l'origine de ces mouvements ondulants argentés et rayonnants dans l'embrasure de la porte en forme d'arche, je constatai qu'ils émanaient d'un point d'extrême luminescence presque aveuglant. Ce qui était particulier, c'était l'intensité de la luminosité elle-même et les éblouissants motifs argentés et dorés, nuancés d'un blanc opalescent et de touches lumineuses couleur lavande, bleue et rose.

Je ne pus fixer l'origine de cette luminescence qu'une seconde, car son éclat remplit mes yeux de larmes. Renversée, je dus détourner le regard. À cet instant, j'entendis des sons qui se conjuguèrent pour créer la structure et la cadence d'un langage, même s'il s'agissait d'un langage que je n'avais jamais entendu auparavant. Alors que ces « mots » s'articulaient dans mon esprit pour former une signification, le message se présenta sous la forme de « *Salutation* » et j'entendis aussi mon nom.

Sans aucun doute, cette présence était de nature divine. Je tournai la tête pour regarder à nouveau, mais la lumière était tout simplement trop intense. Je fermai les yeux aussi bien pour les protéger que pour pleurer. À peine m'étais-je réfugiée dans ce sanctuaire émotionnel que la Présence m'envoya un rayon d'énergie entre les deux yeux. La pression ressentie m'obligea à rouvrir les yeux et à vérifier si ce que je sentais était vrai. Je vis un flot d'énergie pénétrer par le front. Je revins ensuite à ma réconfortante vision intérieure et vis une image se détacher dans ma conscience. Il lui fallut environ cinq secondes pour être complète. J'eus l'impression que cette vision était gravée dans mon nerf optique. Elle était fixée et offerte à mon regard quand je le voulais.

Subjuguée par sa beauté, je dirigeai mon attention vers l'intérieur pour contempler cette vision de Jésus-Christ ; elle était achevée, tridimensionnelle et holographique. Imposant, le Maître se tenait majestueusement au sommet d'une colline surplombant une verte vallée fluviale. Des moutons paissaient en contrebas et un nuage en volute avait la forme d'un lion.

Première partie

Le chemin de l'acceptation

Toute chose sera rendue juste
par la purification du motif
que fonde notre supplication.
T. S. Eliot

Chapitre 1

L'invocation

Que vous ayez pris tel chemin, telle route,
que votre périple ait commencé où que ce soit,
à n'importe quel moment ou à n'importe quelle saison,
cela revient toujours à la même chose :
il faut mettre de côté sentiment et intellect.
Vous n'êtes pas ici pour vérifier, vous instruire,
satisfaire votre curiosité
ni transmettre de comptes rendus.
Vous êtes ici pour vous agenouiller,
car la prière est quelque chose de solide.
La prière est bien plus qu'une enfilade de mots,
que l'esprit consciemment occupé à prier
ou que le son d'une voix qui prie[1].
T. S. Eliot

Prier, c'est avoir accès à l'univers du sacré. Peu importe ce qui est dit, l'itinéraire emprunté pour se rendre jusqu'à l'autel de l'expérience sacrée ou les croyances mises à contribution. L'élément commun à tous les moments sacrés, c'est l'attitude de renoncement à la condition humaine et l'ouverture à des possibilités et à des potentialités qui vont au-delà de notre imagination et de notre entendement. Quand nous nous trouvons dans un tel état de foi et de réceptivité, d'impressionnants miracles peuvent se produire et des actes apparemment impossibles, s'accomplir.

Être totalement en la présence du Saint-Esprit peut amener une transformation totale. Et ce, à un point tel que l'on a parfois comparé cette expérience à rien de moins qu'une mort suivie d'une renaissance. Lorsqu'on transcende le cadre fragile et délicat de la condition humaine, l'aspect supérieur de notre âme est initié à un monde de conscience et de bien-être lui aussi supérieur.

Et vous êtes également invité à connaître une telle expérience, qui, lorsque vous la partagerez avec d'autres, vous permettra de récolter en abondance les fruits de la conscience et de votre vie. Malgré les nombreuses croyances qui peuvent nous diviser, un seul et unique esprit nous unit et nous révèle par cette unicité les nombreuses perceptions que nous avons de l'ordre divin. Ce sont ces vérités d'ordre supérieur qui nous exaltent et nous libèrent des chaînes de notre condition humaine.

J'ai hâte de voir le jour où nous pourrons ensemble partager l'amour par la conscience collective de celui-ci et où tous les messages donnés par le Maître à l'humanité seront tellement connus qu'aucun d'eux n'exigera plus d'explication. Mais jusqu'à ce que ce moment arrive, nous ne pouvons pas échapper à la réalité des circonstances. Vous serez nombreux à vous demander qui est cette femme qui a parlé avec Jésus et comment ceci a pu se produire. Les entretiens présentés dans cet ouvrage sont eux-mêmes bien plus importants que la nature de leur avènement. Et pourtant, pour ce qui est de la clarté et de l'histoire, ils sont inséparables du processus.

La qualité si particulière à la vérité de Jésus fait qu'en elle existent une résonance et une harmonie sacrées qui éclairent, rassemblent et réunifient la vérité de tous. Sa présence se reconnaît sans préambule, mais pas la mienne cependant.

Ma profession d'artiste peintre et d'enseignante m'a amenée à enseigner dans deux grandes universités américaines. Mon état de grâce en tant que femme m'a révélé ma vérité profonde en la présence du Maître. Néanmoins, ce livre ne traite pas de religion et je ne suis pas une théologienne. Sans certains événements qui relèvent de rien de moins que d'un phénomène sacré, je ne serais absolument pas en mesure de vous transmettre ces messages ni ne pourrais aller à la source de la matière que je vais vous livrer. Ces messages ne proviennent pas de lectures, de recherches, de préparation religieuse ou de mentors humains. La trame de cette missive, ainsi que le métier à tisser qui a permis de la dérouler, se résume au fait que j'ai tracé le portrait de Jésus. L'initiateur de ce dialogue est le Maître lui-même ; quant à moi, je suis seulement une participante. Voilà pourquoi certains aspects de mon histoire requièrent le discernement du lecteur sur un plan supérieur. Et non pas parce que certains détails de ma vie ont une importance particulière. Certes, mon plus grand attribut dans tout cela est d'avoir simplement en commun avec l'humanité tout entière ce caractère d'unicité. Si je vous instruis à mon sujet, c'est pour que vous puissiez vous prémunir contre toute intrusion subtile de ma part dans votre perception. De cette façon, je peux devenir transparente ou même invisible en transmettant le message du Maître. Par ailleurs, j'espère de tout cœur que nous connaîtrons tous ensemble un miracle précieux, un avènement du divin dans l'ordre prévisible des choses. En vous faisant part de cette expérience vécue de camaraderie avec Jésus, dans le cadre de la vie ordinaire, je peux peut-être susciter chez vous un certain esprit d'encouragement qui vous amènera à connaître une semblable communion.

Avec une présence aussi réelle que dans la vie de tous les jours, mais se manifestant à partir du royaume divin, Jésus m'est apparu et est resté à mes côtés pendant presque quatre mois entre novembre 1991 et mars 1992. Au cours de cette période, nous avons bavardé de tout et de rien, comme le font les amis. Nos conversations ne portaient pas sur des idéaux de mondes ou des visions de choses à venir. Ses messages concernaient plutôt la vie telle que nous la vivons et le potentiel céleste qui réside en chacun de nous présentement. Ses paroles sont immensément pragmatiques, universellement éternelles et agréablement appropriées à notre niveau le plus avancé de connaissance. Leur clarté évidente élimine tout besoin d'explication ou de contrepoint. Par conséquent, si vous en ressentez le besoin, vous pouvez directement entamer la deuxième partie de ce livre, où figurent ses messages.

Pour faciliter la tâche au lecteur, je présente les paroles du Maître dans une fonte différente. De la sorte, elles peuvent être isolées de leur contexte et appréciées en tant que telles. En même temps, j'ai fait tous les efforts possibles pour me rappeler et reconstruire les aspects anecdotiques entourant son apparition, en indiquant toutes les motivations, demandes et émotions qui surgissaient en moi pendant ces moments. La nature amicale de nos échanges reposait toujours sur des choses relevant d'un intérêt mutuel ou ayant une pertinence par rapport à notre relation. Les sujets de nos conversations allaient du pratique au miraculeux, le tout entrecoupé d'agréables interludes prenant la forme d'un bavardage anodin. Tous les jours au cours desquels nous avons parlé, j'ai pris de nombreuses notes, quelquefois pendant la conversation même, mais le plus souvent le soir alors que j'étais seule. Mon unique intention en prenant ces notes était de préserver, à ma seule intention, la sagesse à l'œuvre pour y revenir dans le futur. Tout au long de ce processus, il ne m'est jamais venu à l'esprit que je pourrais un jour faire part de ces conversations à un public, et je procédais sans la moindre diligence, celle qui vise habituellement à couvrir tous les aspects, théologiques ici en l'occurrence.

Ce fut une expérience profondément personnelle, en même temps qu'elle fut également extérieure à moi. Non seulement il y eut une présence sacrée devant moi, visible de mes propres yeux, mais il y eut aussi une belle voix à laquelle je répondis de ma propre voix. Les paroles que vous êtes sur le point de lire ne sont pas issues de l'écriture automatique ni du *channeling.* Nous sommes tous les « canaux » de Dieu. Néanmoins, le channeling ne fut pas employé intentionnellement en tant que technique. Comme moyen de diriger les messages communiqués à partir d'autres royaumes dans cette réalité, le channeling est une très ancienne pratique qui connaît actuellement un regain de popularité. Si j'en fais mention, ce n'est ni pour la discréditer ni pour la mousser, mais seulement et simplement par besoin de clarté. Les paroles formulées par Jésus étaient audibles et j'y ai répondu en toute conscience à titre d'interlocutrice.

En ce qui concerne des explications sur la tangibilité de tout cela, je dois dire que mon entendement n'est pas encore assez vaste pour cerner tout ce qui est possible. Ce qui s'est produit entre le 23 novembre 1991 et le 12 mars 1992 n'est rien de moins qu'un miracle. Il n'est néanmoins pas nécessaire de l'expliquer ni de le considérer d'une façon particulière. J'espère simplement que le lecteur accueillera l'histoire que je vais raconter comme étant celle de l'éveil spirituel d'une femme qui a trouvé sa place par la vérité du Maître.

Peu importe la dénomination que vous lui attribuez – Ami, Enseignant, Maître, Seigneur ou Dieu incarné –, le fait historique reste qu'il n'y a pas un seul humain au monde qui ait eu autant d'influence sur les événements au cours des deux derniers millénaires. Sans tenir compte de nos croyances ou même de notre incrédulité, l'impact qu'il a sur nous est généralisé. Bien au-delà des innombrables personnes qui centrent leurs convictions religieuses sur lui, il en existe des millions d'autres qui tiennent en haute considération son influence, sa sagesse, son amour et sa vertu malgré leur désintéressement face aux religions érigées en son nom. Il s'agit d'une réalité qui outrepasse *les diverses fois collectives ou individuelles.*

Par respect pour cette réalité et tout en honorant les aspects sacrés, j'ai choisi de faire référence à lui en l'appelant « Maître » ou simplement « Jésus ». Même si certains lecteurs préféreraient peut-être l'emploi d'un mot plus sacré, je sens que le terme « Maître » remplit honorablement sa fonction sans pour cela établir une connotation religieuse qui pourrait exclure toute autre dénomination au cours de l'étude de ces messages.

Ce que vous retirerez de ces messages dépend de ce que vous voudrez bien ENTENDRE. Ce que Jésus m'a transmis est fondé sur la perception innocente : *« Ouvrez les yeux pour voir et les oreilles pour entendre. Car il n'existe rien de caché qui ne puisse être révélé, ni rien de secret qui ne puisse être amené à la lumière[2]. »* Nous tirons tous des conclusions de ce que nous avons entendu. Cependant, nous ne voyons ou n'entendons pas grand-chose si nous écoutons sans l'ouverture qui nous permet de recevoir ou sans le fol appel du cœur.

Chapitre 2

L'agneau et le lion

Quand, au petit jour, avec la gelée et l'astre de feu,
la journée éclate
et que le soleil darde ses rayons sur la glace,
dans les étangs et les fossés
par un froid paisible qui règne au creux du cœur,
se reflète dans un miroir aqueux
un regard qui devient cécité en début d'après-midi.
Et une lueur plus intense qu'un embrasement de branches
vient secouer l'esprit endormi : aucun vent,
mais le feu de la Pentecôte
à l'époque obscure de l'année[3].
T. S. Eliot

Le début de la plupart des épopées se dissimule derrière de nombreux et fertiles événements. Le moment précis où une idée germe, où une étape de la destinée point, passera inaperçu jusqu'à ce que le recul fasse la lumière sur la ténuité de la conjecture. Ceci s'avère tout à fait le cas pour ce qui est de mon histoire. Si je devais attribuer un moment précis au début de celle-ci, je dirais qu'il s'agissait d'une journée empreinte d'une ironie douloureuse, celle du jour de Noël 1989.

Au cours de cet hiver, une vague de froid mordant atteignit le nord du Texas. Même si nous n'avions pas un Noël enneigé, l'air polaire nous poussait à rester près de la cheminée en cette veillée de la Nativité, nous réchauffant les mains et le cœur près du feu. Je passai cette soirée dans une espèce de rêverie paisible avec Brian – mon époux à cette époque – à mes côtés et Gunnar, mon beau chat himalayen. Nous allâmes nous coucher tôt, pour mieux profiter du jour de Noël le lendemain et des gratifications qu'il nous apporterait. Minuit sonna et la lumière de l'aube n'allait pas tarder à se profiler à l'horizon. Excepté que, pour nous, un autre genre de lumière allait se pointer sur nos horizons personnels. À deux heures du matin, Gunnar nous tira des profondeurs du sommeil en poussant un miaulement qui ressemblait au son d'une sirène. Ce n'était cependant pas pour nous annoncer que les rennes du Père Noël avaient atterri sur le toit. Non, c'était pour nous avertir que quelque chose de bien plus inquiétant s'était produit à cause d'un défaut de construction dans le conduit de notre poêle à bois. Fort heureusement, Gunnar joua le rôle du détecteur d'incendie qui faisait défaut dans notre maison de campagne. Au moment où notre chat nous réveilla, le feu avait dévoré la plus grande partie du salon. Des flammes et des volutes de fumée bloquaient tout accès au premier niveau de notre maison à deux paliers. Notre seule chance de survie consistait à sauter par une fenêtre de l'étage supérieur avec quelques vêtements sur le dos et Gunnar dans les bras. Et c'est ainsi que, du jardin, nous regardâmes notre demeure et nos biens matériels partir en fumée, y compris presque toutes mes œuvres.

Dans le plus grand désespoir et totalement épuisés, nous tombâmes endormis chez ma mère tard dans l'après-midi de ce jour de Noël, avec notre chat couché à nos pieds. Nous dormions depuis plusieurs heures quand je fus tirée de mes songes par une délicate pression du coude dans les côtes.

« Réveille-toi, chérie ! » Il y avait moins de vingt-quatre heures que je m'étais réveillée en sursaut pour échapper de justesse à un désastre.

« Qu'est-ce qu'il y a encore ? »

La voix de Brian exultait d'excitation. « Je viens de rêver que tu vas peindre un magnifique portrait de Jésus-Christ et que l'incendie était, en quelque sorte, nécessaire pour que cela puisse se réaliser. »

« Tu délires complètement, marmonnai-je. Rendors-toi. » Pas du tout inspirée par le fait que son rêve pouvait être un message divin, je me dis simplement que les prières et l'empathie de nos amis le touchaient profondément. Je tirai les couvertures et retournai dans mon jardin personnel.

Ni ma rebuffade ni son retour au sommeil ne réussirent à amoindrir l'enthousiasme que ce rêve avait suscité en lui. Le lendemain matin, pendant le petit déjeuner, il en reparla encore. Je fis une remarque sur la synchronicité qui devait certainement exister entre notre vulnérabilité et la préoccupation ressentie par nos proches au sujet de notre épreuve. « Étant donné qu'ils nous ont à l'esprit et qu'ils prient pour nous, il est normal que nous recevions leurs pensées inspirantes ou leur amour bienfaiteur. Mais pour l'amour de Dieu, s'il te plaît, ne fais pas de projection ! »

L'idée me vint de lui faire un petit laïus sur l'histoire de l'art, de lui expliquer en détail comment, depuis la décroissance de l'analphabétisme et la distribution généralisée de la Bible, l'art religieux était devenu un médium de second ordre pour transmettre les messages de Dieu sur terre. Et que, par conséquent, les artistes dotés d'une puissante créativité étaient passés à des moyens d'expression leur laissant davantage les coudées franches sur le plan de la création.

Cependant, je ne me sentais pas le courage de lui faire ce genre de discours avant d'avoir pris mon premier café. La version abrégée devrait suffire. Toute ma carrière avait été axée sur l'art séculier et je n'allais pas compromettre la renommée que j'avais acquise si durement parmi mes pairs et les collectionneurs en me mettant à peindre des tableaux de Jésus. Et, à part ça, je voulais seulement recoller les morceaux de ma vie pour qu'elle redevienne comme avant.

Sans atelier, ma carrière d'artiste serait, de toute manière, mise entre parenthèses. Par conséquent, la priorité semblait être de travailler totalement à temps plein à construire des fondations afin de pouvoir repartir. Par un curieux hasard, nous dénichâmes une charmante et vieille maison en pierre sur un terrain de 5 200 m^2 au nord de Fort Worth. Cette habitation de style ranch nécessitait de nombreuses rénovations. Malgré cela, le fait qu'elle se trouvait dans une zone agricole s'avéra un plus qui nous appela étrangement.

Quiconque a déjà rénové une maison sait combien ce processus peut être épuisant. Pendant six mois, nous avons mangé, dormi et littéralement respiré la rénovation de notre nouvelle demeure. En fait, ce fut une excellente thérapie pour reconstruire ce qui avait été détruit. Et quand tout cela fut terminé, je me sentis en quelque sorte moi-même remise sur pied et prête à reprendre les pinceaux.

Quelque chose avait cependant changé dans mon cœur. La passion et le travail que j'avais investis dans les œuvres qui avaient péri semblaient être choses du passé et, dans ce présent-ci, aucun mouvement créatif ne semblait vouloir les raviver ni les susciter. Rien que la pensée de repeindre ma collection disparue dans une intention purement mercantile me faisait sourdement mal au centre de mon être. La meilleure des choses, me semblait-il, était d'avancer en faisant acte de foi et en mettant à l'œuvre toutes les aptitudes que j'avais acquises au fil de ces nombreuses années. Peut-être en ressortirait-il quelque chose de surprenant.

Mais il n'y eut aucune percée stupéfiante d'originalité et de force, même si mon nouveau travail avait un certain attrait, une force technique et une excellente chance de faire sa place sur le marché fort concurrentiel. Gardant cet espoir à l'esprit, je décidai de diffuser mon nouveau travail dans le cadre d'une exposition organisée à Los Angeles par des grandes galeries, à l'automne 1991. Cette exposition de cinq jours se traduisit par quelques belles commandes et un nombre prometteur d'associations avec des galeries. Mais ce ne fut quand même pas un succès à tout casser. Par ailleurs, je me sentais découragée par un inhabituel sentiment anxiogène qui m'habitait. Pour la première fois de ma vie, j'avais l'impression de me conformer à un segment du monde artistique principalement orienté sur la célébrité acquise en fonction du volume de tableaux produits et du succès commercial remporté.

Plus d'un artiste peintre aurait sauté de joie d'avoir pu atteindre le seuil de réussite auquel j'étais parvenue autrement. Après tout, n'avais-je pas réalisé des portraits pour de nombreux citoyens américains importants, entre autres le président *pro tempore* du Sénat américain ? Et le portrait que j'avais fait du docteur Paul Peck* n'était-il pas accroché au Smithsonian Institution, alors qu'une autre de mes toiles se trouvait au musée de la ville de New York ? Un éditeur new-yorkais avait déjà publié un recueil de mes œuvres et un bon nombre de mes tableaux figuraient dans des collections de prestige un peu partout dans le pays. Grosso modo, mon passé dans le monde de la peinture traduisait talent, réussite et reconnaissance réelle par les « gardiens de l'excellence » du monde artistique. Alors pourquoi cette récrimination persistante concernant ma réussite sur le plan commercial ?

* *Docteur Paul Peck* : éminent médecin-artiste qui a fait du travail artistique pour la compagnie pharmaceutique américaine Merc, Sharp & Dohn.

Cette quête que j'entreprenais sur un plan séculier me laissait un goût plutôt amer. C'est pourquoi, avec un certain sens du lâcher-prise, je décidai d'employer mes voyages à me renouveler personnellement. Si c'était possible, je trouverais un « point d'immobilité » paisible en moi à partir duquel je pourrais observer mes véritables motivations et les intégrer.

Partis sur une lubie pour Sedona, Brian et moi quittâmes l'autoroute pour nous diriger vers cette petite ville au sud de Flagstaff située dans un magnifique paysage de montagnes rocheuses rouges. Même si aucun événement particulier ne se présenta, il se produisit quelque chose en moi alors que nous roulions parmi ces monolithes de grès rouge, car, le lendemain matin, je me sentis revitalisée et confiante de pouvoir composer avec tout ce qui adviendrait. J'avais la sensation que les choses seraient différentes. Mais le degré de différence restait à voir.

Sur le chemin du retour, j'eus l'impression de traverser le Nouveau-Mexique en volant. Pendant que j'écoutais Mozart et que je laissais la beauté de cette musique donner des ailes à mon âme, il me fut facile de passer ma vie en revue et de mettre en évidence les éléments qui m'importaient le plus. À un moment donné, un silence s'empara de moi et plus rien ne sembla avoir d'importance, si ce n'est le besoin d'amorcer un nouveau commencement. Sans réfléchir aux conséquences de ma question, je demandai à Brian, en me tournant vers lui : « Est-ce que cela te dérangerait si je laissais tomber ma carrière ? »

« Non. Tu fais ce que tu as besoin de faire. »

Après tout, qu'étaient trente années de dur labeur ? Je sentis intérieurement une confiance me disant que quelque chose viendrait à point nommé le moment voulu. Si j'avais su à ce moment-là de quoi il s'agirait, je ne me serais probablement pas sentie aussi détendue.

Pendant que nous traversions la grande mesa, mon sentiment de soulagement faisait écho à l'horizon sans cesse grandissant. Dans la quiétude de ce désert perçait une paisible rêverie qui faisait surgir dans mon esprit des impressions d'une incroyable beauté. Bien que je sois habituée à recevoir de telles images et à jouer avec elles, je dois avouer que celles-ci sortaient vraiment de l'ordinaire. Alors que, détendue, j'entrais dans mon sanctuaire intérieur, Brian me posa la question suivante qu'il ne m'avait pas posée depuis des mois : « As-tu pensé à cette peinture de Jésus ces derniers temps ? »

Son intrusion me fit me hérisser. Pourquoi fallait-il qu'il mentionne cela à nouveau alors qu'il y avait tellement d'autres sujets de conversation ? Il en avait fait mention à intervalles réguliers depuis qu'il en avait rêvé et mes réponses ne lui avaient jamais permis de penser que ma position initiale avait changé ne serait-ce que d'un iota. Les yeux encore fermés, j'essayai de lui signifier que j'étais à moitié endormie, en marmonnant : « Pas plus que tu ne me laisses l'oublier. »

En insistant avec délicatesse, il m'encouragea à rester ouverte à toutes les possibilités alors que je me trouvais au seuil d'un renouveau. Immédiatement, un merveilleux paysage fit irruption sur mon écran mental : des champs descendant vers une vallée fluviale d'un vert luxuriant avec, sur sa berge, un arbre au tronc fendu sous un ciel bleu azur où des nuages évoluaient en volute. Ceci était tout à fait inhabituel pour moi, car le processus personnel me permettant de créer des images intérieures se traduisait rarement en paysages. La beauté de cette image résonna profondément dans tout mon être.

Brian avait dû sentir qu'il se passait quelque chose en moi, car il me demanda au même moment : « À quoi penses-tu ? »

« Je ne pense à rien du tout. Je suis en train de regarder un beau paysage sur mon écran intérieur. »

« Oh ! » Une minute environ s'écoula, puis il ajouta : « Si tu devais peindre Jésus, comment t'y prendrais-tu ? »

« C'est une question qui tombe à plat puisque je ne le ferai pas... et ce, pour toutes les raisons suivantes. » J'avais l'espoir que si j'exposais chacune de mes objections en détail, je pourrais enfin me débarrasser totalement de cette proposition.

J'avais une maîtrise en histoire de l'art de l'université Tulane et je m'étais spécialisée dans l'art européen du Moyen Âge, qui est dans l'ensemble chrétien. J'étais donc bien outillée pour lui expliquer que l'histoire de l'art chrétien avait tiré ses formules de la théologie. L'art chrétien avait son propre langage symbolique, qui lui servait aussi bien d'instrument d'enseignement que d'agent de renforcement des dogmes théologiques. Ces dogmes s'étaient avérés nécessaires parce que les faits historiques étaient infimes et que les inspirations et la créativité excédaient par trop souvent les limites de la doctrine ecclésiastique. Nous en avons un exemple flagrant avec Michel-Ange, qui faillit perdre sa vie pour avoir pris de trop grandes libertés en peignant le plafond de la chapelle Sixtine. Le pape était un homme de protocole ecclésiastique, alors que l'artiste était un homme dont la vision des royaumes éternels n'était aucunement entamée par les formalités.

À ma connaissance, il n'existait aucune description historique de Jésus et il n'y en avait assurément aucune dans le Nouveau Testament. Pour un portraitiste, ceci suffisait amplement à faire avorter le projet dans l'œuf. Par ailleurs, grâce à toutes les années où j'avais fait des portraits, j'en connaissais suffisamment sur cet art pour savoir respecter la relation intime qu'il y a entre le corps et l'âme. Autrement dit, aucun autre homme ne pouvait poser à la place de Jésus et conférer à la toile les émotions justes.

Et si ces objections ne le contentaient pas, j'étais inflexible sur un point : je n'inventerais pas un portrait du Maître. Mon impression était que, dans le monde de l'imagination, chacun avait également le droit de le voir à sa façon. Par conséquent, je n'allais certainement pas imposer mes propres visions aux autres. Ayant le sentiment d'avoir fait le tour de la question, je livrai une conclusion devant clore le sujet dans l'espoir qu'il n'y aurait plus de discussion ultérieure. « Tu sais quoi ? *S'il vient poser pour moi, alors je ferai son portrait.* »

Avec diplomatie, Brian battit momentanément en retraite. Mais il n'en avait pas fini avec moi. Cela ne prit pas de temps avant qu'il me demande : « Si tu devais le peindre, quel titre donnerais-tu au tableau ? »

Trop exaspérée pour continuer à protester, je commençai par répondre « Je ne sais pas », quand la plus étrange des choses se produisit. Dans mon esprit, je vis une flèche partir et à laquelle était accrochée une bannière flottante sur laquelle étaient inscrits les mots « l'agneau et le lion ». Prise de stupéfaction, je ne pus ni réfléchir ni censurer cette perception. Je la répétai donc mot pour mot d'une voix distante. Brian dit quelque chose mais je ne l'entendis pas. J'étais trop absorbée par le fait que je venais de prendre conscience que j'allais effectivement réaliser la peinture que son rêve avait prédit.

Mais comment allais-je m'y prendre ? N'avais-je pas déjà établi toutes les impossibilités de réaliser une telle chose ? Tout ce que je pouvais faire, c'était consentir à m'appliquer.

Rendue à la maison, je me donnai trois mois pour effectuer des recherches et trouver les informations qui pourraient servir d'assise à cette entreprise. Pour commencer, je me plongeai dans une deuxième lecture du Nouveau Testament, ce qui ne me fut pas d'une grande aide puisque celui-ci ne contient aucune description physique de Jésus, bien que certaines allusions fournissent quelques indices sur ses attributs physiques. Par exemple, qu'il était né dans la maison de David, qu'il était charpentier et pêcheur, et physiquement assez fort pour pouvoir porter une lourde croix de bois après avoir enduré de brutales tortures.

En concentrant mes recherches sur le métier de charpentier, je finis par découvrir que les charpentiers de cette époque avaient d'autres aptitudes que celles leur permettant de mesurer et de joindre des pièces de bois pour construire des structures. Ils devaient également se rendre en forêt, abattre les arbres et les transformer en bois de charpente pour pouvoir ensuite les utiliser dans le cadre de leur métier. De toute évidence, la charpenterie d'il y a deux mille ans était un métier qui s'adressait à un véritable homme des bois et bûcheron.

Sachant que la famille de Jésus appartenait à la maison de David, elle-même de la tribu de Juda, j'étudiai les particularités historiquement connues de ce peuple. Chacune des douze tribus d'Israël possédait ses caractéristiques, ses aspects physiques et ses lois propres. À cette époque, tout comme maintenant, le potentiel génétique d'Israël était plus grand que ce que les stéréotypes contraignants peuvent le laisser entendre. Dix des douze tribus avaient disparu lorsque les Babyloniens dispersèrent le peuple juif qui devint une diaspora (c'est-à-dire les tribus perdues d'Israël si souvent mentionnées dans les écrits). Seules les descendants de David et de Benjamin, les lévites et le restant d'autres tribus étaient rentrés chez eux. De la dynastie de David étaient nés les régents, les aristocrates et l'élite militaire de la société juive. Ceci en faisait la cible des conquérants. Par conséquent, quand les Romains prirent le contrôle de la Terre sainte, ils décimèrent la lignée de David et les autres lignées prirent alors le relais.

Des siècles plus tard, alors que les croisés retournèrent en Europe après leurs pèlerinages en Terre sainte, ils transmirent aux autres des descriptions de l'apparence physique du peuple juif à partir de cet échantillonnage restreint, descriptions où s'entremêlaient des souvenirs de Sarrasins et d'autres peuples du Moyen-Orient vêtus de la typique tenue de désert. Ces comptes rendus, souvent défavorables, constituaient le pivot autour duquel s'articulaient les descriptions visuelles par trop simplistes qui persistent encore de nos jours, plus particulièrement dans l'art chrétien.

Parmi les quelques descriptions qui restent sur l'ancien peuple juif, on peut trouver des références faites aux membres de la tribu de Juda comme étant souvent plus grands que les autres et de peau plus claire qu'eux. Lorsque je demandai à des amis juifs ce que le mot « clair » signifiait pour eux dans leur monde, ils me déconseillèrent de tenir pour acquis que cela voulait dire blond dans le sens nordique du terme. Par contre, ils précisèrent que ce terme pouvait inclure une couleur de peau allant de la teinte olive clair à blanc, une chevelure allant du châtain doré au châtain auburn et des yeux allant de la couleur noisette à la couleur bleu-vert.

Bien qu'il ait pu apparaître de diverses façons à différentes gens, son charisme, qui lui attirait les étrangers et les foules, laisse entendre qu'il y avait quelque chose d'exceptionnellement attirant chez lui dans une certaine mesure, du moins quand il le décidait ! La forme que cela aurait pu prendre appartenait au monde des devinettes pour moi. Et deviner est quelque chose que les véritables portraitistes hésitent vraiment à faire. Les premières peintures le représentant, qui datent des Ier et IIe siècles, montrent un beau jeune homme. Il faut cependant préciser que ces portraits sont le reflet de l'influence de la fascination romaine pour Apollon et qu'ils ne transmettent aucune ressemblance avec le peuple de Nazareth. Ces parallèles sur le plan symbolique furent grandement exploités puis confondus lorsque l'Église fut romanisée.

Voilà pourquoi les premiers régents ecclésiastiques interdirent aux artistes peintres de faire des portraits de Jésus d'une manière indiquant qu'il était physiquement fort ou beau. Ils étayèrent leur position en mettant l'accent sur une prophétie de l'Ancien Testament datant de 700 av. J.-C. et figurant dans le Livre d'Isaïe, verset 53, paragraphe 2, qui concernait la venue future de leur messie : « Il n'a aucune forme ni aucun atour pouvant attirer notre regard et aucune beauté nous poussant à le désirer. » La plupart des érudits s'entendent de nos jours pour dire que cette prophétie porta un regard anticipé sur les rôles et comportements sociaux du Messie plutôt que sur son aspect physique. En d'autres termes, le futur Messie ne serait pas un prince séculaire, riche et bien paré auprès duquel les gens viendraient quémander des faveurs politiques, des privilèges et des dons en monnaie sonnante. Cette interprétation était vraie dans tous les sens, mais n'était-il pas étrange que le Tout-Puissant qui pouvait ressusciter les morts soit, lui-même, moins que l'image de la santé et du bien-être physique ? À mes yeux, cette logique est imparable. Mais aux yeux des autorités ecclésiastiques, que préoccupait uniquement l'établissement de sa suprématie spirituelle, ce passage d'Isaïe venait à point nommé pour amoindrir toute tendance à mettre l'accent sur sa forme physique. C'est pourquoi la plupart de tous les portraits de lui réalisés au cours des dix-sept derniers siècles constituent l'héritage direct de cette décision.

Le pouvoir de la tradition semblait être de mauvais augure pour moi, et plus j'en apprenais, moins je me sentais capable d'aller de l'avant. Toutes les conditions que j'avais stipulées étaient fondées sur des points d'intégrité personnelle sur lesquels je ne voulais faire aucun compromis. Par conséquent, il s'agissait d'un scénario impossible. Comment pourrais-je jamais exécuter cette peinture ? Les diverses données étaient intéressantes. Mais si je les rassemblais, je n'aurais qu'une mosaïque et non pas une image intégrale possédant caractère et force. Trois mois après le début de mes recherches, toutes les routes aboutissaient à une impasse et les contradictions auxquelles je faisais face représentaient plus que ce avec quoi je pouvais composer intellectuellement.

Alors, que pouvais-je faire avec tout ce que j'avais appris ? Juste en soi, tout cela n'avait ni pouvoir ni propension à être appliqué.

La réponse vint le 23 novembre 1991. L'agréable journée d'automne ne présageait rien d'autre que sa propre beauté. Je ne savais rien des événements qui allaient se produire ni de leur signification concernant les circonstances discordantes des années précédentes, ni d'ailleurs de l'ouverture que celles-ci occasionneraient sur un futur alors inconcevable.

La claire lumière matinale s'étalait sur le gazon, ravivant tout sur son passage et faisant ressortir les quelques feuilles rouge vif qui s'accrochaient encore aux arbres de notre grand terrain. Alors que tout, dans le monde extérieur, semble dans l'ordre parfait des choses, de tels moments sont faits pour la contemplation. Brian était parti au travail avant même que je ne sois sortie du sommeil et allait être absent toute la journée. Rien ne viendrait donc déranger ma quiétude intérieure. Alors que les vapeurs du café réchauffaient mon visage, le hamac oscillait doucement, remuant l'air frais de ce mois de novembre.

Tout en faisant le tri parmi mes souvenirs, je pris un plaisir certain à contempler les retours en arrière panoramiques sur ma vie. Le scénario récurrent en était clairement un de recommencement. Pourtant, avec une ironie évidente, l'événement le plus marquant était celui de Noël 1989, avec l'anéantissement peu commun de notre maison. Si j'avais pu à ce moment-là en comprendre le paradoxe aussi bien que je peux le faire actuellement, j'aurais peut-être pu essayer de voir une prophétie dans les revers de fortune qui constituaient la trame de ma vie depuis ce fameux jour. Pourtant, alors que je passais mes pensées en revue, éclairée que j'étais par cette claire lumière de novembre, la seule paix que je pouvais trouver provenait du mouvement rythmé, régulier du hamac. Il semblait délicatement me dire lâche prise... lâche prise... lâche prise.

Malgré mon agréable rêverie, l'éclat renversant de la lumière me détournait de la simplicité intérieure à laquelle j'aspirais. En outre, le moment était venu de manger un peu. Après m'être sustentée d'un sandwich, je décidai de traîner un peu dans le salon pour méditer et prier. Cette pièce était située au centre de la maison, ce qui fait que lorsque le lustre était éteint, il y régnait une agréable demi-pénombre, même en plein jour.

C'était une pièce idéale pour être seule avec Dieu. Toute cette problématique ne concernait que moi et la source divine. Et elle avait vraiment besoin d'être résolue. Ma prière commença par des récriminations, des supplications et des conditions qui, je l'espérais, sauraient conduire à une solution. Puis, j'exprimai mes émotions, mes doutes et mes peurs. Mais la paix n'advint toujours pas. Finalement, demandant pardon d'avoir osé envisager de faire quelque chose d'aussi éloigné de mes capacités, je confessai que je n'avais aucune passion pour ce projet ou, du moins, pas encore. Toujours rien. En dernier recours, j'envisageai que ma démarche dans ce processus ne constituait qu'un tremplin pour entreprendre quelque chose de plus réalisable et que la volonté divine me réservait. M'étant épuisée à explorer toutes les possibilités de ce que celle-ci pouvait être, je posai la tête sur mes bras repliés sur la table et dormis ainsi pendant plus d'une heure.

Puis, une vive lueur brillant dans la pièce me réveilla. Jetant un coup d'œil vers le plafond, je constatai que le lustre était éteint. Ceci ne me surprit pas, car je sentais que cette lumière n'était pas d'origine artificielle. Il s'agissait d'un doux rayonnement lumineux qui baignait de lumière toute la pièce à la manière d'un nuage descendu du ciel. Partout dans la maison régnaient le calme et le silence qui s'installent après une belle chute de neige.

Bien que la pièce fût tranquille, des ondes vibraient dans l'air comme si elles provenaient de la chaleur d'une flamme. Elles fusaient dans toutes les directions, emplissant la pièce d'énergie. Alors que j'identifiais du regard l'origine de ces mouvements ondulants argentés et rayonnants, c'est-à-dire dans l'embrasure de la porte en forme d'arche, je constatai qu'ils émanaient d'un point d'extrême luminescence presque aveuglant. Ce resplendissement n'avait rien de commun avec une flamme puisque la pièce tout entière bénéficiait de la même intensité lumineuse. Ce qui était particulier, c'était l'intensité de la luminosité elle-même et les éblouissants motifs argentés et dorés, nuancés d'un blanc opalescent et de touches lumineuses couleur lavande, bleu et rose.

Je ne pus fixer l'origine de cette luminescence qu'une seconde, car son éclat remplit mes yeux de larmes. Renversée, je dus détourner le regard. À cet instant-là, j'entendis des sons qui se conjuguèrent pour créer la structure et la cadence d'un langage, même s'il s'agissait d'un langage que je n'avais jamais entendu auparavant. Alors que ces « mots » s'articulaient dans mon esprit pour former une signification, le message devint « *Salutation* » et j'entendis aussi mon nom.

Sans aucun doute, cette présence était de nature divine. Je tournai la tête pour regarder à nouveau, mais la lumière était tout simplement trop intense. Je fermai les yeux aussi bien pour les protéger que pour pleurer. À peine m'étais-je réfugiée dans ce sanctuaire émotionnel que la Présence m'envoya un rayon d'énergie entre les deux yeux. La pression ressentie m'obligea à les rouvrir et à vérifier si ce que je sentais était vrai. Je vis un flot d'énergie me pénétrer par le front. Je revins ensuite à ma réconfortante vision intérieure et observai une image se détacher dans ma conscience. Il lui fallut environ cinq secondes pour être complète. J'eus même l'impression que cette vision était gravée dans mon nerf optique. Elle était fixée et disponible à mon regard à n'importe quel moment.

Subjuguée par sa beauté, je dirigeai mon attention vers l'intérieur pendant quinze à vingt minutes pour contempler cette vision de Jésus-Christ achevée, tridimensionnelle et holographique. Celui-ci se tenait majestueusement sur le sommet d'une colline surplombant une verte vallée fluviale. Il ne faisait aucun doute qu'il s'agissait du paysage déjà vu alors que nous traversions le désert du Nouveau-Mexique. Mais maintenant ce paysage était achevé, car le Maître y figurait. De plus, des moutons paissaient et un nuage en volute avait la forme d'un lion. Je n'aurais pu demander de représentation plus vivante ou réaliste à peindre. À part le fait de l'avoir, lui, devant moi pour le peindre, c'était ce qu'il y avait de mieux.

Lorsque je revins à la conscience du monde extérieur, je découvris que la Présence radieuse avait disparu et que tout était redevenu normal. Néanmoins, je savais que j'avais changé à tout jamais. Et cette intuition s'avéra juste, car tout fut différent dans ma vie après ce moment sacré.

Pendant trois jours après cette apparition, je parlai très peu, ne voulant pas courir le risque de perdre cette sensation de sainteté qui persistait. Je craignais que ma voix, révélant mon état de béatitude profonde, ne m'oblige à parler de cet événement exceptionnel. Le quatrième jour, Brian surprit mon regard et je sentis que je ne pouvais plus garder tout cela sous silence. Je lui décrivis donc l'événement dans le moindre détail pendant qu'il me regardait avec une calme stupéfaction.

Alors que je lui décrivais les éléments de cette vision, en particulier celui de la brebis dans le pâturage et de l'agneau que Jésus tenait dans ses bras, je remarquai un éclat d'inspiration illuminant ses yeux. « Je sais ce que je vais faire, dit-il. Je vais téléphoner dans quelques fermes ovines et essayer de trouver quelques agneaux pour que tu puisses les étudier. »

Dans l'après-midi, il avait sollicité toutes les fermes ovines situées dans trois comtés voisins. Nous fûmes déçus d'apprendre que la fin du mois de novembre n'était pas la saison idéale pour dénicher des agneaux. Pas découragé pour un sou, Brian proposa d'aller faire un tour le samedi suivant au marché fermier de ma ville natale. En piste dès les premières lueurs de l'aube, nous nous mîmes en route en quête d'agneaux, appareil photo en main. Si je pouvais ne serait-ce que tenir un agneau entre mes mains et le photographier, cela serait au moins un progrès notable.

Dès notre arrivée, nous filâmes rapidement vers l'endroit où se trouvait le bétail. Nous fûmes déçus : il y avait eu deux agneaux, mais à huit heures et demie ils avaient déjà été vendus. Emplie d'un sentiment de malchance et ayant l'impression que le ciel n'était pas de notre côté, je m'apprêtais à rentrer à la maison quand, tout à coup, du coin de l'œil, je repérai dans une autre allée un troupeau ovin de diverses espèces décharnées que poussait un vieux berger revendeur grisonnant et itinérant. Cet assemblage hétéroclite de créatures sales, à la toison de laine grumeleuse était loin d'être impressionnant. De nouveau je m'apprêtais à me détourner quand, tout d'un coup, une brebis d'un blanc étincelant sortit de derrière le troupeau et se dirigea vers moi. Je n'avais jamais rien vu de semblable à cette laine courte immaculée, ce long cou et cette face majestueuse. De plus, son allure altière ne pouvait qu'être rehaussée par sa gestation évidente.

Instantanément, je la surnommai Mary. Sa toison était blanche comme neige. Entre nous, le contact fut établi en quelques minutes et le besoin pressant de l'adopter m'envahit. Je calculai rapidement que si j'achetais Mary, il y aurait bientôt un agneau et que, par conséquent, j'aurais deux sujets à étudier pour mon tableau. Et par la plus grande des coïncidences, notre maison restaurée figurait dans une zone agricole même si elle se trouvait enclavée dans les limites de la ville. Avec son enthousiasme habituel, Brian consentit à l'achat.

Et voilà que les deux bergers citadins sans expérience que nous étions se mirent à charger Mary sur le siège arrière de notre Cadillac. Là, la toison blanche de l'animal resplendissait toujours, même en dehors de son milieu naturel. Ceci me poussa à demander au vendeur de quelle espèce elle était. « C'est un mouflon », répondit-il pendant que je lui tendais un chèque. Ceci ne me disant absolument rien, la conversation s'arrêta là et nous démarrâmes.

Nous nous sentions un peu penauds lorsque les gens, surpris, restaient bouche bée ou ricanaient en voyant notre passager arrière. Mais que savaient-ils de tout cela ? Pour nous détourner de l'embarras, nous nous mîmes à parler à Mary et à planifier l'endroit où elle serait hébergée. Puis, Brian demanda ce qu'était un mouflon. Nous ne le savions ni l'un ni l'autre et l'anxiété nous saisit soudainement : peut-être avions-nous acheté un de ces hybrides qui n'avaient pas encore vu le jour sur la Terre quand Jésus la foulait. Enfant, j'avais souvent rendu visite à mon oncle, à sa ferme ovine, et je n'avais jamais rien vu de semblable à Mary. Plus j'y pensais, plus cela devenait un problème, car tout élément moderne viendrait à coup sûr compromettre l'intégrité de la toile.

Après avoir installé Mary dans ses quartiers, je me dirigeai vers la bibliothèque municipale en espérant trouver réponse à ma question. Je tombai très rapidement sur ce que je cherchais dans une encyclopédie. Incrédule devant l'information que j'y découvris, j'en cherchai confirmation dans deux autres sources. En définitive, le mouflon est reconnu comme la plus vieille race domestiquée de mouton en Europe et il est considéré comme l'ancêtre de toutes les variétés domestiques. *De plus, il y a deux mille ans, cette race constituait souvent les troupeaux du Moyen-Orient.*

Je lus et relus ces pages jusqu'à ce que ma mémoire les enregistre et, avec une exultation toute contenue, je me mis à réfléchir au miracle qui avait fait que tant de petits morceaux du casse-tête étaient déjà en place pour qu'un événement d'une perfection aussi stupéfiante puisse se produire. À moins de me rendre moi-même au Moyen-Orient et de m'adonner au troc avec un bédouin, je n'aurais pu me procurer un mouton aussi approprié pour poser. Les chances que je trouve Mary dans ma propre ville natale dépassaient toute imagination. Petite, j'avais joué à l'endroit même où j'avais aperçu Mary. Depuis combien de temps, me demandai-je, cette peinture était-elle entrée dans ma destinée ?

Vu tous les plans que nous avions faits en prévision du temps des Fêtes, nous sommes tombés d'accord sur le fait qu'il vaudrait mieux que je commence à peindre au début du mois de janvier. En outre, cela me donnerait le temps de prendre quelques décisions en préparation à mon travail et d'apprêter la toile. La première chose à faire était d'établir une échelle. Alors, je reportai mon attention sur la vision et demandai à Jésus de m'aider. C'était la première fois qu'il me venait à l'esprit de considérer la vision comme un instrument de dialogue. La réponse me fut clairement donnée sur un mode télépathique puisque aucune parole ne fût prononcée. La toile devait avoir quatre-vingts centimètres carrés.

Ce mois de décembre fut agité. Je me sentais comme un cheval de course attendant l'ouverture de départ. Je jetais fréquemment un coup d'œil à l'intérieur de moi pour m'assurer que la vision était encore là. Elle était toujours aussi nette et semblait prédire qu'un monde totalement nouveau allait voir le jour. Elle était toujours aussi vivace et je la regardais avec émerveillement. Chose encore plus incroyable, alors que je consultais cette vision au cours des jours et des semaines qui suivirent, des détails se mirent à prendre forme. Le tableau s'étoffait en rassemblant sa force vitale et en la manifestant par tous ces détails. La vision devenait de plus en plus vivante ! L'énergie qui prenait place sur le tableau s'inspirait tellement de la force vitale du Maître que ce qui n'avait d'abord été qu'un simple phénomène visuel témoignait désormais de l'impression qu'il était là !

Miraculeusement, il trouva les moyens de me mettre à l'aise pendant les semaines précédant le début de mon travail, même si je peux affirmer que je ne m'habituai jamais tout à fait à sa présence.

Finalement, je me retrouvai dans mon atelier le 2 janvier, un vendredi, fixant le vide de la grande toile blanche. Je ne pus m'empêcher de sourire au moment où je saisis un crayon et commençai à transposer sa présence sur la surface immaculée. La seule chose qui me posait un problème, c'était le fait embarrassant que je devais me consulter pour le voir sur mon écran intérieur et regarder ensuite vers l'extérieur pour transposer ce que j'avais vu. À peine avais-je eu la pensée de cette difficulté que la plus stupéfiante des choses se produisit ! La vision intérieure se transforma en vision extérieure pour venir s'installer dans la pièce même. Par après, toutes les fois où je m'installais devant mon chevalet, il faisait son apparition devant moi en tant que présence tridimensionnelle. À partir de ce moment-là, ce fut plus qu'une vision. Il était là et nous allions faire équipe pour réaliser cette toile.

Il me fallut deux ou trois jours pour finaliser le croquis et je ne commençai donc pas à peindre avant la semaine suivante. Après avoir donné une première couche de couleur, je m'attendais à devoir prendre une petite pause. C'est toujours le cas avec la peinture à l'huile, qui est longue à sécher. C'est d'ailleurs une des caractéristiques qui fait que le travail avec ce médium nécessite beaucoup de temps. Fort heureusement, certaines couleurs sèchent un peu plus vite que d'autres, ce qui permet habituellement de travailler sur certaines parties de la toile. Toutefois, il faut toujours attendre au moins une journée. Le lendemain matin, je me rendis donc dans mon atelier pour vérifier mon travail et constatai que *tout* était sec. Absolument tout ! J'en restai médusée. Je ne me servais jamais de siccatifs ni de diluants parce que ces derniers pouvaient compromettre la longévité de la toile. Alors, comment ceci avait-il pu se produire ? Le mystère était total pour moi, mais le fait fut que la toile sécha *toujours* en quelques heures (et non pas en quelques jours) pendant toute la période durant laquelle je la réalisai. Ceci eut une énorme répercussion sur la date prévue de son achèvement.

Travailler de concert avec le Fils de Dieu eut de nombreux avantages. D'une part, la relation entre nous existait dans un royaume synchrone que l'on pourrait appeler « la zone du miracle ». Dans ce milieu qui n'offrait aucune résistance, la sensation s'apparentait un peu à celle d'un flottement dans l'air ou d'un passage à travers des murs. Accepter l'idée qu'il n'y aurait aucun problème demandait beaucoup plus d'intégration personnelle que l'on peut le penser. Dans ce monde-ci, nous en sommes venus à considérer les problèmes comme « normaux ». En fait, la synchronisation fut parfaite pour tout et l'ensemble de mes besoins furent comblés.

À part le dimanche, la vision s'installa sur ma toile sans interruption jusqu'au 6 février. J'avais fait mon possible quant à l'agneau et m'attendais à une certaine relâche. Brian et moi avions prévu une petite sortie d'une journée pour le lendemain. Mais ce projet avorta précisément à quatre heures, le lendemain matin. Brian se leva au milieu de la nuit pour aller boire un verre de lait et jeter un coup d'œil sur Mary. Quand il dirigea le faisceau de sa lampe de poche vers la grange, au lieu de voir une paire d'yeux, il en vit *deux* ! Il vint me réveiller et nous nous précipitâmes pour jeter notre premier regard sur l'agnelet, encore chambranlant sur ses pattes et mouillé.

« Il est si délicat ! » m'exclamai-je. Et ceci devint son nom. J'eus effectivement droit à une petite relâche en raison de la fragilité du nouveau-né. Au début, Délicat s'endormait toujours dans nos bras. Nous avons donc profité de ces instants pour fêter sa naissance pendant les deux premiers jours. Sur la toile, il a trois jours.

Il existe un élément typique à presque toutes les créations. Les artistes appellent cela « l'incubation ». Il s'agit du processus pendant lequel l'artiste se perd dans toutes les options et tous les problèmes afin de trouver les « réponses » en recourant à son instinct, à son ingénuité et à ses ressources créatives. L'incubation fait partie du charme de toute démarche créative, car elle permet à l'artiste d'explorer son unicité et d'en émerger avec une intention qui lui est propre. Mais, pour la première fois de ma vie, ce processus ne m'attirait et ne m'importait aucunement. J'étais satisfaite d'avancer sans problème ni attentes. Mais, malgré ce lâcher-prise, je n'avais cependant pas l'impression d'être une simple illustratrice étant donné qu'une forme supérieure de création me prenait sans arrêt par surprise en raison de son déploiement dynamique.

À une occasion seulement, j'eus un doute au sujet de la vision. Ou peut-être était-ce une subtile prémonition des choses à venir. Il y avait un chêne au milieu de la partie gauche de la toile. Dans ma vision, le tronc était fendu. Je questionnai Jésus à ce sujet. « Le chêne est souvent un symbole de force, fis-je remarquer. Es-tu sûr que tu veux qu'il soit fendu ? »

Il me regarda, accueillit mon raisonnement mais ne tomba pas d'accord avec celui-ci. Avec une maîtrise empreint d'une grande paix, il me renvoya la question : *« Comment est-il dans la vision ? »*

« Eh bien, il est fendu », répondis-je.

« Alors, c'est comme ça qu'il doit être. » Ce n'est que plusieurs mois plus tard que je pus comprendre et apprécier la pleine signification de sa réponse.

Le travail se poursuivit sans un seul accroc par après. Néanmoins, il y eut une révélation surprenante deux semaines avant l'achèvement de la toile. Alors que je me levais pour sortir de mon atelier et prendre ma pause-café de l'après-midi, je me retournai vers la toile pour la regarder, ainsi que je le faisais toujours. Mais cette fois-ci, c'est elle qui me regarda, comme pour me surveiller ! Par une projection holographique, la toile entière prit un certain angle pour me faire face. Je figeai sur place, bouche bée, puis courus de l'autre côté de la toile. Une fois de plus, par cette projection holographique, la toile me fit face. Elle le fit sous tous les angles ! (Cet effet tridimensionnel est une norme d'excellence dans la peinture réaliste. Cependant, il y a une immense différence entre l'illusion tridimensionnelle et une projection holographique. Les tableaux des vieux maîtres sont bien connus pour l'illusion convaincante qu'ils laissent, comme s'ils vous regardaient sous tous les angles. Dans de tels portraits, on a même l'impression que les yeux du personnage suivent l'observateur. Ceci ne veut cependant pas dire que l'illusion s'échappe de son support pour se positionner devant la toile avec tous les détails de la composition. Dans la projection holographique, les formes complexes se regroupent et se projettent à nouveau selon les angles de perception.) Ce fut donc tout un phénomène de voir ceci se produire avec ma toile.

En sortant de l'atelier, j'expliquai à Brian, qui venait de frapper à la porte, la cause de mes exclamations bruyantes et joyeuses. En effet, j'ai l'habitude de toujours peindre en solitaire et de ne montrer mes toiles qu'une fois qu'elles sont terminées. Mon mari, qui était au courant de cette habitude, la respectait. Donc, au moment où il frappa à la porte, la vision se dissipa. Seul notre chat Gunnar avait vu la peinture progresser ; en effet, il n'était pas question qu'il ne puisse pas rester dans mon atelier, car il était toujours en ma compagnie. Je suppose qu'il pouvait voir Jésus puisqu'il s'installait sur mon carton à dessin juste en face de la vision, qu'il fixait des heures durant chaque jour. Jésus lui avait parlé à plusieurs reprises et l'avait même caressé une fois. Ce soir-là, il observa la scène, stupéfait mais calme, se demandant à quoi rimait tout ce charivari.

À partir de cet instant, la toile acquit sa vie propre. Elle était achevée dans son intégrité et respectait totalement la vision. Sans vouloir l'embellir, je suivais la source d'inspiration que j'avais sous les yeux et éprouvais une grande joie à m'abandonner à une création d'ordre supérieur. Cette peinture est toujours restée holographique, et ceux qui la regardent actuellement estiment que ses diverses projections et son expression confèrent une grande puissance au lien de communion dont ils font l'expérience avec elle.

Même les bonnes choses ont une fin et, dans le cas de cette démarche, je fus tout à fait heureuse de ne pas avoir à décider du moment où celle-ci aurait lieu. Plus tôt, j'avais pris conscience que la vision avait un tel pouvoir que je me voyais facilement passer vingt ans à essayer de la perfectionner. Par conséquent, je fus vraiment soulagée quand ce fut le ciel qui décida que le travail était terminé.

Ceci eut lieu le 12 mars 1992. Ce jour-là, il restait si peu de choses à faire que je fignolais simplement certains petits détails. Je voulais ajouter quelques touches à la chevelure de Jésus. Comme elle flottait au vent, je voulais séparer les mèches pour souligner la légèreté de l'air. Je m'attardai à ces touches finales une après l'autre. Lorsque je relevai les yeux sur la toile, je fus renversée de voir la vision se dissoudre en un nuage de lumière étincelante. Presque prise de panique, je tournai mon regard vers l'intérieur, c'est-à-dire vers le point où celle-ci était raccordée à ma conscience. Mais le « fil » avait été sectionné. Déposant mon pinceau, je souris. Puis mon sourire s'élargit, incapable que j'étais de retenir la joie que je ressentais. Pendant que je regardais la vision s'évanouir, j'assistais également à un commencement. Même si cette vision s'estompait peu à peu, l'amour et l'énergie propres à son essence restaient fixés sur la toile. Le tableau était achevé mais sa vie venait juste de commencer.

Nombreux sont ceux qui, l'ayant vue, ont senti une présence vivante en elle. « L'agneau et le lion » est bien plus qu'une toile et de la peinture. Cette création sert maintenant de transmetteur à la force vitale de la vision initiale et ceux qui la voient ont tout le loisir de l'apprécier comme étant la prolongation du pouvoir et de l'amour du Maître. Après le départ de Jésus, la toile me permit de lui rendre souvent visite. Je voulais plus particulièrement savoir ce qui allait se passer par la suite. « Que dois-je faire de cet ouvrage que tu as laissé sous ma garde ? »

Chapitre 3

Un miracle au petit déjeuner

Que vous ayez pris tel chemin, telle route,
que votre périple ait commencé où que ce soit,
à n'importe quel moment ou à n'importe quelle saison,
cela revient toujours à la même chose :
il faut mettre de côté sentiment et intellect.
Vous n'êtes pas ici pour vérifier, vous instruire,
satisfaire votre curiosité
ni transmettre des comptes rendus.
Vous êtes ici pour vous agenouiller,
car la prière est quelque chose de solide.
La prière est bien plus qu'une enfilade de mots,
que l'esprit consciemment occupé à prier
ou que le son d'une voix qui prie[4].
T. S. Eliot

Dans la grâce se retrouve la fragrance naturelle de la prière. Les débuts publics de « L'agneau et le lion » eurent lieu le dimanche des Rameaux, immédiatement après son achèvement. À nouveau, l'ordre des choses fut parfait. Tout comme Jésus fit son entrée dans Jérusalem le dimanche des Rameaux, la toile fit son entrée dans son ministère ce même jour. Elle fut exposée le jour de Pâques également et presque tous les dimanches qui suivirent. Le cours des événements fut tellement empreint de grâce et de sens que je ne cherchai pas à retrouver ce lieu sacré à l'intérieur de moi d'une autre façon.

Mais avant de pouvoir apprécier un tel bienfait, je dus cependant faire face à un défi de taille figurant sur des voies inconnues. À peine me sentis-je comblée et satisfaite d'avoir terminé ce tableau que celui-ci me plongea dans un inconnu encore plus grand. Seulement quelques jours après l'avoir terminé, je m'assis devant, me souvenant avec révérence du plaisir que j'avais éprouvé en la présence du Maître, et un mélange de larmes et de sourire s'étala sur mon visage. Cependant, je sentais surtout de la confusion et une certaine préoccupation, des sentiments familiers que je n'avais pas connus depuis avant l'apparition. « Pourquoi ? Quelle était la raison d'être de tout cela ? »

Jésus me manquait réellement, même si son amour s'attardait encore partout comme l'odeur de l'air frais de la montagne. Mais quelques jours plus tard, mon cœur s'emplit à nouveau de cette résonance rassurante que je reconnus comme étant sa présence. Une nouvelle dimension de notre relation venait de débuter, s'accompagnant d'une manière de communier autre et plus profonde. Même si aucune parole ne fut prononcée, mes questions purent obtenir une réponse.

Je sentis qu'il me disait avec une grâce indubitable : *« Donne-la à mon peuple. »*

Il avait répondu à ma question, mais sans ajouter aucune indication sur la façon de m'y prendre. De plus, sa requête était plus facile à exprimer qu'à réaliser. Son peuple est partout ! Il est de toutes couleurs, nationalités et traditions ! Au sein même de la communauté chrétienne, il existe d'innombrables croyances et des centaines d'appartenances religieuses. Et beaucoup de ses plus fervents adeptes et disciples ne prennent aucunement part à quelque service religieux que ce soit. Et ses enseignements ont une influence dans le monde entier, bien au-delà des limites de ce que nous appelons la chrétienté.

Où devais-je donc commencer ? La réponse évidente à cette question se trouvait n'importe où. Ce fut le simple mais contagieux enthousiasme qui fit le travail, et le mot se passa. Peu après, des étrangers venus de tout le pays arrivèrent à notre porte sans s'annoncer, demandant à voir le portrait de Jésus ! Il est effarant d'imaginer le nombre de barrières qui durent être levées, celui des inhibitions qui durent être mises en suspens pour qu'une telle chose puisse se produire. Les gens devinrent eux-mêmes un miracle vivant par le fait même qu'ils recherchaient et trouvaient la présence de Jésus par le truchement de cette représentation visuelle.

À mesure que les visiteurs transmettaient leurs comptes rendus exaltés à leurs groupes d'appartenance et à leurs groupes religieux respectifs, les invitations affluaient pour que je me fasse connaître publiquement. Les murs habituellement élevés par les diverses confessions religieuses se mirent à tomber. Au cours des deux années suivantes, cette peinture fit le tour de cinq États, visitant plus de quatre-vingts églises appartenant à la plupart des confessions religieuses : protestante, catholique, charismatique, épiscopale, et même l'Église des cow-boys du Christ ! Rayonnants bien au-delà des limites de la suprématie de l'Église, nous allâmes partout où l'on nous demandait.

Des gens de tous âges, de toutes les couleurs et croyances vinrent admirer la toile, prier, méditer ou recevoir en silence la bénédiction du Maître grâce à sa représentation picturale. Je ne peux dire quelle est la signification des aspects symboliques de ce tableau puisqu'ils ne furent pas le fruit de mon invention consciente ni le résultat de ma propre intention. Pour bien des gens, ils sont devenus un catalyseur leur permettant de recevoir des messages. Le même genre de fluidité se retrouve dans la nature de son apparence physique. À la façon d'un kaléidoscope, celle-ci semble contenir une myriade d'expressions, de types de visage et de qualités personnelles. Mon cœur s'emplit de joie à la pensée que ce portrait puisse être élaboré à partir d'un gabarit universel recélant d'infinies possibilités et variations. En même temps, je voudrais espérer que par cette vision nous a été donné un aperçu significatif de l'histoire ou, tout au moins, une représentation où perdure un certain aspect de son être.

Certaines personnes ayant fait l'expérience d'une mort imminente m'ont écrit ou appelée pour me confirmer cet espoir en me confiant l'expérience divine qu'elles ont vécue en le rencontrant dans une dimension supérieure. Une femme ministre du culte me fit parvenir le passage suivant extrait d'un de ses ouvrages de séminaire pour venir appuyer l'espoir que ce portrait puisse être réellement authentique. Il s'agit de la description de Jésus par Publius Lentulus, le gouverneur de Judée, qui s'adresse à Tibérius Caesar, l'empereur de Rome[5]. Cet écrit fut trouvé dans les fouilles archéologiques d'une ancienne cité ; il était gravé dans la pierre, en langue araméenne.

En cette époque vit ici, en Judée, un homme d'une vertu singulière qui se nomme Jésus-Christ et que les Barbares considèrent comme un prophète, mais que ses adeptes aiment et adorent comme étant le fils du Dieu immortel. Il ressuscite les morts et guérit toutes sortes de maladies d'une parole ou d'un geste.

C'est un homme bien fait et de grande stature. Son allure est aimable et pleine de révérence. Sa chevelure, d'une couleur peu commune, celle d'une châtaigne mûre à point, tombe en mouvements ondulants tout autour de ses épaules. Il a le front haut, large et imposant. Ses joues libres de toute tache ou ride, sont colorées d'un beau vermillon. Son nez et sa bouche sont dessinés selon une exquise symétrie. Sa barbe, de la même couleur que sa chevelure, est épaisse et lui arrive sous le menton. Il a les yeux bleu vif, clairs et sereins, le regard innocent, digne, viril et d'une grande maturité. Bien proportionnées par rapport à son corps, ses mains presque parfaites et captivantes font la joie du regard.

Il réprimande avec majesté, conseille avec douceur, et tout son commerce, qu'il soit en gestes ou en paroles, est éloquent et grave. Personne ne l'a vu rire et pourtant ses façons sont extrêmement agréables. Mais il a pleuré en présence d'autres hommes. Il est pondéré, modeste et avisé. C'est un homme d'une extraordinaire beauté et de perfection divine qui surpasse les enfants des hommes dans tous les sens.

Ce qu'il y a de plus remarquable dans cet écrit, c'est qu'il fut composé par un Romain qui parlait d'un Juif et d'un homme qui parlait d'un homme à une époque où des compliments aussi tendres et révérencieux étaient quasiment impensables, sauf dans le cas où il s'agissait de faire montre d'un infini respect envers quelqu'un.

L'explication la plus plausible concernant ce portrait est qu'il s'agit d'un miracle. Il n'existe peut-être pas de sujet plus insaisissable que celui des miracles, ce royaume spécial d'intention divine qui tisse ses fils d'or dans nos vies. À mesure que cette peinture était exposée, les miracles se multipliaient, sans jamais savoir cependant quand les attendre et encore moins comment les expliquer. Ils arrivaient simplement comme des offrandes à ceux qui les recevaient ou en étaient les témoins. Par ailleurs, il semble n'y avoir aucun ordre d'importance dans le royaume des miracles, car chacun d'eux constitue un moment d'extrême bienveillance qui nous est offert.

Il est rare que nous puissions prévoir les miracles qui changent nos vies, car ils surviennent le plus souvent comme la plus merveilleuse des surprises. Il m'est facile aujourd'hui de regarder avec du recul le chapelet de miracles que le Maître a faits par le truchement de son portrait et de ressentir avec quiétude le plaisir que de tels souvenirs me procurent. Pourtant, la naissance d'un miracle est souvent aussi douloureuse que l'enfantement, car une nouvelle vie doit déchirer le voile de l'ancien pour pouvoir déclarer sa présence.

Dotées du pouvoir de l'amour, la vie et la croissance s'apparentent aux puissantes forces de la mer qu'il serait plus facile d'harnacher que les forces de la création. La complaisance, la réserve et le conservatisme ne sont pas des termes qui viennent à l'esprit lorsqu'on évoque le pouvoir de l'amour ou la capacité du Maître à l'inspirer ! Au cours de ces journées de découverte et de croissance après l'achèvement de la toile, ma relation avec lui, et avec la vie, continua de se développer avec une grâce métamorphosante. À l'instar des tulipes qui percent la terre au printemps, chaque jour poussait en m'apportant sans cesse de plus grandes vérités que j'intégrais plus totalement à ma vie tout en les appliquant mieux.

J'en vins à prendre conscience à un moment donné, que les miracles ne sont que la force de la croissance pendant que l'amour et la vie détruisent le voile de l'illusion qui les a empêchés de s'exprimer. Si on concentre son attention sur l'impact de l'amour et sur sa capacité à manifester des miracles, alors ces derniers se mettent à faire partie des choses attendues de la vie. Si, par contre, on se concentre sur les structures qui nient le grand pouvoir de l'amour et de la vie, il se peut qu'un miracle se produise avec soudaineté, mais il laissera un arrière-goût de regret. Nous sommes tellement habitués à sourire devant un miracle que nous oublions souvent de tenir compte du fait que celui-ci a pu être annoncé par des éléments dangereux ou traumatisants. Il semblerait que, le plus souvent, on ne puisse arriver à apprécier plus profondément cette vérité que lorsqu'on a fait la paix avec la nature holistique de la vie.

Et c'est au cours de l'été 1992 que je devais me parer d'autres armes dans ce domaine. Que n'aurais-je pas donné pour faire preuve de plus de discernement en ce matin du 20 juillet ! J'aurais pu apprécier mon petit déjeuner avec un sentiment d'anticipation paisible au lieu de rester à tourner en rond figée dans mes pensées, assommée par un terrible coup auquel aucune solution ne semblait possible. Je ne me doutais guère que je subissais les affres de l'enfantement du miracle le plus significatif pour moi depuis que le Maître était entré dans ma vie. Mon épreuve s'amorça le jour précédent.

Le 19 juillet 1992 débuta comme tous les autres dimanches. À peine le petit déjeuner terminé, mon mari chargea la peinture dans notre voiture pendant que je m'habillais et que je passais en revue les notes destinées à mon allocution matinale. Cette fois, nous nous rendions à l'église épiscopale de Saint-François-d'Assise, de Willow Park, au Texas. Le père Hermann, qui en était le pasteur, avait entendu parler de la toile « L'agneau et le lion » et nous avait demandé de la présenter à sa congrégation et de raconter l'histoire qui avait conduit à sa création.

À notre arrivée, le père Hermann et plusieurs paroissiens attendaient pour nous aider à installer la peinture dans la salle communautaire. Nous venions à peine de la placer sur son chevalet que la tragédie se produisit : un projecteur se détacha de son haut trépied pour venir tomber sur elle. Du regard, plusieurs personnes assistèrent impuissantes à la scène pendant que la lampe dégringolait. Une femme, Judy Huber, plongea de tout son corps vers le sol pour essayer de détourner la trajectoire de la lourde lampe, mais n'arriva pas à temps. Le projecteur vint s'écraser sur le côté gauche de la peinture, exactement là où figurait la fente dans le tronc du vieux chêne.

Pendant que nous redressions le tableau pour le recentrer sur son chevalet, tout ceux qui étaient là purent observer l'étendue des dommages : une bosse de dix centimètres avec une déchirure et un accroc de deux centimètres et demi au milieu de celle-ci. Je fis passer mon doigt de bord en bord dans la déchirure ! En tant qu'historienne de l'art et ancienne spécialiste de musée, je sus immédiatement quelles étaient les options possibles permettant de réparer une œuvre endommagée à un tel degré. En fait, la bosse ressortirait toujours et, bien que la déchirure puisse être rapiécée et peinte, on pourrait toujours déceler sa présence en la cherchant. Malheureusement, il n'y a pas une grande différence entre une toile déchirée et un cœur brisé. Vous pouvez toujours essayer de recoller les morceaux, ils ne seront jamais plus entiers.

D'où vient la force qui nous pousse à continuer quand tout, à l'intérieur de nous, dit : « Je m'arrête » ? Heureusement pour nous, il existe dans notre force des dimensions que nous n'utilisons pas normalement. Et ce dimanche, je découvris justement ces réserves-là. La toile devant se trouver suffisamment loin de la congrégation, je n'aurais pas à parler de l'accident à quiconque n'était pas déjà au courant. Les mains tremblantes et le souffle court, je commençai mon allocution. Le programme prévoyait une présentation dans la matinée, avant la messe, et une discussion ouverte à tous durant l'après-midi. D'une manière ou d'une autre, je réussis à passer à travers ma journée. Bienveillant, l'état de choc s'accompagne toujours d'un phénomène anesthésiant.

À la fin de l'après-midi, nous replaçâmes soigneusement la toile dans son étui afin de lui éviter tout autre dommage et nous rentrâmes à la maison dans le plus grand des silences. Je voulais prier, mais j'eus beau me creuser la cervelle, les mots me manquaient pour exprimer ce que je ressentais.

Le lendemain matin, je me réveillai avec un sentiment d'appréhension. Chaque fois que je revoyais l'instant fatidique, mes nerfs subissaient un assaut. Ce matin-là, il me fallut tout un pot de café pour reprendre le dessus. Assise seule, j'essayais de ne pas regarder l'étui qui était appuyé contre un mur dans le salon. Les souvenirs affluèrent dans mon esprit alors que je me remémorais les événements et les miracles qui m'avaient amenée jusqu'à ce matin-là.

À travers les larmes, je me surpris à poser la question « Pourquoi ? ». La réponse ne tarda pas à venir.

Dès que je pus rassembler assez de courage, je me fis en premier lieu le devoir d'examiner la peinture et d'estimer les dégâts. Renseignée sur le dommage fait à la toile, je pourrais par la suite entrer en communication avec un restaurateur. Des moyens humains ne pourraient jamais la rendre à son intégralité, mais ils pourraient la rendre esthétiquement présentable. Par ailleurs, une restauration professionnelle empêcherait toute autre détérioration à l'endroit de la déchirure.

Alors que je faisais soigneusement glisser le tableau hors de son étui, je ne pouvais en aucune façon me préparer à ce qui allait être révélé. *Le dommage avait disparu !* Je passai délicatement mes doigts sur sa surface, examinant attentivement l'endroit qui avait été déchiré la veille. Tout était parfait : aucune bosse, aucune déchirure, aucun accroc, aucune peinture écaillée. Retournant le tout, je constatai que la trame et la chaîne de la toile étaient aussi tendues et serrées que le jour où j'avais monté et étiré celle-ci sur son cadre.

La regardant à contre-jour, je ne pus voir aucune lumière la traverser ni une seule écaille de peinture enlevée. En examinant l'arrière avec une loupe, je dus constater que pas même une fibre n'était entamée. Ce qui se produisit en moi à cet instant-là me dérangea presque autant que l'accident lui-même. Toutes mes attentes venaient de voler en éclats. La structure révélant sa nature illusoire, j'étais remuée jusque dans mes tréfonds. Assaillie par un mélange d'émotions impossibles à décrire, je dirigeai mon regard avec une humble stupéfaction vers le chêne fendu et me souvins du jour où j'avais demandé à Jésus s'il fallait qu'il soit fendu.

Le choc céda la place au transport de joie et je ressentis le besoin pressant de partager cette expérience avec quelqu'un. J'appelai aussitôt Judy Huber, mon amie de l'église, pour comparer nos histoires. Ensemble, nous passâmes en revue les événements des derniers deux jours, confirmant répétitivement nos expériences respectives. Quand nous pûmes enfin mettre un terme à nos cris et à nos louanges, Judy rapporta la nouvelle au père Hermann. D'une voix calme mais qui sait, il répondit : « Je ne suis pas surpris. J'ai prié toute la nuit pour que cela arrive. »

Environ une semaine plus tard, tous ceux qui avaient assisté à l'incident se rassemblèrent à l'église pour examiner l'œuvre et célébrer sa guérison. Chacun fit par écrit son propre compte rendu des dégâts qu'il avait constatés. L'église Saint-François conserva ces lettres, témoignages sans équivoque de ce qui s'était produit ce 19 juillet. C'est une bonne chose que ces déclarations existent, car la toile, même sous le grossissement d'une loupe, ne montre aucun signe d'avoir jamais été bossée, écorchée ou déchirée d'une façon quelconque, et encore moins d'avoir été réparée !

Au cours des semaines et des mois qui suivirent, je dus moi-même chercher à clarifier cette expérience, car on ne cessait pas de me poser des questions à ce propos. Même à ça, ce qui est miraculeux ne peut être « compris » normalement puisque la logique que nous employons pour expliquer notre réalité est en permanence conditionnée par des scénarios prévisibles mettant en jeu la cause et l'effet. Une telle façon de penser ne pourrait jamais inclure un miracle, et encore moins l'expliquer.

Il y a quelque chose d'étrange dans la manière dont je me souviens de l'événement, comme s'il y avait eu deux jeux d'expérience symétriquement reliés entre deux dimensions de réalité différentes et séparées par un voile léger. D'un côté du voile, celui prenant appui sur la perception physique, je peux me rappeler nettement en détail le moindre moment de l'épouvantable accident survenu ce dimanche-là. Il ne fait aucun doute que mes souvenirs correspondent tout à fait à ceux des autres témoins. De l'autre côté du voile, par contre, existe pour moi une conscience élargie qui perçoit *l'intacte entièreté* de la toile malgré l'agression !

Il semblerait que ma perception normale de la réalité, qui serait d'ordre horizontal, ait été traversée verticalement par une vérité et une force d'ordre supérieur. De telles pensées m'amenèrent à me demander si l'univers tout entier met son infinie création à exécution dans le cadre de moments intemporels où les probabilités de l'ordre horizontal entrecroisent en parfaite harmonie celles de l'ordre vertical et que la conscience monte ou descend.

Est-il possible que la dualité autour de laquelle nous élaborons nos vies soit comme le chêne fendu ? Serait-il possible que toute la mission de Jésus sur terre ait été de nous montrer que même si la dualité existe, il y a également un Tout bien plus vaste qui réduit justement cette dualité à une illusion ? Dans notre vie, nous connaissons des moments triomphants, mais également de dures épreuves. Nous ne savons que trop ce qu'est la douleur et, pourtant, elle cohabite avec la perfection. Quand je regarde ce qu'a été ma vie, je constate qu'elle est empreinte de cette sorte de complexité et, en même temps, de simplicité.

Le moment viendra-t-il un jour où nous déciderons enfin de rejeter l'influence dominante que l'imperfection a actuellement ? Ou se pourrait-il qu'il ne règne rien d'autre que la totalité, une fois que nous serons disposés à la voir ? C'est peut-être là la clé du message de Jésus... et son mystère. Ou peut-être chercherons-nous jusqu'à ce que la vérité en nous exige que nous nous libérions de l'esclavage du mystère. C'est cette éventualité que T. S. Eliot[6] exprime avec tant d'émotion dans ces vers immortels :

Nous ne devons cesser d'explorer.
Car la fin de toute notre exploration
nous ramènera à notre point de départ
et nous connaîtrons ce lieu pour la première fois.
Par ce seuil inconnu et remémoré,
il ne reste qu'un coin de terre à découvrir
qui n'est rien d'autre que le commencement.
À la source de la plus longue rivière,
on entend la voix de la cascade cachée,
inconnue parce que non cherchée,
mais entendue, demi-entendue, dans le silence
de l'interstice entre les vagues de l'océan.
Vite maintenant, ici, maintenant, toujours…
Une totale simplicité qui ne nous coûte pas
moins que toute autre chose,
Et tout sera bien,
Et toute chose le sera.
Quand les langues de la flamme se replient
sur elles-mêmes pour se nouer en une couronne de feu,
alors le feu et la rose ne font plus qu'un.

Deuxième partie

Le message du Maître

L'émerveillement que je ressens est simple,
et c'est pourtant la simplicité qui cause mon émerveillement.
Par conséquent, prends la parole.
T. S. Eliot

Chapitre 1

Il prit la parole

Comme tout le monde peut l'imaginer, il est impressionnant d'être en la présence du Maître. J'ai aussi eu le privilège d'apprendre à quel point il est humain, chaleureux, bienveillant et même empreint d'humour. Néanmoins, jusqu'à récemment, il s'agissait d'un aspect de mon expérience avec lui que je ne voulais pas partager, même si c'était ce qu'il y avait de plus significatif pour moi. Ce qu'il y a de merveilleux et d'unique en ce qui concerne cette apparition qui dura plus de quatre mois, c'est que justement sa durée permit à ses protagonistes de devenir plus intimes, de se dire et de faire connaissance comme le font des amis. Par cette communion consciente et bienveillante, nous avons eu de nombreuses conversations dont les sujets variaient du plus simple au plus complexe.

Cette expérience fut si forte que je ne réussis à m'en distancier quelque peu et à en parler que quatre ans plus tard. Je considérai donc l'état de communion entre nous tout simplement comme un cadeau personnel de sa part à mon égard. Si quelqu'un me demandait des clarifications intuitives approfondies quant à cette apparition, je répondais simplement : « Il n'y a que l'amour qui compte. »

De temps en temps, je mentionnais à mon mari, Brian, et à d'autres personnes que Jésus et moi avions échangé quelques bribes de conversation. Ceci semblait correspondre à leurs attentes. Après tout, si une vision pouvait s'avérer aussi vivante et aussi persistante afin de « poser pour un portrait », alors pourquoi ne pouvait-il pas y avoir dans une certaine mesure une forme de communion pouvant se traduire en paroles ? Ceci étant leur logique, je la leur laissais, préférant laisser tomber une cape de silence sur le fait que nous avions en réalité de *grandes conversations* dans les moments que nous passions ensemble. Si j'avais révélé cela, je n'aurais pas su – je le savais – comment arrêter le flot de questions, en particulier la suivante : « Qu'est-ce qu'il a dit ? » Cependant, au printemps de l'année 1996, Jésus m'apparut de nouveau et me demanda de prendre la parole.

Rapporter ses paroles s'accompagne d'une responsabilité déroutante. J'avais un certain nombre de bonnes raisons d'éprouver de la réticence à transmettre publiquement ses messages. Tout d'abord, ils me furent transmis en tant que réponses subjectives à mes demandes, problématiques et activités d'ordre personnel. Les questions que je posai furent, sous bien des aspects, le miroir de mon âme, et ses réponses s'adressèrent souvent directement à mon être profond.

Il m'aura fallu quatre ans de recul par rapport au point d'impact subjectif pour penser à ses paroles avec un détachement objectif.

Ce n'est nullement mon désir de filtrer sa présence à votre place ou de vous dire quoi penser de lui. Je ne suis certainement pas une théologienne. Ce que j'espère, c'est pouvoir vous transmettre clairement ses messages comme s'ils s'adressaient directement à vous. Ainsi, vous pourrez les interpréter comme bon vous semble. Ils pourront atteindre votre cœur et votre esprit d'une façon qui correspond à la compréhension que vous avez de lui ou à votre rapport avec lui. C'est d'ailleurs pour cela que j'ai choisi de mettre toutes ses paroles dans un caractère différent. De la sorte, vous pourrez les comprendre en fonction de leur contexte original, ou les en dissocier si vous le désirez, pour ainsi éliminer toute nuance ou toute signification leur étant attribuée par mon expérience personnelle.

Par-dessus tout, je vous recommande de les recevoir par le cœur et de toujours vous rappeler qu'il s'est bien agi de conversations et non de dissertations de l'esprit. Jésus n'a pas créé de nouvelles écritures ni délivré un nouveau Sermon sur la montagne. Il s'est simplement adressé à un ami. À l'instar de toute conversation, les nôtres ont eu de nombreuses ramifications. Sans structure préétablie, un sujet menait à d'autres sujets apparentés. Nous suivions le fil conducteur et nos cœurs. À mesure que notre rapport se développa, les conversations s'intensifièrent en puissance, en longueur et en densité. J'en ai récolté les trésors et j'espère, si j'ai bien enfilé ces perles, que ses paroles vous transmettront un message personnel qui dépasse la somme de ses parties.

Tout ce que j'ai jamais demandé, je l'ai fait avec une retenue empreinte de respect. Je ne voulais pas profiter de sa position. Il m'avait assez fait honneur en étant simplement présent. Je ne voulais pas présumer de droits qui n'existaient probablement pas ni m'immiscer dans des sujets ou des domaines de connaissance qu'il ne m'appartenait pas de débattre. Comme preuve de ce respect, j'attendais toujours que ce soit lui qui entame toutes les conversations.

La première chose qu'il m'ait jamais dite, c'est : *« Glenda, l'amour c'est ce que tu es . »*

À cet instant-là, je ne me rendis absolument pas compte de l'importance de son affirmation ni du fait que celle-ci serait le pivot de tout ce qu'il dirait par la suite. Pour le moment, j'étais juste comblée par le fait d'entendre sa voix. C'était une voix de baryton, riche, mélodieuse, pleine et virile. Le son de sa voix était si profondément nourrissant et satisfaisant que je me sentais comme « la femme au puits » de la Bible. C'était comme si l'eau claire venait étancher ma soif. Entendre sa voix suffisait. À quel point lisons-nous ou cherchons-nous souvent quelque chose pour finir par nous sentir encore plus assoiffés par après ? Pas avec lui. Même s'il ne prononçait qu'une seule parole, j'étais totalement comblée. Nul besoin pour moi de compléter ses paroles par des lectures additionnelles ni de poser sans fin des questions. Même si je me sentais souvent comme une enfant en sa présence, ce sentiment ne prit jamais une ampleur au point de le considérer comme un père dont on peut mettre la patience à l'épreuve avec de puériles curiosités. Il se peut que vous pensiez : « Mais Glenda, vous auriez pu lui demander tous les secrets de l'univers ! » Même si c'est ce que je fis à un moment donné, le fait de connaître celui qui avait maîtrisé l'univers était déjà suffisant en soi. Pourquoi avoir besoin de demander quelque chose en plus ? Sa présence me conférait une sérénité et une satisfaction merveilleuses qui m'apportaient toujours la paix.

Au début, je craignais de ne pas être capable de travailler en sa présence ni de pouvoir me plonger dans la routine habituelle de mon travail en atelier. L'art est le processus qui se déroule le mieux quand vous vous perdez dans le chaos créatif. Pour être franche, je dois reconnaître que le milieu de travail d'un artiste est souvent moins qu'ordonné, Brian qualifiant en général le mien par l'emploi d'adjectifs beaucoup plus forts ! Comment pouvais-je mettre les petits plats dans les grands tout en continuant d'être la personne créative et brouillonne que j'étais habituellement ?

Miraculeusement, Jésus rendit cela possible. Je suppose qu'il estimait que sa première tâche était de me mettre suffisamment à l'aise pour que je puisse exécuter le travail qui m'avait été assigné, c'est-à-dire réaliser une toile. Il était nécessaire que je puisse peindre à ma manière habituelle et il prit ses responsabilités dans ce sens.

Il prit plaisir aux choses que j'aimais, fit preuve de patience concernant mes pauses-café, se divertit de mes méthodes et me fit souvent et poliment des suggestions pour mieux réussir à faire ce que je faisais. Avec lui, je me sentais jolie, même si je portais en général un jean et un sweat-shirt, si j'avais des taches de peinture à l'huile sur le visage au lieu de maquillage et si je sentais la térébenthine au lieu de la rose. Gentleman parfait, il était bienveillant, attentionné et détendu. En sa présence, je ne me suis jamais sentie médiocre. Et en même temps, avec une grâce et une aisance qui semblaient rendre tout cela si naturel, il me fit atteindre des degrés de perception, de discernement et d'inspiration qui auraient été inconcevables seulement quelques jours plus tôt.

Dès le tout début, je fus sidérée de constater à quel point il maîtrisait les petites choses aussi bien que les grandes. La moindre chose, la courtoisie la plus élémentaire, la plus insignifiante observation, tout lui était important.

En fait, notre conversation commença par une brève observation qui me fit pratiquer l'humilité. Au cours de cette première journée, alors que je faisais mon croquis de base, j'étais assise très près de la toile, peut-être à trente centimètres de celle-ci, parce que ma vue n'était pas à son meilleur. Depuis quelques années j'étais devenue myope, mais sans vouloir l'admettre. C'était une situation à laquelle j'avais décidé de m'accommoder aussi longtemps que possible parce que mon amour de la beauté visuelle était trop pur pour permettre qu'il soit filtré par une lentille. Si j'avais pu persuader le ministère des Transports de renouveler mon permis de conduire, alors j'aurais eu le problème bien en main. Mais Jésus vit bien que je forçais des yeux et me demanda : *« Glenda, as-tu un problème aux yeux ? »*

J'éludai la question, ne voulant pas y répondre totalement. Je fis donc la remarque suivante : « Je ressens seulement un peu de fatigue dans mes yeux ces derniers temps en raison de ma nervosité. Aussi, je n'ai pas beaucoup dormi la nuit dernière, avec toute cette surexcitation et tout et tout. » Mais ma déclaration me dérangea, car elle n'était pas entièrement vraie.

Plus tard au cours de la soirée, Brian me demanda comment les choses s'étaient déroulées et je lui répondis : « Oh, merveilleusement bien ! Les paroles me manquent pour le dire. Mais je dois avouer que je me sens un peu coupable au sujet d'une chose. Il m'a demandé quelque chose et je n'ai pas répondu honnêtement. » J'expliquai donc à Brian ce qui s'était passé. Celui-ci essaya de me réconforter, mais ma nervosité persista, car j'aurais de toute façon le même problème le lendemain en revoyant Jésus.

« Je n'arrive pas à le regarder en face », dis-je à Brian. J'allai donc chez l'opticien pour m'équiper de lunettes et ce sujet ne revint jamais plus sur le tapis. Au moment où je posai mes lunettes sur mon nez pour la première fois la semaine suivante, je remarquai que Jésus me regardait avec délicatesse et courtoisie, se contentant de sourire alors que nous entamions notre journée de travail.

Ce ne fut que quelques semaines après l'achèvement de la toile que je découvris qu'un miracle s'était produit. En faisant un peu d'ordre sur mon bureau, je remarquai mes lunettes enfouies sous un monceau de choses. Il est possible que je les aie portées une ou deux fois, mais à un moment donné, par le fait d'être en sa présence, cette affliction avait disparu. La raison pour laquelle je ne l'avais pas encore remarqué jusqu'à ce moment-là, c'est que, en sa présence, tout était toujours parfait et qu'il n'y avait aucune référence négative pour mesurer ou mettre au jour les faiblesses !

Quelques semaines plus tard, alors que j'allai chercher mon permis de conduire, le test oculaire révéla que j'avais une vision parfaite sans lunettes. Et je ne les ai plus jamais portées depuis.

Si je devais qualifier de joyau un élément de son message, ce qualificatif s'adresserait certainement à la dominance du cœur. Il m'a tellement souvent répété : *« Glenda, n'oublie pas que tu es amour. »* Et après avoir prononcé ces mots, il continuait habituellement de parler pour que je comprenne mieux l'importance du cœur. Le premier commentaire qu'il fit à ce sujet me plongea dans l'embarras.

Cela faisait seulement deux ou trois jours que le tableau était commencé et j'essayais d'entretenir la conversation avec lui, principalement pour me mettre moi-même à l'aise. Pendant les années où j'avais été portraitiste, j'avais appris combien il était important de créer une ambiance d'aise en éloignant l'attention de la séance de pose. Mais discuter de banalités avec mon estimé hôte me semblait cependant tout à fait impropre. Alors je passai au mode opposé et essayai de l'impressionner. Je lui fis voir une roue chromatique que j'avais conçue. Pendant mes années d'études universitaires, j'avais aussi bien pris des cours de physique que d'art afin de pouvoir poursuivre des études dans le domaine de l'optique et de mieux saisir la composition chromatique de la lumière. En prenant cette direction, j'avais élaboré une théorie avancée sur la couleur qui m'avait donné un agréable petit avantage dans ma profession. Il s'agissait d'une formule qui m'avait bien servie et qui avait imparti une atmosphère unique à mes peintures. La plupart des gens qui connaissaient cette technique en étaient impressionnés et ceux qui ne la comprenaient pas se taisaient ou restaient un peu sur la défensive. Il me regarda simplement, un peu triste. Son silence me sidéra. Comment réagir devant une telle absence de résistance ?

Après un petit moment, il me demanda : *« Glenda, qu'est-ce qui te dérange tant en ce qui a trait aux couleurs ? »* Ce fut comme une flèche qui traversa ma coquille pour m'atteindre directement au cœur. Personne n'avait jamais auparavant vu à travers moi pour ce qui est de ce domaine où je me sentais si confiante. Auparavant, personne n'avait jamais percé mes défenses. Il avait fait éclater ma bulle ! J'étais assise là presque en larmes parce que je venais d'être vue très clairement. Je cherchais mes mots. « Pourquoi demandes-tu cela ? »

« En raison de la façon dont ton esprit s'échauffe à travailler en compensation d'une chose avec laquelle tu ne te sens pas à l'aise de toute évidence. Tu n'as pas besoin de savoir pour aimer, car l'amour est pouvoir. »

Ainsi révélée dans ma vulnérabilité, je m'efforçai d'expliquer : « C'est juste que j'aime tellement la lumière et la couleur que je n'ai jamais senti pouvoir leur rendre justice. Je suis totalement transportée par les beautés de l'univers, mais je ne me sens pas à la hauteur en leur présence. »

Il m'assura que j'avais accompli davantage en exprimant les passions de mon cœur et en me libérant de mes peurs que jamais je n'aurais pu le faire par une compréhension intellectuelle. Il poursuivit en m'expliquant comment le mental s'empare des fertiles problèmes du cœur pour le dominer. « *Le mental cherchera à tout prix à exploiter les problèmes du cœur ou à compenser en ce qui les concerne, mais il ne cherchera jamais à les éliminer ou à les soigner parce que le désespoir du cœur est la clé du pouvoir pour le mental.* »

« Est-ce que le mental est toujours comme ça ? » demandai-je.

« Souvent. Mais en fait, le mental peut être un très bon serviteur si vous lui permettez de n'être que cela. Vous devez en venir à la compréhension – et vous y tenir – que le mental n'a aucun pouvoir en lui-même. Il absorbe ou projette à partir de l'expérience, ou bien il met au point une matrice logique pour servir, expliquer et mettre en œuvre les pouvoirs du cœur et de l'âme. De sérieux problèmes peuvent survenir quand le cœur fonctionne négativement face à la vie. Car lorsque le cœur donne au mental une impulsion négative comme l'insuffisance, l'insécurité, la peur ou la colère, celui-ci fonctionne selon une logique Inversée. »

« Mais si le cœur est pur, comment cela peut-il se produire ? »

« Cela ne peut pas se produire lorsque le cœur est pur. Cependant, étant donné que le cœur est singulier de par sa nature et voué à la perception de l'unité, il ne sait pas toujours bien faire la distinction entre les expériences personnelles et celles des autres. Ce genre de clarté est la prérogative de l'âme, qui se connaît seulement comme "Je Suis" et qui est la seule à régir cette qualité. Par le truchement de la compassion qui lui est propre, le cœur prend la douleur et la détresse des autres pour les siennes. Et de telles émotions font naître en lui la culpabilité, le remords, la peur et le chagrin. Et pourtant de telles infortunées circonstances ont été causées par des méfaits ou des incidents survenus dans la vie et non provoqués par le cœur.

Quand j'ai fait remarquer que "j'étais dans le monde mais que je n'en faisais pas partie", je faisais directement référence à la façon dont je maximalise le pouvoir de mon cœur. La clé pour cela, c'est de sentir les problèmes du monde tout en restant dans la véritable béatitude du cœur qui ne connaît que la perfection. Il incombe à chaque âme de bien gérer son cœur et d'en maintenir la pureté. Les émotions négatives qui se sont immiscées dans ce centre sacré peuvent engendrer des croyances et des attitudes négatives.

Les croyances et les attitudes constituent le lien qui relie le cœur au mental. Si vous voulez que vos espoirs soient comblés, vous devez en premier lieu être très attentifs aux fondations sur lesquelles ils reposent. Le cœur formule des croyances pour faire ses demandes et le mental peut également créer des croyances afin d'expliquer les éléments du cœur qui lui sont par trop confus. Et ceci peut se traduire par des attirances et des actes qui sont hautement dysfonctionnels et souvent motivés par l'inconscient.»

Ces schèmes de comportement nous sont familiers à tous. Pourtant, à ce moment-là, aucun exemple ne me vint à l'esprit. Je lui demandai donc de m'en donner un.

« L'exemple le plus flagrant, c'est "l'inconnu", un mystère tangible que le mental remplit de ses propres inventions par peur de perdre le contrôle.

Mais pour l'instant, prêtez attention à ce que je vous dis. Lorsque le cœur d'un homme s'est accoutumé au manque, son mental fera du temps supplémentaire pour trouver les façons et les moyens de gagner plus d'argent. Il y a assurément une certaine logique ici en ce qui concerne les besoins de survie, mais cela ne résout jamais le problème ni ne change la croyance sous-jacente. Cet homme ne fait que faire face à la situation ou s'enrichir pour financer et perpétuer la pauvreté de conscience qui existe chez lui ou chez les autres. Il devient ainsi un bourreau du travail pour soutenir une forme de richesse matérielle qui finit par dominer sa vie mais qui ne se traduit jamais par un sens profond et véritable de prospérité. C'est seulement quelque chose qui vient compenser un manque, car le mental ne résout que des problèmes de logique ou d'équilibre, jamais des problèmes de vie.

La pauvreté de conscience d'un tel homme provient du fait qu'il a commencé à croire au manque et s'y est investi parce qu'il avait porté d'innombrables œillères l'empêchant de voir l'abondance de la vie. Par contre, il y avait un autre homme qui levait les yeux vers le ciel avec grande révérence pour exprimer sa gratitude de recevoir à l'infini. Parce que cet homme avait donné une impulsion positive à son mental, ce dernier cherchait donc les moyens de manifester réellement cette abondance dans sa vie.

Pas besoin de beaucoup d'efforts pour atteindre une grande prospérité. Il en va de même pour le bien-être du corps. Un homme qui croit à la maladie devra se battre toute sa vie pour être bien physiquement. Et son mental lui fournira tous les moyens possibles de prévenir ou de guérir les maladies sans jamais avoir à éliminer la source du problème. Alors qu'un homme qui croit en la santé et en la complétude du corps programmera positivement son mental à le servir pour faire de cette croyance une vérité. Quand on lui fournit une croyance ou une impulsion négative, le mental fonctionne sur un mode dysfonctionnel. Sa logique est peut-être parfaite, mais elle s'applique en mode inversé (comme si elle était reflétée par un miroir) afin de rétablir l'équilibre face au problème – au lieu de résoudre celui-ci. »

« Pourrais-tu m'expliquer ce que “mode inversé” veut dire ? »

« Fondamentalement, la logique est une fonction permettant de déterminer ou de prédire des résultats, des conséquences ou des schèmes dérivés. Si le processus part d'une impulsion positive, le mental continue de fonctionner dans cette direction et les conséquences en seront positives et significatives. Si, par contre, la logique de fond est soutenue par un élément négatif, le mental continuera de fonctionner dans cette direction-là. Et en même temps, la “logique” essaiera d'inverser les schèmes négatifs pour obtenir des résultats positifs, comme la richesse ou le profit.

L'univers de mon Père est infini et infiniment abondant. En voyant et en croyant cela, le mental peut alors travailler de façon directe et appropriée afin de générer l'abondance. Si on lui donne une impulsion positive, le mental travaille comme il faut. Si on lui donne une commande négative, il travaille en mode inversé. Telle est sa logique. Ne voyez que l'infini. Ne voyez que la création et restez béats devant son éternelle infinité. »

Pour conclure, il cita un de mes passages préférés du Nouveau

Testament. « *Regardez les lis dans les champs. Ils ne travaillent pas, ne s'agitent pas. Pourtant je vous le dis, même Salomon, dans toute sa splendeur, n'était paré de tels atours, comme l'est un seul de ces lis. Voyez l'infini en chaque jour et tout ce que vous cherchez vous sera donné.* » Jamais auparavant ce passage ne m'avait semblé aussi beau.

Il s'était montré extrêmement généreux dans ses explications, mais j'avais besoin de demander une dernière chose pour mieux saisir ses paroles. Alors, je pris le temps de demander : « Quel est le lien entre le mental et l'âme ? »

« L'âme est la somme de tout ce que vous êtes : amour, conscience, expérience, capacité, mémoire, émotions et potentiel, y compris votre immortalité. Votre mental est l'administrateur et le "registraire". Quand il assure ce rôle, le mental est un atout utile et important dans votre vie. Mais il n'a jamais été conçu pour être le commandant en chef. Le mental n'a aucun pouvoir en soi et ne peut en aucun cas modifier ces éléments fondamentaux.

Au centre de votre âme, il y a le Cœur sacré. C'est le lieu où vous ne faites qu'un avec Dieu. Le cœur voit l'infinité, en vous et en dehors de vous. Il sait voir la perfection. Et il peut établir l'origine de ces éléments fondamentaux et les modifier. Le cœur est votre intelligence supérieure. Il fonctionne selon l'optique de l'infini, tel qu'il est établi par votre Créateur. Par conséquent, votre cœur fait honneur à votre individualité, à l'unicité divine et au Grand Tout.

Aimeriez-vous avoir quelque chose d'agréable à faire au lever et au coucher du soleil ? »

« Certainement. »

« Trouvez-vous un endroit d'où vous pouvez regarder le soleil se lever ou se coucher. Faites attention de ne pas regarder directement le soleil avant qu'il n'atteigne la cuspide de l'horizon ou qu'il ne soit filtré par la couche dense de l'atmosphère se trouvant près de la Terre. Mais une fois qu'il est orange et aisé à regarder, vous trouverez en son centre un point d'infinité qui entrera en résonance avec le point d'infinité de votre âme. Cela

vous nourrira grandement et vous conférera une conscience positive à un point tel que vous vous sentirez nourris même sur le plan physiologique. Ceci aidera en fait votre corps à fabriquer des vitamines et à assimiler les minéraux. »

Ceci me rappela combien l'homme primitif révérait le Soleil, au point même d'en faire une déité. Il continua tout à fait à propos. *« L'homme primitif savait reconnaître les pouvoirs vivifiants du Soleil, même s'il ne connaissait pas la façon juste de révérer cet astre. C'est une erreur d'adorer le Soleil ou toute autre créature vivante. Mais ce n'est pas une erreur de reconnaître la présence de l'infinité au sein de la création. Le Soleil est une puissante manifestation de l'infini. Le ciel étoilé en est une autre, ainsi que la vastitude d'un océan quand on est en haute mer. »*

À de nombreuses reprises, il me rappela de *« contempler l'infini chaque jour, en moi aussi bien qu'à l'extérieur ».*

Un jour, je lui posai la question suivante : « Comment fait-on pour le contempler en soi ? »

« L'infini ne se limite pas aux vastes espaces ni même aux espaces incommensurablement petits. Il n'a rien à voir du tout avec la quantité. Cela a en fait à voir avec la qualité. Je veux ici parler du cœur. »

Ce message m'arriva dès le début de notre rencontre et devait s'avérer la pierre angulaire de bien des choses qu'il m'enseignerait par la suite. *« Même si le cœur physique est un instrument approprié pour le véritable cœur, le cœur dont je parle n'est pas l'organe physique, car ce dernier nourrit votre corps par le sang à tout instant. Le cœur dont il est question est le point central de focalisation de l'âme. C'est la lentille par laquelle celle-ci rassemble et assimile toutes les émotions terrestres et toute votre conscience divine en un point de possibilités infinies. Ce point se situe aux confins de votre corps physique, à un endroit légèrement sous et derrière votre cœur physique. »*

Puis, il ajouta : *« Localise-le. »*

Quand je l'eus repéré, c'est comme si toute ma structure interne vibrait et palpitait d'énergie. Une sensation de vitalité monta en moi et je n'eus pas besoin de penser pour me rendre à cet endroit. Il me suffit d'y porter mon attention et d'être consciente de son existence pour accéder à sa force.

« Le cœur est la source de pouvoir que votre Créateur a créée en vous, pas le mental. Ce dernier n'est rien d'autre qu'un serviteur qui agit bien si on lui transmet des impulsions positives et qui se comporte mal si on lui envoie des impulsions négatives. C'est le cœur qui engendre toutes les émotions terrestres ainsi que le sentiment de compassion qui provient des royaumes supérieurs. Mais la compassion est beaucoup plus qu'une simple émotion. C'est la conscience infinie et le fondement de toute conscience supérieure que vous pourrez jamais atteindre. C'est à partir de ce pouvoir, au centre même de votre être, que le scénario de votre vie s'écrit. Vivez dans votre cœur et vous réaliserez le scénario de votre vie ou bien vous pourrez le réécrire. Mais ne vivez pas dans votre mental. Le pouvoir ne se trouve pas dans le mental, car il n'a pas la capacité d'actualiser ce pouvoir. Par contre, tout désir formulé dans votre cœur sera comblé. »

Il mentionna alors quelque chose qui semblait être un événement historique, mais cela aurait également pu être une métaphore. Je ne le sais pas et cela n'a pas d'importance.

« Il fut un temps où le cœur était tellement affolé par la vie, que le mental faisait mille et une girouettes sur lui-même en raison des contradictions et du chaos engendrés par les émotions négatives qui s'étaient logées en lui. Le serviteur que le mental était tenta de se mutiner contre le cœur, car le besoin de survie exigeait que ce serviteur fût au moins logique jusqu'au bout. De toute évidence, le cœur avait des problèmes et le mental ne pouvait pas lui venir en aide. Pour le mental, l'absence de rationalité est une trahison. Par conséquent, il se sentit totalement justifié d'usurper ou de dominer ce qu'il percevait comme étant irrationnel. Le serviteur que le mental était entreprit donc de maîtriser le cœur en instaurant sa réalité propre.

Étant donné que le mental ne tend que vers la logique, il cherche à contrôler les événements ou situations incompréhensibles. Du point de vue du mental, contrôler et comprendre ne sont qu'une seule et même chose. Le mental présume qu'il com-

prend tout ce qu'il contrôle. Ceci est le cœur du problème, l'œil du cyclone d'un monde qui est dominé par le mental et l'unique et très importante raison pour exiger que votre mental soit votre serviteur, pas votre maître. »

Il affirma que cette inversion de mode se produit dans la vie de beaucoup de gens... même aujourd'hui. *« Mais la mutinerie n'est pas une solution et substituer le contrôle au discernement ne pourra qu'appauvrir votre vie et la dénuer de sa richesse, de sa force et de sa signification. Pour guérir, vous trouverez les réponses dans la force qui est propre à votre cœur. Seul le discernement juste saura amener cette guérison, et pour cela, il faut aborder le problème pour ce qu'il est réellement. »*

Il me suggéra de pratiquer sérieusement tous les jours les exercices suivants. *« Je vous donne trois exercices. Le premier vise à renforcer quotidiennement toutes vos émotions positives par la gratitude et l'admiration. Le deuxième consiste à désactiver les émotions négatives par le pardon. Le troisième exige de travailler avec plus d'application. Mais pour toi, Glenda, je pense que cela viendra plus facilement que pour d'autres personnes parce que tu mets déjà ceci à exécution dans ton travail d'artiste. Ce à quoi je fais référence ici, c'est la perception innocente. »*

« Que veux-tu dire par là ? »

« Bon. Regarde par la fenêtre. Maintenant ramène ton regard vers moi et dis-moi immédiatement ce que tu as vu. »

« J'ai vu cinq branches et il y avait quatre oiseaux sur le mur. Il y avait aussi deux petits rameaux de branches sur le rebord de la fenêtre et quelques fientes d'oiseaux. »

« Bien. Ceci était une perception innocente. Tu m'as simplement raconté ce que tu as vu, comme un enfant l'aurait fait. Les enfants excellent à ce genre de choses. Ils perçoivent quelque chose et réagissent sans idée préconçue. C'est ce que tu faisais dans ton enfance et tu as retenu cette capacité un peu mieux que d'autres. Mais si le mental m'avait répondu, il aurait probablement hésité un moment ou deux afin de reprendre le contrôle.

Sous le couvert de l'hésitation, tu aurais fait obstruction à ce que tu as vu et tu aurais ensuite peut-être rapporté les choses de la façon suivante : "Eh bien, je pense avoir vu douze branches, six brindilles, trois oiseaux et un rebord de fenêtre propre." Le mental aura tendance à imposer un ordre artificiel parce qu'il se sent plus à l'aise quand il y a structure et symétrie.

Autrement dit, ton mental aurait réécrit le scénario pour "l'améliorer" et essayer d'anticiper la réalité afin d'imposer sa conception des choses et de remanier à sa manière ce qui est.

Glenda, le mental est à la recherche de schèmes idéalisés qu'il peut par la suite imposer à l'existence et qualifier de divins, alors que tous, vous n'avez rien à faire pour rendre cet univers divin. Tout ce que vous avez à faire, c'est percevoir ce qui est et observer avec révérence ce qui est déjà là. Voyez, ayez de la gratitude et pardonnez ce que vous n'avez pas pu comprendre ou contrôler. Car la vie est divine ; elle est parfaite et manifeste naturellement la volonté du Créateur. »

Merveilleux ! Par ce message, je retrouvais mon ressenti d'enfant, vibrant d'expectative. À ce moment-là, en sa présence, chaque chose rayonnait de l'innocence de son état d'origine. Je pus voir comment le mental avait instauré une tyrannie dans notre monde en tentant d'engendrer la réalité. Au cours d'une autre discussion, il mit fortement l'accent sur une prise de conscience similaire.

« Le mental crée des structures qu'il impose comme étant la réalité. Toutes les structures oppressives que vous constatez dans le monde sont le fruit des concepts générés par le mental dans sa tentative de créer une perfection qui n'a pas besoin d'être créée puisqu'elle existe déjà. En d'autres termes, le mental détruit les choses pour ensuite pouvoir les réparer à un certain prix. Ceci veut dire qu'il brise des vies, des cœurs, des âmes, des relations et des volontés pour avoir la dragée haute par le truchement d'une sorte de structure glorifiée qu'il présente comme étant "la réponse". Dans un monde dominé par le mental et les structures oppressives, il fallait que le cœur sacrifié devienne l'obligeant serviteur pour que la vie soit supportable. Il devait aussi compenser pour toutes les barrières dénuées d'amour et les formules oppressives engendrées par le mental. Le cœur ayant dû

faire toutes ces concessions, l'inversion était alors devenue totale. Dans un monde où le mental est le maître et le cœur, le serviteur, on a peu à peu oublié les véritables pouvoirs du cœur, verrouillés derrière une porte de prison et interdits de séjour. Dans un tel monde, on considère le cœur comme étant féminin, facilement programmable et sentimental, comme un centre de conscience qui sert les besoins émotionnels et créatifs d'une personne, comme s'il était la "femme" du mental, mais rien de plus. »

Il m'expliqua que c'était le drame de notre monde à l'envers et que, puisqu'il en avait le don et que c'était la tâche qu'il s'était assignée, il était venu pour redonner au cœur ses titres de noblesse et son véritable pouvoir. *« Quand le cœur trouve sa juste place, le mental peut alors devenir un véritable et utile serviteur. Et, ironiquement, il devient brillant et divin.*

Comme tous les serviteurs, le mental fonctionne mieux dans le cadre de paramètres établis et délimités. Une des caractéristiques indélébiles du mental est son besoin absolu d'avoir un minimum de deux points de référence pour pouvoir fonctionner. Il ne peut donc composer avec ce qui est infini. Par contre, le cœur, lui, opère en fonction de l'infini et en tire sa force pour composer véritablement avec la vie. Lorsque le mental est au service du cœur, tout est possible. Mais quand le cœur est au service du mental, tout n'est que limite. L'énergie émotionnelle piaffe et bout dans une dangereuse agitation. »

Cette problématique était évidente. En pensant à notre monde, je la constatai partout. Mais je voulais savoir autre chose. « Tu m'as expliqué si clairement ce qu'était le cœur. Pourrais-tu faire la même chose par rapport au mental ? »

« Le mental comporte essentiellement deux aspects. Tout d'abord, il est un instrument d'intégration et de transmission. En d'autres termes, il est fondamentalement un ordinateur complexe qui marche en fonction de votre ADN. Même si le système d'opération se trouve dans votre cerveau et dans votre système nerveux, il implique en réalité chaque cellule de votre corps. En second lieu, il est un champ électromagnétique qui imprègne tout votre corps et l'espace autour de lui. Le mental est le principal

système de recherche et d'extraction, de collecte et d'entreposage et de recherche et d'extraction en ce qui concerne toutes vos expériences sensibles et l'agrégation de vos pensées. Dans le mental, toutes les données sont dotées d'un code mathématique et déclenchées par un signal d'accès positif ou négatif. C'est pour cette raison qu'il fonctionne à partir d'un mode dualiste, à moins d'être supervisé par le cœur. Lorsque le mental domine, la polarité est à l'ordre du jour. »

Il m'expliqua que cette inversion du cœur et du mental se traduit également par de nombreuses difficultés d'ordre social. *« Lorsque le mental domine, la charité devient obligatoirement une démarche organisée sous l'égide de la structure. Et quand cela se produit, la fraternité humaine se retrouve tragiquement affaiblie. Mais quand le cœur entre en relation de façon juste avec Dieu et qu'il orchestre votre vie, alors la charité advient comme un partage naturel. J'ai essayé de toutes mes forces de faire comprendre cela à Judas, mais comme il était un homme de structure, d'ordonnancement, il refusa de m'écouter. »*

Pour faire écho à ce qu'il venait de dire sur Judas, j'osai lui poser la question suivante : « Jésus, pardonne-moi si j'outrepasse les limites, mais aurais-tu l'amabilité de m'expliquer pourquoi, si tu savais que Judas allait te trahir, tu lui as tout de même permis de faire partie du Cercle sacré ? » Ce qui suit est la plus chaleureuse et fraternelle histoire dont il m'ait jamais fait part.

« La présence de Judas dans le cercle fut déterminée par mon Père, et non par moi. En fait, en ce qui touche l'histoire de Judas, beaucoup de choses n'ont jamais été dites. Après sa trahison et son suicide, les gens le haïrent tellement qu'ils évitaient de parler de lui parce que leurs cœurs n'étaient pas prêts à pardonner. Je saisis Judas dès le début. Je ne savais pas comment il me trahirait, ni avec quelle méthode, mais je savais que cela était inévitable. Je savais aussi exactement pourquoi mon Père nous avait mis côte à côte. En fait, Judas et moi avons grandi ensemble. Je n'ai pas eu à sortir de mon cercle d'amis pour le trouver. Quand j'étais petit, il était mon meilleur ami. Né dans une famille très influente et hautement instruite, Judas avait tous les atouts que peuvent procurer la richesse et l'instruction.

Sa famille lui accorda tous les privilèges et avantages qui existaient à l'époque sur le plan de la structure, et c'est ce qui le destina à devenir un serviteur obéissant.

De plus, des activités intellectuelles et pédagogiques vinrent renforcer son mental, au point d'en obscurcir son cœur. Ensemble, nous étions comme deux rivières qui coulent parallèlement, l'une étant claire, l'autre boueuse. Mais je l'aimais et il m'aimait aussi. Et nous nous amusions beaucoup ensemble. Nous jouions aux "cow-boys et aux Indiens", en fait je devrais plutôt dire aux Juifs et aux Romains. Nous jouions souvent aussi à cache-cache et quand nous nous cherchions, je le trouvais toujours alors que lui n'y arrivait jamais. C'était facile : il me suffisait de chercher derrière la plus grande structure possible et il y était inévitablement. Mais je pouvais être assis en plein champ et il passait à côté de moi comme si j'étais invisible. Néanmoins, nous étions ensemble, et la vie était belle, et parce que j'étais un jeune garnement qui aimait à jouer mille tours, je prenais plaisir à parader devant lui. Quand j'étais un tout petit garçon, bien longtemps avant que quiconque voie les miracles que je pouvais accomplir, je faisais disparaître des choses sous ses yeux et je transformais parfois des branches mortes en branches vivantes, juste pour le plaisir de l'épater. Ceci faisait simplement partie de mon tempérament d'enfant.

Mais Judas était très impressionné par moi et il sut dès le début que j'étais le Messie. Il le croyait de tout son cœur. Bien entendu, l'idée qu'il se faisait du Messie était calquée sur la perception qu'il avait de Moïse ou David, c'est-à-dire sur celle d'un roi sacerdotal qui pourrait accomplir des miracles de conquête et amener le monde à affirmer que le roi des rois était venu réhabiliter Israël. La prophétie messianique visait en grande partie la réappropriation du pouvoir politique. Il pensait que j'allais époustoufler Rome avec le pouvoir de Dieu, comme Moïse l'avait fait quand il avait rencontré le pharaon et transformé son sceptre en serpent. Il s'attendait à ce que Rome s'agenouille devant moi, que ses armées quittent Israël et que nous reprenions notre terre. Vous voyez, Judas n'a jamais vraiment su qui j'étais. Il n'en savait pas plus sur moi que ce que les prédictions et l'histoire l'avaient conditionné à savoir. Il n'en savait pas plus que ça.

À mesure que nous grandissions, il me mettait constamment

au défi. Il m'expliquait toujours le degré de malentendu qui pouvait exister dans n'importe quelle situation. C'est ainsi que j'appris à examiner toute fausse idée pouvant exister chez les autres. Comme nous étions exactement des opposés, il fut pour moi quelqu'un sur qui mettre mes idées à l'essai. Je ne veux pas me montrer désobligeant en disant cela. Je veux seulement préciser qu'il choisit son rôle et le joua bien. Je lui ai pardonné depuis longtemps la douleur que ses gestes ont occasionnée, car sans cela le miracle n'aurait pas eu lieu. Et contrairement à de nombreuses accusations, il ne m'a pas trahi pour de l'argent et n'a jamais pensé qu'il me trahissait. Judas appartenait à une famille fière et puissante. Il aurait sans aucun doute fait don de l'argent à une œuvre de charité ou à la synagogue. Il était aussi dévoué à l'ordonnancement que je l'étais à Dieu. Ceci fut l'essence du drame qui se joua entre nous.

Quand il quitta la salle où nous avions soupé ce soir fatidique, je ne savais pas exactement ce qu'il allait faire, mais je savais qu'il partait pour enclencher ce qu'il avait en tête. Il allait accomplir sa destinée, tout autant que j'étais préparé à accomplir la mienne. Il était le fils de la structure et j'étais le Fils de Dieu. Et il y aurait certainement un dénouement avant la fin de la soirée. Jusqu'à cet instant-là, nous avions coexisté avec complémentarité. Mais le moment était venu pour que le drame se déroule jusqu'au bout. Je ne pense pas comme lui, mais si je devais donner une interprétation de ses intentions, je le ferais de la façon suivante : mes enseignements apolitiques mettaient sa patience à rude épreuve et il voulait me forcer à entrer dans un système de polarités afin que je prenne position face à Rome. Il ne fait aucun doute qu'il avait formulé son plan pour que j'accède au pouvoir, à son idée du pouvoir. Quand il alla voir les soldats romains, il savait que ceux-ci viendraient me chercher. Et il dut beaucoup les impressionner par les comptes rendus qu'il fit de ma force, car ils arrivèrent en légion. Je suppose qu'il s'attendait à ce que je les subjugue d'une façon ou d'une autre dès que je serais encerclé. Peut-être pensait-il que je disparaîtrais ou que je transformerais les soldats en piliers de pierre ou en arbres. Peut-être s'imaginait-il que je me métamorphoserais en colombe et m'envolerais. Il s'attendait à ce que quelque chose de miraculeux survienne. Mais le miracle qui eut lieu fut trop grandiose pour que

Judas puisse même l'envisager. Parce que ce miracle fut simplement mon renoncement.

Personne ne fut plus choqué que lui de la tournure des événements, et je suis certain qu'il s'est suicidé non pas par sentiment de culpabilité, mais en raison de l'accablante constatation que tout ce qu'il avait planifié était allé de travers ! Mon renoncement était la chose à laquelle il n'aurait jamais pu s'attendre parce que le mental obsédé par le contrôle considère le renoncement comme une défaite. Par contre, le cœur connaît son immortalité et, par conséquent, peut oser lâcher prise, renoncer. Le paradoxe du cœur qui renonce et qui retrouve tout son mystère est un miracle auquel j'excelle. Ce fut ma raison d'être sur terre. Le reste n'est qu'histoire. »

« Tu dis que tu as pardonné à Judas. A-t-il jamais accepté ton pardon ? »

« Non, pas encore. Mais si jamais s'éveille en lui la vérité de ce qui s'est passé, son retour vers Dieu aura un effet bouleversant sur la structure tyrannique qui existe en ce monde. Ne le condamnez pas, car cela aurait pour seul effet de conforter les tyrannies qu'il défend encore. Priez pour son âme et peut-être un miracle se produira-t-il dont on parlera jusqu'à la fin des temps. »

J'étais déjà contente d'avoir eu le courage de poser cette question sur Judas, car la réponse donnée venait de dénouer un mystère qui m'avait souvent laissée pensive. Mise en confiance, j'osai lui poser une autre question, bien que, en la formulant, je me rendisse compte que je venais d'en avoir la réponse. « J'allais te questionner au sujet de ta souffrance sur la croix. Tes pouvoirs outrepassaient-ils la réalité de la mort ou as-tu connu celle-ci totalement pour ensuite la transcender ? Mais je réalise maintenant que tu as connu la mort comme nous la connaissons tous et que tu l'as transcendée par la suite, parce que seuls ce renoncement et ce triomphe pouvaient transformer l'inversion des modes dans notre monde. Depuis une dimension supérieure, tu as observé la mauvaise passe dans laquelle l'humanité était et tu savais ce qu'il fallait faire. Mais Judas était tellement pris par le monde des structures, qu'il pouvait seulement envisager une stratégie fondée sur des précédents historiques et des mesures désespérées. Tu nous a ramené la flamme de vie à partir d'une nouvelle dimension et c'est pour cette raison que Judas ne pouvait prévoir ce que tu allais faire. Aucun serviteur de l'ordonnancement n'aurait pu prévoir un tel miracle. »

Souriant chaleureusement, il me dit : *« C'est exact. Tu apprends vite. Le vrai miracle de ma crucifixion et de ma résurrection, c'est que le Cœur sacré retrouva sa position de souveraineté par rapport à la structure et que l'amour put clamer sa victoire sur la mort. Une fois que j'ai rétabli la suprématie du cœur, tout ce que vous avez tous à faire, c'est de l'accepter et de mettre son pouvoir en application dans votre vie, dans le coin du monde où vous vivez. Votre cœur n'a pas besoin de travailler pour retrouver son chemin vers Dieu, car il n'a jamais quitté Dieu. Dans sa perfection, le cœur est le lien qui vous unit au Créateur, lien qui n'a jamais été rompu. Mais il doit par contre retrouver son assurance de maître aux dépens de l'illusion ! C'est ainsi que tous les miracles se produisent. C'est le cœur qui accomplit les miracles.*

Ne sous-estimez jamais le pouvoir du cœur à faire appel à une intelligence et à une conscience supérieures, ainsi qu'à trouver des solutions existentielles beaucoup plus raffinées que tout ce que vous auriez jamais pu imaginer. C'est pour cette raison qu'il arrive des miracles de guérison à bien des gens qui se sont confrontés à la mort. Ils se disent : "Il ne me reste plus que six semaines à vivre" et laissent alors tomber toutes les exigences extérieures. Leur mental perd toute importance et les êtres chers leur deviennent plus chers que jamais. Tout d'un coup, le feu du cœur se met à briller de toutes ses flammes, que ce soit sous la forme du chagrin, de la joie, de la béatitude ou de la résignation. C'est seulement à ce moment-là, par le feu du cœur, qu'un miracle est possible. La plupart des gens qui font face à la mort décident de laisser mourir le monde des structures et des conventions et, en fin de compte, c'est là qu'ils commencent vraiment à vivre. C'est ce que j'entendais quand j'ai dit que vous devez mourir d'abord pour pouvoir vivre. Parce que, quand vous vivez dans le cœur, vous vivez immortellement, éternellement. »

Ses éclaircissements sur le cœur et ses miracles me ramenèrent à l'esprit un souvenir bien particulier auquel je n'avais plus pensé depuis des années. En 1981, j'étais à New York où je réalisais sous contrat des sérigraphies d'œuvres d'art pour une maison d'édition. À cette époque, mon mari et moi désirions adopter un chiot. Et dans notre cœur, notre choix s'était fixé sur un terrier à poils drus. Comme plusieurs excellents chenils faisaient l'élevage de cette race à New York, nous décidâmes que je m'occuperais de cela pendant que je me trouverais dans cette ville. J'appelai donc dans plusieurs chenils pour m'informer auprès de leur propriétaire, et l'un d'eux me plut en particulier. Encore mieux, la propriétaire avait des chiots de cette race. Je m'organisai donc pour aller les voir. Étant donné que je suis une fille de la campagne originaire du Texas, j'en savais très peu sur les quartiers de New York. Ce qui fait que, lorsqu'elle me donna son adresse dans le Bronx, aucun signal d'alarme ne se déclencha en moi.

Comme je séjournais au centre-ville, j'aurais à me rendre au chenil à l'heure de pointe en fin d'après-midi et à traverser toute la ville. Vu l'heure de la journée, il valait mieux pour moi d'éviter de prendre un taxi jusque- là. Le métro serait certainement plus rapide. De plus, j'aimais toujours observer le brassage des diverses couches de la société dans les wagons.

La station où je montai se trouvait près de Wall Street. Dans ce quartier, la rame était donc typiquement bondée d'agents de la Bourse tirés à quatre épingles qui retournaient dans leurs appartements situés dans des quartiers résidentiels. Moi aussi j'étais bien habillée. Je me plongeai donc tout à mon aise dans mon journal, me félicitant de ma judicieuse décision de prendre le métro. À chaque arrêt, le code vestimentaire et le genre d'individus changeaient sensiblement. C'était fascinant d'en observer l'évolution pendant que les wagons passaient d'un quartier à l'autre. Enfin, quand le train eut franchi le tunnel du Bronx, la scène changea du tout au tout dans la rame. Finis les chaussures Bally et les costumes trois-pièces. À la place, il n'y avait que sandales ouvertes, pantalons de cuir noir et tatouages. Au moment où le train s'arrêta, je vis un panneau sur lequel était écrit : « Bronx : deux prochains arrêts. » Lorsque le train s'arrêta, tout le monde descendit et, chose encore plus étrange, personne ne monta. Quand le train repartit, j'étais la seule personne qui restait dans les trois wagons, comme je pus le constater à travers les vitres. Quelle inquiétante sensation de me retrouver toute seule alors que quelques instants plus tôt nous étions serrés comme des sardines ! Alors que le train s'arrêtait en grinçant des freins dans la première station, les portes s'ouvrirent et six jeunes entrèrent en flânant, leur âge variant de douze à seize ans environ. Tout en mettant le pied dans le wagon, ils se délestèrent de quelques portefeuilles vides sur la voie. Je supposai à ce moment-là qu'ils se débarrassaient des preuves de leur journée de travail ! Une panique glacée s'empara de moi, mais quelque chose de plus profond en moi me dit de ne pas broncher. Je ne pouvais rien faire sinon prier que quelqu'un d'autre monte dans le train ou qu'ils m'ignorent et aillent s'asseoir à l'autre bout du wagon. Mais rien de tout cela ne se présenta. Au lieu de cela, ils vinrent tous s'asseoir autour de moi, un de chaque côté de moi et les autres en face. Nous restâmes assis en silence pendant une minute qui me parut aussi longue qu'une heure jusqu'à ce que je n'en puisse plus. Au diable, pensai-je, c'est peut-être mon dernier jour sur terre, alors autant en profiter. Je les regardai et lançai : « Salut ! »

Cela brisa la glace, et l'un d'eux me demanda d'un ton macho : « D'où tu viens ? » Réussissant d'une façon ou d'une autre à extirper quelques sons de ma gorge, je me surpris moi-même à répondre avec mon fort accent texan nasillard : « Je viens du Texas. »

« Du Texas ? » répéta-t-il en imitant mon accent. « Et qu'est-ce que tu fais par ici ? »

Je répondis gaiement : « Je suis venue chercher mon chiot. »

Ce fut peut-être mon enthousiasme ou la magie des petits chiens qui transforma ces durs à cuire en garçons normaux. Je ne le saurai jamais. Quoi qu'il en soit, le ton changea du tout au tout à partir de cet instant-là. Mais une chose est certaine : sans l'inspiration du cœur et la non-ingérence de mon mental, cet événement aurait eu un aboutissement douloureux au lieu de devenir un souvenir précieux.

Dans cette scène, il n'y avait pas de place pour un scénario mental, car je me trouvais dans leur territoire et j'aurais perdu à coup sûr. Si j'avais seulement fait mine de montrer le plus léger jugement par une vive réaction ou de la peur, ils l'auraient remarqué et s'en seraient servi pour justifier n'importe quel geste d'hostilité à mon égard. De toute évidence, dans ce genre de rencontre, les choses n'étaient pas équilibrées et c'est moi qui étais désavantagée. Le mental n'aurait pu avoir aucune prise sur cette situation, car ces jeunes auraient saisi au vol toute projection mentale que j'aurais pu faire à leur égard. Fort heureusement, le cœur n'est pas limité aux drames et aux impasses de l'éternel conflit entre la vie et la mort.

Ainsi que Jésus le dit : « *Le cœur amène toujours une vitalité renouvelée dans n'importe quelle situation et donne accès à des possibilités qui seraient impossibles sans lui. Une différence de un pour cent suffit parfois à changer les choses du tout au tout. Parce que c'est tout ce qu'il faut pour apporter un cadrage différent à une situation qui semble absolue et faire la preuve qu'elle est en fait toute relative. Seul Dieu est absolu. Tout le reste est relatif. Voilà pourquoi un humain qui juge devient le prisonnier des impasses de son mental. Le point aveugle qui engendre ce mécanisme autodestructeur résulte du fait que le mental érige son contrôle en fonction de facteurs qu'il considère comme absolus, alors qu'il ne peut même pas appréhender le Grand Tout, le seul Absolu qui existe. C'est pour cela que j'insiste sur le fait que le mental est un formidable serviteur mais un maître fatal. Avant de pouvoir s'en servir, il vous faut savoir le débrancher.* »

Fort heureusement, ce jour-là, j'avais su le débrancher. Sans intention consciente, j'avais basculé au « régime turbo » qui avait mis des facultés et des ressources supérieures en fonction et à ma disposition. Les garçons et moi continuâmes à bavarder de chiots. Peu après, l'un d'entre eux exprima de la curiosité quant à la raison qui m'avait fait venir du Texas à New York pour trouver un chiot. « Eh bien, je suis une artiste et je suis venue ici pour travailler. » Les yeux de l'un des garçons se mirent à briller en même temps qu'il s'exclamait : « Moi aussi, je suis un artiste ! » Et deux autres répliquèrent en même temps : « Et il est vraiment bon ! » « Quel genre d'art est-ce que tu fais ? » lui demandai-je. Du doigt, il pointa par la fenêtre un endroit couvert de graffitis et se frappa la poitrine des deux poings à la manière de Tarzan. « C'est moi qui ai fait ça ! »

Pour la première fois de ma vie, j'eus une réaction positive devant un graffiti. Celui-ci était une incroyable prouesse d'expression personnelle. En plus de ça, je ne peux dire le soulagement que je ressentis en découvrant que nous avions en commun un second élément. La seule remarque qui me vint à l'esprit et que je lui lançai fut : « Sais-tu qu'il y a bien des artistes qui donneraient tout ce qu'ils ont pour voir leurs œuvres ainsi exposées à New York ? » En attendant cela, l'artiste du Bronx eut un sourire radieux.

Nous étions en train de devenir amis et ils redevenaient doucement des garçons normaux. Ils voulurent savoir où se trouvait mon atelier, où j'habitais. Manuel me demanda même de lui donner des leçons. « Cela me ferait plaisir si je reste assez longtemps dans le coin. En fait, je pense que tu pourrais m'apprendre une chose ou deux pour ce qui est des expositions publiques. » Puis, un autre demanda si j'avais des photos de mes tableaux. Avant même de m'en rendre compte, j'avais ouvert mon sac et sorti mon porte-monnaie. Prenant conscience de mon geste, je commençai intérieurement à me rétracter. Oh, et puis, au diable ! Je sortis donc les photos et les fis circuler. Ils furent impressionnés et je sentis une certaine aise s'installer entre nous. Nous étions comme un groupe de jeunes dans une colonie de vacances à parler de trucs de cet âge, de chiots et de peinture. Puis, tout à coup, l'eux d'eux laissa échapper : « Vous ne savez pas que c'est dangereux pour vous dans ce quartier ? » Je répondis innocemment : « D'où je viens au Texas, on est en sécurité presque partout. » Un des plus vieux ajouta, comme s'il me grondait : « Eh bien, il vaudrait mieux que quelqu'un s'occupe de vous dans ce quartier ! On va vous accompagner jusqu'à votre taxi. » En sortant du métro, j'eus l'impression d'être la reine Guenièvre escortée par les chevaliers de la Table ronde !

Le chauffeur de taxi, qui paraissait connaître la bande de garçons, fit la grimace en nous voyant arriver. Quand je fus installée dans la voiture, il me demanda : « Tout va bien, madame ? »

« Oui, tout va très bien. » Il se mit alors à me faire la morale de plusieurs façons et en plusieurs langues : « Ne refaites plus jamais ce que vous venez de faire ! » Pendant que j'étais assise dans le taxi, je passai en revue les événements de l'après-midi et décidai silencieusement que je ne serais pas aussi naïve à l'avenir. Je souhaitai également que, si une telle situation devait accidentellement se représenter, je pourrais composer avec elle de la même manière que je venais de le faire. Je n'ai jamais revu ces adolescents mais ils auront toujours une place dans mon cœur.

Quand j'eus fini de raconter cette histoire à Jésus, je vis qu'il avait les yeux pleins de larmes. « Je ne voulais pas te rendre triste », lui dis-je. *« Mais tu ne m'as pas rendu triste,* répliqua-t-il. *Je me souviens très bien de cet événement et j'avais été très fier de vous tous. Je suis très sentimental en ce qui concerne les moments où la vie des gens change. »*

Chapitre 2

L'univers est une merveille

Il y eut des jours où on se disait peu de choses et d'autres où nos conversations étaient un kaléidoscope de sujets divers, la seule cohérence dans tout cela étant sa très grande sagesse. Au début, nos échanges avaient plutôt cette couleur. Avec le temps, il insuffla à ma conscience une perspective plus vaste des choses et capable d'intégrer des schèmes de pensée et de signification amplifiés.

L'élargissement de ma conscience peut se comparer aux habiletés d'un adolescent qui s'est inscrit à un cours de danse sociale, la première tâche du professeur étant de « démêler les pieds » de son élève, de lui apprendre à se synchroniser avec la musique et à se déplacer sur ses orteils. Au début, je peinais en tentant de ne pas me faire moi-même des crocs-en-jambe. Jésus, de son côté, savait adroitement garder son équilibre. Puis un jour, touchée par le doigt de la grâce, je me mis à valser en musique.

Cette accélération de l'harmonie se produisit radicalement un matin alors qu'il m'observait pendant que je tentais d'assembler des éléments d'entendement comme si j'essayais de réunir les morceaux d'un casse-tête. M'offrant de m'aider à donner un sens à tout cela, il me suggéra de prendre mon carnet à dessin et un crayon feutre. *« Tu essaies d'ériger un bâtiment de briques et de mortier sans en avoir le plan. Laisse-moi te donner certains facteurs-clés que tu es en train de chercher à tâtons. »*

Il me demanda de dessiner un triangle équilatéral sur la grande feuille de papier, la base étant parallèle au bord inférieur de la feuille afin que la pointe tende vers le haut. Il me décrivit les composantes de l'univers comme étant fondamentalement au nombre de trois. La première est l'amour, la seconde est l'esprit et la troisième est une substance *plus infime que n'importe quoi* que la science ait pu identifier ! Elle est plus ténue que l'atome ou que les parties qui le composent. En tant qu'ultime particule simple, elle est l'irréductible élément constructeur de l'univers. C'est cette particule que le monde de la recherche physique vise actuellement et activement à comprendre. On y fait référence sous plusieurs dénominations, dont le boson de Higgs, certains l'appelant même la particule de Dieu. Cependant, il y a une vérité ironique dans ce sarcasme. Comme cette particule se situe en amont de l'actuel arbre généalogique des particules, cela explique la difficulté qu'ont les scientifiques à l'étudier. Apparemment, *elle crée la masse*, alors que les autres particules sont en fait *le résultat de la masse. « Il existe une substance-particule qui est la matrice de toute masse énergétique. Ces particules sont de nature générique et constituent les éléments de base irréductibles de l'existence physique. »* Il appelait ces particules les « particules adamantines ».

Au sommet du triangle, il plaça l'Amour. *« La source de l'Amour, c'est le Père, le Créateur lui-même, qui est à l'existence tout entière ce que le soleil est à la vie sur terre. Pourtant, la lumière de son Amour est si vive qu'on peut seulement en percevoir le halo. La Source de l'Amour pur est l'ultime source de tout amour. C'est de cet Amour que vous émanez tous ou avez été créés. Comme le rayon de lumière irradie du soleil, vous êtes des entités qui irradient de son Amour. Amour, c'est le nom de Dieu et c'est aussi le vôtre. Dans ce sens, vous avez été créés à son image. Vous êtes définis et serez toujours définis par la nature de votre amour.*

Au-delà de l'amour, on ne peut reconnaître ni décrire la présence et la nature de Dieu, car la présence divine est ce qui définit et non ce qui est défini. »

Il venait à peine de finir sa phrase que déjà il répondait à la question que j'avais sur les lèvres en ajoutant : *« La Sainte Trinité est aussi un mystère sacré qui précède et définit l'univers triparti. À l'instar de Dieu, elle n'est définie par rien mais elle se manifeste partout en tant que présence dans tout ce qui est. Dans la dimension de la réalité concevable, vous pourriez dire que l'esprit est saint chaque fois qu'est manifestée par lui la présence de Dieu. Et les particules adamantines sont littéralement le corps de*

Dieu partout où elles donnent forme à sa volonté. »

Chaque fois qu'il tournait son attention vers le Père, ses yeux s'emplissaient de larmes. Peut-être était-ce en partie dû au fait qu'il fixait une lumière aveuglante. Cependant, l'amour et la révérence qu'il ressentait pour la Source étaient bien plus grands que ce qu'il pouvait exprimer en paroles. Les émotions qui émanaient de lui étaient des messages sans équivoque. *« Le nom de votre Créateur est Amour. Et c'est aussi votre nom immortel. L'Amour est l'essence de votre véritable être et n'est pas quelque chose que vous faites ou non, que vous donnez ou non, que vous recevez ou non. En d'autres termes, il n'est pas une « denrée ». Ce n'est pas une substance dérivée. L'Amour n'est pas quelque chose qui est sujet aux lois de l'abondance ou du manque. L'Amour, c'est ce que vous êtes, qui vous êtes.*

C'est pour cela que l'amour est en fin de compte inconditionnel. Je suis heureux d'entendre les gens parler de plus en plus d'amour inconditionnel maintenant, mais ils réussiraient mieux à l'atteindre s'ils savaient pourquoi l'amour est ainsi. L'amour est inconditionnel parce qu'il est votre point d'origine et qui vous êtes... pas quelque chose qui se fait inconditionnellement. Les actes sont toujours conditionnels dans une certaine mesure parce que l'existence fait entrer en jeu des conditions comme le font les relations. Si l'amour n'était qu'une action, on ne pourrait pas échapper à cela. »

Je ressentis un certain soulagement et me recalai sur ma chaise. Je voulais certes comprendre ce qu'était l'amour inconditionnel et le mettre en pratique, mais je ne voulais pas être un paillasson.

« La solution de l'énigme, c'est la nature véritable de l'amour lui-même. Le plus grand des mystères de l'univers, c'est que l'amour est en fait l'aspect sacré de l'Être. Soyez amour aussi totalement que vous le pouvez et tout le reste tombera en place dans votre vie.

Le second grand élément de l'existence, c'est l'esprit. Toute chose émane de l'esprit. » Il me demanda d'écrire le mot « esprit » en pointant du doigt l'angle droit du triangle. *« Il n'y a qu'un seul esprit. L'esprit est en toute chose, il enveloppe toute chose et participe à toute chose. Rien d'autre n'existe que l'esprit sous la forme d'une entité pure et séparée de la création manifestée.* » Il fit une mise en garde contre les nombreuses théories qui mettaient la matière en opposition avec l'esprit. « *De telles théories reflètent l'absence d'un entendement véritable et une obsession propre aux dualités inhérentes à la pensée structurée. L'esprit est dans toute chose, indivisible et indissociable. Il n'existe rien où l'esprit ne soit pas. L'esprit est Un.*

L'esprit doit se comprendre comme un tout continu et ininterrompu. Lorsqu'une personne considère l'esprit comme l'opposé de la matière, c'est qu'elle est entrée dans le monde du malentendu et de la dualité. Ce n'est pas vrai que la Terre est la matière et les Cieux, l'esprit. L'esprit, c'est ce qui nous unit tous, c'est ce qui unit la Terre et le Ciel. C'est par cette unicité de l'esprit que le miracle de la prière peut se produire et que le pouvoir des rêves, des visions et des prophéties peut s'actualiser. Dans l'esprit, nous ne sommes qu'un. Par conséquent, unis par l'esprit, nous ne vivons qu'une seule et même vie, unis dans un état fraternel, dans un état de conscience partagée et cherchant soit la lumière et l'élévation, soit l'obscurité et l'involution, selon ce que nous choisissons. Peu importe la façon dont notre expérience se déroule, nous ne sommes qu'un seul et même esprit et notre expérience est celle de tous.

En fait, la plus grande percée de la physique moderne, celle sur laquelle toutes les autres découvertes reposent, fut la découverte du champ unifié. Toute avancée en physique moderne aurait été impossible si cette percée dans la conscience n'avait pas eu lieu. Les scientifiques ne se rendent tout simplement pas compte que ce qu'ils viennent de découvrir, c'est la présence physique de l'esprit. » Puis il m'expliqua que la science est sur le point de faire son plus grand bond en avant. Ce saut quantique servira d'assise à la découverte des particules adamantines.

Le troisième angle du triangle représente l'élément de la réalité particularisée, réalité en fonction de laquelle les différences de potentiel et les diverses configurations sont rendues possibles. Ce troisième élément se manifeste sous la forme de particules qu'il qualifiait parfois de particules d'infinité. Mais en général, il les appelait particules adamantines. La première fois que j'entendis le terme « adamantine », ce mot n'évoqua rien pour moi. Je tins simplement pour acquis que ce mot lui était unique à lui ou au ciel, ou encore à une autre réalité dont je n'avais pas connaissance. Je l'acceptai donc comme une nouveauté.

Par la suite, lorsqu'il employa de façon interchangeable les termes « particules adamantines » et « particules d'infinité », je lui demandai quelques clarifications. Pour expliquer ses choix de mots, il précisa que *« le terme "adamantin" vient du grec* adamantinos, *qui signifie dur, inflexible, insoumis, impénétrable, qui ne cède pas. Cette particule est si petite qu'elle est irréductible, intouchable, fondamentale et totalement élémentaire. C'est elle qui crée la masse et qui, par conséquent, engendre et manifeste toutes les combinaisons possibles pouvant en dériver. Ceci est la caractéristique propre de cette particule, et l'expression de "particule d'infinité" fait référence à sa fonction, car elle est la base de toute existence physique sans limitation dimensionnelle. C'est la particule dont les philosophes grecs parlaient quand ils lui donnèrent le nom d'atome. »*

Bien entendu, ce que la science appelle de nos jours un atome est une particule très complexe et pas du tout ce que les Grecs avaient en tête. De son habituel ton affirmatif, Jésus m'encouragea à envisager que la recherche de particules de plus en plus petites était un processus nécessaire pour « peler l'oignon » de notre entendement scientifique. Il m'assura que l'ultime découverte sur les particules se profile en ce moment à l'horizon et que celle-ci viendra ouvrir les portes de bien des mystères quant à la manière dont les choses fonctionnent.

En revenant au dessin, il me dit : *« Observe le triangle de nouveau et remarque bien la disposition des éléments. L'amour est en haut. Puis l'esprit fait écho à l'amour et l'amour régit les particules adamantines. C'est à partir de cela que toute création a vu le jour. »*

Avant d'intégrer cette leçon, je devais cependant clarifier une problématique qui commençait à me tarabuster. « Dans ce monde, nous faisons référence à l'esprit des autres en tant qu'aspect de leur individualité. Nous parlons de l'esprit d'une personne, de l'esprit d'un lieu, d'une idée, d'une circonstance ou d'un moment. Nous distinguons souvent les choses par le biais de ce que nous appelons "esprit". Est-ce que ce sont là les éléments distincts d'une seule et même chose ? »

« Il n'y a qu'un seul esprit. »

« Pourtant, persistai-je, je sais toujours quand tu entres dans la pièce, parce que ton esprit est d'une qualité différente. »

« Non, c'est mon AMOUR qui l'est. C'est l'amour qui nous distingue les uns des autres et fait résonner l'esprit. C'est comme un lac où nagent beaucoup de poissons et où chaque poisson imprime à l'eau une vibration diverse. L'amour fait résonner l'esprit différemment d'une personne à l'autre. C'est un peu comme les empreintes digitales. Vous pourriez en fin de compte parler de l'esprit de quelqu'un. Mais en fait, c'est la façon dont l'esprit, le seul et unique esprit, entre en résonance avec cette personne qui importe. Si vous voulez que l'esprit résonne en vous avec plus d'affirmation et de distinction, alors soyez vraiment l'amour que vous êtes.

Ce que tu as appris à reconnaître, Glenda, c'est mon amour. L'essence de mon amour ne ressemble pas à celle de quelqu'un d'autre. Ni à celui de l'amour maternel. C'est ainsi. La qualité d'amour est différente chez chacun. L'esprit réagit à cette qualité unique d'amour et lui fait honneur. Et à son tour, l'amour exerce son pouvoir sur les particules adamantines. C'est l'amour qui définit votre individualité, pas l'esprit. Ce dernier est l'élément invisible, et les particules adamantines sont les éléments qui permettent d'élaborer une existence complexe. Elles sont totalement génériques et neutres de par leur nature. C'est seulement à travers l'amour qu'émanent singularité et individualité. Sans cela, on ne pourrait pas plus vous distinguer qu'un grain de sable sur une plage.

Glenda, aimerais-tu savoir quelle est la meilleure façon de découvrir et de prouver que vous êtes tous amour et que l'amour n'est pas une denrée extérieure ? »

« Certainement ! » m'empressai-je de répliquer.

« Aimez vos ennemis. »

Ce n'était pas la réponse que j'avais espérée et je ne me sentais pas tout à fait à l'aise avec cette recommandation. Mais j'avais les oreilles grandes ouvertes pour entendre la suite.

« En présence de vos ennemis, vous savez avec une certitude infaillible que l'amour que vous pouvez ressentir ne dépend pas de facteurs extérieurs. Vous n'aimez pas votre opposant en raison de sa bienveillance, de l'encouragement qu'il vous prodigue ou parce que la rencontre avec lui vous est d'un profit quelconque.

En leur présence, vous savez que vous êtes amour et la source de votre amour. C'est la raison première pour laquelle je vous ai dit d'aimer vos ennemis. Pas pour que vous deveniez faibles ou passifs, pour vous faire marcher dessus, pour que vous souffriez, pour que vous cédiez tous les avantages à vos opposants, mais pour vous permettre d'apprendre que vous êtes amour. En sachant ceci, vous reprenez du pouvoir.

Les conditions externes ne peuvent pas vous enseigner qui vous êtes. Par conséquent, aussi longtemps que vous croyez qu'elles le peuvent, vous chercherez toujours à demander au monde extérieur la permission d'exister. Et c'est cette obsession qui est votre véritable ennemi.

C'est l'amour qui régit les particules adamantines. Entre vous et une personne qui s'oppose à vous, il y a bien des particules adamantines. Maintenant, laquelle de vous deux régira ces particules ? »

« Celle qui aime ! »

« Ceci est le premier élément. Mais il y a autre chose.

De telles expériences vous donneront l'occasion d'apprendre la chose la plus importante à votre sujet que vous puissiez jamais apprendre, ainsi qu'au sujet de l'amour. Le monde voudrait bien que vous pensiez que l'amour est cette émotion qui se consume par le truchement d'effets désirés et agréables. Autrement dit, que l'amour est créé. Il n'y a rien de plus faux, car l'amour est l'instrument universel qui est le moteur de la création et qui la régit.

Dernière chose, et certainement pas la moindre, il se pourrait bien que vous découvriez que la personne s'opposant à vous n'était pas réellement votre ennemi !

Et ne nous limitons pas ici aux ennemis humains. Prenons l'exemple d'une tempête qui approche. Comment pourriez-vous détourner une tempête ? »

« Il ne m'est jamais venu à l'esprit que nous le pourrions », dis-je, assise sur ma chaise et stupéfaite qu'il pose une telle question.

« Vous auriez à chercher la force qui motive la tempête et ensuite à être amour en sa présence. Vous pouvez maîtriser la tempête, car les particules adamantines sont régies par l'amour. L'amour est la source de tout. C'est le grand commandant, et le pouvoir qui lui est propre vous a été imparti en tant qu'enfant de l'amour. C'est pourquoi, dans n'importe quelle situation, vous pouvez gagner par l'amour. Pas en AGISSANT l'amour, car c'est là où vous errez, mais en ÉTANT l'AMOUR ! C'est le feu qui brûle au cœur de toute situation. Vous pouvez réellement enrayer une tempête en aimant les forces qui l'animent.

Voyez la beauté de la tempête. Voyez la beauté des forces qui la façonnent. Aimez-la totalement dans son essence. Trouvez-en la raison d'être jusqu'à ce que vous ne fassiez plus qu'un avec elle. Il pourrait alors se produire plusieurs choses, selon votre degré de confiance en vous. La tempête pourrait simplement se dissiper instantanément. Ou encore, elle pourrait se transformer en une légère pluie. Peut-être également pourrait-elle partir dans une autre direction. Ou, à tout le moins, ne vous ferait aucun mal. Parce que l'amour ne peut faire de mal à l'amour !

Si vous voulez éliminer des insectes nuisibles dans votre maison, aimez-les en leur indiquant de se trouver un autre lieu de résidence. Point n'est besoin d'employer des produits chimiques lorsque vous comprenez que la vie suit l'amour comme un papillon de nuit suit la lumière. Vous pouvez apporter d'innombrables améliorations à votre vie quotidienne en vous servant simplement de l'amour pour maîtriser les particules adamantines et les régir. »

Au cours de toutes mes journées passées avec Jésus, je ne me souviens pas de l'avoir entendu, ne serait-ce qu'une fois, employer le mot « contrôle » dans le cadre de son enseignement. Par contre, à plusieurs reprises, il fit référence au triste état des gens qui se retrouvent justement prisonniers de leurs obsessions en vue de maintenir le contrôle. Il partagea ceci à ce sujet : *« Le contrôle est un jeu qui permet d'arriver à la domination dans une situation dualiste. Lorsque les gens fonctionnent dans le cadre des polarités, le contrôle est ce qu'ils emploient pour renforcer la position qu'ils préfèrent. Ce qui empire les choses, c'est qu'une fois celui-ci établi, les polarités seront maintenues afin qu'il puisse se perpétuer. »*

Par opposition, « commander ou maîtriser » avait une connotation très positive pour lui et il aimait en parler. Par son ton et ses gestes, il semblait vouloir sous-entendre que cette qualité fait intrinsèquement partie du pacte qui nous lie à la vie et qu'il est essentiel pour notre dignité de l'exercer. La seule autorité la régissant est l'amour, ÊTRE l'amour.

« Toutes les particules sur lesquelles vous avez jamais exercé votre maîtrise dans l'amour sont vôtres à jamais. »

Cette pensée était abasourdissante, elle avait trop d'envergure pour que je puisse la gober d'un seul coup. Mais je me ressaisis suffisamment pour demander : « Est-ce ainsi que tu as ressuscité ton corps ? »

« Bien sûr. C'est l'amour qui m'a donné le pouvoir total sur toutes les particules qui ont jamais pu composer mon corps et je les ai reconstruites par les lois de l'amour et non par les lois de la structure, de l'ordonnancement. De la sorte, je n'étais plus prisonnier de la structure. »

Puis, il mentionna les nouveaux corps que nous aurons sur la nouvelle Terre, où tout s'accomplira sous la direction consciente de l'amour. Il ne me précisa pas quand, mais il m'assura que *« la transformation surviendra quand vous connaîtrez tous la vérité de ce qu'est l'amour. Dans cette nouvelle façon d'exister, l'amour fera littéralement battre votre cœur et vibrer les cellules de votre corps. L'amour propulsera le sang dans vos veines. Il fera fuser vos pensées, ainsi que toutes les énergies autour de vous et tout ce que vous attirerez vers vous. »*

« Est-ce ainsi que tu as multiplié les poissons ? »

« Eh bien, oui », admit-il avec modestie.

« As-tu réellement multiplié les poissons, ou était-ce juste une métaphore, un enseignement d'une vérité supérieure ? »

« Non, ce n'était pas une métaphore, mais en faisant cela j'enseignais une vérité supérieure. Je n'ai accompli aucun miracle pour impressionner ; c'était seulement pour enseigner. Dans le cas des poissons, il m'a suffi d'aimer assez un poisson pour qu'il y en ait une multiplication abondante. »

Cela semblait si simple à l'entendre ! Tout ce que je pus faire, c'est le regarder émerveillée en soufflant tout bas : « Ça a dû être tout un amour ! »

Sa compréhension de toute chose était totale, globale. Il n'y avait chez lui aucune trace de dualité ou d'opposition, et il n'émanait aucun stress de sa présence.

Il avait un profond respect pour la technologie quand celle-ci était fondée sur la vérité et le discernement, et employée pour mettre en œuvre une conscience démocratique de la réalité. Il semblait avoir un grand respect pour la science, la pensée scientifique, et pour les recherches de nature élevée. Par contre, il n'était pas en faveur des formules de vie générées par le mental. Il mit l'accent sur le fait que notre entendement devait se fonder sur les vérités simples de l'existence et être appliqué pour combler nos besoins réels. Il semblait réprouver l'excès de technologie qui existe uniquement dans le but d'échafauder des monopoles de pouvoir, d'avoir prise sur la docilité des gens ou de générer des dépendances dans des situations et des milieux artificiels. Cela mis à part, il avait une grande révérence pour la fonctionnalité, car celle-ci tirait sa force des lois divines. *« La fonctionnalité, c'est l'harmonie de Dieu manifestée sur terre »*, déclara-t-il.

Nous considérons beaucoup trop souvent les principes de la structure comme la cause de l'ordre et de la fonctionnalité dans la vie. C'est là une grande illusion par laquelle la structure s'est temporairement octroyé une franchise. Fréquemment, il me rappela aussi que c'est notre plus grand droit, en tant qu'êtres aimants, de percevoir toute chose avec innocence. Ainsi, nous pouvons faire fonctionner la chose qui nous intéresse en régissant l'amour qui nous lie à elle.

« Votre mental préfère structurer votre interaction avec la réalité et, pour justifier cette obsession, il veut anticiper et prédéterminer tout ce que peut être la vie. Les formes-pensées et les modèles de structure que le mental projette deviennent alors un grand piège. Car ils conditionnent vos perceptions à se confor-

mer au schème de la structure plutôt qu'à l'expérience actuelle de la réalité. C'est cela le mensonge. »

Sans mâcher ses mots, il précisa que l'intelligence ne se limite pas au mental. *« Le mental est le lieu de rencontre de la structure et de l'intelligence. Si votre intelligence se limitait au contingentement et à l'aspect éphémère de la structure, alors le potentiel qui vous permet d'avoir un entendement transcendant de l'univers avorterait complètement dans l'œuf. C'est la perception innocente qui est le grand révélateur. »*

Pour que je puisse assimiler cette vérité, il me demandait souvent de rester tranquillement assise et de percevoir les choses, de regarder par une fenêtre et de juste décrire ce qui était. Vous n'avez pas besoin de formules ni d'une instruction formelle pour savoir vivre.

Parfois, je parlais de la peinture sur le plan de la composition et il m'aidait à en voir le processus plus directement, à voir avec plus d'innocence ce qui se trouvait juste devant moi. Chaque fois que je me mettais à user d'une formulation mentale, il reprenait la barre en disant : *« Glenda, tu n'as pas besoin de ça. Tu n'as pas besoin de voir la vie à travers ces formules mentales ni d'expliquer par elles ce que tu fais. Sois simplement là et perçois. Relaxe et sois, c'est tout. »* Il m'encourageait sans cesse à « être ».

Une fois, alors que nous discutions de la perception innocente, une vieille question émergea en moi au sujet du livre de la Genèse. Elle concernait l'expulsion de l'homme du jardin de l'innocence parce que notre ancêtre avait voulu s'enquérir du bien et du mal. Je voulais savoir pourquoi il était interdit à l'homme d'étudier le bien et le mal.

« Parce que l'étude est une activité du mental et que le mental est continuellement polarisé. Par conséquent, si le mental s'intéresse au sujet du bien et du mal, il s'emprisonne dans la dualité. Le mental se servira de ses perceptions pour juger et condamner. » Puis, il ajouta : *« Le cœur connaît déjà les vrais chemins de la vie. Il n'a pas besoin d'étudier un sujet qui lui est propre. Le mental, par contre, ne peut jamais connaître le véritable bien.*

Le fondement réel du bien, c'est l'amour, c'est honorer la vie par la perception innocente et par un service envers autrui empreint de compassion, suivant la destinée de chacun. Il vous est impossible de comprendre intellectuellement le bien et le mal. Les choses se mettent en place lorsque vous êtes l'amour que vous êtes. Rien ne remplace une absence d'amour, même pas une multitude de bonnes actions. C'est l'amour que l'esprit chérit et l'esprit ne se laisse leurrer par aucun substitut. L'amour est au-delà de toute éthique et le sera toujours. Sinon comment pourrait-il y avoir la grâce ? La véritable éthique se façonne uniquement à partir des manifestations de l'amour. »

Quand nous essayons d'appréhender intellectuellement ce que sont le mal et le bien, tout ce que nous réussissons à faire, c'est tomber dans les jugements, la condamnation, les barrières et, ce faisant, nous exilons loin de nous ceux avec qui nous ne sommes pas d'accord.

« La conscience est le propre du cœur. Ce que vous appelez "culpabilité" est un système d'alarme intégré qui vous signale que vous quittez le domaine du cœur. Un homme qui suit son cœur ne ressentira jamais de culpabilité, même s'il dépasse les limites de ce que la société considère comme convenable. D'un autre côté, un homme qui ne vit que dans sa tête portera en lui une secrète culpabilité, même s'il essaie logiquement de faire ce qui est juste. Il n'en ressentira aucune satisfaction intérieure et perdra très vite sa capacité de savoir ce qu'est la chose juste. À un moment donné, il cessera d'essayer, laissant la culpabilité cachée se terrer et se manifester régulièrement sous forme de détresse. Cet homme-là pourra dépenser une fortune en thérapie ou en alcool pour anesthésier cette détresse ou la faire disparaître. Mais, en fin de compte, dominé par son mental, il ne fera que détruire son système immunitaire. Ceci est le produit final d'un monde dominé par le mental. Mais vous pouvez très simplement inverser les choses dans la grâce la plus totale. »

« Comment ? »

« En suivant votre cœur ! »

La pensée qui apparut dans mon champ de conscience me fit pouffer de rire. « Le mental est pendu aux basques de l'argent, n'est-ce pas ? »

« Malheureusement, c'est vrai. »

Une pensée en amenant rapidement une autre, je me retrouvai face à face avec ma question suivante. « Dans le Nouveau Testament, Paul déclare que “l'amour de l'argent est la source de tous les maux”. As-tu dit cela ? »

« Presque. Mais pas exactement dans ces termes-là. Étant donné que l'araméen fut transposé en grec, une partie de la simplicité pragmatique de mon message fut noyée dans la nature plus abstraite de la pensée grecque. L'araméen était la langue du peuple et non celle des érudits. C'est pour cette raison que je la parlais. De plus, Paul avait sa manière à lui de transmettre le message d'amour en fonction des besoins et de l'entendement de ceux qu'il servait.

C'est la CUPIDITÉ qui est la source de tous les maux. Quand il y a cupidité, les gens vont jusqu'aux extrêmes, et quand il y a extrêmes, l'idée de manque apparaît. Quand le manque est inventé, la peur germe comme de la mauvaise herbe dans un jardin. Toutes les émotions négatives que l'homme connaît trouvent leur point d'origine dans la peur.

Voici donc le fameux arbre généalogique, des racines jusqu'aux branches. Les extrêmes engendrent la cupidité qui, elle, engendre le manque qui, à son tour, engendre la peur. Et la peur est à l'origine de toute émotion ou action négative. »

« Eh bien, je me sens soulagée ! Parce que j'aimerais avoir un peu plus d'argent ! »

« Il n'y a là aucun problème. Tu peux en avoir. L'argent est seulement un titre d'échange. En fait, les gens se portent en général économiquement beaucoup mieux lorsqu'ils procèdent à de nombreux échanges. J'aime beaucoup voir les gens échanger activement des biens et des services. Quand l'économie est fluide, les structures ont de la difficulté à maintenir leur domination. Quand les gens échangent librement, personne ne connaît ni la faim ni le chômage, et toute idée valable est productrice. »

« Jésus, certaines personnes prétendent que la haine est le contraire de l'amour. Récemment, j'ai lu un livre où on expliquait que la peur était le contraire de l'amour. Qu'as-tu à dire à ce sujet ? » Un sourire amusé se dessina peu à peu sur son visage pendant qu'il posait un regard narquois sur moi.

« Je pensais que tu aurais déjà pris conscience que l'amour n'a pas de contraire ! L'amour est le solvant qui dissipe toute polarité. » Ses yeux étaient deux claires fontaines d'eau et, en les fixant, je vis en eux la simplicité de sa réplique concise.

Mais il savait aussi que j'avais encore besoin de dialoguer à ce sujet. Aussi me donna-t-il les explications suivantes : *« La peur abonde en l'absence de l'amour et la haine est la peur même de l'amour. La cupidité est un désir obsessionnel qui tente de combler les besoins de la vie sans amour. Ainsi, la cupidité est une tentative de contrefaçon et de subversion du pouvoir de l'amour. C'est pour cette raison qu'elle est la source de tout mal. Et elle ne se limite pas aux possessions matérielles ni à l'argent. La cupidité peut se manifester par rapport à l'attention, l'influence, la célébrité, l'éducation, la thérapie, la dépendance, la misère même... à tout ce qui peut instaurer des liens d'attachement dénués d'amour. Donc, tu n'as pas tout à fait tort quand tu affirmes que l'absence d'amour se traduit par des problèmes. Et ce sont les plus grands problèmes qu'une personne puisse avoir. »*

« Pourquoi la cupidité ? »

« Si tu devais remplacer totalement l'amour par quelque chose, combien te faudrait-il de ce quelque chose ? »

« Je saisis. »

« Sans amour, tout humain perd l'assise qui lui permet d'avoir la maîtrise. Ce qu'il peut tout au plus espérer avoir, c'est le contrôle, mais il lui faut mettre en jeu énormément de pression !

J'ai dit auparavant que seuls les dociles hériteraient de la Terre. Mais il faut que vous sachiez que cette affirmation a elle aussi été mal traduite. Dans votre langage, le terme "docile" sous-entend humilité et servitude. Ce n'est pas ce que je voulais exprimer par ces mots. En fait, le terme "modéré" transmettrait mieux mon message. Ceux qui vivent dans la modération éta-

bliront les bases de la nouvelle économie sur terre et par conséquent hériteront de celle-ci. »

« Je ne suis pas en désaccord avec toi, car cela paraît fantastique en principe, mais comment se fait-il que les gens cupides semblent aller de l'avant alors que les gens modérés restent en retrait ? »

« C'est parce qu'un grand nombre des gens qui s'adonnent à la modération de nos jours le font seulement pour maintenir leur intégrité et se pourvoir contre les manques si redoutés. Idéalement, c'est par le partage et la participation collective à l'esprit d'abondance que se pratique la modération.

Quant à la cupidité, ses avantages initiaux sont tout à fait trompeurs. Il y a dans la cupidité une sorte de "thérapie intrinsèque" qui génère en premier lieu un sentiment d'exultation. Avant d'entreprendre sa quête d'excès, une personne se sera peut-être identifiée à une croyance de manque et se sera lassée par d'innombrables décisions du genre "Est-ce que je dois faire ceci ou cela ?" Puis, un beau jour, elle déclarera : "Je pense que j'ai tout ce qu'il me faut !" Une incroyable chose viendra alors de se produire à cet instant-là. La personne aura simplement éliminé sa croyance au manque et mis fin à la dualité des éternelles prises de décision ! Ce faisant, elle laisse libre cours à une grande force créatrice se trouvant en elle. Si elle pouvait à cet instant saisir la qualité de cette force et l'appliquer au lien unificateur qui existe en toute chose, alors l'accoutumance destructrice laisserait place à une prospérité satisfaisante. Mais, bien trop souvent, les gens appliquent cette sorte de thérapie seulement à leur endroit et créent un nouveau manque qui s'appelle "seulement pour moi". L'abondance utilisée à des fins uniquement personnelles est une trahison de la perception !

Je vous ai suggéré de méditer sur l'infini et sur l'abondance de l'univers afin que vous puissiez renforcer les liens qui vous unissent avec le reste de la vie et non pour que vous les déteniez tous à vous seuls. Il existe une directive bien simple qui vous donnera un potentiel illimité d'expansion sans vous mettre au péril de la cupidité : n'en prenez pas plus que ce que vous pouvez véritablement aimer. »

Ceci conduisit à une question sur l'appartenance, la propriété. « Certaines personnes prétendent que rien n'appartient à personne. Qu'en dis-tu ? »

« C'est là une question très pertinente, fit-il remarquer. *La réponse a à voir avec ce que vous essayez de posséder. S'efforcer de posséder la structure est une tâche futile et ingrate, car tout est temporaire et illusoire. C'est la raison pour laquelle le Créateur se reposa le septième jour. Les efforts à fournir pour posséder et maintenir la structure n'en valent tout simplement pas la peine. Par ailleurs, tout ce que votre amour a pu maîtriser est à vous de toute façon.*

Oui, certaines choses vous appartiennent. Si l'appartenance personnelle n'avait aucun sens, alors il n'y aurait pas de commandement contre le vol. Mais tout ce qui peut vous appartenir véritablement et de façon durable est fondé sur votre amour et sur l'effet que ce dernier a pu avoir sur les particules adamantines de votre existence même. Ces choses-là sont vôtres à tout jamais.

La propriété, ou l'appartenance, est une question de responsabilité et non un titre d'achat. Aucune somme d'argent ne peut vous donner de véritable titre si vous n'en avez pas aimé l'objet. Ceci est la loi de l'attribution sacrée. Tout ce que vous avez pu acheter avec de l'argent, des services, le devoir ou des obligations – mais que vous n'avez pas aimé – vous possédera en fait jusqu'à ce que, un certain moment, une ou plusieurs forces de l'univers vous l'arrachent des mains et vous libèrent miséricordieusement.

Vous possédez votre vie. Vous possédez les choses que le Père vous a données, les fruits de votre création et ceux de votre labeur. Vous récoltez les effets de vos rêves les plus chers, de vos plus précieuses aspirations et imaginations. Vous jouissez de tout cela ainsi que de tous les souvenirs. LA RICHESSE, C'EST LA RÉCOLTE DE L'AMOUR. Rappelez-vous que l'amour régit les particules adamantines. Tout ce que vous avez jamais aimé est ce qui attire vers vous... les choses de la vie, les amis, la famille qui ajoute de l'envergure à votre vie et les rêves qui la font grandir. Ces choses vous appartiennent et vous devez leur faire honneur. »

Puis, il fit la mise en garde suivante : *« N'essayez pas de posséder la structure elle-même. Toute structure est condamnée d'avance. Toute structure disparaît un jour ou l'autre. Je vous recommande de capitaliser dans les cieux, là où la mémoire de votre amour recréera tout ce qui est à vous, et de laisser derrière vous les structures qui vous ont déçus.*

En fait, ceci est le véritable bienfait du jour du sabbat, où vous débarrassez votre vie de l'emprise de la structure. Vous observez les lois de Dieu, l'infinité du cosmos, et vous vous reposez. Ainsi, vous évincez l'artificiel et l'illusoire qui, sans cela, chercheraient à prendre possession de vous. Ainsi, vous pouvez revenir à l'amour que vous êtes. »

« Je pensais que le commandement demandait de se souvenir du sabbat et d'en conserver l'aspect sacré ? »

Du revers de la main, il me dit : *« Va chercher ta Bible. Tu verras que c'est plus que cela. »*

Je n'avais auparavant jamais réalisé que le commandement concernait les fils, les serviteurs, le bétail et les étrangers en ville, qu'il incluait tous et tout. L'image qui me vint à l'esprit fut celle du détachement total de toutes les rigidités de la vie.

« Le sabbat ne se pratique pas tout seul. C'est un bienfait céleste que vous transmettez universellement à tous comme un don de liberté. C'est une armistice par rapport à une existence structurée qui révèle pendant un certain temps le pouvoir et le sacré de l'être-là.

En présumant que le Créateur s'était retiré, on a très mal interprété ce septième jour. Rien ne pourrait être plus faux. Ce septième jour, il crée, maintient, aime et aide en ÉTANT, pas en FAISANT. Il ne se retire pas, il se repose ! Si vous pouviez être comme le Créateur, vous apprendriez le secret de la maîtrise de la vie en ÉTANT AMOUR. Lorsque vous serez capables de le faire, vous vous élèverez au-dessus de la structure. Le septième jour est celui où le créateur célèbre sa suprématie sur la structure. Lorsque vous adoptez ce rituel, vous vous harmonisez avec ce principe. Lorsque vous le transmettez à d'autres, vous aidez le monde à se libérer de ses chaînes. »

« Pourquoi ne m'a-t-on pas dit cela plus tôt ? »

« Lorsque c'est le monde de la structure qui interprète la Bible, il le fait de manière à perpétuer ses illusions. Lorsque c'est l'amour qui lit la Bible, il le fait de façon à PÉNÉTRER *l'illusion, à la transcender et à atteindre la vérité. »*

« Quand tu parles de la structure, certaines idées me viennent à l'esprit, mais mon entendement est peut-être trop limité. Aurais-tu l'obligeance de m'éclairer sur le sens du mot ? »

« La structure, l'ordonnancement, est un élément organisationnel dans l'univers, bien que secondaire et dérivé. C'est l'amour qui ramène en premier lieu l'ordre dans le chaos. La structure, elle, met en application les schèmes durables des dispositions ordonnées.

L'amour édifie votre foyer ; la structure s'assure que les murs tiennent. L'amour édifie votre nation ; la structure l'administre. L'amour détermine les paramètres de bonne conduite ; la structure formule les lois qui les font respecter. À l'instar du mental, la structure est bonne quand elle sert, mais elle est tyrannique si elle impose l'inflexibilité et ne se soumet jamais à l'incursion redressante de l'amour.

La structure représente les schèmes d'existence prévisibles et convenus qui vont des formes les plus simples aux plus complexes. C'est l'établissement de schèmes qui élimine les différences de potentiel et maintient les formules organisationnelles en place. Par exemple, la structure est ce qui différencie la vapeur, l'eau et la glace, même si les ingrédients sont les mêmes au départ. Mais la structure n'est pas la "volonté" qui détermine si H_2O *se transformera en vapeur ou en glace. Ce qui le détermine, c'est l'adaptation harmonieuse à l'environnement (l'amour).*

Toutes les structures sont des dérivés et peuvent être révisées, améliorées ou suspendues. On pourrait affirmer que la structure est l'engramme de conservation qui permet aux créations désirables d'être stabilisées, retenues et combinées en de plus grands agrégats de forme et de matière. La structure est ce qui maintient les choses en place.

Sur cette grille structurale viennent se superposer des schèmes et des modèles structuraux créés par le mental humain dans le but de contrôler. Il n'existe préalablement à la réalité aucun "schème sacré". Cette idée est une invention visant à vous faire craindre le changement ou l'éviction de structures impraticables et à donner à ces dernières la dominance sur vous. »

À l'occasion, quand je pense à la structure, je la compare à la touche « Mémoriser » du clavier d'un ordinateur. C'est une mémoire qui rend possible la conservation d'une formule avec une certaine donnée et son intégration à une autre. Ou encore, qui permet de rappeler un programme ailleurs et en un lieu autre où il peut être plus utile. Il est rassurant de savoir que la structure n'a d'importance que dans le sens où elle sert les créations de l'amour qui sont en cours. Il est également rassurant de se rappeler que la touche « Effacer » peut ramener la vie à son potentiel d'innocence !

« En société, la structure est davantage protégée par ceux qui ont atteint ce qu'ils voulaient. Ironiquement, ceux qui sont démunis au point que n'importe quel changement se traduit chez eux par la peur d'être encore plus démunis, obéissent aussi et aveuglément à la structure. C'est ce que les riches et les pauvres ont en commun. Par contre, ceux qui fondent et mettent en application des valeurs basées sur la modération et la flexibilité se servent de la structure juste pour que les choses fonctionnent bien dans la vie, et ce, sans empêcher la croissance.

Dans votre vie, les structures finissent par devenir des attachements qui vous paralysent et qui, en réalité, vous subtilisent votre véritable richesse. Celle-ci se situe sur un plan supérieur. C'EST LA RÉCOLTE DE L'AMOUR. Il vous faut faire l'expérience du pouvoir du lâcher-prise afin de recevoir. C'est aussi important que d'apprendre à aimer ses ennemis parce que, lorsque vous abandonnez la structure, la véritable richesse qui existe sera multipliée bien des fois.

La première chose que vous apprendrez alors, c'est que vous ne pouvez tout simplement pas renoncer à votre véritable richesse. L'unique chose à laquelle vous pouvez renoncer, c'est la structure. Une fois que vous aurez compris cela, vous arriverez rapidement à surmonter cet esclavage et atteindrez une réalité d'ordre supérieur, la fraternité. »

Il me donna alors quelques exemples pratiques qui étaient tout à fait appropriés à cette époque-là. *« Pense un peu à cette maison que tu as achetée et que tu as rénovée. En en changeant la structure qui se détériorait, tu en as augmenté la valeur. Mais cette augmentation de valeur ne se traduira en profit qu'une fois que tu auras vendu la maison, c'est-à-dire que tu y renonceras ! Tu vois, tu as le choix. Tu peux conserver cette structure de quatre murs ou encore la vendre et en tirez un profit. Ceci est vrai pour tout. Votre richesse s'édifie quand vous vous débarrassez de la structure. Vous envisagez une structure et elle vous convient. Vous l'élaborez, et quand vous la laissez aller, vous vous enrichissez. C'est ce que le Créateur fit ce septième jour. Il dit que c'était bien, mais qu'il était encore bien mieux d'être. Qu'ainsi, il serait le récipiendaire de sa véritable richesse, c'est-à-dire le fruit de l'amour. »*

Ce jour-là, les yeux pétillants, il conclut son enseignement par une puissante synthèse accompagnée d'un léger sourire. *« Les enfants de Dieu ont été créés pour récolter sa véritable richesse, qui est l'amour. VOUS ÊTES AUSSI BIEN SA RÉCOLTE QUE L'INSTRUMENT DE SA RÉCOLTE. Vous êtes tous les enfants de son amour. Et c'est ainsi que s'édifie votre richesse matérielle également. Vous planifiez grâce à la structure. Puis vous érigez en fonction d'elle. Vous vous dites que tout est bien. Vous vendez ce que vous avez érigé et en tirez un profit que vous pourrez utiliser pour autre chose. Si vous ne vous attachez jamais à la structure, la richesse continuera de se manifester. La structure est l'illusion qui vous empêche d'atteindre l'ultime richesse, spirituellement, intellectuellement et financièrement. Vous devez renoncer à l'illusion pour atteindre la vérité. »*

Ce soir-là, j'eus le temps de réfléchir à la façon dont ce principe pouvait s'appliquer à la question cruciale que représentent les relations humaines. Comment faire la distinction entre la réalité d'une relation et la structure qui la sous-tend ? Quel est l'élément d'une relation auquel il faut renoncer ?

Il avait dû vouloir que j'en vienne à comprendre cela toute seule, car même si j'avais absolument eu l'intention de soulever cette question le lendemain matin, je me contentai d'y réfléchir au lieu de demander. Selon moi, il nous arrive souvent d'oublier que les jeux de rôles ne figurent pas au cœur d'une relation. Le cœur d'une relation est la raison pour laquelle on est ensemble, c'est l'amour qui unit et l'honneur qui fait que celle-ci vaut la peine d'être poursuivie. La vérité de ce que vous êtes et de ce que l'autre personne est dépasse de loin toutes les définitions de fonctions. Nous oublions souvent que les rôles sont un peu comme les pièces d'une maison qui peuvent être redécorées quand on le veut, alors que leurs occupants sont constants de nature.

Parfois, je pense qu'il est bon de jouer un rôle qui outrepasse le scénario prévu, ou bien de simplement « être ». Interchanger les tâches ou les obligations – donc dépasser certaines limites – pourrait peut-être faciliter la compréhension dans une relation et redonner une toute nouvelle appréciation à l'amour.

À une autre occasion, Jésus amena une dimension additionnelle à cette vérité en décrivant l'expérience de la mort comme un renoncement à la structure complexe qu'est le corps physique. *« L'âme assiste à une incroyable libération d'énergie de ce qui n'était en fait qu'un prêt. Elle assiste à un retour à la source bien plus merveilleux que tout ce que le Père a pu vous donner. Ce qui est régi par votre amour est vôtre à jamais. Tout ceux qui ont connu l'amour en partage avec vous restent unis à vous. Ceci est l'ultime récolte. »*

Pendant que nous développions le sujet de la perpétuation de notre richesse, je lui demandai ce qu'il en était de la continuité de la vie. Ce sujet m'intéressait particulièrement et je m'en enquis à plusieurs reprises chaque fois que cela me semblait approprié. À une occasion : *« La vie telle que vous la connaissez ici-bas est trop structurée pour que vous perceviez votre continuité sur un plan supérieur. Tout ce que vous êtes réellement continue, se perpétue. La vie abandonne simplement sa forme complexe. Mais toutes les particules adamantines qui constituaient votre corps restent avec vous. Vous demeurez dans la mémoire de l'esprit pour toujours, et l'amour que vous êtes portera à tout jamais votre nom sacré. Tout en vous chérissant et en vous gardant en mémoire, l'esprit vous crée et vous recrée dans l'éternité, que ce soit aux cieux, sur terre ou ailleurs dans l'infini domaine de Dieu. »*

J'eus à un moment donné le courage d'employer le mot « réincarnation ». « Qu'as-tu à dire au sujet des vies passées et futures ? »

« Votre immortalité est chose simple. Par conséquent, votre compréhension de la chose n'en sera que plus précise si vous en faites quelque chose de simple aussi. C'est la volonté de Dieu de créer à l'infini pour vous une conjoncture en fonction de votre amour et des êtres qui vous sont chers.

La philosophie de la réincarnation n'est pas si simple. Elle affirme certes la perpétuité, et c'est bien. Par contre, elle déforme un peu les choses parce qu'elle renvoie votre immortalité à la structure et à la linéarité, ce qui est faux. Votre immortalité n'est pas prisonnière de la roue de la vie ni d'une réalité fondée sur le concept de cause à effet. Et vous n'êtes pas non plus le produit de l'évolution linéaire. Vous avez été créés à la perfection avec un amour parfait et, effectivement, vous revenez vous manifester à l'infini. Mais ceci se fait selon la volonté de Dieu et en fonction de vos propres intentions, de votre propre amour et de votre propre conjoncture pour ce qui est du service à l'humanité et de l'apprentissage. » Puis, avec un brin d'humour, il ajouta : *« En fait, vous n'avez qu'une seule vie ! C'est juste que c'est une vie très longue qui comporte de nombreux chapitres. »* Je ris, et tout sérieux se dissipa aussitôt.

Alors que je digérais tranquillement la clarification qu'il venait de m'apporter, je vis à quel point certaines personnes cherchent à expliquer leur vie par le concept de cause à effet, allant même jusqu'à chercher leur point d'origine loin dans l'histoire. LE POINT D'ORIGINE, C'EST L'AMOUR... DE DIEU, LE LEUR ET CELUI DES AUTRES. Le binôme cause-effet intervient certes dans la façon dont la matière, l'énergie, le temps et l'espace s'harmonisent et se combinent pour devenir une substance physique, en plus des structures qui préservent et délimitent ces créations physiques. Néanmoins, l'amour est la vraie source qui régit la structure même, et non pas son résultat. Pour la première fois de ma vie, je prenais conscience que l'amour était une cause et non une création ! J'étais heureuse d'avoir réalisé cela et il m'observa en toute sérénité pendant que je continuais de peindre.

Il parla à nouveau avant la fin de la journée. *« Bien trop souvent, les gens qui s'intéressent à la réincarnation en espérant y trouver des réponses essaient en réalité de se trouver eux-mêmes. Ils empruntent une mauvaise direction. Il n'y a ni d'autre lieu ni d'autre temps où l'on puisse se trouver. Le seul contexte possible est le présent ! Le passé n'est plus ! Seul l'ego voudra s'accrocher à une identité qui est hors contexte. Vous rencontrerez rarement quelqu'un qui vous parlera d'une vie passée d'indigent, de lépreux ou de voleur. Les gens se gorgent typiquement de vies passées en tant que rois, héros ou saints. C'est l'ego déplacé qui essaye d'asservir l'âme à la structure. Votre immortalité n'a besoin d'aucune structure. La source de votre identité n'appartient à aucune linéarité. La source de votre immortalité réside uniquement dans votre amour. »*

Me regardant, Jésus me demanda : *« Qui es-tu ? »*

« L'amour », répondis-je avec confiance.

« Quand vous aurez tous bien intégré cette vérité, vous n'aurez pas besoin de savoir quoi que ce soit d'autre à votre sujet. Cette certitude vous apportera toutes les autres réponses que vous cherchez. Elle vous donnera confiance en votre immortalité et foi en l'immortel amour que vous avez en commun avec les autres. Quand ceci sera bien compris, votre véritable raison d'être prendra toute sa force. Car votre raison d'être prend racine dans l'amour. »

« De nombreuses thérapies ont recours à l'hypnose pour faire régresser les gens dans les vies passées. Fonctionnent-elles vraiment et ont-elles une valeur quelconque ? »

« Cela dépend de l'honnêteté des hypnotiseurs qui entendent le récit de ces vies passées. Pour ce qui est de la valeur, ceci repose entièrement sur le lâcher-prise, sur le renoncement à ce qui n'est plus utile. Un pardon sincère et profond peut donner le même résultat. »

Je poursuivis avec une question qui était plus « chargée » que je ne m'y attendais. « Y a-t-il dans notre passé collectif quelque chose que nous avons besoin de savoir ? »

« Il y a le traumatisme originel de la naissance que la plupart des gens expérimentent encore. »

« Qu'entends-tu par le traumatisme de la naissance ? »

« Il a existé un temps avant que vous ne soyez, mais il n'y aura jamais de temps après lequel vous ne serez pas. Il y a eu un temps où vous ne faisiez qu'un avec la source d'Amour et où vous étiez un tout. Cependant, l'amour décida de vous conférer l'immortalité telle que vous êtes et de vous accorder une identité propre. Il s'agit d'un cadeau grandiose et glorifiant qui vous a été fait, un cadeau porteur de promesses, de possibilités et de responsabilités. Mais parce qu'ils n'ont pas de point de référence autre que la simplicité d'une lumière commune, les enfants de Dieu ont vécu la naissance comme un choc et interprété le cadeau de la vie comme une séparation. Beaucoup d'entre eux se sont blessés en la considérant comme un rejet.

C'est là un tragique malentendu, et bien des problèmes et des souffrances endurés par l'humanité proviennent du traumatisme de la naissance. Pour certaines personnes, c'est d'autant plus vrai qu'elles ont physiquement vécu un traumatisme en naissant, traumatisme qui leur a laissé des blessures ayant la forme du rejet et de l'isolement. Les gens ayant vécu pendant des années dans le cadre de relations dysfonctionnelles finissent par guérir ces blessures quand ils reconnaissent le problème et le traitent avec une thérapie appropriée.

Les choses prendront tout leur sens quand l'âme reconnaîtra la coercition qui l'habite et s'éveillera au magnifique cadeau qui lui a été fait. »

« Qu'est-ce qui l'en empêche ? »

« Les gens sont déchirés entre deux choses : le désir de vouloir retrouver leur demeure éternelle et la peur de perdre leur identité personnelle et leur liberté. Ils veulent rester à part et redoutent en même temps de se perdre. Ils doivent saisir que même s'ils ne font qu'un avec le Père, ils ne retourneront jamais à un anonymat collectif. L'Esprit honore chaque personne d'une place qui lui est propre et il n'y aura jamais un temps après lequel vous ne serez pas.

La vie éternelle vous a été donnée en votre nom propre. Lorsque votre entendement vous permettra d'accepter la magni-

ficence de ce cadeau, vous pourrez alors vivre de nouveau votre naissance dans l'extase.

Comme vous avez assimilé votre naissance à une séparation la première fois, vous en avez fait depuis ce moment-là une structure reposant sur la séparation. C'est de là que vient la dépendance de l'homme envers la structure et l'obsession qu'il lui voue. Car la structure est devenue un ersatz source de sécurité. La grande guérison qui est sur le point de s'effectuer sur terre extirpera l'homme du traumatisme de sa naissance originelle et lui révélera la vérité qu'est son être, lui attribuant ainsi sa place d'honneur dans cette merveille qu'est l'univers. »

Chapitre 3

L'amour que vous êtes

« Qui suis-je ? » Telle est la question que vous vous posez dans votre vie et celle que tout un chacun se répète sempiternellement. Sans réponse à cette question, tout le reste demeure un mystère dans une certaine mesure. Shakespeare n'a-t-il pas fait dire à Hamlet ce vers immortel : « Être ou ne pas être… » ? Mais la grande question est : « Qui être ? »

N'êtes-vous qu'un humain, un enfant de votre race et de votre nation ? Êtes-vous une âme immortelle, un enfant de Dieu, un esprit, une raison d'être, une source de potentiel, un rayon de lumière ? Vous êtes tout cela, et pourtant la question demeure entière : QUEL EST LE TRÉFONDS ULTIME DE VOTRE ÊTRE ?

À cela, Jésus répondit : *« Vous êtes amour. »*

Ayant mal compris le sens de cette phrase, je crus d'abord qu'il proclamait son amour envers moi et les autres afin de m'encourager à avoir une plus haute estime personnelle. Ce n'est qu'après plusieurs jours d'explications et de répétitions que je compris petit à petit qu'il parlait du pouvoir qui nous a été conféré depuis le début des temps, des fondements mêmes qui nous relient à Dieu.

Sans vouloir sembler critique, il fallut que je lui fasse part de mon opinion sur le fait que certaines personnes ne semblent pas déborder d'amour ni de bonheur. Si je devais généraliser en fonction des histoires d'horreur que les nouvelles colportent, alors il serait difficile d'accepter son affirmation. Avec un brin de remords à l'idée d'avoir l'air de porter un jugement, je demandai à Jésus comment mes perceptions pouvaient être réconciliées avec son enseignement.

« Toute personne a été créée en tant qu'amour, mais la for-

me que prend cet amour reflète simplement le bien-être et la capacité de chacun à composer avec la vie. Il arrive souvent que l'amour a été négligé, repoussé, abusé ou nié. Dans un jardin, une rose est encore une rose même si elle est fanée et couverte d'oïdium. Les visages troublés et las que vous voyez autour de vous sont ceux de gens dont l'amour a été brisé.

Une fois qu'une personne s'est dissociée du sens de sa véritable nature, l'amour peut seulement être compris en tant qu'action ou sentiment. Et dans un tel état, il est certain que vous allez échouer. Et à propos de l'amour, c'est le sentiment qui prévaut présentement sur terre. »

Il n'est pas aisé de rétablir une vérité, surtout s'il faut pour cela plonger tête première dans de vieilles blessures qui sont précisément les causes de la distorsion première de notre entendement. Et à cela, comme à toute autre chose, il excellait. (Toute lenteur dont j'ai pu faire preuve n'était en fait que ma propre inertie qui résistait à un élargissement de ma compréhension.)

Dès qu'il entreprit de parler de l'amour, il mit l'accent sur le fait que notre nature est D'ÊTRE amour et non pas D'AGIR amour. Ceci est la clé de l'amour inconditionnel. De nos jours, bien des gens cherchent à pratiquer l'amour inconditionnel tout en voulant sincèrement faire l'expérience de cet état, mais ils se trouvent bloqués par d'impitoyables obstacles. Après tout, qui veut être un paillasson inconditionnel ? Ou bien qui veut être inconditionnellement stupide ? Je n'ai pas aussitôt l'impression d'avoir transcendé une conjoncture et d'avoir aimé au-delà d'elle, qu'elle me revient en pleine figure !

Comment peut-on aimer inconditionnellement et en même temps tenir compte du fait que la vie présente ses propres conjonctures ?

« Aussi longtemps que vous considérez l'amour comme une force provenant de l'extérieur, il sera toujours sujet aux conjonctures de la vie. ET EFFECTIVEMENT, LA VIE A LES SIENNES. La nature en a aussi. Par exemple, l'hiver est nécessaire pour que le printemps ramène le renouveau. L'homme a également instauré de nombreuses conjonctures au sein de la société. Certaines d'entre elles sont judicieuses et d'autres ne le sont pas. Mais ce qu'il faut leur donner, c'est un peu de relâchement, car l'homme les a érigées en murs et en prisons. Vous pouvez leur donner un peu de

relâchement en élargissant votre tolérance et vos points de vue, en pardonnant davantage et en intensifiant votre curiosité pour les choses de la vie. Oui, les conjonctures ont besoin d'être desserrées pour retrouver une plus grande compatibilité avec l'ordre naturel des choses. Mais le fait est qu'il y aura toujours certaines conjonctures dans la vie. Par exemple, il se peut que vous preniez plaisir à offrir de l'argent à quelqu'un pour l'aider un peu, mais que vous hésitiez à lui laisser les clés de votre maison. Si vous l'aimiez assez, vous pourriez lui donner le monde. Il y a néanmoins un moment inévitable où vous faites face à une résistance extérieure et où vous éprouvez du ressentiment. C'est à ce moment-là que vous vous trouvez devant les conjonctures de la vie. Pour gérer sa vie, il faut toujours tracer une ligne quelque part afin de pouvoir aussi pratiquer l'équilibre et la loyauté. L'équilibre est une conjoncture qui revient éternellement dans la vie. C'est souvent le facteur décisif qui fait pencher la balance en faveur de la guerre ou de la paix.

Par conséquent, ce n'est pas en cherchant et en prenant de l'expansion à l'extérieur que l'on trouve la réponse pour ce qui est de l'amour inconditionnel. Mettons donc de côté ce genre de raisonnement pour l'instant et regardons l'amour sous un autre angle. Retournons à la vérité et acceptons le fait que vous ÊTES amour, que celui-ci n'est pas une action ni une denrée que vous donnez ou échangez. Vous ne pouvez avoir de prise sur l'amour, ni le troquer contre autre chose, ni vous en servir comme monnaie d'échange. Vous ne pouvez posséder l'amour ni vous vanter d'en avoir plus que les autres. Lorsque vous aurez vraiment compris l'amour, il vous sera devenu impossible de le considérer comme un facteur extérieur à vous. »

Après quelque temps, il me devint plus facile de saisir la sagesse de sa réponse. Lorsque nous pensons à l'amour comme étant un facteur extérieur à nous, nous entrons en conflit avec les conjonctures extérieures. Cependant, ces conjonctures disparaissent dès que nous réalisons que l'amour est ce que nous sommes. Malgré toutes nos limites extérieures ou les forces prédatrices à l'œuvre qui cherchent à en tirer profit, le miracle existe : L'AMOUR FONCTIONNE !

Alors que j'ingérais cette conception, il me fut plus facile de voir comment un ennemi pouvait se transformer en ami. En reconnaissant le potentiel d'amour chez l'ennemi, nous venons d'entrer en contact avec son cœur et il risque ainsi d'inverser son hostilité. Car l'amour n'attaque pas l'amour. Le signe secret à envoyer à tous vos frères est celui de l'amour. Si vous vous êtes jamais demandé si vous étiez un être humain, un être spirituel, un être de lumière ou un enfant de Dieu, eh bien, toutes ces hypothèses sont justes. En tant qu'amour, vous êtes un soleil radieux. Et que font les soleils ? Ils dispensent de la lumière. En tant qu'amour, l'esprit résonne par vous, vous fait honneur et vous accorde une place en son sein. En tant qu'amour, vous êtes un enfant de Dieu. Mais, par-dessus tout, VOUS ÊTES AMOUR ! Chacun de nous est amour à sa façon bien spéciale. Peut-être le plus grand obstacle qui nous empêche de comprendre cela est-il que nous confondons encore amour et attachement ou affection. Dans un monde si dominé par la structure, l'idée nous habite que les attaches et l'affection sont rares. C'est pourquoi nous nous accrochons aux quelques-unes que nous avons. Nous nous accrochons aux gens que nous chérissons, aux biens personnels et aux plaisirs que nous préférons.

Jésus déclare à ce sujet : *« L'amour veut aussi dire renoncer. Quand vous réalisez cela, la douleur peut être insupportable si vous n'avez pas totalement compris que le pouvoir de l'amour se trouve au plus profond de votre être. Renoncer aux attachements est la chose la plus difficile à faire pour tous en tant qu'expressions d'amour. Vient ensuite le renoncement à la haine et à la peur par le pardon. Le pardon pourrait avoir une connotation beaucoup plus positive si vous le considériez comme un acte visant à perfectionner l'amour que vous êtes. Dernière chose, et non la moindre, l'amour peut exiger de vous que vous renonciez au besoin compulsif de faire quelque chose quand il n'y a rien à faire. Comme le Saint Père qui se reposa le septième jour pour établir son pouvoir par l'amour, vous avez également cette option. Il y a des moments où ne rien faire est la plus grande expression d'amour et l'ultime expression de l'être. Plus rien n'a de prise sur vous lorsque vous comprenez ces choses. »*

Cette discussion suscita en moi une curiosité concernant une des façons dont les Écritures font référence à Dieu : « Je suis ce que je suis. »

« Ceci veut dire que l'être-là est suprême et que Dieu est la source de tout être. Mais le nom de cet Être-là, c'est Amour ! En

vous aussi, l'être-là se situe au-dessus du faire, et le nom de votre être-là est amour.

Le Créateur est amour, source de l'amour et point d'origine de votre être. Et c'est à cette image que vous avez été créés. »

« Qu'est-ce que signifie être créé à l'image de Dieu ? »

« Cela veut dire que vous êtes des enfants du Créateur. Pas des choses créées. Le mystère du Créateur se situe au-delà de toute connaissance pouvant être projetée sous une forme ou une image. Par contre, l'aspect perceptible de la source divine en vous, c'est l'amour. Cet amour s'étend à la création tout entière. L'humanité occupe une place bien spéciale dans cette création, car un privilège lui a été accordé, celui de se reconnaître elle-même comme étant amour et d'activer ce pouvoir pour elle-même créer à son tour.

Ceci ne veut pas dire que le Tout-Puissant a été fractionné en une multitude de petits dieux. Il n'y a bien qu'un Dieu unique qui assure une éternelle unité à tout ce qui est. Être créés à l'image de Dieu sous-entend que la volonté divine s'exerce sur l'humanité entière, génération après génération, par le truchement d'une essence commune. Et cette essence, c'est l'amour.

Voici une analogie édifiante. C'est le rôle de l'ADN dans votre corps, qui sert de langage de base pour le fonctionnement global du corps. Même si vous prenez des échantillons de tissu provenant de différentes parties de votre corps, les analyses d'ADN indiqueront toujours qu'il s'agit de vous et seulement de vous. Cependant, pas un seul de ces échantillons n'équivaut à la totalité de votre corps ni ne pourrait fonctionner seul. Pourtant, le fait qu'il existe un code d'ADN assure une cohérence entre toutes les facettes du corps et permet à celles-ci de fonctionner ensemble en parfaite coordination. Vous pourriez donc affirmer que vous disposez tous d'un engramme commun, comme l'ADN, qui est l'amour que vous partagez avec le Créateur céleste. Cet empreinte vous permet d'agir de manière coordonnée envers la source de vie ainsi qu'envers toutes ses manifestations.

L'amour est l'empreinte même de votre être. Sachant cela, vous pouvez comprendre pourquoi les actes qui n'ont pas leurs sources dans l'amour sont voués à l'échec. Mais, chose encore plus importante, la nature particulière en fonction de laquelle vous avez été créés commencera effectivement à se manifester chez vous. Ne pensez pas à l'amour en termes d'action, ni comme à quelque chose qui a de l'envergure. Si vous deviez vous comparer au Créateur en termes d'envergure, vous vous écrouleriez totalement de désespoir. L'amour n'est pas une quantité, mais une QUALITÉ D'ÊTRE *qui se traduit par une rectitude d'action.*

L'amour est une qualité qu'aucune barrière ni envergure ne restreint ; il tire son pouvoir de Dieu, la Source ultime d'amour. En tant que tel, l'amour a certains droits immuables. Tout d'abord, vous avez le simple droit d'honorer en vous tout ce que l'amour vous a apporté et d'intégrer ces choses à votre identité. Car votre identité est en résumé l'amour que vous êtes. Personne ne pourra jamais vous l'enlever.

L'amour est libre dans l'univers. Donc, en étant amour, vous êtes également libres. Même si votre corps est emprisonné, votre amour ne connaît aucune limite.

Étant donné que celui-ci régit les particules adamantines, vous régissez votre vie en étant amour.

L'amour est le maître des conjonctures, il n'en est pas le serviteur. Par conséquent, en étant amour, vous n'êtes les esclaves de personne.

L'amour faisant loi, toute loi humaine n'est valide que si elle est enracinée dans l'amour. De la sorte, tous les hommes sauront ce qu'est la loi et seront égaux devant elle. C'est pour cette raison que je ne vous ai laissé que deux commandements : AIMEZ DIEU DE TOUT VOTRE CŒUR ET AIMEZ VOTRE PROCHAIN COMME VOUS-MÊMES.

L'amour résonne universellement avec tout ce qui est vie et, en étant amour, vous résonnez également avec la vie. La vérité de ce que vous êtes ne fait entrer en jeu aucune conjoncture. C'est votre droit le plus sacré d'être l'amour que vous êtes, et ce, inconditionnellement. »

Seulement à quelques reprises dans ma vie avais-je connu des expériences s'apparentant à cet enseignement. Alors que je me remémorais ces moments en sa présence, ils acquirent davantage de clarté et de profondeur. Ce fut un privilège pour moi que de pouvoir lui en faire part et d'en extraire un sens plus profond.

Voici une histoire qui a un rapport direct avec son message. Elle se déroule à La Nouvelle-Orléans. J'étudiais alors à l'université Tulane en vue d'une maîtrise. J'avais eu l'immense chance de vivre à Garden District, une propriété construite en 1836 dont les anciennes dépendances destinées aux esclaves avaient été rénovées. Cet ancien et magnifique domaine ressemblait à ceux que l'on voit dans le film *Autant en emporte le vent.* Ses jardins étaient enceints d'un mur de briques de trois mètres de haut et bordés de magnolias parfumés. Il n'y avait que deux accès au domaine, qui se trouvaient au coin de Washington Avenue et de la rue Carondelet : le portail frontal et l'immense porte cochère qui conduisait sous un porche et menait au lieu où j'habitais. Ma petite maison avait un étage et était dotée d'un balcon d'où je pouvais admirer le manoir et ses fers forgés ouvragés de l'autre côté du jardin. Devant ma fenêtre, un grand chêne étalait ses branches, une d'entre elles venant s'appuyer élégamment sur le rebord d'une des fenêtres de l'étage. Comme je n'avais ni climatisation ni moustiquaire, mon chat pouvait à loisir entrer et sortir de la maison, de jour comme de nuit.

Le seul inconvénient à cet endroit, et la raison pour laquelle j'avais pu l'obtenir à un prix qui correspondait à mes ressources financières d'étudiante, c'était qu'il se trouvait juste à la limite des quartiers les plus dangereux de La Nouvelle-Orléans. L'avenue St. Charles, seulement une rue plus haut, constituait la ligne de démarcation entre les parties riche et pauvre de cette portion de la ville. Malheureusement, l'endroit où je vivais était du mauvais côté des rails du tramway. Comme la prudence l'exigeait, je sortais toujours par le portail en faisant attention, évitant la porte cochère de la rue Carondelet. Mais un de mes plus grands plaisirs était de m'installer dans un fauteuil sur mon balcon ombragé et d'observer les enfants du voisinage jouer devant cette porte. Plusieurs étaient très jeunes et je ne connaissais pas leurs jeux ni ne savais ce qu'ils faisaient. Certains d'entre eux ressemblaient à des oursins, tellement leurs cheveux étaient négligés. Et personne ne semblait les surveiller. Souvent, je me demandais s'il ne serait pas possible de faire quelque chose, de leur apporter ma contribution de « grande sœur ». À défaut de cela, je me contentais de m'en souvenir dans mes prières et de les porter dans mon cœur. Pendant que je les regardais jouer, je ressentais un incroyable amour pour eux et souhaitais profondément qu'il leur arrive du bien dans la vie et que les choses aillent sur une pente ascendante pour eux. Peut-être aurais-je pu réagir par de la peur, verrouiller mes fenêtres ou bien éviter de prendre le tramway tard le soir ! Mais durant toutes mes allées et venues de jour comme de nuit, je n'eus jamais aucun problème avec eux. J'observais toujours les enfants à distance et ne m'approchais jamais d'eux. Mais en même temps, je sentais mon amour pour eux grandir. Ce fut en fait la première fois de ma vie que je sentis toute la puissance d'être amour au lieu d'agir avec amour. Ce fut également la première fois que je pris conscience à quel point il pouvait être condescendant d'agir avec amour avant de l'avoir été.

Le matin de Pâques arriva et, ce jour-là, je dormais à poings fermés. Peut-être quelqu'un avait-il laissé la porte cochère ouverte ou les enfants l'avaient-ils poussée, toujours est-il que ce fut un chœur musical qui me tira du sommeil alors que le soleil pointait sur le toit de la maison. En fait, un groupe de petits garçons chantaient sous ma fenêtre. De mon balcon, je les saluai de la main et ils me firent cadeau d'un petit bouquet de fleurs qu'ils avaient probablement cueillies dans le jardin de quelqu'un. Ce fut notre seule rencontre. Quelques minutes plus tard, ils s'éloignèrent en me souhaitant Joyeuses Pâques, m'ayant fait le plus beau cadeau de Pâques de ma vie. Nous ne nous sommes plus jamais revus.

Je peux seulement en conclure que les enfants devaient avoir senti mon amour et y avoir réagi. Mais chose encore plus importante, que je réalise maintenant et que je chéris plus que jamais, c'est que ces enfants ont su montrer leur propre amour au lieu de s'abriter derrière le mien. Quand je fis part de cette histoire à Jésus, ses yeux pétillèrent de plaisir et il me dit : *« Vous ne pouvez pas faire de plus beau cadeau à quelqu'un que celui de votre propre réalisation. C'est ce que Dieu souhaite pour tous ! »*

Désormais, lorsque j'ai la tentation de partager mon amour sous la forme d'un geste qui interfère et qui sous-entend « j'en sais plus que toi », je me rappelle que le plus grand des pouvoirs est l'acceptation dans l'amour. Toutefois, ceci ne signifie pas que nous devons aveuglément détourner les yeux des épreuves des autres, puisque nous formons une seule et unique fraternité. Par contre, lorsque nous décidons D'AGIR AVEC AMOUR avant D'ÊTRE AMOUR, c'est que nous avons porté un jugement sur une conjoncture et que nous avons omis d'honorer la personne que cela concerne. À moins d'avoir porter les chaussures d'une autre personne, quel droit avons-nous de lui dicter quelles chaussures porter ?

Même quand un geste est accompagné de la meilleure des intentions, l'amour offert en tant que geste sera souvent rejeté ou reçu avec hostilité. Pourquoi ? Parce qu'il sera reçu comme un jugement émanant du point de vue de l'autre personne, plutôt que de l'amour. Selon Jésus, quand vous êtes l'amour que vous êtes, vous posez les bons gestes.

Vous aurez peut-être envie de demander si vous devez diriger l'amour vers les gens, prier consciemment pour eux ou vous concentrer d'une façon particulière. Je ne suis pas sûre que vous ayez autre chose à faire que d'être sincèrement l'amour que vous êtes. Le reste suivra.

Voici une autre histoire, empruntée à mon enfance celle-là, qui illustre le pouvoir de l'amour chez une personne. J'en fis également part à Jésus, qui m'aida à en tirer une signification encore plus profonde.

Je suis née au cours des années 40, dans une petite ville du Texas. Au sein d'une population de moins de 10 000 habitants se côtoyaient bien des réalités. En toile de fond, il y avait de grands manoirs victoriens avec leur style tarabiscoté. Puis, en second plan, la croissance et la modernisation rapides où s'attardaient encore ça et là les restes d'une période de crise. Le personnage principal de ce souvenir, c'est Mat, un homme qui transportait des déchets dans sa charrette à quatre sous tirée par une mule. Le ramassage des déchets n'était pas alors une industrie comme ça l'est de nos jours, et un homme ayant un certain esprit d'entreprise et de l'équipement pouvait toujours se trouver du travail. Mat accomplissait d'autres travaux dans le voisinage, dont un que moi-même j'attendais avec impatience et plaisir le printemps venu : le labour des champs qu'il faisait avec sa charrue et ses mules pour que notre grand terrain à l'arrière de la maison fût retourné et prêt à accueillir les semences printanières. Viola, son épouse et la femme de ménage de ma mère, était une personne chaleureuse et gracieuse. Ce fut elle qui s'occupa en partie de mon éducation, et je jouais parfois avec les enfants du couple l'après-midi.

Chaque jour, Mat passait avec sa charrette et ses mules devant notre maison pour aller effectuer une ou deux corvées ailleurs. Alors que j'étais toute petite, âgée de quatre ans tout au plus, je l'attendais en surveillant le bruit des sabots de ces mules. Mais la chose fascinante dans tout cela, c'est que je pouvais sentir sa présence à une distance de plusieurs rues, avant même que le bruit des sabots n'annonce sa venue. Il émanait de Mat une certaine lumière et une façon d'être qui lui étaient uniques. Je ne me souviens pas avoir jamais rencontré dans mon enfance quelqu'un d'aussi radieux que lui. Il avait le rare don de pouvoir simplement « être là », de pouvoir être avec n'importe qui. Même s'il avait une vie simple, c'était un homme noble. Je sais maintenant qu'il avait accepté les limites de sa condition comme une occasion de perfectionner l'amour qu'il était. Vous n'aviez pas besoin de connaître Mat pour sentir la lumière qui émanait de lui ni d'interagir avec lui pour en bénéficier. Il resplendissait simplement de plénitude et de paix. Son caractère bienfaisant et généreux servit de tremplin à l'amour précoce et grégaire que j'avais pour la vie. Chaque jour, quand le temps le permettait, il m'emmenait en charrette jusque sur la place principale de la ville, qui se trouvait seulement à cinq pâtés de maisons de chez nous. Après lui avoir dit au revoir d'un signe de la main, je suivais mon programme où figuraient une visite chez les boutiquiers puis une longue promenade me ramenant chez moi par des terrains vagues, des étables, le jardin de ma grand-mère et des caches secrètes. C'était mon itinéraire quotidien. Vous voyez, c'était l'époque des « Little Rascals (petits polissons) » à la télévision, et j'en étais un moi aussi. C'est Mat qui me donna ma première leçon pour ce qui est d'être amour. Ce n'est pas quelque chose que vous faites. C'est ce que vous êtes ! L'amour est incroyablement contagieux comme façon d'être !

Après que j'eus fini mon histoire, je regardai Jésus pensant qu'il l'enjoliverait ou la commenterait. Il rayonna simplement, haussa les épaules et dit : *« Que puis-je ajouter à la perfection ? C'est ainsi que la vie devrait être. »*

La manière dont il prononça ces mots, dont il honora la vie à son meilleur sur terre, me fit l'effet d'un jet d'eau rafraîchissante sur le visage. Cela me réveilla. Jusqu'à cet instant, je m'étais bercée de la confortable pensée que la perfection n'existait qu'au paradis et m'étais endormie là-dessus. Était également reliée à cette pensée l'idée que son commandement « d'aimer qui vous êtes » ne pouvait s'accomplir que dans le ciel (exception faite des saints peut-être). Pour la première fois, je fus frappée par le fait que nous sommes amour non seulement par rapport à Dieu et à notre réalisation ultime, MAIS AUSSI ICI ET

MAINTENANT PAR RAPPORT À LA VIE. Mais ce concept n'était pas aisé à saisir sur le plan pragmatique. Aussi, lui demandai-je : « Peux-tu me donner d'autres exemples dans la vraie vie où on est amour ? Est-ce comme la béatitude que l'on voit dans les yeux écarquillés d'un enfant ? »

« Je ne pense pas devoir te rappeler tous les atours évidents et délicats de l'amour. Tu les connais très bien. Voudrais-tu par contre que j'explique un peu plus ce qu'être amour veut dire dans les tours et détours de la vie ? »

« C'est exactement ce que je voulais dire. C'est juste que je ne sens pas les tours et détours de la vie quand je suis avec toi. »

« Dans de telles situations, l'amour, c'est savoir que votre seule présence fait la différence. Cela indique que vous êtes intègres face à l'appel de votre âme et à votre capacité à rendre service, prêts à refuser les appels de la richesse et de la célébrité, éléments qui pourraient diminuer la gloire de votre véritable identité. Ceci veut souvent dire arriver à tenir bon la barre en pleine tempête, armés de la patiente conviction que nous détenons un morceau du casse-tête qui est en train de s'agencer. L'amour est un homme d'affaires qui persiste avec dévouement et clarté à passer de nombreuses nuits à réfléchir aux grosses dépenses qui grèvent son budget jusqu'à ce qu'il trouve une solution. L'amour est une mère dévouée et patiente qui n'interrompt jamais sa vigilance dans le but de guérir son enfant agité ou troublé et de le remettre sur le bon chemin. Un jour, une mère essaya l'attention, l'affection, les sermons, l'éducation corrective et les conseils sans que rien d'extérieur n'y fit. N'abandonnant pas la partie, elle alla même aussi loin qu'envisager de placer son enfant dans la famille de son frère pour que son fils connaisse un nouveau départ. Puis, une nuit, alors qu'elle priait et réfléchissait à cette ultime possibilité, elle réalisa quelque chose de stupéfiant : elle faisait aussi bien partie du problème que de la solution. S'éloigner de son fils aurait été pour elle nier un lien fondamental dont tous les deux avaient besoin. Revitalisée par sa prise de conscience et une bonne nuit de sommeil, la mère alla réveiller son fils le lendemain matin en lui faisant une accolade d'âme à âme, comme tous les deux n'en avaient pas partagée depuis sa

plus tendre enfance. Et la guérison s'amorça.

Voyez-vous, être l'amour que vous êtes signifie ACCEPTER LES CONJONCTURES DE VOTRE VIE ET VOUS METTRE EN RAPPORT ÉTROIT AVEC ELLES. *Bien trop souvent, les gens font de la planche à roulettes (skateboard) dans la vie, à la recherche de sensations, poussés par le désir et propulsés par l'insatisfaction. L'ironie dans tout cela, c'est que la vie roule seulement quand ils descendent de leur planche et prennent contact avec l'asphalte. Le premier pas à faire pour réaliser l'amour que vous êtes, c'est d'honorer et d'accepter le rapport inévitable que vous avez avec la vie.*

Je peux vous assurer qu'il ne s'agit pas d'une sombre démarche. Plus vous serez en contact avec la vie et en récolterez les fruits, plus vous saurez développer en vous le sens de l'humour. En fait, ce sont les actions et les attitudes superficielles et politiquement correctes qui subtilisent tout rire à la vie.

Le rire est bon pour l'âme, surtout quand vous pouvez rire de vos propres problèmes.

Ne sous-estimez jamais le pouvoir du rapport qui existe entre vous et la vie, ce centre du moi qui est en contact avec la réalité divine. Ce rapport vous rendra plus humble. Il pourra aussi vous ennoblir, vous éclairer ou vous faire venir les larmes aux yeux. Mais au-delà de tout ça, il saura vous élever au-dessus des problèmes qui vous opprimaient.

Une femme en train d'enfanter ne pourrait pas endurer la douleur qu'elle subit si elle n'était pas en étroit rapport avec le miracle qui se produit en elle. Et malgré la douleur que lui occasionne une épaule disloquée, un athlète ne pourrait pas continuer s'il n'y avait pas l'esprit d'équipe pour le soutenir.

La vie est une aventure qui vous pousse à entrer en rapport avec tout. Et les liens que vous établissez affirment et renforcent votre identité. Ceux que vous établissez dans l'amour sont ceux que vous accrocherez à vos guirlandes. Tous les autres ne sont qu'expériences éphémères. Il se peut qu'ils vous amusent ou vous mettent au défi, mais en fin de compte, ils vous laisseront affamés et assoiffés quant à ce qu'est la véritable signification de la vie.

L'âme réclame à grands cris de vivre une expérience de la réalité que la vie physique à elle seule ne peut lui garantir. Le corps réclame à grands cris une expérience d'immortalité que seule l'âme peut lui offrir. Quand vous permettrez à cette union de s'accomplir, vous saurez de première main comment on se sent quand on est l'amour que l'on est.

L'homme fut créé en fonction d'une unité graduée. D'abord l'unité avec Dieu, puis avec la vie et, en dernier lieu et pas la moindre, par le mariage entre le corps et l'âme. En tant qu'enfant de Dieu, l'homme reçut la capacité de prendre conscience de ce qu'il est, avec l'obligation inhérente de l'accepter. Le corps a besoin de reconnaître l'âme afin de connaître une vie plus élevée. L'âme a besoin d'honorer le corps afin de pouvoir accomplir son périple physique. Le corps et l'âme ont beaucoup à s'offrir l'un l'autre. L'âme donne au corps des visions d'une vie plus élevée, d'une conscience plus élevée et de principes supérieurs, ainsi que le courage de les poursuivre. Le corps procure de nombreuses expériences à l'âme, la plus grande d'entre elles étant la compassion. Le corps sert aussi de port d'attache à l'âme pour mettre ses principes en application et servir la vie. C'est par leur interdépendance et par la fusion qui s'opère entre eux que le corps et l'âme amplifient et dirigent les intentions du cœur.

Votre premier devoir est d'accepter l'union du corps, de l'âme et de l'amour qui existe en tout et en tant que vous. Comment une femme peut-elle trouver sa place dans le monde ou un homme, faire la paix avec son frère, si ni l'un ni l'autre n'ont réussi à procéder à la plus délicate fusion qui puisse être dans leur vie respective ?

On peut décrire de bien des manières la relation qui existe entre le corps et l'âme, mais elles sont toutes incomplètes pour en expliquer l'essence ou pour justifier les dissensions inhérentes à leur union. C'est en général le corps qui demande paix, tranquillité et protection. Sans l'âme et les forces motivantes de l'amour, le corps suivrait le cours de la moindre résistance. Ses principaux défauts sont liés à sa résistance au changement, car il préfère le confort et l'agrément. Le corps n'aime pas prendre de risques ! Par contre, les péchés liés à l'aventure sont en général du ressort de l'âme. C'est l'âme en effet qui est venue sur terre pour faire des expériences. Et elle connaît déjà les doux sons des harpes et les fragrances des roses célestes. Mais, sans expérience physique, elle ne sait pas quel effet aura une épine de rose ni à quel point la puissance d'accélération d'un supersonique peut être enivrante. C'est l'âme qui apprécie le plaisir que lui procurent un match de championnat du monde, une idylle amoureuse ou un mariage. Toutes ces expériences sont intenses. Mais, avec son goût marqué pour les expériences, l'âme peut cependant solliciter problèmes et troubles. Ceci s'avère particulièrement exact lorsque l'âme n'est pas en paix avec sa mission terrestre.

Une âme qui est détachée de sa mission et obstinément non maîtrisée peut causer de grands problèmes pour elle-même et les autres. Et un corps qui ignore l'âme peut s'enterrer vivant dans le désir ou l'incessante corvée qui l'amène à s'autoprotéger. Aucun de ces deux extrêmes n'est bon et le Créateur n'a pas voulu que vous vous appesantissiez tant sur l'un ou sur l'autre.

Sans un véritable entendement de l'amour, l'union entre le corps et l'âme peut devenir un difficile rapport de forces. Mais quand vous trouvez le pouvoir de l'amour en vous, vous trouvez également un équilibre entre les deux et, par voie de conséquence, une résolution harmonieuse. Bien des hommes ont sombré dans une vie d'autodestruction, ou même de crime, avant que cela ne puisse arriver. Une telle déviation du comportement résulte du fait que l'âme a perdu toute connexion avec l'amour et a oublié sa raison d'être sur le plan physique. Il faut s'attendre à des faiblesses de la part de l'homme, mais pas au crime. Si vous aidez un homme à reconstituer en lui les trois pierres angulaires de l'existence – corps, âme et amour –, vous l'aiderez à retrouver sa vie. »

« Où traces-tu la ligne entre les faiblesses et le crime ? »

« Le crime est un geste destructif posé contre toute tendance créatrice, synchrone et fonctionnelle de l'existence. C'est donc un acte perpétré contre tout ce que le Créateur a mis en marche. Et un tel acte aura pour conséquence la destruction de la complétude de celui qui l'a perpétré. Ceci ne signifie pas automatiquement que le Créateur ne se servira pas de la destruction pour le bien, ni que l'auteur du crime ne sera pas pardonné. Ce que je veux expliquer, c'est que le crime détruit la complétude. La définition du crime devait être simple et concise. C'est pour cette raison que Moïse l'a résumée en dix lois. Ceci

donna à son peuple des directives faciles tout en permettant d'éviter d'interminables listes de mauvaises conduites et de jugements. La plupart des débats ayant trait au bien et au mal scindent le cours de la vie et peuvent grandement amoindrir la capacité de l'âme à y naviguer. Le jugement qui se cache derrière la rectitude peut donner lieu à d'interminables listes manichéennes. Dieu n'a pas voulu que vous fassiez de ces questions une obsession, car elles entraveraient alors la démarche qui vise à l'unification du corps et de l'âme.

Il est bien plus important que vous appreniez à mettre au point les choses et à pardonner. Vous êtes une fraternité, et qui parmi vous n'a pas à faire face aux rapports de force entre le corps et l'âme ? C'est la nature même d'une faiblesse : le corps et l'âme s'affrontent dans leur union, connaissant discorde et conflit chemin faisant. Cela se compare au petit enfant qui, au moment où il apprend à marcher, tombe et pleure de désespoir en essayant de cacher le vase qu'il a accidentellement cassé. De telles choses agacent et frustrent tous ceux qui sont concernés. Mais ces choses ne sont que des échecs encourus sur le chemin qui conduit à l'intégralité, alors que le crime est une violation délibérée de cette intégralité.

On m'a souvent demandé pourquoi les disciples que je choisissais étaient des marginaux, des hommes qui n'avaient pas toujours suivi les normes de la normalité. Je répondais à cela qu'il s'agissait d'hommes pleins de vie et affichant totalement envers Dieu leur engagement à unir leur corps et leur âme. Je les ai aidés à développer l'entendement supérieur selon lequel, par la présence à l'amour, ce processus d'union pouvait les faire s'élever au-dessus de l'instabilité humaine et les emplir d'une grâce transcendante.

En acceptant ce pacte d'unification entre le corps et l'âme, vous vivrez des moments de rire, de tristesse et de pardon. Et le fait de passer à travers tous ces moments vous permettra de trouver la compassion pour comprendre les autres. Et dernière chose, et non la moindre, vous saurez que L'AMOUR EST CE QUE VOUS ÊTES. Car seul l'amour peut permettre à ces connexions essentielles de s'accomplir pour que l'union se fasse. »

Jésus m'expliqua que la plus grande erreur de l'homme avait été de passer des années à établir des liens avec la structure au lieu de le faire avec Dieu, la vie et sa propre nature. Par conséquent, le problème, c'est que nous essayons de servir deux maîtres : l'amour et la structure.

C'est un sujet dont nous parlions souvent et en profondeur. La structure représente notre plus grand défi pour bien saisir comment la vie fonctionne. Aussi longtemps que nous ne comprendrons pas cela, nous risquons de subir bien des souffrances inutiles et de ressentir du découragement. Car c'est notre propension à nous laisser dominer par la structure qui a construit les œillères qui nous empêchent de voir les multiples fonctionnalités et les grands pouvoirs de l'amour. Jésus dit par exemple que, du point de vue de la structure, une tempête n'est qu'un produit de cause à effet. Une fois qu'elle est mise en marche dans le cadre d'une série précise de conditions et de vecteurs, elle frappera d'une façon relativement prévisible. Par contre, l'amour régit l'univers et insuffle un mouvement à tout. Aussi, un facteur essentiel est à l'œuvre lorsque vous mettez l'amour au programme.

« Il est très difficile d'être une tempête quand on vous aime. Même si un homme attend d'être au bord du désespoir pour faire entrer l'amour en jeu, cela vaut mieux que s'il ne le faisait pas du tout. Bien sûr, c'est un peu comme si vous faisiez cuire des biscuits en ayant omis le sucre et que vous les saupoudriez ensuite de sucre sur le dessus pour compenser. Les résultats sauront mieux vous plaire si vous ajoutez le sucre dans la pâte ! »

Le prix à payer pour résoudre ce dilemme entre l'amour et la structure, c'est d'acquérir clairement la perception qui nous permet de savoir comment intégrer l'amour au fur et à mesure. La structure nous leurre habituellement en nous poussant à remettre l'amour à plus tard ou à nous en passer tout bonnement, en général avec l'excuse que cela peut attendre jusqu'à ce que cela puisse vraiment faire une différence. Quand vous êtes l'amour que vous êtes, vous contournez tout à fait le problème puisque vous vivez la situation. Jésus expliqua que cela suffisait. ***« Ce qui vous est destiné ou ce que vous avez à faire se présentera à vous. Il n'y a pas de différence entre le fait d'aimer ce qui se trouve devant vous et le fait d'aimer quelque chose d'autre que vous préféreriez. Le bienfait n'est pas dans l'objet d'amour, mais dans l'acte d'amour. »***

« Que devrions-nous aimer en premier ? » demandai-je.

« Tout ce qui est devant vous », répondit-il.

« Que devrions-nous faire en premier ? »

« Ce qui se présente à vous. »

« Qui devrions-nous aider maintenant ? »

« La prochaine personne à qui vous parlerez. »

« Que devrions-nous apprendre ensuite ? »

« La solution à vos problèmes. Vous n'avez pas besoin de chercher les leçons : elles sauront vous trouver. Bien trop souvent, les gens cherchent un apprentissage ou une raison d'être ailleurs parce qu'ils pensent que celui ou celle qui se présente à eux n'est pas assez bien. Ils sont souvent durs avec eux-mêmes, car ils cherchent des apprentissages difficiles et ne réussissent pas à accueillir le pouvoir qui réside en une leçon toute simple qui leur crève les yeux. Ce qui se présente à vous est amplement suffisant. Quand vous l'aurez compris, la prochaine leçon à apprendre se présentera. »

« Je pense que nous cherchons à l'extérieur de nous parce que nous nous sentons très perdus et coupés de notre Source. » Il sourit avec compassion et me rappela que notre lien à la Source se trouve dans le Cœur sacré et NULLE PART AILLEURS. Puis il poursuivit en m'expliquant la nature discordante de la structure et ses nombreuses illusions.

« Si vous supposez que toute chose dans l'existence physique est constituée des mêmes particules adamantines, alors la structure peut être considérée comme l'élément qui produit les diverses et complexes combinaisons qui distinguent une forme d'une autre. De telles différences dans la structure offrent des caractéristiques qui permettent de distinguer les arbres des oiseaux ou le fer du mercure. Dans le cadre des grandes structures, de telles formes physiques sont faites pour durer

longtemps. Malgré cela, elles sont quand même mortelles. Et puisqu'elles le sont, elles ne peuvent régir votre vie. »

Il expliqua aussi que c'est la volonté divine que de maintenir notre intégralité. La structure est le grand trompeur qui nous a fait nous sentir compartimentés et morcelés en bien des parties. Non seulement nous sommes fondamentalement amour, mais nous sommes aussi tout ce que nous avons jamais aimé et en même temps tout ce qui nous a jamais aimés. L'amour est donc une mémoire ainsi qu'une potentialité. Il me fit clairement comprendre que l'amour n'est pas seulement une énergie divine qui existe dans le présent, mais également une mémoire et un potentiel futur. Autrement dit, « *l'amour est une source de vie qui n'a pas de fin. Votre nom est amour et votre identité est faite de tout ce que vous avez aimé et qui vous a aimés, de tout ce que vous avez partagé et de tout ce que vous avez créé par votre amour. Voici ce que vous êtes. Vous ne serez jamais dissociés de cet amour. L'amour est votre immortalité. La structure crée l'illusion que votre vie a été découpée en segments temporels et spatiaux, ou qu'elle se trouve en suspens ailleurs dans d'improbables réalités. Seule la dominance de la structure peut vous dissocier de la totalité de ce que vous êtes. Le pouvoir du Saint-Esprit réside en sa capacité à faire voler en éclats l'illusion de la division et de ramener l'âme à son intégralité de base. En présence du Saint-Esprit, vous ne faites qu'un avec votre Créateur et tout ce que vous êtes fusionne. L'intégralité est sanctifiée. L'intégralité est guérison. C'est l'essence de tous les miracles – physiques, mentaux, financiers et sociaux. Tout ce qui a été éparpillé se retrouve dans son état d'intégralité initial. L'amour soutient l'intégralité et celle-ci soutient l'amour. Par ce lien de réciprocité, l'amour peut guérir n'importe quoi.* »

Je citai le passage de la Bible où une femme toucha sa robe et fut guérie. Il corrigea : « *Elle toucha mon amour et fut guérie. D'un autre côté, c'est la nature même de la structure que de morceler votre vie et de monter ensuite une partie contre une autre. Est-ce vraiment cela que vous voulez pour maître ?* »

Spontanément, je réagis par un mouvement de révulsion totale et lui demandai sans hésitation : « Est-ce là la source de la souffrance humaine ? »

« La source de la souffrance humaine provient de la séparation d'avec Dieu, d'avec l'amour que vous êtes tous et d'avec la compréhension qui vous permet de savoir comment l'amour régit l'univers. Quand vous êtes séparés de tout cela cependant, la plus grave erreur que vous faites est de servir la structure. En tant que maître, la structure est cruelle ; elle fragmente et trahit. Quand vous serez divisés, la structure cherchera toujours à vous maîtriser. Par contre et ironiquement, elle devient un serviteur humble et disposé lorsque vous retrouvez votre intégralité.

Vois-tu, ce revirement s'explique par l'universalité de la loi de régence. L'amour régit l'univers, les particules adamantines, l'esprit qui n'est qu'un, le cœur et tout ce qui est vie. Par conséquent, lorsque vous vous dissociez tous de ce pouvoir par la division, vous faites appel au stratagème pour contrôler. C'est ainsi que la structure a prise sur vous. Aussi longtemps que vous chercherez à contrôler la vie ou penserez pouvoir le faire, vous vous vautrerez dans la structure et celle-ci aura mainmise sur vous. Le plus grand drame là-dedans, c'est que vous ne contrôlerez jamais la vie. Par contre, un enfant de Dieu a le grand pouvoir de la régir. »

Ce commentaire fit remonter en moi un souvenir de mes années d'adolescence. À cette époque, mon sport favori était les rodéos avec ses chevaux, et ma spécialité, la course aux barils. Un jour, pendant que je m'entraînais dans le manège, un vieux cow-boy remarqua les difficultés que j'avais avec ma jument. Son rythme était trop lent et les virages qu'elle prenait, beaucoup trop amples. Je m'efforçais d'employer toutes les techniques possibles pour la contrôler, mais rien n'y faisait. Le vieil homme me fit signe de m'approcher de la barrière et j'espérais qu'il me donnerait quelques trucs pour m'aider. C'est ce qu'il fit, mais pas de la manière dont je m'y attendais. Avec son accent texan nasillard et entre deux bouffées de cigarette, il me demanda : « Chérie, combien pesez-vous ? » À l'époque, j'avais une silhouette du genre Twiggy et je rougis en admettant ne peser que 46 kg. Puis, pointant du doigt ma jument, il me demanda : « Qu'est-ce qui vous fait croire que vous pouvez manipuler un cheval de 500 kg comme vous tentez de le faire ? » Cela me désarçonna. Quelle question bizarre ! Je m'apprêtais à hausser les épaules et à m'en aller quand un sentiment en moi me dit qu'il voulait en venir à quelque chose que j'avais besoin d'entendre. Cet homme avait été l'entraîneur de champions pendant presque cinquante ans, mais je ne savais pas s'il était sur le point de me descendre ou de me faire profiter de son expérience. J'avais cependant assez de curiosité pour courir le risque. Il poursuivit : « Si vous obligez cette jument à choisir entre votre manière et la sienne, elle fera certainement un compromis entre les deux. Et c'est vous qui essayerez de rattraper la différence par la persuasion ou la force. Vous n'obtiendrez aucune performance réelle de la sorte. Le secret, c'est de devenir un avec le cheval pour que votre façon soit la sienne. Alors, vous pèserez 46 kg de plus qu'elle et vous serez le maître. » Par la suite, j'ouvris grandes les oreilles pour écouter les quelques trucs qu'il avait à m'enseigner sur la manière de ne faire qu'un avec ma jument.

Pendant que je racontais l'histoire à Jésus, je constatais que sa présence m'aidait à comprendre plus en profondeur cette leçon d'équitation. Nous échangeâmes des regards pénétrants et il sut que j'avais saisi une vérité bien particulière. Le contrôle est un élément de division. La maîtrise est un instrument d'unification ! Même dans une situation aussi rude qu'une guerre, tout général digne de ce nom sait que le secret d'un commandement efficace repose sur l'esprit de corps et sur une intention commune. Dieu a accordé le pouvoir de l'amour à ses enfants. Quand ce pouvoir est combiné au contrôle, il diminue. Mais quand il est combiné à la maîtrise, il augmente.

Cette prise de conscience était particulièrement significative par rapport aux problèmes de structure dont Jésus m'avait parlé. Comme il venait de le dire, la structure est un instrument de division et la base des programmes de contrôle.

Selon ses enseignements, c'est la structure qui cause la maladie et l'épuisement, car elle est en état constant de détérioration et doit être réparée. Le corps est une forme complexe faite aussi bien d'amour et de structure. Ce paradoxe de forces complémentaires s'articule autour de l'unité pivot qu'est le cœur spirituel avec son intelligence supérieure. *« Quand la structure est en déséquilibre ou en conflit avec elle-même, tous vous ressentez de la douleur. Et la douleur est encore plus grande quand la structure est en conflit avec l'amour et que vous ne savez pas comment résoudre le conflit. La solution, c'est de savoir quelle est la priorité juste et de comprendre que le cœur dispose de dimensions supérieures pour maîtriser n'importe quelle situation. La structure n'est pas de taille à lutter contre le cœur, si ce n'est pour le rendre plus fort. Nourrissez le coeur. Renforcez les impulsions positives du cœur par l'admiration et la gratitude. Entamez chacune de vos journées en éliminant les impulsions négatives de votre corps, de votre existence et de votre environnement par l'expression du pardon. Rappelez-vous que ces dernières peuvent amener le mental à fonctionner selon une logique inversée et que c'est ainsi que vous commencerez à créer les contradictions qui prévalent dans votre vie. Quand vous voulez résoudre un problème, votre mental entreprend de trouver d'autres aspects de ce problème en les proposant comme solutions. Le mental ne vise pas la résolution de problèmes. Il cherche plutôt le problème lui-même.*

Un homme qui croit au manque programmera son mental à croire que le manque est une réalité. Il devra donc gagner beaucoup d'argent pour compenser ce manque. Et par conséquent, il gagnera son argent d'une façon qui permettra également au manque de persister. Il continuera donc à investir dans le manque. Ses valeurs le porteront à s'attendre à recevoir les choses en quantité limitée ou contrôlée. "Comme il n'y a que quelques diamants, cela signifie que leur prix sera élevé", dira-t-il. Ou bien il pensera : "Il y a un nombre limité de maisons de première qualité, donc l'investissement sera sûr même si le prix d'achat est élevé." Sa pensée sera influencée par les rouages de l'économie et celle-ci occasionnera peu à peu des problèmes dans sa propre vie. L'homme travaille éternellement à gagner davantage d'argent pour s'assurer d'avoir davantage de contrôle, jusqu'à ce que la vie le rattrape au détour à un moment donné. Dans un tel état d'esprit, il ne résoudra absolument jamais l'énigme de l'abondance. Il pourra tout au plus se défendre des conséquences de sa croyance au manque, car c'est un aspect de la structure et en définitive un problème qui se perpétue de lui-même et reste sans solution. Peu importe le calibre des structures, grandes ou petites, simples ou complexes, elles se détériorent toutes. Les principes de la thermodynamique prouvent à quel point la nature de la structure se consume elle-même. En même temps, l'univers est constamment en expansion. Son abondance est illimitée. Cet apparent paradoxe ne peut s'expliquer que par le pouvoir de l'amour. »

Un autre moyen de renforcer le cœur est de pratiquer la perception innocente. Ne faites pas une fixation à vouloir comprendre la vie avant de la vivre. Il me rappela souvent de *« vivre, d'expérimenter et de m'amuser »*. On peut se sentir merveilleusement bien parfois à juste partir pour un week-end, sans avoir planifié d'itinéraire, avec pour seul bagage une disponibilité à se laisser surprendre par de nouvelles perceptions et aventures. Bien sûr, il est important de s'organiser quand on part en déplacement d'affaires ou en vacances, car les lignes de conduite propres à la structure peuvent servir. Néanmoins, ces vacances-là sont rarement celles qui vous revitalisent ou vous ressourcent.

À de nombreuses reprises, Jésus m'aida grandement à résoudre des problèmes d'ordre artistique en m'encourageant simplement à observer mes gestes sans aucun jugement ni préjugé. Il lui arrivait souvent de m'inciter à arrêter de repenser à la chose. *« Mets de côté tes opinions et vas-y »*, me disait-il. Chaque fois que je suivais son conseil, j'exécutais la tâche en une fraction du temps qu'il m'aurait fallu pour y penser et la faire ensuite. J'ai maintenant l'impression que nous faisons souvent de la procrastination parce que nous sommes sous la coupe d'un mental qui cherche le chemin le plus facile. Mais, à long terme, de telles manœuvres nous coûtent temps, énergie et, chose encore plus importante, notre maîtrise sur la vie. Il me dit : *« En passant directement à l'acte sans réserve aucune, tous vous suscitez un mouvement d'entraînement positif qui permet d'épargner temps et énergie, tout en renforçant ce pouvoir que vous avez sur votre vie. Soyez présents à ce que vous faites et appréciez-en innocemment le processus. C'est ce que font les enfants. La clé du paradis, c'est ça. Cette clé permet d'être ici et maintenant et de savourer le moment et l'endroit où vous êtes dans votre vie. Quoi que vous fassiez, savourez-le. Asseyez-vous dans l'herbe et savourez-en la fraîcheur et l'humidité, délectez-vous de la brise rafraîchissante qui vous caresse, ou encore appréciez la ferveur d'une conversation en regardant l'autre dans les yeux et en étant totalement vivants. »*

Il lui arrivait également de me transmettre ses enseignements en me donnant des directives simples, comme celle de regarder par la fenêtre et de compter les feuilles d'un arbuste. Puis, avant même que mon mental n'ait eu le temps de compter, il détournait mon attention et me demandait de regarder l'arbuste à nouveau et de lui dire combien de feuilles j'avais vues. Alors, je commençais par expliquer que je n'avais pas eu assez de temps pour toutes les compter, puis je finissais par lui donner une réponse qui s'avérait toujours exacte. Il m'arrêtait donc avant que mon mental ne puisse intervenir. « ***Il y a une certaine simplicité inhérente à la vie qui apporte de la joie, pour peu que tu la reçoives telle qu'elle est.*** »

Je lui fis remarquer à quel point il pouvait être éclairant de méditer sur les différents niveaux de signification qui peuvent coexister dans une seule et même conjoncture. Il acquiesça, mais en précisant que chaque chose a le droit D'ÊTRE SEULEMENT CE QU'ELLE EST sans devoir être un symbole d'autre chose ni donner matière à réflexion. « ***L'être-là prime,*** fit-il remarquer, ***et n'a pas besoin de se justifier.*** » Quand il mentionna cela, je sentis disparaître un vieux sentiment de défensive que je ressentais lorsque les gens attribuaient à certains détails de mes peintures des interprétations symboliques censées leur ajouter une signification additionnelle et une valeur supplémentaire. Je me sentais plutôt simplette d'avoir seulement peint un arbre et rien de plus. À cela, il répliqua : « ***Qu'y a-t-il de mal à ce qu'un arbre soit un arbre ? Certes, les symboles peuvent communiquer des choses intéressantes et significatives, mais il n'existe rien de plus puissant que le simple fait d'être. Il n'est pas nécessaire qu'une chose veuille en dire une autre afin d'être. Quand vous refusez à quelque chose le droit d'être, même la plus petite des choses, vous sapez ce même droit chez vous. Il est fort probable que ceux qui le font ne réalisent pas qu'ils ont le droit d'être simplement eux-mêmes ! En prenant l'habitude de donner un sens supplémentaire ou une signification additionnelle à tout, ces gens donnent au mental le pouvoir qu'ils subtilisent à la vie. Que penses-tu qu'il se produira si de telles tendances deviennent des obsessions ?***

Toute chose se manifeste par le pouvoir de l'amour et non pas pour servir les structures externes.

Une petite mauvaise herbe germe dans votre jardin parce que la tige mère y a laissé une semence, les conditions étaient favorables et que la Source divine de toute créature accepte même l'être-là d'une mauvaise herbe. Ne sautez pas à la conclusion qu'elle est le symbole de l'opposition ou la confirmation d'une obscure destinée. C'est juste une mauvaise herbe qui a décidé de pousser dans votre jardin parce que c'est ce qu'elle désirait. Et si

vous n'en voulez pas, dites-le-lui et bénissez-la. Le meilleur moyen de se débarrasser de quelque chose dont vous ne voulez pas, c'est de bénir cette chose-là, parce que l'amour honore l'amour et la grâce honore la grâce. La vie prend en grande partie soin d'elle-même si vous faites de ceci une ligne de conduite dynamique pour vivre. Telle est la prééminence de l'être.

Depuis le commencement des temps, il a toujours existé trois éléments divins, les trois piliers de l'Être. Le premier et l'ultime est la présence du JE SUIS, qui est la Source de la divinité. Après cela, il y a l'innocence, qui est la présence spirituelle de la divinité. Puis, il y a l'Amour, qui est la présence manifestée de la divinité et sa force créatrice. Ces trois aspects de l'être sont conférés à l'homme pour qu'il s'accomplisse et reçoive la grâce.

Et pour ce qui est des "actes de création", le septième jour servit à interrompre le faire et à se reposer. Ce ne fut ni une fin de la création ni une retraite de la part du Créateur. Il servit à mettre en place le plan ultime, c'est-à-dire la régence par la souveraineté de l'être et la manifestation de l'être-là par l'amour. »

Jésus m'expliqua que dans la conscience que nous avons de l'existence, nous percevons la corrélation naturelle qui existe entre l'être-là, le faire et l'avoir. Dans l'ordre prioritaire véritable des choses, l'être-là en nous est notre amour, d'où découlent nos capacités et nos réalisations. Cependant, le monde de la structure inverse l'ordre de cette séquence et nous amène à croire que nous devons AVOIR avant de pouvoir faire et FAIRE avant de pouvoir ÊTRE. Dans le cas des compétences professionnelles, cet ordre de priorité peut être pertinent. Mais s'il est prédominant, les professionnels certifiés ne seront pas motivés par l'amour et il leur manquera une véritable capacité. Une telle inversion dans l'ordre des priorités fait en sorte que les biens matériels servent de levier et que ce levier sert de substitut à l'accomplissement véritable. En bout de ligne, on aura une image créée de toutes pièces au lieu de l'être véritable.

Aux dires du Maître, l'estime personnelle, la fierté, la confiance en soi et le bien-être ne sont pas attribuables à l'ego, mais à l'amour. « *L'ego, c'est laisser le pouvoir aux images fausses ou transitoires qui ont remplacé l'amour. Les fausses images de gloire n'ont rien à voir avec votre bien-être : en fait, elles le drainent.* »

Il m'expliqua que ceci se produit chaque fois que nous établissons nos buts dans la vie en fonction de nos possessions et non en fonction de notre amour. Nos différentes images s'accumulent, couche après couche, et il devient alors impossible de trouver la paix avec l'une ou l'autre ou de les ramener à la simplicité de l'être. Mais il m'assura que lorsque nous inversons ce mouvement et fondons la compréhension que nous avons de nous-mêmes sur l'amour que nous sommes, toutes les fausses images perdent l'emprise qu'elles ont sur nous. Le monde est plein de gens perdus qui cherchent à expliquer leur existence par des identités créées à l'extérieur d'eux par des associations mentales. Même un quelque chose ou un quelque part négatif vaut mieux que rien ou que nulle part ! Autrement dit, quand vous ne savez pas qui vous êtes, n'importe quoi vaut mieux que rien du tout.

« La vérité, c'est que VOUS ÊTES AMOUR *et que vous provenez directement de Dieu, qui est la Source de l'Amour. Ceci peut s'avérer une prise de conscience embarrassante, car elle vous révélera les responsabilités que vous avez face à votre vie.*

L'amour est le moteur premier de votre être. Le bien, c'est gérer l'amour avec sagesse, respect et dévotion, et en tant que moteur de vie.

Pour ce faire, il faut certaines directives et un certain ordre, mais une dépendance obsessionnelle face à la structure, à ses exigences et aux identités qu'elle invente pour vous peut susciter chez vous bien de la douleur et de la souffrance.

Toutes les formes complexes sont mortelles. Elles doivent se désintégrer et se transformer pour que la vie puisse perpétuer son œuvre. Quand on s'accroche aux structures et aux attachements complexes alors qu'ils sont en train de se démanteler, l'expérience peut être très souffrante, qu'il s'agisse d'un attachement sur le plan corporel, social ou professionnel. »

« Alors, que pouvons-nous faire ? »

« Du point de vue de l'amour, vous pouvez donner aux changements qui sont inévitables une orientation qui permettra de vous améliorer et d'améliorer les autres. Cependant, vous ne réussirez à le faire qu'une fois que vous aurez fait de la structure votre servante.

Vous devez faire preuve d'une grande vigilance quand vous observez la structure, car elle est un élément organisationnel qui se retrouve partout dans l'existence. Par exemple, elle représente fondamentalement la combinaison complexe qui sert d'armature à toutes les formes physiques qui vont et viennent. Elle est également un aspect des schèmes générés par le mental qui servent à comprendre ou à gérer la vie. De nombreuses couches d'existence sont véhiculées par la structure, couches auxquelles l'homme a ajouté de nombreux éléments de programmation mentale. La structure peut vous servir si vous vous souvenez de ses limites. Cependant, si vous oubliez ce qu'elle est, elle peut vous opprimer. »

« À quel moment l'influence de la structure va-t-elle trop loin ? » demandai-je à ce propos.

Avec un brin de malice, il répondit : *« Eh bien, elle va trop loin quand elle perpétue la croyance que le monde est plat alors qu'il existe des faits prouvant le contraire. Quand les vacances ont perdu leur sens mais qu'elles se répètent comme une habitude. Quand le gouvernement cherche à survivre seulement pour maintenir son propre pouvoir et non pour servir son peuple. Cela suffit lorsque n'importe quelle bureaucratie cesse de servir son peuple et qu'elle se met à se protéger et à s'enrichir. Lorsque les affaires ne sont que paperasse et qu'elles ont perdu leur sens des valeurs et de la productivité. Quand l'école enseigne seulement la théorie et très peu la façon dont la vie fonctionne vraiment. C'EST LORSQUE LA STRUCTURE DEVIENT LE MAÎTRE, C'EST-À-DIRE LE FACTEUR DÉTERMINANT, QUE LES CHOSES SONT ALLÉES TROP LOIN. En fin de compte, la structure vous trahira toujours parce que c'est ce qu'elle doit faire puisqu'elle est mortelle. Même les structures naturelles de l'univers sont mortelles, sans parler de toutes les formules créées par le mental, qui ne soutiennent que des programmes temporaires.*

Si l'on veut qu'une pensée novatrice voit le jour, il faut que la structure de la théorie scientifique se relâche un peu. Les structures du monde des affaires doivent elles aussi se relâcher un peu si l'on veut que de nouvelles valeurs en émergent. Les gens doivent avoir le sentiment qu'ils se gouvernent pour que leur sens de la responsabilité puisse s'accroître. Et pour que le respect de l'éthique existe sur Terre, il faut qu'il y ait un sentiment de joie quand on fait ce qui est juste, plutôt qu'un sentiment de la peur d'être puni pour avoir fait ce qui est mal. Cela suffit quand vous ne sentez plus le cœur régir et que ce dernier ne confère plus de pouvoir à votre vie. La structure cherche à dominer parce que sa mortalité engendre une peur inextinguible. »

« Est-ce que les structures créées par le mental sont aussi traîtres ? » demandai-je.

« Encore plus, parce que la plupart du temps, vous les prenez pour la réalité. Le mental adore la structure parce que celle-ci représente la logique pour lui et que, en même temps, elle lui procure de nombreux éléments malléables qu'il peut intégrer à sa propre complexité. Grâce à un accord collectif entre ces éléments, le mental fait de ses propres inventions la réalité. La plupart des choses que vous qualifiez de réalité ne le sont en fait pas du tout ; elles sont seulement des structures créées par le mental, d'un commun accord entre tous ses éléments ! Mais une fois que le cœur régira votre vie, vous choisirez probablement de vivre sans la plupart de ces structures, ou du moins vous saurez faire la distinction entre celles à conserver et celles à éliminer. Le mental ne tarit pas d'amour pour la structure et se laisse totalement aveugler par les grands dangers qu'elle présente.

Les structures les plus dangereuses sont celles que vous intériorisez sous la forme d'identités. "Je suis ainsi et en tant que tel, j'occupe cette position dans la collectivité, et je dispose de ce patrimoine." Quand vous intériorisez la structure, vous vous faites avoir parce que tout ce que vous intériorisez devient invisible pour vous. Les structures intériorisées constituent le principal obstacle à la perception de l'infinité et à la prise de conscience de l'immortalité. Le mal est déjà assez grand quand vous obéissez à la structure externe. Alors, si vous l'intériorisez, vous perdez une grande partie de votre conscience. Et lorsque ceci survient, vous pensez que vous êtes un produit de la structure. Rien ne pourrait être plus faux.

Si vous vous connaissiez seulement en tant qu'amour, vous n'auriez aucune peur. Comme toutes les autres identités sont issues de la structure, elles sont mortelles. La mortalité vit dans la peur de la mort et survit en instillant la peur à tous ses preneurs. Et cette peur s'accompagne de douleurs et de souffrances.

Une fois que vous avez intériorisé la structure, votre vie aura deux moteurs : l'amour et la peur ! Mais vous ne pouvez faire fonctionner les deux en même temps, même si c'est ce que la plupart des gens essaient de faire. »

« Est-ce que cela signifie que l'amour et la peur sont des opposés ? »

« Comme je te l'ai déjà dit, l'amour n'a aucun opposé, aucun contraire, car il est le solvant divin qui met fin à toute dualité. Par contre, l'amour peut être un choix et c'est pour cette raison qu'il dispose d'alternatives. »

« Quelle est la différence entre opposé et alternative ? »

« Une alternative est simplement une autre possibilité sur laquelle vous avez décidé de ne pas arrêter votre choix. Par conséquent, son effet dans votre vie sera minime ou inexistant. Par leurs choix et leurs visions de la réalité, les enfants de Dieu donnent de l'ampleur à la création. Par conséquent, les alternatives sont inévitables.

Vois-tu, l'alternative à l'alimentation, c'est le jeûne. Vous pouvez tous expérimenter les deux, mais pas en même temps. Il se peut que vous les ayez considérés comme des opposés étant donné qu'ils traduisent des choix divers. Mais ils ne sont pas en opposition et ne renforcent pas non plus une polarité. En fait, un élimine l'autre. Les alternatives sont le fruit du libre arbitre et la preuve que vous avez des choix à faire. Les alternatives vitalisent et engendrent le changement.

Par exemple, la vie d'un homme change beaucoup une fois qu'il se marie. Son centre d'intérêt dans la vie sera tout à fait différent de ce qu'il était pendant son célibat. Avoir ou ne pas avoir d'enfants, voilà une autre décision qui peut totalement changer le scénario de sa vie.

Certains choix sont si essentiels qu'ils servent de fondement à des paradigmes et que les alternatives non sélectionnées disparaissent pour ainsi dire. Il s'agit là des choix les plus difficiles à inverser parce que les alternatives semblent avoir disparu. C'est pourquoi il est si important de vous rappeler qui vous êtes vraiment et que l'amour est votre réalité essentielle !

Le choix le plus fondamental qu'il vous ait jamais été donné de faire est d'être l'amour que vous êtes ou de ne pas l'être... » Après avoir affirmé cela, il y eut un silence et un vide que Jésus choisit de ne pas combler avec des mots. Après m'avoir laissé le temps de méditer sur cette affirmation, il poursuivit.

« La plupart des êtres humains ont réagi à ce choix en faisant un choix partiel ou gradué, avec une détermination hésitante. Et cette indécision les a confrontés à un abîme de mystère où règnent la peur, la structure, les identités fabriquées et un combat pour la survie qui oscille entre la vie et la mort. De nombreux êtres humains ont connu beaucoup d'amertume et de haine. Et même à ça, rien de tout cela ne s'oppose à l'amour. Toutes ces émotions et expériences négatives sont le fruit du choix d'une alternative qui honore l'amour qu'ils sont, soit, dans ce cas, le déni. L'amour peut tout résoudre. Si l'amour était l'opposé d'une telle négativité, alors la présence de l'amour ne ferait qu'activer la différence et ne mettrait le feu qu'à une seule des polarités !

S'il n'y avait pas de structure, les opposés n'existeraient pas. Ce que vous percevez comme des contraires n'est qu'une apparence dans un champ limité de perception. Si vous aviez assez de recul pour avoir une vue d'ensemble, les polarités se dissoudraient. Les opposés ne sont en fait que les arcs de cercle d'un cercle interrompu, les parties les reliant étant invisibles à vos yeux.

Par exemple, si un enfant observait une mappemonde étalée sur une table, il pourrait dire que la Terre finit quelque part. Tout ce que vous auriez à faire, c'est de ramasser la carte, de la rouler sur elle-même et de lui montrer les endroits où mers et terres se raccordent. Vous pourriez aussi dire que la nuit et le jour sont des opposés. C'est en effet l'impression que vous pouvez avoir, surtout si vous vivez dans une vallée où l'alternance diurne et nocturne se produit rapidement. Par contre, si vous vivez sur le sommet d'une montagne, là où l'alternance est beaucoup plus graduelle, vous pourriez observer le passage de l'un à l'autre. Si vous partiez pour la Lune, vous pourriez, en vous retournant vers la Terre, observer avec encore plus de clarté le phénomène des phases et du cercle ininterrompu.

Ceci est vrai pour tous les contraires, même ceux qui sont techniques. » Il tourna les yeux vers ma palette et prit comme exemple les couleurs que j'utilisais. « *Le noir semble être l'opposé du blanc parce qu'il absorbe la lumière au maximum, alors que le blanc la réfléchit au maximum. En fait, il y a quelque chose entre le blanc et le noir. Le noir se transforme en une transparence foncée et le blanc en une transparence claire, et tous deux finissent par se confondre en une clarté totale. Le cercle est donc complet.*

Tous les opposés peuvent être harmonisés par l'arc de cercle qui ferme leur cercle. Les instituer comme polarités, c'est avaliser l'ignorance et une structure qui ne sert que ses propres intérêts. L'amour est le lien ultime et, en sa présence, il est facile de trouver d'autres liens. Par contre, en son absence, bien des liens nécessaires peuvent échapper au regard pendant une éternité. L'AMOUR MET FIN À LA DUALITÉ ; IL N'Y A DONC PAS D'OPPOSÉ.

L'amour comme tel n'a pas de polarité, mais si vous avez choisi d'autres alternatives à celui-ci, les structures qui le remplacent abondent en opposés. La peur est l'émotion la plus commune chez ceux dont les vies sont menées par la structure, car la structure est mortelle et toujours en péril. La haine est une émotion commune à tous ceux dont la vie est dévolue à la structure ou qui sont dominés par elle. La haine est une défense contre le retour de l'amour.

L'amour ne s'oppose à rien, mais il conquiert tout. L'AMOUR EST DANS LE MONDE, MAIS IL N'EST PAS DE CE MONDE ! La peur et la haine, ainsi que tous les maux qui en découlent, sont des éléments dérivés secondaires, alors que l'amour est un élément primaire. L'amour existait avant la création de l'univers et très certainement avant les structures du monde. Au début des temps, il n'y avait aucun mal, aucune peur et aucune haine. Il n'y avait qu'un Amour, qu'un corps de potentiel et qu'un esprit. Lorsque leurs manifestations commencèrent à prendre forme, le libre arbitre fut conféré à chacune des manifestations de l'amour pour être vie, expérimenter la vie, actualiser son potentiel et se connaître en tant qu'amour. Il y eut même la possibilité de choisir de nier sa propre nature, si tel était son désir. C'est à partir de cette possibilité de choix que toutes les mauvaises herbes du péril ont germé.

Mais ce choix en était un d'importance, car, sans lui, vous auriez été un aspect de l'amour dénué du pouvoir de faire avancer la création. Vous auriez été des créations de Dieu, mais pas les enfants de Dieu. Une fois que l'amour est devenu votre choix ainsi que votre nature, toute possibilité de dualité s'efface de votre vie et vous retrouvez votre pouvoir.

Vous devez par contre comprendre que lorsque je parle ainsi de l'amour, je ne fais pas référence à la tendresse, à l'affection ou à un sentiment. Ces éléments ne sont souvent que les réactions positives de l'attachement personnel. L'amour dont je parle est une fonction, une force, une pureté d'intention et l'essence de l'honnêteté de tout ce qui est. Toute chose au sujet de laquelle vous pouvez faire preuve d'une honnêteté absolue, y compris votre engagement personnel, est une chose pour laquelle vous éprouvez un grand amour !

Quand l'amour est maître, la décence et l'honnêteté font leur apparition dans le monde de la structure. Quand la structure domine, la vie devient un théâtre où règnent l'opacité et la dualité. Des priorités appropriées peuvent venir corriger n'importe quelle faiblesse dans une structure. Mais dans une position dominante, la structure est dysfonctionnelle, et ce, de façon innée parce qu'elle ne peut rien faire ni sur le plan de la correction ni sur celui de la cause.

La structure génère des formes, les soutient et les préserve. C'est tout. Aucun humain ne l'aurait jamais positionnée au-dessus de lui s'il n'avait oublié et nié l'amour qu'il est ou ne s'en était dissocié d'une manière ou d'une autre. Ce n'est que par défaut que la structure a pris du galon.

La structure a des dérivés, mais elle ne crée rien. Ceci est vrai pour toute chose, mais particulièrement pour l'homme. Celui-ci n'existe pas parce que la structure a agencé ses scénarios d'une façon particulière et, ce faisant, a fait de lui son produit de consommation. La structure sert de cadre de soutien à la produc-

tion, mais elle n'en est pas la cause originelle. Elle est le mortier et la mortalité de l'univers, mais pas la grâce ni son immortalité. Elle est un facteur organisationnel, mais n'a aucun pouvoir en soi. Quand vous intériorisez les structures pour en retirer un apprentissage, vous ne faites que leur conférer votre pouvoir. Ceci n'a aucun sens, car vous ne vous trouverez jamais dans la structure et n'y trouverez jamais non plus votre immortalité ou toute autre expérience de l'infini.

Le recouvrement de votre immortalité et la perception de l'infini vont de pair avec le fait que vous connaissez la véritable source qui fait que vous êtes amour. La structure veut que vous vous connaissiez en tant qu'identité, pas en tant qu'amour. Toute identité fait échec à l'immortalité. Toute identité doit être considérée comme temporelle. Quand vous vous délestez de vos diverses identités, vous recouvrez votre pouvoir.

Tout ce à quoi vous permettez de définir ou d'expliquer votre vie finit par se retrouver au fond de votre être. Lorsqu'une personne croit que sa vie est le fruit de l'histoire, de conditions extérieures ou d'une accumulation d'identités, c'est qu'elle a intériorisé la structure. Quand on compare la structure au pouvoir de l'amour qui réside en chaque personne, il importe peu que l'on naisse prince ou indigent. Les deux conjonctures sont aussi insignifiantes l'une que l'autre ! On ne gagne rien à intérioriser de telles structures. Par contre, si vous le faites, vous courez le grand risque de perdre trois choses. En premier lieu, vous aurez substitué une fausse identité à l'amour que vous êtes. Ensuite, une infinité de conjonctures vous fera dévier de votre capacité à percevoir la vie avec innocence. Et enfin, vous vous associerez ainsi à la structure de la mortalité. »

Il m'expliqua qu'une des grandes raisons qui font que nous sommes si obnubilés par la structure, c'est que nous voulons la posséder. Étant donné sa nature instable et exigeante, la structure n'en vaut cependant pas la peine. Elle s'efface et disparaît alors que l'engramme créatif que votre vie laisse dans l'univers se perpétuera. *« C'est pourquoi je vous ai mentionné d'engranger vos richesses dans le Ciel, là où les voleurs ne peuvent entrer pour vous cambrioler. De façon innée, la structure est éphémère. Elle est mortelle. Alors que, quand vous créez quelque chose, l'empreinte que vous laissez sur cette chose y subsiste à tout jamais et, à l'instar d'un moule à découper, cet engramme peut servir à de multiples reprises pour recréer la même chose. »*

Cet enseignement trouva écho en moi par le biais d'une expérience personnelle. En tant qu'artiste, je me donne corps et âme dans tout ce que je peins, et les gens me demandent parfois comment j'ai le courage de vendre ce que je fais. Je leur réponds invariablement que je ne vends que de la toile et de la peinture, jamais l'engramme de ma créativité. Tout ce que j'ai jamais créé pourrait être recréé à l'infini. Alors, si ceci est vrai pour un artiste, cela devrait l'être encore bien plus pour notre Source divine. Imaginez avec quelle facilité notre Père peut nous créer à l'infini à partir de l'engramme de notre amour et par le pouvoir du sien !

Lorsque nous retrouvons notre immortalité, c'est un peu comme si nous retrouvions la mémoire de notre véritable nom. Jésus dit que *« la vie, c'est l'amour en action, alors que le temps n'est que la structure en action qui essaie de survivre ! Une fois que vous avez intériorisé la densité de la structure, la mort devient alors inéluctable et un processus nécessaire. »*

Il qualifia la mort *« de chambre de compensation des identités inutiles »*, ceci sous-entendant que la mort et l'illusion du temps se perpétueraient aussi longtemps que nous serions les servants de la structure.

« En fait, vous n'appartenez pas au passage du temps, mais c'est l'impression que vous avez en raison de votre implication face à la structure.

Le véritable être est dans le présent, pas dans le passé ni dans le futur. Donc, le temps n'a pas de réalité. Essayez de le localiser, de lui donner une place dans l'espace en tant que réalité. Qu'obtenez-vous alors ? »

La réponse évidente était « le ici-maintenant ».

« C'est exact. Le moment présent existe vraiment. L'éternel présent est la demeure de tout être. La structure ne dure pas. Par conséquent, le temps est simplement le processus qui permet à la structure de naître, de vivre et de mourir. Le processus que vous appelez communément temps est juste une structure en

action. C'est la tentative de survie de la structure. Pour vous, le temps est une incongruité, car la vie, c'est l'amour à l'œuvre. Le temps, tel que vous le percevez, est le début, le déroulement et la fin d'une structure qui joue son scénario de la durée. Un moteur est construit, il remplit sa fonction, puis il commence à s'user, les factures se rapportant aux réparations s'accumulent et finalement on l'envoie à la casse. De l'usine qui l'a fabriqué à la casse, le moteur est devenu autre chose. On peut comparer le cycle de l'action qui fait état de la vie de ce moteur au temps, mais pour vous le temps n'existe pas réellement. Si vous tentez de mettre le doigt dessus, tout ce que vous avez, c'est le MOMENT PRÉSENT.

Vous connaîtrez une grande clarté quand vous saurez enfin faire la différence entre les lois de l'univers et les caprices de la structure. Vous ne mettrez pas la structure de côté, mais vous saurez enfin la mettre à votre service. Vous saurez dissocier votre destinée de celle de la structure afin que son caractère mortel ne puisse plus vous trahir. Chose encore plus importante, quand vous serez totalement certains d'être amour dans la totalité de votre être et que la structure est votre servante, alors vous pourrez dire à la montagne de venir vers vous, et elle le fera. Vous pourrez dicter au vent d'arrêter de souffler et la tempête cessera. CECI EST LA CLÉ DE TOUTE CHOSE. »

Chapitre 4

Les particules adamantines

Chaque fois que Jésus me parlait des particules adamantines, il me rappelait que c'est l'amour qui les régit. À une occasion, il ajouta catégoriquement : *« Peu importe l'avancement de votre technologie, si vous n'avez pas d'amour, vous n'avez rien. »* Ces particules constituent un flot continu de potentiel à hautes fréquences qui se manifeste par des formes et des combinaisons distinctes sous la régence de l'amour. Malheureusement, nous, les humains, sommes tellement conditionnés par la perception sensorielle et l'endiguement structurel que nous sommes pratiquement inconscients de cette puissante force motrice. Ce flot de vie omniprésent et éternel dépasse tellement notre entendement normal que j'ai l'esprit confus chaque fois que je m'évertue à l'expliquer. Ce n'est qu'en faisant appel à la méthode du Maître que je peux à tout le moins espérer y réussir.

Quand je passai en revue les diverses façons dont il abordait le sujet, je constatai qu'il y avait une constante. Ses explications étaient toujours simples, pertinentes et directes, et me prenaient en général par surprise. Par exemple, pendant que nous parlions de quelque chose d'ordinaire, il amenait un nouvel élément pour modifier mon point de vue ou pour susciter en moi un plus grand discernement. Son commentaire original aurait pu être aussi anodin que : *« As-tu jamais remarqué comment les choses vont bien quand tu aimes ton travail ? ».* Évidemment, je répondais par l'affirmative et nous nous retrouvions plongés dans un dialogue stimulant qui nous faisait avancer vers la raison d'être supérieure de sa remarque.

Et son enseignement savait toujours parfaitement harmoniser le grandiose à l'insignifiant et le mondain à l'extraordinaire. Par conséquent, en vous présentant ce sujet, je veux me concentrer sur ses applications humaines et pratiques tout en faisant la lumière sur son appartenance profonde à des principes universels. Peu importe où on commence avec les particules adamantines, du moment qu'on comprend que toute manifestation incarne et exprime ce qu'elles sont de par leur nature et leur potentiel.

La connaissance des particules adamantines ne se limite pas à la physique des particules, aux voyages galactiques ou au domaine éthéré. Elle est la pierre angulaire de notre compréhension de la vie telle que nous la vivons. Quand vous aurez une conscience accrue de cette force vitale, vous commencerez à comprendre pourquoi la plante que vous aimez est celle qui fleurit. Quand il y a amour, il y a échange libre de particules adamantines, échange qui explique l'action dynamique qui s'exerce entre les entités vivantes. Ces particules subatomiques sont les éléments qui servent à élaborer toutes les formes complexes de l'univers, et vu qu'elles sont régies par l'amour, elles sont particulièrement fluides dans le cas de la vie organique. Par conséquent, il n'y a pas de quoi s'étonner que, lorsqu'on introduit un animal ou une plante dans un milieu de vie qui sans cela est inerte, des améliorations se produisent immédiatement. Il s'avère que de tels cadeaux d'amour sont bénéfiques sur le plan de la guérison, en particulier chez les personnes physiquement handicapées. Les prisons à sécurité minimale et les hôpitaux psychiatriques découvrent également que les plantes et les animaux sont de fantastiques adjuvants thérapeutiques. Ces compagnons vivants donnent aux intéressés l'occasion d'interagir avec une liberté nouvelle en dehors du règne de la structure, c'est-à-dire d'interagir librement avec la vie.

Souvent, nous nous retirons dans la nature pour nous soigner ou pour tout laisser derrière nous. Peut-être qu'une des meilleures raisons pour lesquelles nous le faisons, c'est que nous y retrouvons justement le contact avec ce tout. Que ce contact soit conscient ou intuitif ne semblerait faire aucune différence, car les échanges avec l'environnement ont lieu de toute manière en fonction de scénarios synchrones. Je m'émerveille toujours de voir comment le pêcheur sent où le poisson mord et le coureur des bois retrouve son chemin dans la forêt. Je fis part à Jésus d'un souvenir agréable d'une sortie à cheval que j'avais faite dans les collines du nord du Texas. Au cours de cette promenade, mon cheval ne se prit la patte dans aucun terrier de spermophile ni ne trébucha sur aucune pierre, même sans jamais regarder par terre. Il m'expliqua que le contact constant que la bête entretenait avec la terre lui permettait de connaître le relief du terrain. Toute personne qui comprend qu'il y a un continuel échange d'énergie vitale autour d'elle aura développé cette profondeur de perception et cette capacité à capter une telle information. En général, nous qualifions cette qualité « d'intuition » ou de « sixième sens », bien que de tels qualificatifs tendent à désigner le monde un peu nébuleux de ceux qui font de cette qualité un privilège. Jésus dit que *« la conscience subtile est à la portée de tous »* et que nos ancêtres y étaient plus versés que nous. À l'instar de n'importe quelle véritable aptitude, la perception des échanges énergétiques se raffine avec l'entraînement et diminue quand on ne s'en sert pas. Je me mis donc à observer autant que je le pouvais tout ce que je faisais.

Alors que je tiens le stylo qui me permet de rédiger ce livre, je suis émerveillée de constater que l'ordre universel tout entier se concentre et s'applique dans une fonction simple et ordinaire. Dans une seule molécule d'encre, il y a l'empreinte de tout ce qui est. Car toute manifestation est l'œuvre des particules adamantines.

Ce phénomène touche l'existence tout entière et la sustente à l'infini. L'échange de particules adamantines est sans fin et, en présence de l'amour, il adopte une forme significative pour manifester une réalité fonctionnelle. Pensez par exemple à l'amour qui unit un couple. L'amour de l'homme produit un effet sur les particules adamantines de sa femme, alors que l'amour de la femme engendre un effet semblable sur celles de son compagnon. L'amour mélange leurs énergies de vie alors qu'ils évoluent ensemble sur le plan de la pensée, de l'esprit et du cœur. Avec le temps, il y a même harmonisation de leur aspect physique. Il en va de même des gens originaires de la même contrée géographique, qui se ressemblent souvent par bien de subtils détails. Avec l'aide de la technologie, on peut même retrouver la famille naturelle de certaines personnes par le ton de leur voix. Parfois, nous prenons un plaisir coquin à constater la ressemblance qui existe entre les gens et leurs animaux familiers ! Pourquoi cette similitude ? Parce que l'amour de l'un s'entremêle à l'amour de l'autre et que leurs particules adamantines entrent en résonance harmonieuse. Ces choses sont une évidence pour celui ou celle qui se donne la peine de regarder.

Chaque fois que cela m'était possible, je faisais particulièrement attention à la nature environnante et aux mouvements d'échange énergétique qui s'y produisaient. Un jour, par pur plaisir, je passai toute la journée dans le jardin municipal. Alors que j'étais assise sur mon banc préféré dans une silencieuse admiration sous les branches étalées d'un magnifique vieux pacanier, je baignais dans le flot fluide des particules adamantines. Rapidement, je me sentis ne faire plus qu'un avec l'environnement, comme si toutes les barrières avaient disparu. Puis, soudain, un vol de corbeaux arriva sur la pelouse devant moi, suivi par une foule d'écureuils qui se bousculaient pour descendre des arbres. Les corbeaux picoraient l'herbe pendant que les écureuils trottinaient çà et là à la recherche de noix. Quelques moqueurs et chardonnerets jaunes décidèrent de venir faire leur petit tour aussi. Mon lieu d'enchantement dans ce jardin était devenu vivant ! Un après l'autre, les corbeaux et les écureuils s'approchèrent de moi, librement et innocemment, comme s'ils n'avaient jamais vu d'humain auparavant et ne me percevaient pas comme une menace. Il régnait une incroyable impression de paix et j'avais la sensation de respirer la nature. Il était fascinant d'observer à quel point ces animaux m'incluaient dans leur monde. Un des corbeaux attrapa un petit serpent vert et le tint fièrement devant moi pour que je le voie. Je lui dis : « Oh, que c'est beau ! » Je ne m'attendais pas à ce que l'oiseau comprenne mes paroles, mais dans une certaine mesure je sentis qu'il pouvait saisir ce qu'il y avait derrière elles. À cet instant-là, il s'avança vers moi et s'arrêta à environ un mètre cinquante pour me prouver à quel point il était habile à dévorer son repas. C'était tout un acteur !

Peu après ça, je remarquai un petit écureuil qui ramassait et enterrait des noix de pacane. Les noix nouvelles étant encore un peu vertes, je l'observai faire avec curiosité. Je me mis à converser avec la petite créature et lui demandai : « N'est-ce pas un peu tôt pour la récolte ? » L'écureuil me regarda attentivement et pencha la tête pour me montrer qu'il prêtait vraiment attention à moi. Il alla chercher une noix plus mûre et la tint entre ses pattes avant pour l'inspecter comme s'il demandait : « Celle-là, ça va ? » Pendant qu'il détalait pour aller cacher sa noix, je le complimentai sur son choix avisé. Quand il eut fini d'enfouir sa noix, il en sélectionna une autre et fonça vers moi. Je restai totalement immobile sur mon banc, subjuguée par son assurance. À moins d'un mètre de moi, il écala la noix et la fit tomber à mes pieds. J'ai souvent nourri des écureuils, mais jamais un écureuil ne m'avait nourrie ! Grâce à l'innocence de la nature, j'avais eu un exemple parfait de la façon dont l'amour opère son échange de particules adamantines.

« L'échange de particules adamantines est le souffle de vie. Il y a un continuel échange de ces particules dans l'existence tout entière. Elles ne sont pas l'apanage de la vie organique, car on les retrouve sur la planète, dans le vent et dans toute substance existante. Chaque chose respire au cours de toute sa durée de vie. Par le mouvement d'inspiration et d'expiration, ces particules confèrent un équilibre fondamental à la vie et lui assurent un contact avec le reste de la création. Celui dont la sensibilité sait saisir ces échanges comprendra qu'une maladie est sans aucun doute le reflet d'irrégularités dans le souffle vital. Quand l'amour est présent, l'équilibre naturel se rétablit. C'est pour cette raison qu'une personne qui choisit d'imposer les mains peut en aider une autre à guérir. Tel est le pouvoir du toucher guérisseur ou même celui d'une simple accolade. »

« Une guérison peut-elle survenir même sans un toucher direct ? » Je pensais à la femme qui avait été guérie après avoir effleuré sa tunique.

« C'est mon amour qu'elle toucha et c'est ce qui la guérit. Quand vous vous touchez les uns les autres, en particulier quand vous atteignez l'essence d'amour chez l'autre, vous guérissez. Quand vous vivez isolés et séparés des autres, votre vie peut rapidement se déséquilibrer. »

À cette explication, ma curiosité grandit et ma soif d'en savoir plus augmenta. Je voulais savoir en détail ce qu'étaient les particules adamantines. Il me l'expliqua ainsi : *« Ce sont les éléments structuraux de base de l'existence physique, des potentiels d'énergie particularisée qui actionnent, caractérisent et façonnent l'infini. Ce sont des points de nature irréductible, indivisible et générique. C'est leur existence même qui crée la dimension. Entre un point et un autre, il y a la dimension. Et entre toute une série de points, il y a un motif de dimension. Et ainsi, il y a l'espace. La dynamique de l'énergie existe grâce à l'activation et à la répétition rythmique de ces motifs. Et la matière s'élabore quand ces motifs et ces rythmes se complexifient et se spécialisent. »*

Je repensai alors à mes cours de physique à l'université et me rappelai que la lumière peut aussi bien être une particule qu'une longueur d'onde. De façon semblable, les particules qu'il décrivait ont simultanément la capacité de créer un point, une énergie et une masse. Il poursuivit son explication : *« Les particules adamantines sont les seules à effectivement créer la masse. Plus simplement dit, ce sont les points d'émanation primaires où énergie et masse sont une seule et même chose. La matrice dont elles sont issues est le filament continue du potentiel universel, qui n'est rien d'autre que l'esprit indivis. Sous un autre angle, on pourrait dire que les particules adamantines sont les points ultimes qui manifestent et délinéent l'infini, mettant ainsi son potentiel en action et rendant possible toute forme manifeste. »*

« Comment l'infini peut-il être délinéé ? Comment peut-il être intégré à des éléments connus sans être fini ? demandai-je. Cela ressemble à un oxymoron. »

« Effectivement ! Surtout avec les hypothèses que vous utilisez pour expliquer l'existence physique. Actuellement, la compréhension humaine de l'énergie et de la matière se limite à l'équation énergie-force. La pensée scientifique et la pensée en général considèrent surtout l'énergie comme une force, une combustion et des ondes de pression. Mais voici comment on pourrait présenter ce concept : la force se traduit par des ondes de pression, les ondes de pression par la densité, la densité par la matière, et tout ce qui reste, le résidu, c'est l'infini. Voilà l'oxymoron !

Un résidu ne peut être défini et ne fournit aucun fondement à l'entendement. Si l'infini est considéré comme un résidu indéfinissable, comment peut-on en décrire les propriétés ? Comment peut-on l'utiliser ? Comment peut-on le pénétrer ou l'activer ? »

Tout ce qu'il exprimait était empreint d'une grande et naturelle justesse. Ceci m'incita même à penser à la vie avec plus de profondeur que jamais. Il me donnait le sentiment qu'une conscience avait toujours été là en moi, conscience qui donnait maintenant signe d'éveil. Je me sentis pétiller de vie encore plus à tout ce qu'il me disait.

Il m'expliqua que le concept « énergie égale force » avait toujours dominé la pensée humaine, et ce, pour toute forme d'énergie, de l'industrie et du gouvernement à la gestion de la vie personnelle. Les idées engendrent la réalité, car ce que nous voyons est souvent ce que nous tenons pour réel. Pensez-y un peu. Qu'est-ce qui domine le monde ? La force ! Qu'est-ce qui est à l'origine de beaucoup de nos problèmes ? La force !

« Ceci changera quand le fondement de l'entendement humain passera du concept de l'électricité à celui du magnétisme. En fait, ce passage sera nécessaire pour que l'homme puisse définir et comprendre les particules adamantines. Le potentiel magnétique explique le champ unifié et c'est en réalité la cohésion magnétique qui sert à unifier l'infinité physique. L'infinité n'est pas le résidu. L'infinité, c'est le facteur d'unification qui amalgame tout. Lorsque la pensée humaine passera du concept électrique au concept magnétique, tous les autres concepts de la technologie changeront aussi. »

Il précisa que la difficulté que nous avons avec les combustibles et l'énergie brute provient du fait que l'homme a toujours considéré l'énergie comme une force. Nous utilisons la force pour créer une résistance et cette résistance se traduit par une énergie électrique. Une fois que nous serons passés à l'âge de la « magnétique », nous disposerons de ce que le Maître appelle *« une énergie non toxique et harmonieuse »*. Nous aurons la véritable énergie de l'univers qui peut tout actionner, de nos génératrices à notre mental. C'est seulement à partir de ce moment-là que nous pourrons fonctionner de façon pratique avec l'infini.

« Là où elle est rendue, la science met encore l'accent sur les manques, les forces et les résidus, le manque étant ce qui doit être contrôlé, la force étant ce qui contrôle et le résidu, ce qui n'est pas compris. Considérer l'infini comme un résidu n'est pas une attitude très productive, mais ceci va bientôt changer », promit-il.

« Comment allons-nous procéder à cette transition ? »

« Tout commencera par l'expression d'un respect révérencieux envers la force suprême. Quand cette prise de conscience aura été faite et intégrée par un nombre suffisant de personnes, ce nouveau paradigme humain oblitérera celui de la croyance selon laquelle l'énergie est une force. Devant suffisamment d'amour, la force perd son pouvoir de domination sur la conscience. À partir de ce moment-là, la conscience s'éveillera à une vitesse quantique et le changement sera si puissant que les réponses arriveront à la seconde.

Mais, en attendant, rappelez-vous que les particules adamantines réagissent à l'attraction magnétique. Pour ce qui est du potentiel humain, c'est le cœur qui est le centre magnétique. C'est par le cœur que vous attirez les particules adamantines et par l'amour que vous les régissez. »

Mon imagination était totalement captivée par sa prévision d'un monde futur plus idéal et, en même temps, mon mental s'accrochait férocement à l'explication universitaire que l'énergie électrique précède l'attraction magnétique. Je sentis que je ne serais pas satisfaite aussi longtemps que je ne lui demanderais pas de clarifier cela. La réponse exhaustive mais plutôt technique qu'il fit à ma question s'accorde mieux avec les informations qui se trouvent dans un chapitre ultérieur. Pour les besoins de la cause, cependant, je la synthétiserai en disant qu'il m'indiqua l'existence d'un magnétisme préalable, qui génère un potentiel électrique, et d'un magnétisme dérivé, qui résulte de l'électricité.

« On peut considérer le magnétisme préalable comme un champ d'attraction dans lequel s'amalgament des éléments synchrones et holographiques sans qu'il y ait polarité ou résistance électrique. D'un autre côté, le magnétisme dérivé est le complément de l'énergie électrique puisqu'il assure le maintien des formes essentielles de l'existence. On pourrait dire, pour de nombreuses raisons, que le magnétisme est l'alpha et l'oméga de l'existence physique. »

« Tu as déclaré que les particules adamantines réagissent au magnétisme sous l'influence de l'amour. Peux-tu me décrire la manière dont ce phénomène se déroule ? »

Dans un état de silencieuse création, Jésus fit une pause, comme un scénographe préparant la toile de fond de la scène pour une pièce de théâtre. Puis, il me proposa le scénario visuel suivant : *« Je te présente une pièce très spéciale. Il s'agit d'une pièce où il n'y a presque pas de gravité et qui est remplie de balles de ping-pong se déplaçant à un rythme lent, chaotique et aléatoire. Elles rebondissent sans arrêt d'un mur à l'autre et bougent continuellement. Ces balles contiennent toutes de la poussière de fer. Ton rôle est d'entrer dans la pièce en portant une veste magnétique. Les unes après les autres, les balles de ping-pong viendront s'agglutiner sur toi. Il se formera des chaînes de balles de ping-pong, selon un motif qui est exactement le même que le motif d'impulsion de l'attraction magnétique qui les a amenées à se rassembler. Les balles se rassemblent et s'agglutinent à l'extérieur selon les motifs de l'amour que tu as fait pénétrer dans le champ magnétique.*

Je peux te donner un autre exemple. Rappelle-toi les ardoises magnétiques de ton enfance. Sous un plastique transparent se trouvaient des filaments de fer qui réagissaient à un stylo magnétique. Ce stylo avait pour fonction d'attirer les filaments de fer et de les faire se regrouper en lignes ou en motifs afin de créer un dessin sur l'ardoise. Tu pouvais créer tout ce que tu voulais en faisant glisser ton stylo aimanté sur la surface de l'ardoise. Maintenant, imagine que ton cœur est l'aimant et ton amour, le stylo.

Tel est le pouvoir de votre influence à tous, et vous avez, au sens propre, un impact sur chacune des facettes de votre vie juste EN ÉTANT L'AMOUR QUE VOUS ÊTES. Vous êtes un aimant qui écrit sur l'ardoise de sa vie. Quand une situation quelconque se présente à vous, les particules adamantines qui lui sont propres viennent s'ajuster à l'influence que vous apportez. Pas besoin de rêver d'un plan grandiose ni de le dessiner. VOUS ÊTES CE PLAN GRANDIOSE ! Tout ce qu'il vous faut être, c'est l'amour que vous êtes. Tout le reste suivra. Plus l'amour est grand, plus l'impact l'est aussi. Néanmoins, vous n'avez pas besoin de faire quoi que ce soit, sinon que d'être l'amour que vous êtes. C'est votre amour qui génère les motifs et les manifestations qui en résultent. »

« Les particules adamantines sont-elles toutes les mêmes ? »

« Dans leur état originel, oui. »

Il fit remarquer que l'existence physique tout entière est constituée de particules adamantines et d'espace, surtout d'incroyables quantités d'espace. Ces particules se regroupent magnétiquement pour former la base de tous les motifs complexes de matière et de forme. Des conglomérats de ces particules forment les structures, qui sont elles-mêmes maintenues par une tension énergétique, ce qui donne une illusion de solidité. Toute solidité est structure, et la structure étaye la solidité. Si nous voulons transgresser les barrières érigées entre nous et la source infinie d'énergie vitale, nous devons prendre conscience de cette illusion et regarder au-delà de la structure.

Il m'avertit cependant de rester vigilante quant à la possibilité d'avoir des réactions défensives. Celles-ci peuvent en effet se produire lorsque l'amour confère de nouvelles propriétés à un dispositif structuré.

« Au début, il peut y avoir une certaine résistance ou même un rejet. Pourquoi ? Parce que la structure sert souvent les besoins de la force et cache fréquemment le chaos. La structure est un système d'archivage et de conservation qui contient, distribue et utilise les particules, mais qui n'a en soi aucune capacité à engendrer un ordre dynamique vivant. Par conséquent, quand l'amour entre en scène et qu'il amène une véritable harmonie et une réelle synchronicité entre les particules, un nouveau courant de vie dynamique s'amorce. Ceci peut venir bouleverser les structures fragiles qui donnent l'illusion de solidité, maintenant devenues désuètes. En réalité, cela peut « menacer de mort » toute structure restreignant le courant vital.

La venue de l'amour amène souvent les éléments préexistants à voler en éclats. Lorsque cela survient, vous devez vous rappeler que ce sont seulement les fragments caducs et fragiles de la structure qui ont disparu alors qu'ils s'efforçaient d'imiter l'amour et de lui usurper le pouvoir qu'il exerce. Le recouvrement de l'amour ramène cependant un ordre nouveau et vrai. IL N'Y A JAMAIS EU D'ÉPOQUE SUR TERRE OÙ CE MESSAGE A ÉTÉ AUSSI PERTINENT ! Une grande quantité d'amour est déversée sur la Terre en ce moment. Tellement, que ceci viendra faire éclater certaines des structures inutiles qui prédominent actuellement. Elles retourneront à la terre, comme il se doit. Et pourtant, il en émergera une nouvelle vie, un nouvel espoir, un essor nouveau. »

Quand Jésus m'expliqua cela, je réalisai qu'il faisait référence aux structures temporelles complexes élaborées par l'homme et non pas aux structures subatomiques naturelles composées d'atomes et de molécules. Ceci m'amena néanmoins à me questionner sur la pérennité des structures naturelles dans l'éternité. Comme cette idée m'intriguait, je lui demandai un jour : « Est-ce que les particules qui forment un arbre créent toujours un arbre ou bien se perpétuent-elles pour manifester quelque chose d'autre après que l'arbre meurt et se décompose ? »

« La vie des particules adamantines est toujours régie par l'amour. Par contre, les particules ont de la mémoire et se souviennent de leurs expériences. Ainsi, en régissant le courant de la vie, l'amour a tendance à permettre aux préférences et penchants naturels de se perpétuer sous la forme d'expériences semblables. Ceci est renforcé par le fait que les particules adamantines ayant déjà servi à actualiser des formes se trouvent encore prises dans des combinaisons complexes de neutrons et d'électrons, sans parler des combinaisons atomiques d'éléments comme l'hydrogène ou l'oxygène, qui subsistent même lorsque l'arbre sert de terreau aux fleurs. Lorsque l'arbre meurt, les particules adamantines qui contenaient sa force vitale se retrouvent en général à fabriquer un autre arbre. En fait, c'est ce qu'est la vie, un approvisionnement libre et non structuré de particules adamantines qui fonctionnent sous l'influence de l'amour. La vie, c'est simplement l'amour en action. Voilà pourquoi les gens ont besoin de délaisser la routine stagnante et les obligations fixes. Il est important de relaxer, de partir en vacances ou tout simplement de s'adonner à un passe-temps. Il est très guérissant d'interagir librement avec la vie et de recevoir des particules adamantines fraîches. Respirez-les, appréciez leur abondance autour de vous. »

Il avait pour la vie de grands sentiments de révérence et de bienveillance. Ces sentiments s'accompagnaient aussi d'une grande appréciation de la force nourricière propre à la vie. Un jour, alors que j'admirais son amour pour la vie, j'observai quelque chose de très intéressant. Chaque fois qu'il parlait de la vie, il employait le genre féminin [par le truchement du pronom possessif anglais qui s'accorde avec le possesseur et non pas avec le possédé comme en français (NDT)]. Ceci était particulièrement fascinant vu qu'il employait le masculin [même remarque ici] pour parler de notre Source divine. Ma curiosité se traduisit par une question à deux volets, le premier ayant trait à l'éventuelle pertinence du genre quand il est question de Dieu et le second, à la question concernant ses préférences personnelles quant à l'emploi du genre.

« Le Saint des Saints est au-dessus de tout genre même s'il a le potentiel de manifester le masculin et le féminin. De telles manifestations sont le propre de l'éternel équilibre dans l'existence. La manifestation de base de la présence masculine dans l'univers est celle de la Source. La manifestation de base de la présence féminine est celle de la conscience et de l'amour en tant que moteurs de vie et de création. »

« Alors, peut-on dire que la vie est l'aspect féminin de Dieu ? »

« J'aime envisager la chose de cette façon. »

Mes idées préconçues ayant trait au genre étaient en train de voler en éclats. En Occident, nous attribuons en général le genre masculin aux éléments actifs et le genre féminin aux éléments passifs. Il m'expliqua que nos concepts sur les genres *« sont le résultat d'un conditionnement fondé sur les forces de cause à effet qui prévalent seulement dans les formations denses de motifs propres aux structures physiques. Sur des plans supérieurs d'existence, il n'y a que "cause à cause" dans la synchronicité. La cause et l'effet sont des aspects dérivés de l'univers, pas des aspects primaires. Sur un plan supérieur de conscience, les influences marquées et résolues sont considérées comme étant du genre masculin, alors que les modes de création actifs, interactifs et flexibles sont vus comme étant du genre féminin. »*

Pendant que nous traitions de cette question, je saisis l'occasion pour lui demander de clarifier certains passages de la Bible qui avalisaient la dominance du genre masculin et la subordination du genre féminin. En tant que femme moderne, je me sentais très mal à l'aise avec de tels concepts. Il m'expliqua que certains de ces passages n'étaient que le reflet historique de la façon dont les gens vivaient à cette époque. Pour certains autres passages, par contre, le message faisait métaphoriquement référence au principe de l'ordre universel.

« Il est malheureux que de tels passages aient été retenus pour étayer des schèmes destructifs de comportement sociopolitique et que de très grandes vérités aient été perdues. L'ordre universel est maintenu par l'équilibre et le respect mutuel qui existent entre les principes masculin et féminin. Néanmoins, un mandat universel postule aussi que la constance gouverne l'activité, que la vérité préside à la flexibilité, que la Source précède ce qui est créé et que la maîtrise sur ce qui change appartient à l'immuable. On décèle des preuves de cela partout dans l'existence.

Il y a toujours un aspect masculin et un aspect féminin en chacun de nous, comme dans la vie. Ces principes immuables peuvent être en état d'équilibre ou de déséquilibre. Par exemple, un homme qui n'arrive pas à changer facilement aura peut-être besoin de se rendre compte qu'il y a un côté féminin en lui. Et une personne qui ne réussit pas à se vouer à quoi que ce soit aura peut-être besoin de revenir à la constance, qui est le propre du principe masculin. Il en va de même pour une femme. Si elle n'arrive pas à trouver un but stable ou une direction précise dans sa vie, cela veut peut-être dire qu'elle a trop exploité ses tendances féminines. Si elle faisait honneur au principe masculin en elle, peut-être trouverait-elle une direction et une fermeté plus assurées. »

Ma recherche de clarté me poussa à poser la question suivante : « Ce principe s'applique-t-il à quelque chose d'aussi fondamental que les particules adamantines ? »

« Leur constance, leur irréductibilité et leur nature élémentaire font qu'elles sont de nature masculine. Par contre, leur infinie capacité à transmettre la vie, à s'adapter à toute une variété de formes et à alimenter la création par l'amour fait en sorte qu'elles sont féminines. » Je fus intriguée par sa réponse,

d'autant plus qu'il venait de parler de l'amour. Je lui demandai si l'amour était aussi bien féminin que masculin. *« Bien sûr ! Le côté résolu de l'amour est masculin. Le côté déclencheur et flexible est féminin. »* Je me souvins qu'il avait à plusieurs reprises parlé de la vie comme étant *« l'amour en l'action »*. Cette affirmation prenait désormais tout son sens pour moi et je commençai à comprendre pour quelle raison il avait employé le pronom possessif féminin pour parler de l'amour [impossible à transcrire en français étant donné que les pronoms possessifs anglais s'accordent avec le possesseur et pas avec le possédé (NDT)] et le pronom possessif masculin pour parler de la Source [même remarque]. Ces emplois reflétaient non pas une insinuation d'ordre politique ou social, mais plutôt la plus pure des rectitudes philosophiques.

Notre discussion sur les principes féminin et masculin eut presque la saveur d'une diversion, mais elle fut d'une pertinence parfaite en ce qui concerne l'équilibre dans l'univers. Toute la dimension des particules adamantines en est une de dynamique d'interaction complexe, de particules qui redeviennent énergie et d'une énergie qui se transforme en particules.

Il ne semble pas que le manque ait sa place dans le flot continu des particules adamantines. Pourtant, ma curiosité m'incita à poser la question suivante : « S'il y a un approvisionnement infini de particules, pourquoi croyons-nous au manque ? Qu'est-ce qui a ancré nos croyances au manque si profondément qu'elles nous empêchent de voir au-delà de nos limites ? »

« C'est le fait que vous pensez que toute substance appartient à la structure qui lui donne sa forme, au lieu de considérer le libre cours de la vie comme un potentiel infini relié à sa Source. »

« Ce que je suis juste en train de comprendre, tu peux le voir avec une très grande clarté. Comment puis-je augmenter mon degré de conscience ? »

Il calma mon impatience d'un regard plein de compassion et d'un léger sourire. Puis, il m'expliqua ceci : *« Vous devez d'abord vous instruire davantage sur le Cœur sacré et apprendre aussi com-*

ment centrer plus totalement votre vie sur celui-ci. Car il s'agit de votre vrai cœur et de votre lieu sacré. La plupart des gens en ont fermé la porte dès la fin de leur enfance. Après cela, la perception des particules qui créent la vie diminue et ce qui reste semble être limité.

Puis, au sens propre, une personne emploiera sa vie et ses ressources vitales à s'investir dans la structure et dans les schèmes contradictoires de vie. Ceci se traduit par l'épuisement et la vieillesse.

Seul le véritable cœur peut sentir le courant vital et procéder à l'échange des particules d'énergie. C'est ainsi que l'intuition s'accentue parallèlement avec l'intensification de la dévotion. Quand le Cœur sacré revient à la vie et brille de son feu intérieur, vous recommencez à attirer vers vous des particules adamantines fraîches qui proviennent d'un univers d'une infinie abondance. La quantité de particules adamantines que vous pouvez attirer à vous est illimitée. Ces particules peuvent être employées pour redonner du pouvoir à votre vie, l'apaiser et lui conférer un degré de performance supérieur.

Le Cœur sacré est un lieu sacré. C'est le lieu où la véritable prière s'effectue. C'est un lieu de paix et de solitude, un lieu si puissamment relié à votre Source que tout ce que vous avez à faire, c'est d'y entrer pour que la prière se fasse. Peu importe ce que vous dites ou même que vous disiez quelque chose ou pas. LA PRIÈRE, C'EST QUAND VOUS ÊTES LÀ AVEC DIEU, ET PÉNÉTRER DANS CE LIEU SAINT EST UN GESTE SACRÉ. *C'est pour cette raison que j'ai suggéré à mes apôtres d'aller s'installer dans un lieu clos pour prier : un lieu physique de silence et de retrait facilite l'entrée dans le lieu sacré intérieur. J'avais des réticences à leur donner des prières verbales parce que, dès l'instant où une personne remplace la prière par des mots, elle passe à côté de la chose. Les paroles n'ont de valeur que dans le sens où elles axent les pensées vers des sphères supérieures et préparent l'âme à s'abandonner au silence sacré. Quand, dans ce lieu sacré, vous vous retrouvez avec la Source de tout ce qui est, un pouvoir est activé qui attire vers vous tout ce dont vous avez besoin. C'est un lieu très spécial de votre être et c'est par la totale quiétude qui y règne que vous savez que vous y êtes entrés. Dans ce lieu, il existe une pureté et une sacralité comparables à un manteau de neige fraîchement tombée. »*

Alors que le Maître prononçait cette dernière phrase, mon attention fut momentanément détournée par une autre perception. Jusqu'à cet instant, j'avais tenu pour acquis un petit cadeau qui était une conséquence de sa présence. Les odeurs d'huile de lin et de térébenthine qui régnaient habituellement dans mon atelier étaient souvent éliminées et remplacées par une agréable et fraîche senteur que j'en vins à associer à sa présence. Cette senteur s'apparentait à celle de l'air frais montagnard que l'on respire après une chute de neige, un air riche en ozone et imprégné du vivifiant parfum des conifères. Quelle drôle de coïncidence qu'il emploie cette image de neige fraîchement tombée pour décrire le lieu sacré qu'est le cœur !

J'ai toujours beaucoup apprécié être en haute montagne et y suis allée aussi souvent que possible. Un été, alors que je voyageais au Nouveau-Mexique, j'eus la chance de faire une puissante expérience de ce lieu intérieur sacré. Ceci se produisit dans la belle église de Saint-François-d'Assise, de Ranchos de Taos, que j'étais allée visiter. Cette église est ce monument espagnol dont les magnifiques contreforts de briques rustiques attirent les artistes et les photographes du monde entier. À part le fait que cette église figure parmi les édifices les plus photographiés d'Amérique, elle a quelque chose de bien plus extraordinaire à offrir. On y trouve un silence qui n'est pas de ce monde et qui s'empare de nous dès qu'on y entre ! Alors que je m'avançais vers l'autel, je remarquai que non seulement tous les bruits extérieurs étaient étouffés, mais que même les chuchotements et les bruits de pas à l'intérieur étaient absorbés par le silence, celui-ci ne laissant entendre que les battements de mon cœur. Je ne sais pas si les bâtisseurs de cette église avaient recherché cet effet, ni quelle orientation spirituelle avait présidé à l'érection de cette église. Pour moi, c'était le plus magnifique édifice qui m'ait jamais procuré extérieurement un tel espace de silence donnant accès à mon espace sacré intérieur. De façon extrêmement intéressante et fort à propos, une légende populaire raconte que toutes les prières prononcées en ce lieu sacré ont été exaucées. En tout cas, la mienne l'a certainement été.

Jésus déclara plus d'une fois que *« tout ce que le cœur régit, il le garde. Toutes les particules qui ont été destinées à l'accomplissement de votre vie et qui ont été régies par votre cœur sont vôtres à tout jamais. »* Je réfléchis beaucoup à ces paroles, même si elles dépassaient mon entendement. Alors, un beau matin, j'allai droit au but et lui demandai : « Si je devais cesser d'exister sur cette terre aujourd'hui, qu'arriverait-il à toutes les particules adamantines qui constituent mon corps, ma vie et mes créations ? »

« D'innombrables myriades de particules adamantines appartiennent simplement à l'univers, offertes qu'elles sont par le Créateur pour être indifféremment transformées en éléments tels que l'oxygène, l'azote, le carbone, etc. Alors tes particules retourneraient à leur matrice commune d'origine. Des millions de millions de particules à la racine cubique qui appartiennent à la race humaine seraient remises en circulation sous la forme de nouveau-nés en fonction de la ressemblance de leur amour avec le chemin d'amour que tu as laissé derrière toi.

Pour chacun de vous, des millions de millions de particules adamantines vous sont parvenues par votre lignée familiale et y retourneront pour assurer un support aux générations futures, en fonction des similarités d'amour que vous avez avec elles. Au cours des jours suivant votre départ, les particules que vous aurez échangées avec d'autres personnes, avec qui vous aurez partagé la vie, retourneront à leurs légitimes donateurs. Par contre, au moment de votre décès, toutes les particules qui auront personnellement été magnétisées par votre cœur et que vous aurez utilisées pour créer votre vie partiront avec vous. Soit elles accompagneront votre âme, soit elles iront rejoindre un lieu que vous aurez marqué de votre amour et attendront que votre cœur fasse de nouveau appel à elles. D'une façon comme d'une autre, elles sont vôtres à tout jamais. Il arrive souvent que de tels regroupements d'amour soient choisis collectivement entre amis ou membres d'une même famille qui désirent rester ensemble dans l'éternité ou qui veulent revenir dans un certain plan d'existence pour travailler de nouveau ensemble. »

La responsabilité inhérente à cette vérité était renversante. Il me fallut bien des jours, ne serait-ce que pour absorber cette révélation et méditer sur elle. Il était stupéfiant de penser que nous laissons derrière nous la matrice de nos vies et que d'autres marcheront peut-être dans les empreintes des pas que nous aurons alors laissées, même si nous emportons avec nous les éléments qui sont le propre de notre être et de notre amour. Ce sont toutes nos expériences que nous laissons aux autres, alors que nous repartons avec ce que nous étions venus aimer. On a dit que l'air que nous respirons a déjà été respiré par toutes les entités vivantes. Cette pensée prit toute sa place dans mon esprit grâce à ma récente compréhension des particules adamantines et de leur infinie abondance. Chacune de ses réponses suscitait en moi de nouvelles questions. En bout de ligne, la plus grande question qui se pose est celle de la responsabilité. À celle-là, chacun doit répondre personnellement.

Laissons-nous derrière nous des schèmes d'amour ou des schèmes de conflit, des schèmes de grandeur ou des schèmes d'illusion ? Laissons-nous derrière nous la connaissance ou le mystère, l'amour ou le pardon ?

« Quand j'ai dit qu'une personne devait engranger ses richesses dans les cieux, c'est cette réalité que j'avais à l'esprit. Lorsque vous avez vécu en ayant un objectif clair et que votre amour s'est orienté vers des principes et des pensées qui l'élèvent vers des plans supérieurs de conscience, alors les trésors de votre vie seront engrangés avec une plus grande sécurité. Par contre, lorsque la vie et l'amour d'une personne ont été vagues, confus et assaisonnés de manque, de trahison et d'absence de sincérité, les particules de sa vie peuvent aller se perdre dans les vies de ceux que cette personne a blessés. Ceci n'est bon pour personne. Bien trop souvent, ces particules perdues restent prises en otage jusqu'à ce que les dettes soient acquittées, chose qui peut occasionner beaucoup de souffrance et de confusion chez tous les individus concernés. Ce serait tellement plus facile et plus sain de pardonner et de laisser aller. »

« Est-ce cela que la philosophie orientale appelle le karma ? Est-ce cette vérité qui en est à l'origine ? »

« Dans l'univers, le phénomène de cause à effet décrit comment l'équilibre est rompu ou rétabli. Quand l'équilibre est rompu, il doit être rétabli. C'est cela le karma. Par contre, réparer les avenues du phénomène de cause à effet n'est pas le seul moyen de recouvrer l'équilibre et la complétude. Il existe une avenue supérieure, celle de la grâce et de l'amour. Tout ce qui vous est

demandé, c'est d'essayer avec une grande ferveur de rétablir la complétude chaque fois que celle-ci semble entamée. Je nourris l'espoir que vous retrouverez cet équilibre en revenant à votre Source, qui effacera votre dette par le très haut pouvoir de l'amour, de la grâce et de la synchronicité. Le karma n'est qu'un processus de base sur le plan de l'éthique, qu'une sorte de programme judiciaire pour l'univers. Même si ce processus fonctionne pour rétablir l'équilibre dans la vie et qu'il est nécessaire à l'univers, il peut par contre blesser les âmes. Mon intention première est d'élever les âmes vers une responsabilité supérieure alimentée par le Cœur sacré et la grâce de Dieu, une responsabilité où le cycle infernal des vies karmiques prend fin. »

Ce message était tellement beau et tellement complet qu'il me donna beaucoup à réfléchir, même si c'est la compassion du Maître et sa tolérance envers l'erreur humaine qui me touchèrent le plus dans cette explication. « *Beaucoup d'erreurs et de dysfonctions humaines ont été transmises de génération en génération par ce qui est la mémoire humaine globale ou bien la mémoire d'une lignée familiale.* » Il poursuivit pour expliquer comment, avec notre entendement limité, nous avons tendance à condamner un péché ou un crime, choses qui ne sont que les ultimes manifestations de quelque scénario amorcé il y a bien longtemps. « *Qui ne se réjouit pas d'hériter des accomplissements de ceux qui sont venus avant ? Il faut par contre bien plus de courage pour vivre et aller de l'avant avec les erreurs qui ont précédé notre venue sur terre. Et il est impossible d'éviter le patrimoine collectif du bien et du mal.* » Puis il me regarda dans les yeux avec une clarté profonde, comme s'il pénétrait mon éternité, et déclara : « *Tu es une âme innocente et parfaite mais qui est née dans un monde qui a hérité de tout ce qu'il est possible d'imaginer.*

Ces héritages arrivent à chacun partiellement par magnétisme et partiellement sans discrimination envers personne, car tous les hommes de la race humaine sont frères et égaux. Chacun d'eux, sans exception, doit accepter sa part d'héritage collectif. Ceci est le sens original et véritable d'un énoncé dont on a beaucoup abusé : "Personne n'est au-dessus du péché." En fait, ceci veut dire que personne dans la fraternité humaine n'est placé si haut qu'il peut refuser une partie de l'héritage négatif ainsi que la responsabilité de transmuter celui-ci. La prochaine fois que vous verrez une personne vivre d'une manière qui vous bouleverse, au lieu de la condamner, faites silencieusement une prière pour remercier la vie de ne pas être celui ou celle qui a hérité de cette charge. Quand vous voyez une personne handicapée, au lieu de voir son handicap, vous pourriez peut-être poser votre regard sur le courage et le talent qu'il a fallu à celle-ci pour accepter cette destinée. Lorsque vous voyez un homme vivre sous un pont, vous pourriez envisager de rendre hommage à une âme dont la noblesse est telle qu'elle lui permet d'endurer la perte de son statut social et le renoncement à celui-ci. Quand un enfant meurt des suites d'un cancer, au lieu de pleurer sa disparition, voyez plutôt une âme qui était tellement sûre de son immortalité qu'elle était capable de supporter cet héritage. NE CONSIDÉREZ PAS LES ÉPREUVES COMME UNE PUNITION, MAIS PLUTÔT COMME UN ACQUIS, UNE INCLUSION.

Ceci fut la grande leçon que dut apprendre Job, un homme nanti qui vivait dans l'ancien pays d'Israël. Il profita des avantages de la chance et des bienfaits de la vie jusqu'à ce qu'une série de revers vienne bouleverser sa vie. Job essaya de voir une punition sous ces épreuves, mais cela n'avait aucun sens. Il essaya de voir ses épreuves comme quelque chose à travers quoi il devait passer, mais cela ne changea rien à la situation. Il essaya aussi de voir ses épreuves comme une leçon de vie. Encore là, aucun changement n'eut lieu. Dans les prières qu'il adressa à Dieu, il essaya pénitence, supplication, sacrifice et vénération. Cependant, rien ne lui apporta aucune satisfaction ni aucun résultat sur le plan de la cause à effet. Au désespoir, il demanda alors des explications à Dieu : "Pourquoi les gens honnêtes souffrent-ils alors que les méchants ont tout le loisir d'exploiter leurs profits ?" Lorsque le Tout-Puissant répondit à Job dans une bourrasque, il le fit en soulevant encore plus de questions. "As-tu jamais donné des ordres au matin ou montré sa place à l'aube ? L'épervier prend-il son envol et étale-t-il ses ailes vers le sud à tes ordres ? L'aigle plane-t-il et construit-il son nid en hauteur sur tes ordres ?[7]" Le message de Dieu à Job, c'était que la réponse ne réside pas dans l'amertume ou le jugement, ni même dans la recherche de raisons, mais plutôt dans la vastitude et la splendeur de l'univers. Finalement, Job renonça et accepta ses épreuves comme étant son nouveau sort dans la vie. Il comprit enfin que sa mission dans la fraternité humaine était d'accepter le mal comme le bien. Et par la grâce de Dieu, il retrouva ses richesse et destinée originales. Ceci ne s'accomplit cependant pas par des justifications de cause à effet, mais grâce au pouvoir supérieur de l'acceptation et de la grâce. Il faut prendre part à la vie pour le meilleur et pour le pire, car tous les hommes s'élèvent ensemble vers un plan plus élevé de réalité. La plus grande des sagesses est de réaliser que ce que l'on considère souvent comme la pire des choses est juste une illusion qui passera avec le temps. »

« Cela doit-il toujours être ainsi ? »

« Cela le sera aussi longtemps que vous évoluerez en fonction de l'illusion qui vous laisse croire que vous êtes séparés des hommes et de Dieu. Cela passera quand vous saurez que vous êtes amour et que vous aurez accepté votre légitime position au sein de l'Esprit qui est Un. Une chose pourrait beaucoup vous aider ; elle consisterait à vous connecter au fleuve qui alimente le monde de son abondance et qui métamorphose les structures ou les chevauche telle la vague sur l'océan. Une fois que vous saurez ceci, vous pourrez percevoir les limites de la structure et cesserez d'être son serviteur. »

Bien trop souvent, en raison de notre condition humaine, nous frappons d'ostracisme ou plaignons ceux que nous souhaitons tenir à l'écart. Selon Jésus, ce dilemme peut se solutionner par l'hommage et l'inclusion. Ceci ne veut pas dire cependant que l'on doit excuser le crime ou tolérer les situations qui entretiennent des maladies ou encore se vautrer dans l'indifférence devant les épreuves des autres. Le point essentiel de son message est que la difficulté humaine est le propre de tous. Où y a-t-il quelqu'un qui a le droit de se mettre à part et de juger les autres ?

À cette occasion, et à plusieurs autres d'ailleurs, il fit la distinction entre trois niveaux d'entendement qui ont un impact direct sur notre bien-être dans l'univers. Le niveau le plus bas concerne la survie personnelle immédiate, sans grande perception ou reconnaissance des conséquences résultant des gestes posés. Bien que ce genre d'entendement puisse satisfaire une nécessité à court terme, il peut conduire à d'amers pièges et à de néfastes résultats. Le deuxième est celui du phénomène de cause à effet, qui permet d'avoir un comportement décent et civilisé, ainsi qu'une maîtrise sur la vie beaucoup plus grande. Cependant, si on s'arrête là, la vie sera dominée par la structure, la logique linéaire, le contrôle et le jugement. On vivra comme dans une prison ! Fort heureusement, il y a un dernier niveau, au-dessus des deux premiers. À celui-là, on s'abandonne au pouvoir de la totalité, de la complétude qui englobe tout. Selon Jésus, ce niveau exige que l'on fasse un acte de foi et que l'on crée une ouverture dans la conscience, CAR SUR CE PLAN, CE SONT EFFECTIVEMENT LA FOI ET LA CONSCIENCE QUI RÈGNENT. Toutes deux sont nécessaires en grande quantité, tout comme l'amour, l'acceptation et le pardon.

Lorsque je lui demandai si nous devrions seulement nous concentrer sur le dernier niveau d'entendement, il me répondit : *« Les trois paliers d'entendement sont nécessaires et valables. Cela pourra peut-être vous surprendre, mais certaines personnes ont besoin d'aide pour survivre ou pour apprendre à survivre. D'autres ont besoin d'un petit cours de rattrapage sur le phénomène de cause à effet ! Néanmoins, les humains seraient tous plus avancés s'ils comprenaient que l'infinie totalité a le pouvoir de régir complètement la vie, de la faire voler en éclats ou de la reconstruire selon des schèmes de bien supérieurs. Lorsqu'on se syntonise sur ce pouvoir par l'amour et la synchronicité, la séparation entre Dieu et l'homme prend fin, les bienfaits pleuvent dans notre vie, notre entendement s'approfondit et notre immortalité se conscientise. »*

Il est renversant de méditer sur cette infinie réserve océanique qui s'adapte toujours aux commandes de l'amour. Depuis ces fameux jours de 1992, j'ai passé d'innombrables et magnifiques heures à rêver aux possibilités et aux potentiels des particules adamantines, que ce soit pour les comprendre, les gérer ou créer avec elles de façon plus consciente ! Si l'humanité pouvait en arriver là, cela aurait un profond effet sur tout, de la santé et la guérison au combustible à faible résistance et à un rendement maximal, ainsi qu'aux communications et voyages intergalactiques. Chaque jour, nous semblons progresser dans cette direction. Le 6 novembre 1997, un quotidien de Beaumont, au Texas, reproduisit un article publié par l'Associated Press de New York et titré « LES SCIENTIFIQUES RÉUSSISSENT UN TRUC À LA *STAR TREK* ». On y lisait ceci : « Dans un laboratoire autrichien, des scientifiques ont détruit des particules de lumière à un endroit pour en faire réapparaître une réplique exacte un mètre plus loin. Ces travaux sont les premiers du genre à faire la preuve de la “téléportation”, une modification étrange des caractéristiques physiques des photons, peu importe la distance les séparant. Les scientifiques pourront peut-être réussir la “téléportation” des atomes d'ici quelques années et celle des molécules d'ici dix ans, a déclaré Zeilinger. »

Je demandai au Maître s'il était possible que l'humanité abuse d'une telle connaissance. *« Avec le phénomène structural de cause à effet, cela reste toujours une possibilité. Avec la connaissance des particules adamantines c'est peu probable, car la capacité de l'homme à les comprendre est tributaire de sa compréhension holistique de l'univers. Aussi longtemps que l'homme demeure dans le conflit et gère sa vie de façon linéaire en fonction du phénomène de cause à effet, il ne pourra jamais prendre de recul afin de voir l'ensemble. »*

Comme sa réponse n'avait pas totalement apaisé mon inquiétude, je persistai. « Comme tu me l'as dit, des gens de divers niveaux de compréhension et de responsabilité coexistent toujours à une même époque. Que se passerait-il si de nouvelles technologies étaient découvertes par des scientifiques de haute responsabilité et subtilisées par d'autres personnes qui en abuseraient ? Ceci est survenu à bien des reprises au cours de l'histoire. »

Il acquiesça de la tête à cette réalité historique, mais son visage resta calme et serein. Un sourire rassurant s'étala même pendant qu'il me rappelait que *« les particules adamantines sont régies par l'amour et seulement par lui. La compréhension des particules adamantines ainsi que leur utilisation consciente sont du ressort d'un paradigme supérieur. Il est vrai que les voleurs y trouvent parfois leur compte. Cependant, la loi supérieure de l'appartenance l'emporte toujours et cette loi dicte que l'amour, la garde responsable et le recours au pouvoir pour le bien commun doivent régir. »*

Bien que j'aie eu le privilège d'apprendre ce qu'étaient les particules adamantines directement du Maître, je dois honnêtement reconnaître que les particules d'infinité ne représentaient pour moi aucune réalité tangible, du moins jusqu'à ce que j'aille faire un tour dans le cosmos, le 26 avril 1996. Par une sorte d'étrange ironie, ce voyage sacré commença dans un centre commercial. Mon mari et moi venions de finir de dîner et nous nous demandions ce que nous allions faire de notre soirée. Acheter un livre ou aller au cinéma ? Nous entrâmes tout d'abord dans une librairie où j'aperçus un bouquin que je voulais lire. C'était un best-seller, et comme j'aimais beaucoup son auteur, j'envisageai de l'acheter. Mais je ressentis en premier lieu une hésitation à le faire, suivie d'une ferme décision de ne pas le faire. Cette soudaine réaction de ma part par un « Non » fut surprenante. Elle ne s'adressait pas à l'ouvrage comme tel, mais bien plutôt à la récente accélération de ma curiosité face aux choses extérieures, à la vérité des autres. À cet instant précis, je ressentis une absence de désir de m'encombrer davantage d'un fouillis mental. La clarté limpide des messages de Jésus me revint à l'esprit et je sentis en moi une soif inextinguible me tenailler. Par cette prise de conscience, je dus à ce moment-là, sans le savoir, actionner l'interrupteur de mon cœur. En disant non à l'extérieur, je rendais hommage à ce qui m'habitait.

Une transformation totale de ma conscience s'amorça à cet instant précis en même temps qu'une porte s'ouvrit et que j'en franchis le seuil. Ce qui transpira à l'extérieur de cette expérience, je ne saurais le dire. Tout ce que je sais, c'est que j'eus l'impression d'être Alice au pays des merveilles. Je passai donc ce seuil et tombai dans le cosmos. Apparemment, ceci se produisit dans une réalité parallèle, alors que je me tenais près de mon mari et que j'avais probablement l'air tout à fait normale. Il avait pris note de mon refus d'acheter le livre et proposa que nous allions au cinéma à la place. Je répondis : « D'accord. » Je l'aurais contenté en faisant n'importe quelle concession, parce que tout ce que je voulais, c'était me délecter de mon spectacle intérieur et continuer à avancer dans ces couloirs qui s'ouvraient devant moi. J'enfilai porte après porte dans ce long corridor qui montait. À chaque pas que je faisais, j'avais l'impression de perdre de plus en plus de gravité. À chaque porte que je passais, il me semblait que je perdais des kilos et des pelures extérieures d'existence. Je devenais de plus en plus légère au fur et à mesure que je m'éloignais de la force d'attraction des planètes. Lorsque la dernière porte s'ouvrit, je vis les cieux. C'était comme si je les voyais pour la première fois. Émerveillée, je contemplai l'infini. Les yeux écarquillés comme ceux d'un enfant, je regardai partout jusqu'à ce que mon regard se pose sur une lueur vaporeuse qui étincelait au loin. Cela ressemblait un peu à la Voie lactée, sauf que je savais que cette lueur n'était pas constituée d'étoiles. Cet amas lumineux brillant et doré scintillait et n'avait aucune densité ni aucun poids : c'était un nuage de particules. Comme des cerfs-volants qui virevoltent dans le vent, nous commençâmes à flotter ensemble. Alors que nous nous rapprochions, je sus que ces particules étaient les miennes, assurant en mémoire et en potentiel le reste de ce que je suis. Cette expérience eut pour moi la saveur d'une célébration d'un retour au bercail dont je fus l'unique actrice. Ce fut comme si tout ce que je suis m'était rendu. Je vis les cieux et la Terre ne faire plus qu'un, et reçus tout ce que j'avais été, tout ce que je suis et tout ce que je voudrais jamais être.

J'eus l'impression d'entrer dans le jardin d'Éden et d'avoir à ma disposition tous les plus délicieux fruits qu'il me tentait de cueillir. Tout était lumineux et dénué de sensation de gravité ou de résistance. Ce fut véritablement une expérience d'immortalité et il me fut donné de la savourer avec tous mes sens et toute ma conscience. Ce soir-là, je pus voir mon corps s'adonner à tous les gestes propres à l'activité terrestre pendant que mon âme était ailleurs. Si j'avais pu rester dans les deux endroits à la fois, je l'aurais fait, car je ne voulais pas quitter ce plan céleste. Un peu à contrecœur, je retournai vers la partie de moi qui était encore sur terre. Le temps me parut également avoir une élasticité marquée dans cette dimension supérieure, car j'eus l'impression d'être partie trois ou quatre mois, alors que, sur le plan temporel terrestre, tout ceci s'était passé pendant que nous quittions la librairie, regardions un film et rentrions en voiture à la maison.

Ce voyage intérieur me procura bien des choses, dont une expérience de première main des particules adamantines. Je ne suis pas certaine de ce qui déclencha ce voyage. Par contre, il me rappela les journées que je passais en compagnie du Maître dans mon atelier. Un jour, alors que nous discutions des particules adamantines, je lui demandai des explications quant à la manière dont il m'apparaissait. « As-tu organisé les particules adamantines de telle sorte que tu sois perçu dans un espace tridimensionnel ? » Il acquiesça et se mit à m'expliquer qu'il avait fait appel à un assortiment de particules adamantines qui conservaient la mémoire de son corps physique. Il les avait ensuite rapprochées de moi et les avait activées par son amour. Il ajouta que, étant donné que les particules n'étaient pas assez denses pour pouvoir réfléchir la lumière, il avait dû procéder à un ajustement dans mon nerf optique afin de faciliter ma perception visuelle. Il m'expliqua que c'était pour cette raison qu'il avait projeté un faisceau de lumière sur mon front, faisceau destiné à susciter une plus grande acuité de mes perceptions.

Son explication me laissa un brin déçue, comme si un élément précieux du mystère venait d'être mis à nu. « Mais j'ai vraiment l'impression que tu es ici ! »

Il m'assura de sa présence en ajoutant : *« Je suis ici par la force de mon amour. Mais je n'ai pas besoin de me soumettre à tous ces mécanismes pour être avec la plupart des gens. Tu avais besoin d'informations sensorielles pour faire mon portrait. D'autres personnes ont besoin d'autres genres de support. »*

« Les particules adamantines peuvent-elles être perçues directement ? »

« Certaines personnes peuvent percevoir la radiance des particules adamantines à l'œil nu. C'est une ancienne forme de perception que la plupart des gens ont laissé devenir latente. C'est ce que les gens sous-entendent quand ils disent voir l'aura ou une auréole lumineuse autour des objets. À l'instar de l'odorat, la capacité de voir les particules adamantines était autrefois forte chez tout le monde. Il y a des milliers d'années, elle servait d'instinct de survie en facilitant la sélection juste d'aliments et d'éléments médicinaux, ainsi que celle des amis et des ennemis. Les animaux s'en servent encore aujourd'hui. C'est grâce à cet instinct que les oiseaux savent distinguer une graminée empoisonnée d'une autre pouvant les débarrasser de leurs poux. Quand l'oiseau s'approche de la graminée bienveillante dont il a besoin, il voit les particules adamantines se mettre à briller. Dans le cas où celle-ci représente un danger, les particules adamantines diminuent d'intensité lumineuse. »

« Qu'est-ce qui fait que cela se produit ? »

« La vie, c'est l'amour en action. Celui-ci amène de la lumière vive dans les zones de potentiel positif et une lumière tamisée ou

même de l'obscurité dans les zones de potentiel négatif ! Avec de la patience et de la pratique, n'importe qui peut retrouver ce sens. Il faut d'abord des stimuli positifs et négatifs ayant de forts contrastes afin de pouvoir établir une différence. Ensuite, on peut passer à des degrés intermédiaires. Quand vous aurez acquis une certaine assurance, essayez de le faire dans un cadre de perception encore plus grand. Prenez votre temps et montrez de la patience envers vous. Prenez conscience du fait que cela ne peut revenir du jour au lendemain, mais que la capacité à le faire est là. Elle est aussi bien normale que naturelle. »

Je lui demandai s'il s'agissait d'une perception de nature mystique. *« En fait, il s'agit d'une perception de nature très pratique. Mais la réalité a, par contre, une dimension lumineuse que l'on peut considérer comme mystique. Tout ceci dépend de la vastitude de la réalité de la personne ! Dans cette dimension, on peut voir chaque forme de vie ayant jamais vécu allègrement sa vie sous la forme de mémoire adamantine ou de potentiel adamantin. »*

« Est-ce cela le paradis ? »

« Dans un sens très réel, toute expérience d'immortalité appartient au paradis et c'est ce que bien des gens ont découvert dans leur vie de visionnaires et qu'ils ont qualifié de paradis. Cependant, le paradis de la béatitude éternelle ainsi que le point central de mes enseignements sont accessibles par le Cœur sacré, quand il renoue avec Dieu. »

Je ne devais percevoir consciemment cette dimension que quatre ans plus tard, un 26 avril. Mais à ce moment-là, par contre, sa remarque me fit penser aux anges. J'étais curieuse de savoir où ils venaient s'imbriquer dans tout cela. En 1992, les anges ne revêtaient pas grand intérêt pour moi. Néanmoins, j'étais curieuse de savoir s'ils avaient une influence particulière sur les particules adamantines par leur amour.

Jésus confirma mon impression. *« Oui, ce sont des êtres qui ne fonctionnent pas dans le cadre du monde de la structure. C'est pour cela qu'ils peuvent défier les lois de la gravité, du temps et de l'espace, et se mettre en permanence au service des miracles de Dieu. Ils ne sont pas limités par les illusions de la structure avec lesquelles l'homme doit composer. Les anges peuvent directement influer sur les particules adamantines. »*

Pendant que nous discutions de cela, je regardai mon chat, qui se trouvait de l'autre côté de la pièce. Gunnar était le seul autre être vivant dans mon atelier pendant que je peignais et je l'observais souvent en train de regarder Jésus. « Gunnar peut-il te voir ? »

Il répondit par l'affirmative et Gunnar miaula son approbation. Puis le Maître expliqua que les animaux pouvaient voir les particules adamantines avec beaucoup plus de facilité que les gens. *« Par contre, si Gunnar n'appréciait pas ma présence ou ne sentait pas mon amour pour lui, il ne verrait rien du tout. Il aurait juste remarqué que quelque chose dans la pièce le mettait mal à l'aise et serait parti. Ton chat est ici parce qu'il aime ma présence et veut la partager avec toi. »*

Ensemble, nous regardâmes Gunnar avec affection, qui exprima sa satisfaction en allant grignoter une croquette. Ce sujet mena au suivant, selon l'ordre naturel des choses. Si tout est composé de particules adamantines qui s'échangent dans une dimension universelle, alors celles-ci doivent revêtir une importance très grande sur le plan du régime alimentaire et des aliments comme tels.

Alors que nous entamions le sujet de la nourriture physique, il me rappela que l'amour est le facteur le plus important pour recevoir tout ce que nous ingérons. *« Rappelez-vous que l'amour régit les particules adamantines. Recevez toujours avec amour, car c'est l'amour qui apprend aux aliments comment ils doivent nourrir votre corps. Bénissez la nourriture et remerciez ceux qui vous l'ont procurée et préparée. Votre amour se syntonisera sur la fréquence énergétique que votre cœur a établie pour votre corps et donnera à ce dernier les instructions appropriées pour bien employer les nutriments des aliments. Alors, si vous voulez mieux vous nourrir, renforcez votre cœur. Un cœur fort assure une plus haute fréquence énergétique des fonctions corporelles ainsi qu'une résistance réduite à l'utilisation de l'énergie. Donc, ceci est non seulement plus efficace, mais facilite également la reproduction des fréquences minérales qui permettent de fabriquer les vitamines. »*

Nous avons apparemment la faculté innée de fabriquer bien plus de vitamines et de minéraux que ce qu'il nous est actuellement possible de faire. C'est parce que notre cœur fonctionne à une fréquence énergétique basse que nous n'arrivons pas à fabriquer nous-mêmes les nutriments nécessaires. Je lui demandai ce qu'il en était de mes problèmes alimentaires sur le plan chimique. *« Tout ceci se résorbera lorsque ta fréquence énergétique sera suffisamment haute pour pouvoir fabriquer tout ce dont tu as besoin. Ton niveau d'énergie corporelle est actuellement trop bas pour te fournir tout ce qu'il te faut sans soutien ou apport extérieur. T'exposer directement à la lumière du soleil levant et du soleil couchant t'aidera en fait à augmenter ta fréquence énergétique. Chaque fois que tu le feras, ton corps réagira chimiquement et aidera à fabriquer certains nutriments que ton niveau énergétique est autrement trop faible pour produire. La résonance chimique équivaut aux fréquences énergétiques, et vice versa. En réalité, la plus grande valeur des traces de minéraux solides dans vos corps se trouve dans la matrice énergétique qui est générée par ces derniers. Le soleil peut à lui seul vous fournir tout cela directement, car il contient aussi bien la substance que le feu de tous les minéraux disponibles dans votre système solaire.*

L'alimentation est relative de bien des manières, car elle sert de support à l'amour qui la précède et l'enveloppe. Le processus tout entier peut être modifié par les différences de saison, d'âge, de santé et d'altitude. Plus votre cœur se renforcera, plus il saura vous guider dans cette démarche. Votre cœur vous poussera vers les aliments qui vous conviennent, comme l'instinct pousse l'oiseau vers la bonne graminée. Avant d'avoir une compréhension plus globale des fonctions alimentaires, je vous recommanderais d'ingérer de tout avec modération et d'y appliquer gratitude et amour. »

Je voulais savoir si c'était mal de manger de la viande.

« À un moment donné, l'humanité consommera peu ou plus du tout de viande. Cependant, en ce moment, la plupart des gens ont besoin d'en manger pour rester en santé et ils doivent le faire sans ressentir de culpabilité. Parce que, le cas échéant, l'amour ne peut régir ni raffiner le processus d'assimilation. La chaîne alimentaire représente une réalité sur laquelle toutes les formes de

création sont tombées d'accord, et ce, pour aussi longtemps que cette chaîne sera nécessaire. De nombreuses formes de vie ont choisi cela pour en faire leur service d'amour face à la vie. Cela doit être accepté et honoré, mais on ne doit jamais en abuser. Au cours de la préhistoire, lorsque l'homme vivait plus en contact avec la nature et savait percevoir avec plus de netteté l'Esprit qui est Un en toute chose, il comprenait le processus de la chaîne alimentaire beaucoup mieux et lui rendait beaucoup plus hommage. Mais, jusqu'à ce que vous retrouviez une compréhension approfondie de cela, tout ce que je peux vous demander, c'est davantage de bienveillance, de gratitude et de modération envers ceux qui vous font don de leur vie. En Occident, la population consomme beaucoup trop de viande, ce qui surcharge le corps d'électricité et supprime la sensibilité face à l'Esprit qui est Un ainsi que les forces d'attractions magnétiques du cœur. Ce n'est pas une simple coïncidence si l'excès de consommation de viande se traduit par des dommages au cœur physique. Après un tel excès vient une autre grande offense : celle faite aux animaux, soit la façon dont on les élève sans amour pour ensuite les abattre. Ceci est injustifié et laisse une amère mémoire dans les particules adamantines de la nature. De plus, la nourriture qui en est tirée devient inerte dans tous les sens imaginables.

La science de la cuisine kascher que Moïse enseigna se fondait sur tous ces facteurs. Par exemple, une des règles de la cuisine kascher préconise que le veau ne doit jamais être apprêté avec du lait. Le veau est le petit de la vache et le lait est l'essence de l'amour de sa mère. La substance de la vie maternelle ne devrait jamais être combinée au corps abattu de son petit. Ceci vient déshonorer l'amour. C'était la raison d'être de cette règle. Toutes les règles de cuisine kascher trouvent leur origine dans des corrélations semblables entre l'amour et la nourriture. Malheureusement, cette sagesse est en grande partie disparue et a été remplacée par des formules rigides. Comme c'est le cas pour bien des éléments de sagesse ancienne, les structures sont restées mais l'élixir de vérité s'est évaporé.

Une véritable compréhension de la relation entre les aliments et l'amour pourrait révolutionner la santé. Cependant, n'oubliez pas ce que je vous ai dit au sujet de la lumière solaire. Regardez le soleil matin et soir parce que cela peut réellement harmoniser vos cœurs physique, émotionnel et spirituel, attirer ce dont vous avez besoin et transformer plus parfaitement ce dont vous disposez déjà. Cet exercice améliorera la qualité de vos journées ainsi que celle de votre énergie, de votre alimentation et de votre sommeil. Les particules adamantines sont le fleuve de vie qui relie les cieux à la Terre. »

Chapitre 5

L'Esprit qui est Un

L'esprit qui est en nous tous mais qui n'est qu'Un constitue en soi un sujet trop éminent pour en faire le tour et le cerner. Par ailleurs, si nous tenons compte du fait que l'esprit qui n'est qu'Un relie tout, sustente tout et est le Grand Tout indivisible de l'existence dans son intégralité, avec quel recul pouvons-nous objectivement le décrire ? Étant donné que la nature même de la définition est d'objectiver, de contenir et de déterminer ce qui est et ce qui n'est pas, de quelle façon pourrions-nous même concevoir une définition absolue du Grand Tout ? On ne peut y arriver sans réduire la perception innocente au rang de prétention hasardeuse. Par conséquent, il ne nous reste plus qu'à rendre hommage à ces précieux moments de conscience qui nous ont été impartis et à nous en servir avec humilité pour créer une mosaïque qui nous permettra d'élargir notre compréhension de la chose. Quand nous parlons d'esprit, nous reconnaissons et invoquons avec révérence la présence qui unifie et qui relie toute l'existence. Il n'existe aucun lieu où l'esprit ne soit pas. C'est ce qui en fait la beauté et la splendeur.

Même si l'esprit comporte des ramifications encore inexplorées, Jésus m'expliqua qu'il était un des trois grands piliers de l'existence, l'amour et les particules adamantines étant les deux autres. Ces trois éléments sont les points de repère de notre conscience non pas parce qu'ils sont des entités distinctes, mais plutôt parce que chacun d'eux exprime un des principes fondamentaux de l'existence et nous prête intelligence et constance pour que nous puissions comprendre la création.

Lorsque Moïse quitta le confort de la vie de palais en Égypte antique pour libérer les Juifs de l'esclavage, il le fit en fonction d'un concept alors nouveau et révolutionnaire qui se fondait sur la conviction qu'il n'y avait qu'un Dieu unique. Ceci était une idée révolutionnaire qui transcendait les attributions particulières d'un dieu à une race, à un groupe social, à une tribu, etc. Avec ce concept, Moïse transcenda également l'idée de la représentation panthéiste de Dieu en tant qu'impérissable pouvoir de l'existence physique. Le concept radical qui modifia le cours de l'histoire fut que Moïse perçut clairement Dieu comme la Source de tout ce qui est. Il comprit qu'à partir d'une seule et unique source de vie, une infinité de formes et de motifs d'existence avaient vu le jour. Il comprit aussi qu'il n'y avait simplement que Dieu, LA SEULE ET UNIQUE ESSENCE ORIGINELLE ! Il en conclut que ni la présence divine ni l'immortalité ne pouvaient se trouver dans des manifestations extérieures. La reconnaissance de ce pouvoir supérieur ne pouvait s'effectuer que par le respect de la simplicité, qui en bout de ligne ramène à l'unité. Chaque fois que nous oublions cela, nous axons notre regard sur le chaos de la complexité. Et quand nous acceptons des explications de la vie qui mettent en jeu différents dieux, nous nous querellons ensuite pour déterminer laquelle de nos interprétations de Dieu est la meilleure. Ce faisant, nous passons à côté de la question et perdons le pouvoir divin qui est en nous.

Cette idée contribua magnifiquement à l'histoire de l'humanité et servit de fondement à l'harmonisation et à l'unification de la conscience humaine qui, sans cela, auraient été impossibles, sinon impensables, dans le cadre des anciens concepts. Jésus m'encouragea à croire que nous nous trouvons actuellement à nouveau à un moment crucial et extraordinaire du développement de l'âme, moment où nous sommes sur le point de réaliser qu'il n'y a qu'un seul et même esprit.

« Quand l'humanité accédera à ce plan supérieur de conscience, elle laissera derrière elle trois fausses idées sur l'esprit qui dominent de nos jours dans le monde. La première est que l'esprit et le corps sont séparés. Ceci n'est pas vrai. Le corps est un élément qui fait intégralement partie de l'amour, des particules adamantines et de l'esprit. Ces aspects sont indissociables du tout et, pourtant, chacun d'entre eux peut clairement être distingué. »

Je lui posai la question suivante par réaction : « Si ces trois éléments sont inséparables, pourquoi avons-nous alors besoin d'avoir une conscience distincte de chacun d'eux ? »

« Du point de vue de Dieu, il n'y a aucune différence. Cependant, votre vie, votre mission, votre conscience et votre pérennité vous ont été conférées en tant qu'un moi particularisé et éternel. Pour pouvoir renforcer tout cela, vous avez aussi reçu une conscience propre et un lien particularisé avec le Créateur. Ce lien est ce que j'appelle le Cœur sacré, ce lieu où réside votre amour et où commence votre conscience de l'infinité. Ce lieu extraordinaire est le sanctuaire et le pouvoir que Dieu donne à ses fils et à ses filles. Vous pourriez comparer le Cœur sacré à un prisme de cristal pur à travers lequel la lumière de Dieu passe et est réfractée pour créer et manifester des situations uniques et particulières. Comme le prisme réfracte un simple rayon lumineux en un arc-en-ciel de couleurs, le cœur diffuse les vérités simples de Dieu pour qu'elles puissent être appliquées diversement dans la vie. Par conséquent, vous faites l'expérience de la Terre et de votre corps en fonction de trois essences fondamentales. Et il est juste, valable et intelligent que vous le fassiez ainsi. Néanmoins, ces essences ne font qu'un et l'esprit n'est pas séparé du corps.

La deuxième fausse idée est que l'esprit et le corps représentent une dualité de nature complémentaire. Ceci est également faux, car l'esprit et le corps ne font qu'un. Par son histoire, la pensée occidentale vous a légué des concepts dualistes à partir desquels vous avez établi vos modes de pensée et de fonctionnement. L'humain considère toute chose en termes dualistes. Il établit le haut en fonction du bas, le sud en fonction du nord, le blanc en fonction du noir, et ce qui est obscur en fonction de ce qui est clair. Les échelles de comparaison peuvent certes être utiles pour établir des distinctions, mais elles ne sont valables que si les deux extrémités du spectre sont connues et observables. Lorsque les extrémités outrepassent les limites de la conscience, l'échelle devient caduque. Voilà pourquoi le concept de l'infini est mis de côté lorsque la pensée fonctionne sur le mode dualiste. En ce moment, la science est coupée de l'infinité parce qu'elle se trouve verrouillée dans un mode de pensée dualiste. Et c'est pour cette raison aussi qu'une vie fondée sur une motivation matérialiste ne peut englober l'infinité. Lorsque vous croyez que l'esprit est à l'opposé du monde matériel, votre faculté à mener une vie spirituelle harmonieuse se perd. Il s'agit d'une fausse idée qui prédomine actuellement. Combien de fois avez-vous déjà entendu dire que telle chose fait partie du monde spirituel mais pas du monde matériel ? Mais, en fait, l'esprit n'est dissocié de rien. Il est dans toute chose et émane de toute chose. Quand vous savez cela, vous pouvez faire de ce monde un monde meilleur. Tout ce que vous dissociez de l'esprit est quelque chose que vous condamnez. L'ultime jugement, c'est de considérer que l'esprit est absent.

Quant à la troisième fausse idée, elle appartient aussi au patrimoine historique. Par le truchement de leurs histoires tribales fondées sur la nature, toutes les races humaines avaient en commun la croyance en l'existence d'esprits multiples. Ce mode de pensée était rationnel à la base puisqu'il reposait sur l'observation des forces naturelles et des nombreux aspects de la vie ayant un impact sur le milieu de vie. Si de telles idées en étaient restées au stade de l'innocence à laquelle elles appartenaient, cela n'aurait causé aucun tort. Cependant, cette idée d'esprits multiples se transforma peu à peu en diverses religions et philosophies fondées justement sur la multiplicité des esprits, certaines croyances étant bonnes et d'autres pas puisqu'elles cherchaient, et cherchent encore, à tout prix à dominer le monde. La vérité, c'est qu'il n'y a qu'un seul esprit !

Cependant, ces fausses idées ont toutefois un côté positif. Avec leur croyance en la multiplicité, ces anciennes philosophies suscitèrent les premières avancées dans le domaine de l'individualité humaine. La reconnaissance du fait que chaque personne est un individu distinct constitua une étape magistrale dans l'avancée de l'humanité. Étant donné que l'homme comprit l'esprit avant de comprendre l'amour, l'esprit servit de fondement aux perceptions sur l'individualité. Maintenant, alors que l'entendement est élargi, vous pouvez préciser que vous êtes des individus par votre amour et que l'esprit qui est Un trouve son écho unique en chaque personne en fonction de l'amour de celle-ci. Car c'est par votre amour, ou par sa qualité, que vous vous faites connaître. Et c'est par la nature de votre amour que votre caractère se forme. L'esprit est absolument indivisible et il entre pourtant en résonance de façon différente avec l'amour de chacun. »

Quand nous parlions d'esprit, nos discussions n'abordaient pas le Saint-Esprit en tant qu'aspect de la Sainte Trinité sur un mode théologique. Elles ne l'abordaient pas non plus dans l'optique des événements de la Pentecôte. Jésus faisait toujours preuve de courtoisie et de prévenance afin que l'échange entre nous reste paisible et modéré et que je me sente à l'aise pour exécuter mon travail. Ces discussions étaient tellement intégrées au contexte de la vie quotidienne humaine que cela leur conférait un aspect encore plus précieux.

À une occasion, je le questionnai tout de même sur la Sainte Trinité et lui demandai quel était le lien entre elle et l'esprit dont il parlait : *« La Sainte Trinité et le Saint-Esprit sont la même chose, vécue de deux façons différentes. C'est un des grands mystères de l'existence que l'Un puisse effectivement personnifier la sainteté, la volonté et le pouvoir de Dieu. Comme tel, le Saint-Esprit est un puissant vortex d'énergie divine qui déverse dans l'univers des flots de pouvoir régénérateur. Tout ce qui se trouve sur son chemin est transformé. Ceux qui parlent d'expériences pentecôtistes font allusion à ce phénomène. Mais, en général, l'Un est vécu comme le pouvoir de Dieu réparti dans toute la création, dans tous les aspects de l'existence. »*

Il s'attacha plus particulièrement à décrire le second aspect de l'esprit étant donné que c'est de cette façon que nous le connaissons le plus dans nos vies et dans notre existence. Parallèlement à cela, il mit aussi l'accent sur l'idée de spiritualité harmonisée. Techniquement parlant, l'Esprit qui est Un est la matrice première en fonction de laquelle toutes les choses coexistent, se combinent et interagissent éternellement. En tant qu'entité qui contient et assure notre unité, l'esprit est la matrice pure et impénétrable de toute l'existence. Ce qui est ironique, par contre, c'est que l'omniprésence de l'esprit ne peut jamais être observée dans sa totalité par un sens ou un instrument quelconque puisque, par définition, une essence peut seulement être perçue par le truchement des fluctuations et des différences.

« Si nous ne faisons qu'un avec l'esprit, alors comment pouvons-nous l'appréhender ? »

« Il faut commencer par la compréhension plutôt que par la perception. L'indivisibilité relève du domaine de l'esprit, alors que la divisibilité relève du domaine des particules. Étant donné qu'el-

les sont divisibles, les particules peuvent être observées et définies, alors que l'esprit ne peut pas l'être. Les particules sont des manifestations distinctes et divisibles qui émanent de l'éternelle matrice de l'existence suprême. Pensez à un atome : comparé aux particules adamantines, il est relativement gros et complexe. C'est sa composition structurale qui fait qu'on peut le distinguer des autres atomes en tant qu'entité distincte. Il en va de même d'un rocher dans un pâturage que l'on peut distinguer des autres. Toute substance matérielle porte donc en elle la marque de la divisibilité et de la séparation, quelle que soit son échelle. »

Quand on ajoute l'amour à la divisibilité des particules et à l'indivisibilité de l'esprit, on obtient un grand triangle qui constitue le merveilleux royaume de la création. Sous la direction de l'amour, la divisibilité émerge de l'infini potentiel de l'indivisibilité. Puis, comme les vagues de la mer, la divisibilité retourne de nouveau à l'unicité. En tant que personne, n'est-ce pas ce que nous sommes, c'est-à-dire toujours la même mais sous des apparences très diverses ? En tant que famille, ne formons-nous pas qu'un seul corps qui comporte de nombreux membres ? En tant que fraternité, ne sommes-nous pas qu'un seul peuple sous des myriades de formes ?

« Vous pourriez dire que l'univers tout entier est un merveilleux ballet de divisibilité et d'indivisibilité chorégraphié par le Grand Maître de l'Amour.

Par le caractère d'unicité de l'esprit, l'univers conserve son unité et toute la création évolue en fonction d'un système d'imbrications relationnelles où tout a une appartenance et sa place. L'esprit est le médium suprême de communication, puisqu'il est indivisible. C'est par l'essence vierge de l'esprit que toutes les pensées et toutes les intentions sont transmises. Plus l'humanité s'éveillera à cette réalité, plus de gens auront le don de la prophétie, des visions, de la télécommunication, de l'empathie, de l'expansion allant au-delà de ce qu'on appelait autrefois le vide. Mais vous saurez qu'il n'y a aucun vide. Là où il y avait autrefois la solitude, il y aura le réconfort de savoir que l'espace est empli d'amour et de continuité.

Dans le grand triangle de l'existence, l'amour unit et gère les particules adamantines, alors que l'esprit entre en résonance avec l'amour et ramène tout à une unité parfaite. Dans cet infini cycle de création, ces trois éléments font intégralement partie du tout en ayant pourtant trois fonctions distinctes. Là où l'esprit et de la matière se rencontrent, vous pouvez observer le point délicat et critique où la divisibilité devient indivisibilité.

Ce point précis constitue l'élément crucial qui propulsera la science dans le prochain millénaire. Actuellement, le principal obstacle à l'avancement du progrès dans ce sens vient du fait que l'on étudie le divisible avec, à l'arrière-plan, une inconnue impénétrable. On suppose par ailleurs que le reste sera compris à mesure que des ponts seront jetés entre ce champ inconnu et la nature divisible des instruments et de la connaissance. Mais il est plus approprié de dire que le reste sera compris quand son indivisibilité sera acceptée et que les études mettront l'accent sur la zone de transition où justement l'indivisible devient le divisible. Comment est-il possible d'avoir un champ indivisible qui fonctionne selon les lois de la division ? Il faudra mettre au point de nouveaux procédés à partir de perspectives élargies selon lesquelles les perceptions des ponts entre le divisible et l'indivisible mettront à l'œuvre le respect du pouvoir de l'amour. »

C'était toute une déclaration, puisqu'elle sous-entendait clairement que l'amour étend son pouvoir jusqu'à endosser même une fonction technique qui va bien au-delà de la simple impulsion d'exister et de diriger. Je lui demandai donc des précisions sur ce qu'il venait de m'apprendre. Plus tard, il m'en révéla beaucoup plus sur les fonctions de l'amour. Cependant, à ce moment-là, il m'offrit simplement comme clarification l'analogie suivante concernant l'échange et la communication.

« Il vous suffit d'observer les schèmes de communication, par exemple. Si l'esprit ne nous unissait pas tous, nous ne pourrions absolument pas communiquer. Par sa nature, la communication exige que ce que je dis ou ce que j'ai à offrir puisse devenir une réalité pour vous tous. Autrement, ma voix ne serait qu'un son insignifiant plutôt qu'un médium de communication. D'un autre côté, notre échange n'aurait aucun sens si je n'avais pas quelque chose à vous offrir que vous n'ayez pas déjà. Tu

vois, la communication est un délicat concordat entre la divisibilité et l'indivisibilité. La compréhension entre nous s'effectue au point où la divisibilité devient indivisibilité. À ce point précis, la communication est une transmutation de compréhension de l'un à l'autre. Ce qui permet à cette transmutation de se produire, c'est l'amour que nous avons en commun. Si cet amour en commun n'existait pas, je ne pourrais pas vous donner et vous ne pourriez pas recevoir. Donc, le médium universel qui permet à toute communication de s'effectuer, c'est l'amour que nous sommes. »

« La communication doit-elle toujours être directe et explicite, ou bien l'Esprit qui est Un abonde-t-il aussi en communications implicites régies par l'amour ? » Le Maître sourit délicatement, son regard satisfait laissant entendre que je venais de répondre moi-même à ma propre question. Son expression disait tout ! Bien entendu, je venais d'y répondre, même si je voulais tout de même l'entendre, lui.

Plusieurs années plus tard, je fis une expérience touchante démontrant ce que le pouvoir de l'amour peut faire sur le plan de la communication entre deux âmes qui sont à peine conscientes de la présence l'une de l'autre. Cette histoire donne un autre éclairage sur la façon dont l'amour peut aider à établir une base de compréhension mutuelle. Cette histoire eut lieu à l'endroit où j'avais ma galerie d'art à Fort Worth. L'édifice, qui ressemblait à une petite maison de campagne, se trouvait sur un boulevard animé, à côté du restaurant Taco Bell, dont le guichet pour les commandes à l'auto donnait directement sur ma galerie. Le terrain entre les deux propriétés avait été aménagé en terrasse, ce qui faisait en sorte que notre galerie était située à un mètre vingt en contrebas de l'entrée du restaurant. Un jour, je dus remplacer quelques briques qui s'étaient détachées du bac à fleurs faisant office de division. Pendant que j'effectuais mon boulot et que j'endurais gaz d'échappement, vrombissements de moteurs et hurlements de haut-parleurs, je servais aussi de spectacle à tous ceux qui venaient au guichet en voiture pour donner leur commande. Même si j'essayais de passer inaperçue, il devait être très évident pour ces gens que j'étais mal à l'aise. Je me sentais en tout cas extrêmement vulnérable. Dans sa presque totalité, cette rue se trouvait dans un quartier très huppé de la ville, mais elle était également très près d'un quartier pauvre. Par conséquent, le défilé des voitures à côté et au-dessus de moi reflétait la diversité des couches sociales. Il y avait de tout, des BMW glissant dans l'entrée au son d'une musique classique aux vieilles bagnoles datant de 1965 avec leurs pare-chocs surhaussés et leurs pots d'échappement bruyants. Je fus soudainement tirée de mon travail par une cacophonie de bruits qui s'arrêta au-dessus de ma tête dans un crissement de pneus. Le volume de la radio était si fort que j'en étais assourdie. Le pire, c'était que la radio était syntonisée sur un poste de hard rock, genre de musique que je n'affectionne pas du tout. M'agenouillant rapidement pour poursuivre mon travail, je décidai de ne pas offrir de résistance à l'agression et de laisser passer. Dans cette position, je me fis l'impression d'un lapin dans son terrier et cherchai sur quel aspect de l'amour je pouvais reporter mon attention. Quand la plus miraculeuse des choses se produisit. L'homme de la voiture en question cessa de faire ronfler son moteur, régla son poste de radio sur une station romantique et baissa le volume ! Et ceci, aussi longtemps qu'il dut attendre que sa commande fût prête. Puis, en sortant du restaurant, il revint à ses préférences habituelles et décolla dans un vrombissement pas possible.

Au cours de cette expérience, je fus donc témoin de ce que le Maître m'avait enseigné : L'ESPRIT QUI EST UN EST EN TOUTE CHOSE ET CONTIENT TOUTE L'EXISTENCE. Il est tout ce qui est et, par conséquent, il est le sacré de notre relation avec Dieu et le lien de fraternité qui nous unit tous.

Je demandai à Jésus s'il pouvait m'aider à comprendre les tenants et les aboutissants de ce concept.

« Prends quelques instants de pause et fais comme je te dirai. Mets-toi à l'aise, étire-toi et relaxe. Prends une grande inspiration et apprête-toi à être en paix avec toi-même. Imagine que tu es un aspect de l'amour de Dieu, une entité de l'Un. Maintenant, donne autant d'expansion que tu le peux à ton cœur, ton esprit et ton âme et contemple le Grand Tout. Dans cet acte de recueillement, sois en paix avec toi-même et considère-toi comme une parcelle de l'Un. Une fois que tu auras fait cela, imagine que ce "Grand Tout" te contemple à son tour ! Que tu en sois consciente ou non, il s'agit là du perpétuel dialogue qui existe entre toi et l'esprit. Maintenant, imagine que c'est aussi le cas pour tous les autres êtres de la création ! Ce dialogue avec l'Un et le Grand Tout est un mouvement qui ne s'interrompt jamais dans la vie. Il n'y a aucune division, aucune séparation, il y a seulement des

allées et venues rythmées entre donner et recevoir, parler et écouter, enseigner et apprendre, avancer et reculer, apparaître et disparaître. »

En mettant plus tard cette méditation en pratique, j'expérimentai les diverses façons dont l'esprit qui est Un entre en résonance avec différentes personnes, différentes choses et différentes facettes de la vie. Toujours sans division.

Vu la variété de choses dans cet univers, il est naturel que nous ayons nos préférences et nos inclinations personnelles. Jésus rappelle que c'est tout à fait naturel et simplement un reflet de nos individualités. Parfois, nous pouvons noter l'harmonie qui existe entre nous et d'autres personnes, une vibration énergétique particulière. Au cours des dernières décennies, les expressions « bonnes vibrations » et « mauvaises vibrations » en sont venues à exprimer une telle réalité. Quand les enfants disent que quelque chose a de « bonnes vibrations », ils se calment et se montrent très respectueux. Mais chaque chose a bien sûr en soi les vibrations justes. C'est seulement que tout ne peut entrer en résonance de manière compatible avec tout.

« Vous pouvez reconnaître le caractère et les intentions de n'importe quelle chose à la façon dont l'esprit résonne ou vibre. Ces résonances se combinent à d'autres qui lui sont proches pour mettre en œuvre des motifs mélodieux, une sorte de chant cosmique. C'est pour cette raison que la musique, plus que toute autre forme d'art, peut élever l'âme directement vers un plan de communion spirituelle. En fait, ceci est vrai de la beauté en tout, car la beauté représente une harmonie et une synchronicité particulières au sein de l'Esprit qui est Un. Elle sert de point de repère. Là où vous voyez de la beauté, vous pouvez aussi reconnaître la vérité. La beauté vous confirme que vous évoluez en harmonie alors que vous vous laissez guider par l'esprit. »

Parce que je suis une artiste, cette déclaration m'intéressa naturellement. Et je voulus en savoir plus sur sa compréhension de la vérité et de la beauté.

« Tout d'abord, regardons un peu du côté de l'intuition et de la beauté. Comme tu le sais très bien, l'art est une démarche intuitive. Peu importe la forme que l'art prend – peinture, écriture, musique ou sculpture –, le catalyseur principal chez un artiste est la découverte ou l'expression intuitive. À cet égard, l'intuition fonctionne au mieux quand elle n'est pas trop influencée ni

contrainte par la structure. Toutefois, une intuition qui n'est pas canalisée produit rarement des résultats significatifs. Par conséquent, la beauté et l'intuition sont l'une pour l'autre les plus parfaites des compagnes. Rien n'égale la beauté pour servir de guide à l'intuition, parce que la beauté est un aspect de l'amour qui rappelle et raffine l'ordre et le potentiel naturels sans qu'il y ait dépendance à la structure.

Pendant que l'intuition dégage le chemin pour que la conscience puisse émerger, les points de repère donnés par la beauté focalisent la conscience grandissante sur certaines constantes de la réalité. Ainsi, la vérité peut être perçue. La vérité et la beauté sont toutes deux des constantes de l'univers ; l'une appartient au domaine de la révélation et l'autre au domaine de la manifestation.

Pour chaque nouvelle création, un artiste avancera à tâtons dans une jungle faite d'illusions, de confusions et de tentatives d'expression jusqu'à ce qu'une grille de constance lui apparaisse. Il s'agit de l'image, du son ou du concept que son cœur et ses gestes cherchaient à mettre au monde. L'artiste reconnaît la beauté qui est devant lui comme la mère reconnaît son enfant, même si un spectateur n'y trouve absolument rien de spécial. L'artiste a découvert une constante dans la manifestation qui naît et, à ses yeux, c'est beau. Et peut-être d'autres admireront-ils par la suite cette manifestation.

Tu connais ce cycle dans l'histoire de l'art. Une forme de beauté voit le jour et donne naissance à un courant culturel. À un moment, elle cesse d'inspirer et de susciter l'émulation. En bout de ligne, elle se perpétue seulement comme une jolie formule stérile qui décore et enjolive l'aspect superficiel des choses. Puis, soudain, arrivant de façon inattendue, de nouvelles perceptions marquées amènent une nouvelle conscience esthétique. Comme l'oisillon qui brise sa coquille au printemps, la sensibilité novatrice déchire le voile des idées dominantes et redonne vie à la beauté. Souvent, au début, de telles avancées ne sont pas considérées comme étant belles parce qu'elles sont perçues en fonction des anciennes préférences. Ce que bien des gens estiment comme beau dans l'instant est, en fait, la splendeur inévitable de conditions passées.

Cependant, ceux qui guident l'évolution de la beauté et s'y emploient savent que son essence est la vérité vivante perçue dans le cadre d'une démarche intuitive.

La pensée est également une forme d'art, peut-être la forme d'art humaine la plus raffinée. Elle aussi fonctionne à son meilleur quand l'intuition et la beauté lui servent de compagnes. »

Par la pensée, nous créons des idées et des images qui permettent à notre conscience de prendre de l'expansion et de se développer. Pour un sujet aussi vaste et nébuleux que celui de l'Esprit, il est essentiel de disposer de corollaires afin de pouvoir développer et examiner nos pensées. *« Même si vous ne pouvez pas définir l'esprit, vous pouvez en avoir une certaine conception et en approfondir votre compréhension. Dans cette démarche, l'infinité est peut-être le corollaire le plus efficace et qui se rapproche le plus de l'Esprit. Comme lui, l'infinité défie toute limite, car elle transcende le grand, le petit, la qualité et le potentiel. Par sa fonction et sa force agissante, l'infinité est un aspect inné de l'intégrité universelle et non pas une dimension que l'on peut estimer. Aucune structure ne peut réussir à expliquer ni à contenir l'infinité. »*

Jusqu'à récemment, l'infinité a été reléguée par la science au rang de concept mystique, ce qui est tout simplement non mesurable et non délimitable en raison de sa nature. L'infinité met aussi au défi les structures philosophiques propres au réductionnisme analytique. Comme l'esprit le fait, il vaut mieux considérer l'infinité comme un élément d'unité et de coordination que comme un élément de division et de mesure. Actuellement, alors que la philosophie et la science se penchent sur la problématique cruciale de la pensée intégrée, l'infinité présente des alternatives plus fascinantes qui pourraient être prises en considération et explorées. Selon Jésus, il doit absolument y avoir flexibilité et adaptabilité pour que de nouvelles avenues s'ouvrent dans la conscience.

En fait, un petit exercice de réchauffement pourrait nous aider à élargir notre vision alors que nous étudions les paroles du Maître. Joignez-vous à moi pour faire un voyage cosmique qui nous emmènera d'abord vers l'infiniment grand puis vers l'infiniment petit. Avant de nous envoler dans l'espace, je pense qu'il serait bon de donner la définition du terme gogolplex. Il s'agit d'un nombre extrêmement grand établi à partir d'un googol. Et un googol, c'est quoi ? C'est aussi un très grand nombre, bien qu'il soit beaucoup plus petit qu'un gogolplex.

Mathématiquement, le googol s'écrit avec un « 1 » suivi de 100 zéros ou encore de 10^{100}. Pour donner une idée de l'immensité que cela représente, voici une anecdote. Il y a plus de 2 200 ans, Archimède calcula que 10^{63} grains de sable (ce qui est beaucoup moins que 10^{100}) rempliraient l'univers tel qu'il était alors connu. L'univers, tel que nous le connaissons aujourd'hui, comprend toutefois cent milliards de galaxies, chacune comportant une moyenne de cent milliards d'étoiles. Ajoutez à cela le nombre faramineux d'électrons, de protons, de neutrons et de toutes les autres particules de l'existence dont sont faites les étoiles, les planètes et toutes les autres combinaisons de substance. Ce nombre équivaudrait à 10^{86}, ce qui est encore beaucoup moins qu'un googol. Cependant, si notre univers tout entier, c'est-à-dire une distance de quinze milliards d'années-lumière, était comprimé de manière qu'il n'y ait aucun espace entre les particules subatomiques, le montant total de ces particules s'élèverait à 10^{132}. C'est un tout petit peu plus qu'un googol ! Comparé à un googol, alors combien grand est un gogolplex ? Un gogolplex, c'est 10^{10}, augmenté une autre fois à la puissance cent ! Rien que pour imprimer le nombre de zéros après le chiffre 1, il faudrait tellement de papier qu'on pourrait en remplir tout notre univers sur quinze milliards d'années-lumière. Et au-delà de ce gogolplex, il y en a un autre, super, qui est un gogolplex élevé encore une fois à la puissance cent. Aucun esprit conscient terrestre ne peut faire appel à une échelle quelconque de mesure pour saisir ce chiffre. Cet exercice a pour but de faire sauter vos barrières mentales et en même temps de vous faire savoir que, en définissant ce qu'était un super gogolplex, nous venons d'énoncer le postulat d'une unité gravitationnelle. C'est-à-dire une onde gravitationnelle. Est-il plausible qu'il n'y ait qu'une seule onde ? J'ai de la difficulté à le croire si je m'en tiens aux lois de l'énergie et du rythme. Alors, comment grand est l'infini ? Le Grand Tout est la totalité de tout cela et encore plus !

Allons maintenant vers l'infiniment petit. Imaginons la petitesse du noyau d'un atome. Si nous grossissions un ballon de football jusqu'à ce qu'il atteigne la taille de la Terre, ses atomes auraient chacun la taille d'une cerise et empliraient totalement la planète. Si nous grossissions un seul de ces atomes jusqu'à ce qu'il atteigne la taille d'un superdôme, le noyau deviendrait alors visible et aurait la taille d'un grain de sable. C'est très petit et nous n'avons même pas encore envisagé la petitesse des particules adamantines !

« L'infini ne peut être délimité dans aucune direction ni par aucune mesure. C'est pour cela que, pour se repérer, chacun a naturellement tendance à s'attacher aux aspects de la réalité qui lui sont proches et à extrapoler ensuite en utilisant des échelles décroissantes de densité ou d'autres unités de progression. Quand vous regardez autour de vous, les objets devant vous semblent très denses. Puis, quand vous portez votre regard plus loin, disons vers l'horizon, celui-ci embrasse un plus grand pourcentage d'espace que d'objets. Puis, si vous portez votre regard encore plus loin, vers le ciel étoilé, votre impression d'élargissement spatial et de diminution de densité sera encore bien plus grande. Ceci n'est valable cependant que dans le cadre des perspectives et des distances. L'homme primitif, par contre, concluait naturellement de cette perception que l'espace existe au loin et que l'esprit se trouve au-delà de cet espace. Et tout ce qui était proche de lui, soit les objets denses et solides, il le considérait comme quelque chose de matériel. Et l'homme se voyait lui-même quelque part entre les deux, c'est-à-dire entre l'esprit et la matière. Chez l'homme, la perception des d'échelles décroissantes de densité constitua la première reconnaissance de l'infini, bien que sa position personnelle limitât cette perception. En effet, étant donné que cette perception se situe constamment entre deux extrêmes, cette qualité de fixité se perpétue encore de nos jours par la pensée dualiste.

Vous n'avez pas à traverser diverses couches de densité pour vous acheminer, dans un mouvement ascendant, vers une vie spirituelle. L'esprit n'est pas un aspect de la dimension, mais plutôt quelque chose qui fait INTÉGRALEMENT PARTIE DE L'EXISTENCE. *Par la qualité d'unicité de l'Esprit qui est Un, toutes les perceptions de densité deviennent simplement caduques et s'estompent. Vous n'êtes pas entourés d'anneaux concentriques ni de niveaux de densité au travers desquels votre vie doit passer pour retrouver Dieu et revenir à votre être véritable. Ceux qui endossent une telle croyance adoptent une attitude où toujours plus d'exigences doivent être satisfaites dans une interminable succession de conditions. Pour ces gens, la vie c'est être au service de la structure et prisonniers de celle-ci. Ironiquement, ce sont ceux qui ont eu les plus grands conflits et désaccords par rapport à la structure qui, le plus souvent, entretiennent avec entêtement de telles croyances. Leur point de vue concernant la structure et l'infini est totalement déterminé par leur incapacité d'en avoir la maîtrise.*

Lorsqu'une personne réduit sa vie à la perception qu'elle a des densités, c'est qu'elle voit l'énergie comme une force. La science elle aussi en est encore rendue à cette étape. Mais un tel mode de pensée est parfaitement compatible avec une orientation fondée sur le respect des densités. L'énergie y est considérée comme la force qui est nécessaire pour engendrer une certaine poussée ou pression. La force travaille seulement contre les densités et, par la pression, la densité s'intensifie. Il suffit de penser aux bennes à ordures avec compacteur pour comprendre ce principe. Mais la grande erreur dans cette explication de l'énergie, c'est que la perception de la densité est principalement une illusion. Car plus de 98 % de l'existence physique n'est que de l'espace, et l'espace ne réagit pas à la force ! LES LIMITES DE CE PRINCIPE DEVRAIENT ÊTRE ÉVIDENTES.

C'est sous l'influence de l'amour que l'espace suscite magnétiquement la manifestation de la vie et la met en évidence avec beaucoup moins d'efforts. Quand on a compris cela, l'espace devient plus intéressant que la densité. La force n'a que très peu d'effet sur l'infini. Par conséquent, aussi longtemps que la pensée, la science et la conduite humaine seront fondées sur la force, l'infini restera insaisissable.

La force et la densité vont main dans la main pour ce qui est de la performance. Une conditionne l'autre, et vice versa. Si la société base ses perceptions sur la force, alors elle disposera d'un champ d'action très restreint. La force ne peut avoir d'effet que sur des réalités se trouvant dans une grande proximité et dans le cadre de limites prévisibles. La raison à cela ? La force génère les densités qui échappent à un moment donné à son action. Ceci est vrai aussi bien pour les particules que pour les gens. Il y aura toujours de la résistance à la périphérie d'un cercle où s'exerce une action et le conflit s'installera dès qu'un cercle rencontrera la densité d'un autre cercle. En ce moment, ceci constitue une problématique critique pour la planète Terre, et ce, aussi longtemps que la force et la densité serviront de langage de conduite et d'échange.

L'humanité se tient précairement au seuil de sa destinée. Ou elle s'élèvera en changeant de paradigme ou bien elle connaîtra le déclin et possiblement sa propre destruction. Cette impasse est inévitable. Mais d'autres possibilités se présenteront et des choix devront être faits. » Quand il parla des changements à venir, ses yeux pétillèrent d'expectative et d'optimisme. D'une voix assurée, Jésus m'enjoignit de croire que la vie serait alors aisée et que la force comme méthode d'utilisation de l'énergie irait en diminuant et ne serait plus appliquée de la même manière dans plusieurs aspects de notre vie.

Je me mis à penser, par contraste, au genre d'images que les films de science-fiction projettent du futur. Ils en font une culture high-tech où règne une force intense. À cette remarque, le Maître répliqua : *« C'est seulement l'imagination qui crée un futur en fonction des standards du présent. C'est une erreur très commune que de supposer que l'origine d'un paradigme permette de prévoir comment sera sa fin. Ceux qui pensent en fonction de la force ne peuvent s'attendre à rien d'autre qu'à la même chose et ne peuvent appréhender les changements qui sont sur le point de se produire. Je peux vous assurer qu'il est impossible de voyager dans l'univers avec la technologie du génie aéronautique fondée sur la force. Certes, sur des distances limitées, la force fonctionne. La mécanique basée sur la résistance et la force peut supporter un programme spatial ayant des visées de voyage vers la Lune ou Mars, à la rigueur dans tout le système solaire. Cependant, l'humanité ne pourra pas traverser la galaxie grâce à la pensée et au génie s'appuyant sur la force. Vous entrerez bientôt dans un monde de technologies très avancées. Celles-ci ne seront pas par contre établies sur la haute friction et la haute résistance du génie sur lequel votre civilisation repose actuellement. »*

L'explication qu'il donna après ma réaction à ce qu'il venait de dire fut la seule allusion qu'il fit jamais sur les civilisations d'autres planètes. « Tu as parlé de moutons dans d'autres pâturages. Cela incluait-il des lieux se trouvant au-delà de la Terre ? Avons-nous des frères plus jeunes ou plus âgés dont nous ne savons rien ? » Ce fut la seule fois où je sentis chez lui une forme d'hésitation. Rien de sérieux, mais plutôt une gentille petite contorsion comme en ferait un père à qui son enfant de quatre ans demanderait : « Dis, p'pa, d'où est-ce qu'ils viennent les bébés ? » Il était clair qu'il en savait plus qu'il ne voulait le reconnaître, mais il ne désirait pas non plus aborder un sujet aussi vaste.

« Vous n'êtes pas seuls. Et comme vous le supposez, vous

avez des frères plus jeunes et plus vieux ailleurs. Cependant, toute fraternité est une entité en soi qui dispose de ses propres droits de famille pour pouvoir atteindre sa majorité. Chercher ailleurs dans le cosmos n'est pas la réponse pour le moment. La réponse, c'est vous tourner les uns vers les autres et vers Dieu afin de pouvoir vous réaliser totalement. De bien des façons, vos films de science-fiction vous induisent en erreur en vous incitant à croire que la conscience suit la trajectoire de la technologie. De tels films donnent l'impression fallacieuse que la conscience structurée et polarisée peut prendre de l'expansion dans l'univers par la simple accélération de la technologie. Et que, comme par magie, la conscience peut aussi être amenée à prendre de l'expansion. Rien ne pourrait être plus éloigné de la vérité que cela ! La technologie ne peut pas engendrer une augmentation de la conscience puisque C'EST LA CONSCIENCE QUI ENGENDRE LA TECHNOLOGIE.

Il faut tout d'abord que survienne un changement sur le plan de la conscience avant qu'une grande avancée technologique soit possible. Votre planète et d'autres du genre sont comme des îles flottant dans un immense océan où la distance entre elles ne peut être couverte mécaniquement. Les êtres qui y arrivent ont développé la conscience qui leur permet de voyager dans l'espace sans faire appel à la force. Bien plus que les habitants de votre planète, ils respecteraient le besoin de communiquer et d'échanger par consentement mutuel. Cet esprit de mutualité constitue la loi des échanges intergalactiques. Les civilisations qui sont vos égales ou vos inférieures ne peuvent pas plus vous atteindre que vous ne le pouvez. La distance qui vous sépare est suffisamment grande pour faire en sorte que cela reste ainsi, du moins jusqu'à ce que le paradigme de la force ait été délaissé.

Je vous induirais en erreur si je vous disais que la collectivité galactique est dénuée d'agitations et de mauvaise conduite, car le libre arbitre est TOUJOURS une constante. Cependant, une règle s'applique en général, sur laquelle vous pouvez compter pour trouver un certain réconfort. Ceux qui pourraient vous faire du mal ne peuvent pas arriver jusqu'à vous. Et ceux qui le peuvent ne vous feraient probablement aucun mal. Dans son immense sagesse, le Créateur jugea bon de suffisamment espacer les planètes porteuses de vie pour que cette règle prévale toujours.

Ceci se combine avec le fait secondaire que toutes les véritables technologies de pointe sont fondées sur les principes de la synchronicité, le modèle holistique et le respect des mécanismes de la vie. L'idée que des maraudeurs voyagent à la vitesse de la lumière ou plus vite, par pur besoin de conquête, est de la pure fiction. La synchronicité requise pour aboutir à cette technologie ne pourrait pas provenir d'une conscience basée sur le conflit.

Par l'Esprit qui est Un, tous les êtres d'amour se trouvant n'importe où dans l'univers exercent une influence les uns sur les autres. On peut parfois la ressentir ou la reconnaître directement, mais le plus souvent on la reçoit simplement sous la forme d'une résonance ou d'une harmonie que l'on choisit soit d'accepter, soit d'ignorer. »

« Je comprends de quoi il retourne en ce qui concerne la communion, mais pourrais-tu m'en apprendre plus sur la résonance et sur la façon dont elle peut nous aider à être plus en contact avec la vie ? »

« Pour mieux comprendre comment les résonances fonctionnent, imaginez un grand lac très calme au petit matin. Près du lac, il y a deux pierres et "Amour" passe par là, les ramasse et les lance dans l'eau, une à gauche du lac et l'autre sur la droite. Même si l'impact de l'eau provoque une sensation grisante aux deux pierres, celles-ci se sentent momentanément perdues. La sensation de créer des remous sans cesse grandissants sur l'eau est très agréable, bien que l'activité soit en elle-même un peu solitaire. Puis, tout d'un coup, les remous d'une pierre croisent ceux de l'autre pierre. Dans un sursaut de joie, chaque pierre réalise qu'elle vient de trouver l'autre. Enfin, elles se retrouvent pour communier une fois de plus, cette fois-ci avec plus d'assurance, car elles savent désormais comment se reconnaître l'une l'autre par l'esprit. Fortes de cette certitude, elles ne peuvent plus jamais se perdre l'une l'autre. »

Cette histoire ajouta une dimension totalement nouvelle au thème de la division, de la séparation. Peut-être « Amour » passa-t-il par là et jeta-t-il les deux pierres dans des directions opposées pour faire justement la preuve que la division spirituelle était impossible. Les remous que nous causons tous dans les eaux de la vie entreront certainement en résonance avec l'amour que nous sommes et poursuivront leur chemin vers l'infini jusqu'à ce qu'ils s'entrecroisent et se reconnaissent. Les gens me demandent souvent comment je compose avec mon sentiment de perte depuis le départ de Jésus. Il m'est aisé de répondre à cette question. Une des choses que j'ai apprises avec lui et qui m'est restée, c'est ma capacité à reconnaître sa présence partout. Il m'avait dit : *« Tu me reconnaîtras par mon amour, car l'esprit entre en résonance avec mon amour. »* Bien entendu, il peut être à plusieurs endroits simultanément parce que les limites physiques telles que nous les connaissons ne sont qu'une illusion pour lui. Souvent, je sens sa présence, comme vous pouvez peut-être vous-même la ressentir maintenant, en même temps que vous percevez la mienne. La conscience de ce lien m'a aussi appris à sentir plus que jamais la présence des êtres chers qui m'ont quittée, car je suis libérée de mon attachement à la dépendance physique. Les deux pierres jetées dans le lac se sont retrouvées dans l'amour et la vérité parce qu'elles se sont trouvées par l'esprit. À mesure que nous nous éveillons à la réalité de l'Un, le concept de l'amitié prendra une signification renouvelée et plus grande. Il y a tellement de contacts à faire et à refaire, et ce, même à l'échelle de l'univers ! Ceci peut s'effectuer par la prière, la méditation ou spontanément dans des moments d'empathie.

« Ces contacts fleuriront partout comme les fleurs qui, au printemps, jaillissent à grands renforts de splendeur de la grisaille de l'hiver. L'infinité de l'esprit est comme un océan de potentiel qui résonne en vous tous. Par ce grand moyen de communication, quiconque élimine les murs et les barrières propres à la structure peut entrer en communion avec les autres sans égard au temps ni à la distance. C'est là que réside le pouvoir de la prière, de l'empathie et de la prophétie. Cependant, il faut toujours vous rappeler que l'esprit appartient à Dieu et à tous. L'esprit est saint aussi longtemps qu'il reste entier. Utiliser l'esprit à des fins égoïstes (dans le cadre de cercles fermés) peut vous causer de grands torts puisque cela peut éventuellement vous séparer de Dieu. Quand un être a oublié le pouvoir de l'amour et ignoré ou spolié l'esprit, il a perdu sa boussole et oublié, par le fait même, le nom de sa demeure. Les cercles spirituels fermés ont tendance à se créer autour de gens qui manquent d'esprit de charité ou qui

ont des intentions pernicieuses envers d'autres. Ceux qui souhaiteraient vous exclure de leur amour verront le leur tronqué. Et ceux qui chercheraient à vous éloigner de l'esprit connaîtront eux-mêmes le sort de la séparation et de l'éloignement. La plupart des gens évoluent dans des cercles spirituels fermés parce qu'ils y trouvent une fraternité et une zone de confort. Il n'y a rien de mal à cela, pourvu que l'intégrité de l'esprit soit respectée et que le cercle en question ne devienne pas une tentative de projection de structure et de division dans le royaume de l'indivisible. »

Je conclus que cela signifiait qu'il était très bien d'avoir un cercle fermé d'amis avec lesquels partager les plaisirs de la vie ainsi que certaines préférences, dans la mesure où nous n'utilisons pas ces amitiés dans l'intention de nous estimer privilégiés ou élus et de rejeter les autres.

« Ne cherchez jamais à diviser l'esprit, car cela ne peut se faire. Vous gaspillerez votre énergie et tout ce que vous réussiriez à faire, c'est vous diviser, vous. Tout ce que je vous demande, c'est de maintenir la sacralité de l'esprit. Et vous pouvez y arriver de deux façons. D'abord, en honorant la divinité du Saint-Esprit en tant que personnification du Père. Ensuite, en vous assurant d'entretenir l'intégrité de l'esprit dans votre vie quotidienne. Voyez l'Un dans tout ce qui est. L'esprit ne rejette personne et le Dieu ne renie jamais personne. Cependant, bien des gens se sont si confortablement installés dans leurs cercles spirituels que l'esprit en est totalement évincé. De la sorte, ils s'empêchent de communier à la même source. En s'évinçant eux-mêmes, ils s'interdisent d'acquérir une conscience plus grande et plus pure. C'est ce que j'entendais quand j'ai dit : "Ne jugez pas et vous ne serez pas jugés." Car en jugeant, vous vous dissociez de l'Un et rendez un jugement sur vous-mêmes. LE PÉCHÉ ORIGINEL, CE FUT SIMPLEMENT LE JUGEMENT. C'est en jugeant que tout être amorça sa propre dissociation. C'est la seule manière dont une âme pure et innocente, créée à l'image de Dieu, a pu tourner le dos à l'amour. La conséquence directe du jugement est la séparation. Que vous le sachiez ou pas, vous êtes partie prenante de l'éternel dialogue de "l'Un et du Tout". Tout ce que vous repoussez vous repoussera. Aucun cercle spirituel ne peut vous mettre à l'abri des conséquences spirituelles du dialogue éternel. »

« Que voulais-tu dire par : "Vous récolterez ce que vous avez semez" ? »

« C'est le même concept, mais élargi. Presque tous interprètent ce message dans un sens linéaire simple. Par exemple, si vous arrosez le gazon, l'herbe poussera. Si vous vous faites des amis, vous ne mangerez pas tout seuls. Si vous empruntez constamment, vous serez toujours endettés. Ces choses-là sont vraies. Mais mon message ne se limitait pas au phénomène linéaire de cause à effet. Si vous amplifiez l'idée de cause à effet jusqu'à lui donner une amplitude de trois cent soixante degrés, alors votre compréhension sera élargie. Vous comprendrez que le grand nourrit le petit et que le petit confère du pouvoir au grand. Si vous voulez que la paix règne sur terre, alors priez et travaillez pour la paix. Si vous voulez connaître la prospérité dans votre vie, alors endossez et appliquez des principes qui sauront apporter la prospérité à d'autres. En agissant ainsi, vous informerez l'esprit des grands et véritables désirs de votre cœur et, en retour, l'esprit vous honorera de ce que vous voulez pour les autres. Voici ce qu'est l'éternel dialogue spirituel. »

Je vis le bien-fondé de cette explication, mais, chose curieuse, je sentis tout de même le besoin de poser la question suivante : « Le mal est-il l'opposé du bien ? »

« Pas plus que la maladie est l'opposé de la santé. La maladie, c'est l'absence de santé. Cependant, la maladie n'est pas une conjoncture indépendante de la santé qui a le pouvoir de s'y opposer. Comme chacun l'a fait avec la maladie, il a faussement conçu le mal en ce sens qu'il lui a attribué un pouvoir propre. Il a accordé bien trop d'attention et d'égards au concept des tentateurs du mal, des perturbateurs et des anges déchus en leur conférant à tous – et à tort – un pouvoir propre qu'ils n'ont pas. Si le don que je venais offrir sur Terre était uniquement de m'opposer au mal, alors ce don aurait totalement été en vain et gâché. Tous les dons d'amour et de bien s'effectuent pour que le bien prévale tellement que le mal ne soit rien d'autre qu'une tavelure négligeable, si quelqu'un réussit tout de même à voir celle-ci. »

En raison de la nature de cette réponse, je ne ressentis jamais le besoin de parler des « êtres maléfiques » qui ont joué des rôles si importants dans la littérature axée sur le conflit. Je conclus de sa réplique qu'ils existent effectivement, même si les pouvoirs qu'on leur attribue ont été exagérés par les fausses idées fondées sur la dualité.

« Le mal n'est pas une chose innée dans l'existence. Le bien et le mal n'ont pas été créés en tant que forces opposées et égales constituant les prémisses d'un éternel conflit. LE MAL, C'EST SIMPLEMENT ÊTRE COUPÉ DE DIEU ET NIER L'AMOUR QUE L'ON EST ! Le bien, c'est choisir le contraire. Il faut qu'un tel choix existe, sinon le don de l'individualité aurait été un geste totalement dénué de sens. Un choix suppose des conséquences. Et il y a des conséquences à choisir l'amour ou à le renier. Éviter de faire un choix entraîne également des conséquences : C'EST LE PERPÉTUEL DIALOGUE DE L'INDÉCISION QUI TRADUIT LA PENSÉE DUALISTE.

Cependant, quand vous tenez compte de l'impact du mal, vous devez faire attention de ne pas juger le cœur des autres si ces derniers ne fonctionnent pas avec les mêmes standards que vous ou que leurs gestes vous semblent destructeurs. Ce que le monde considère comme le mal en général, ce sont les conflits qui se produisent entre les structures oppressives et les représailles hostiles. Vous pourriez également condamner d'autres gestes, qui ne sont que l'aboutissement d'anciens troubles que quelqu'un a finalement le courage d'éliminer une fois pour toutes. Et il y a certaines situations conflictuelles qui ne sont que la manifestation de leçons que l'esprit met à la portée d'une personne par l'intermédiaire de la vie et de l'apprentissage. Toutes ces choses peuvent être examinées avec tolérance une fois que vous avez compris leur place dans l'ordre divin.

Le mal est un dérivé, pas un élément primaire. Le mal n'a rien créé. Alors que, par l'amour, Dieu créa toutes choses. Il n'y a pas d'autre causalité que l'amour, surtout pas la dualité. Au commencement des temps, il n'y avait pas le bien et le mal. Il n'y avait que le bien ! Il y a une grande différence entre la création et la dérivation. Dieu est la source de toute création. La dérivation résulte du choix !

La source de tous les maux provient de la dénégation de

l'amour : la vie qui n'est plus régie par l'amour devient un chaos funeste. Quand une personne a renié l'amour qu'elle est, elle perd le pouvoir de régir sa vie. Au lieu de cela, elle emploie la force ou la supercherie. L'amour maîtrise mais ne contrôle pas. Quand une personne, une situation ou un élément de l'univers nie l'amour qu'il est, il perd son pouvoir et s'approprie le contrôle. Il s'ensuit une réalité sans-cœur constituée de valeurs dégradées, instaurées par la supercherie et contrôlées par la force. Une fois qu'un homme a perdu le profond pouvoir de l'amour, il exerce des représailles dès que le désespoir frappe. Personne ne peut cependant amorcer le mal sans qu'il y ait eu auparavant une lente et longue progression vers lui, car il n'y a aucun mal au plus profond des enfants de Dieu. Ce n'est qu'en niant l'amour et en donnant le pouvoir à la haine, à la jalousie et à l'avidité que chacun peut arriver à instaurer des situations où le mal mûrit. C'est ce que je veux dire quand j'affirme que le mal est un dérivé et non pas une réalité première. »

Ceci m'incita à lui poser la question suivante : « Le mal est-il juste une illusion alors ? »

« Non, parce que les conséquences de la dénégation de l'amour sont très réelles. Par contre, vous devez prendre garde de ne pas juger ce que vous voyez, CAR C'EST VOTRE JUGEMENT QUI SERA UNE ILLUSION !

Les jugements constituent le mécanisme mental qui est à l'origine de la séparation. Par conséquent, ils ne sont rien d'autre qu'une illusion. Par contre, l'engagement est un mécanisme se traduisant par un discernement fondé sur la réalité. Il y a une certaine réalité au mal, dont je vous ai donné la définition et la raison d'être.

Le mal suprême, c'est avoir l'intention de retourner l'amour contre lui-même ou le faire effectivement. C'est quelque chose que la plupart des êtres, parce qu'ils sont amour, ne comprennent ni ne font. Sur le plan de la cohérence, il n'y a aucun lien entre le mal et l'amour, à moins que l'amour n'ait été nié. Ce qui peut le plus vous protéger, c'est être simplement l'amour que vous êtes. Par les deux commandements que j'ai donnés à l'humanité – aimer Dieu de tout son cœur et son prochain comme soi-

même –, je vous ai fourni l'antidote au mal ! Si le mal s'approchait de vous, vous n'auriez qu'à lui dicter de s'en aller et il le ferait. La seule raison pour laquelle le mal existe du tout, c'est que l'esprit est si grand qu'il peut même l'englober. Dieu est plus grand que n'importe quel rejet dont il peut faire l'objet et il ne permettra pas aux assauts du mal de troubler l'unité de l'esprit.

Il y a parmi vous certains grands êtres dont l'amour est fort et à qui il a été donné de voir le mal afin de pouvoir veiller sur le Saint-Esprit et d'en assurer l'intégralité. Ces grands êtres sont au service du Saint-Esprit. »

Même si je ne lui demandai pas qui étaient ces êtres spéciaux, mon cœur me dit que sa mère, Marie, et ses disciples figuraient parmi eux, ainsi que les myriades d'anges qui assurent le maintien de l'intégralité en tout temps.

Le mal est une réalité, mais Jésus précisa qu'il était inopportun de le considérer ou de s'en servir comme prétexte pour faire de nos vies un paradoxe où les situations dualistes dominent.

« Il n'y a rien à apprendre de cela, car comparé à l'Esprit, le mal n'a aucun pouvoir. De plus, ce que les gens qualifient de mal est une illusion engendrée par leurs propres jugements ou fausses idées. Une fois que vous avez pris la décision d'aimer, le mal n'a plus aucune prise sur vous. Le seul moment où vous êtes nécessairement impliqués avec le mal, c'est quand vous devez prendre une décision. Et sans cette option, sans le droit de pouvoir choisir, il n'y aurait pas de liberté pour vous et la proclamation de votre individualité aurait été une duperie plutôt qu'une vérité. Votre liberté, c'est donc votre droit de choisir. Vous pouvez vous perdre pendant aussi longtemps que vous le voulez et retrouver votre demeure quand vous vous sentez prêts. En attendant, vous pouvez tirer toutes les leçons possibles que la dénégation de l'amour peut vous procurer !

Il n'existe aucune décision qui ne puisse être inversée ou qui doive durer éternellement. C'est pour cette raison que le Saint-Esprit confère toujours à ses ministres un entendement supérieur, afin que la liberté de choix puisse être honorée en créant le minimum de dérangement à l'Un. On pourrait même aller jusqu'à affirmer que les êtres qui ont renié Dieu et l'amour ont fait cet ultime sacrifice pour prouver qu'une telle liberté existe bel et bien.

Selon un certain point de vue, on pourrait même considérer cela comme un courageux acte d'amour. Car, comment un être d'amour peut-il vraiment être autre chose ? Quand vous aurez bien saisi cela, vous pourrez peut-être mettre définitivement fin à la pensée dualiste en vous. L'esprit ne peut être divisé. »

Il m'expliqua que la réalité spirituelle à laquelle nous devons accorder notre attention est celle de l'éternel dialogue qui a cours entre l'Un et l'existence. Ce faisant, la vie se déploiera avec plus de plaisir et moins de souffrance. Elle se déroulera sur un mode holistique et non dualiste.

« La grandeur d'un être se mesure à son rayonnement, pas à sa retenue. Non par ce qu'il peut détenir, mais par la proportion de ce qu'il peut offrir. La retenue est l'avenue de la structure, alors que le rayonnement conduit à la liberté et à la pleine expression de la vie et du bien fondamental. Cette réalité se vit quand on est en communion avec l'Esprit. Et vous mettrez définitivement fin à la division quand vous connaîtrez cette réalité et la mettrez en application. Vous pourrez enfin abattre les murs qui ont amoindri votre conscience et l'ont empêchée d'avoir accès au potentiel infini de la vie. Si vous voulez avoir plus d'influence, alors soyez en communion avec l'Esprit. Ainsi, vous saurez remplacer la force par la grâce et l'intuition. Vous saurez vous ouvrir à l'infinité par vos pensées et attirer la joie en abondance dans votre vie. »

Il fit un jour un intéressant commentaire sur l'éthique, commentaire qui est relié à ce qui vient d'être dit. *« L'éthique, c'est l'équilibre entre le va-et-vient chez les individus et leur matrice collective. Une collectivité qui ne soutient ou ne déclenche chez les gens ni leur vérité ni leur potentiel supérieur est dénuée d'éthique. Par ailleurs, un individu qui se comporte d'une manière ne correspondant pas au bien-être supérieur fait preuve d'irresponsabilité sur le plan de l'éthique. »*

Pendant que nous traitions du bien et du mal, il me sembla que le moment était approprié pour poser une question sur l'enfer et le paradis. « L'enfer et le paradis sont-ils des lieux ou bien des qualités de l'existence ? »

« Si vous considérez que la qualité de l'existence est l'essence d'un lieu, alors la réponse devra être "les deux". Comme c'est

le cas pour le bien et le mal, le paradis est un élément premier, alors que l'enfer est un élément dérivé, secondaire. Le paradis tire son pouvoir du bien fondamental qui prévaut dans toute existence et de la propension de la vie à se plier au pouvoir de l'amour. Le paradis est partout où l'amour qui règne manifeste l'existence. Que cela commence donc par votre cœur ! Il existe un autre endroit, près du cœur du Père, où les âmes renaissent à elles-mêmes et guérissent de toute illusion et de toute souffrance. C'est dans l'au-delà, dans l'après-vie. C'est une expérience à laquelle beaucoup de gens aspirent. Même à cela, le paradis ne doit pas se réduire à cette précieuse réalité. Rien ne plairait plus au Père que tout soit paradis ! Celui-ci peut exister dans votre cœur en ce moment même si vous y consentez. Puis, par la même grâce, vous pouvez actualiser ce paradis dans votre vie. À un moment donné, puisque l'univers s'achemine vers son accomplissement, le paradis sera partout !

L'enfer, par contre, représente le tourment d'une âme qui est en guerre contre elle-même, Dieu et l'existence. Vous avez entendu dire que "la guerre, c'est l'enfer". Moi, je vous affirme que l'enfer, c'est la guerre. Quand un être d'amour a choisi de s'orienter vers le mal, comment pourrait-il y avoir autre chose que la guerre ? »

« Comment pouvons-nous composer avec cela ? »

« Pardonnez, pardonnez et pardonnez encore. Qu'est-ce que le fait d'engendrer davantage de conflits pourrait apporter de bien ? De plus, si vous reniez l'amour, où vous situez-vous ? L'homme a créé les cauchemars sociétaux que vous appelez l'enfer en reniant l'amour et le pardon. Il existe une grande peur ainsi qu'une fausse idée au sujet du pardon. Il faut bien comprendre qu'un homme n'est pas pardonné pour recommencer à commettre des méfaits mais pour revenir à Dieu ! »

« Ne devons-nous pas nous battre pour ce qui est juste ? »

« Établissez d'abord certaines priorités. Au lieu de vous précipiter pour défendre vos jugements et vos suppositions, TROUVEZ

D'ABORD CE QUI EST JUSTE ! Puis exprimez-le et établissez votre position à cet égard. S'il doit y avoir affrontement, que ce soit votre adversaire qui commence. Si vous êtes attaqués alors, faites appel au pouvoir de l'amour et ne vous battez qu'autant qu'il est nécessaire pour mettre fin à la guerre.

Un enfant de Dieu ne cherchera pas à entrer en guerre, car la guerre est un cancer sociétal et un véritable fléau sur terre. La guerre s'établit à un moment donné dans les âmes de chacun s'y adonnant. Même les petites guerres entre citoyens ou gens d'affaires ou encore les conflits mentaux viendront grever les âmes de leurs auteurs. Vous n'êtes pas ici pour être en désaccord, mais plutôt pour trouver le Dieu que vous avez en commun, qui est amour, et ce que vous avez tous en commun, c'est-à-dire l'amour !

Un être qui est en guerre contre lui-même ne pense à rien d'autre qu'à amorcer des conflits. Une fois qu'une personne a renié le pouvoir de l'amour, la vie ne lui ouvre que très peu de portes, si ce n'est pour briser certains de ses frères par la force ou la supercherie. Ceci est un aspect intéressant du mal, car le conflit sert souvent de tentative désespérée pour susciter des ouvertures qui n'existent plus chez ceux qui ont renié l'amour.

Faites preuve de compréhension en entendant cela, mais soyez attentifs de ne pas juger. Le jugement restreint grandement la perception des choses de la vie chez n'importe qui. Il n'y a que deux fautes par rapport à la connaissance, et elles sont toutes deux engendrées par le jugement. L'une consiste à faire erreur sur ce que vous savez et l'autre, à supposer que la réalité se limite à ce que vous savez. À mesure que vous évoluez et vivez, votre conscience de ce que Dieu a au programme pour vous augmentera sans cesse. »

« Sur le plan pratique de la gestion de notre quotidien, comment pouvons-nous mettre en application les voies de l'esprit ? »

« En simplifiant la vie grâce au pouvoir de l'amour. Par le truchement de l'Esprit, vous attirerez vers vous la chose dont vous avez besoin et votre amour lui conférera la forme qui vous convient et que vous désirez. La gestion spirituelle au quotidien

est un mélange d'attraction et de compression. C'est l'équilibre juste pour les êtres d'amour que vous êtes. De la sorte, vous apprécierez vos tâches quand vous les accomplirez et il vous restera suffisamment de temps pour vous reposer, vous distraire et trouver l'inspiration.

La compression est la simplification appliquée à la complexité. Les résultats sont édifiants et instantanés. N'avez-vous pas remarqué que les plus grands changements, ou les choses les plus importantes de votre vie, sont survenus en une fraction de seconde, en un clin d'œil ? Cela a pu être la reconnaissance d'une possibilité, un moment où vous avez su la réponse à quelque chose, la reconnaissance de la raison d'être de quelque chose, le moment où vous avez su que vous étiez amoureux ou le moment où un puzzle s'est mis en place. L'instant où la compression a lieu constitue un puissant catalyseur. C'est l'irrésistible reconnaissance de la rectitude personnelle en présence de sa raison d'être. »

Le thème de la compression revint à plusieurs reprises dans nos conversations. La première fois, ce fut par rapport à l'esprit. Conditionnés que nous sommes à considérer l'esprit comme appartenant au domaine intangible, sacré ou ésotérique de la vie, il pourrait sembler étrange et même incongru d'établir un rapport pertinent entre l'esprit et un sujet dont on discute plutôt chez le garagiste. Pourtant, « compression » signifie en faire « plus avec moins ». Ceci pourrait vouloir dire ranger plus de choses dans moins d'espace, trouver une réponse commune à des problèmes multiples ou faire appel à une vérité toute simple pour ajouter du sens à la complexité. S'il n'y avait aucun élément commun d'unification, il ne pourrait y avoir de réduction du complexe au simple. C'est le miracle de l'amour, l'unification par l'esprit et le partage des particules adamantines qui rendent l'expansion et l'économie de moyens aisées. On parle de l'expansion surtout en termes spirituels ou matériels, mais lorsque nous traînons les pieds dans le quotidien, il est facile de négliger l'immense potentiel d'un seul atome ou d'une bonne idée.

« Vous avez l'habitude de provoquer des effets avec la force et l'action plutôt qu'avec le magnétisme, l'attraction et la compression. Voilà pourquoi vous devez faire preuve de patience envers vous-mêmes pendant que vous prenez une nouvelle direction. Lorsque vous progressez dans votre apprentissage, ne sous-

estimez jamais le pouvoir des pas de tortue. L'économie de moyens est très puissante ! Si vous ne le croyez pas, il vous suffit de penser au pouvoir d'un atome. Combien pensez-vous qu'il faut comprimer de particules adamantines dans un atome pour que sa décompression réussisse à faire sauter toute une ville ?

Je vais vous raconter une petite anecdote qui illustrera l'efficacité de l'économie de moyens sur le plan pratique. Un gentilhomme fermier avait 5 000 m^2 *de terrain à défricher. Ce terrain était envahi par des arbustes broussailleux, des mauvaises herbes et des graminées hautes jusqu'aux genoux d'où émergeaient ça et là des affleurements rocheux. Ne voulant pas exécuter le travail lui-même, il s'enfonça plus loin dans les terres en voiture, espérant y trouver un jeune et fort paysan qui ferait le travail à bon marché. Après avoir rendu visite à plusieurs voisins, il dénicha la personne qu'il cherchait et ramena le jeune homme sur son territoire. Le propriétaire, ayant calculé que cela prendrait environ vingt heures de travail, offrit donc au jeune homme une somme forfaitaire de cent dollars, ce qui lui paraissait plus avantageux que cinq dollars l'heure. Après avoir examiné la chose, le jeune homme ne ressentit pas un grand enthousiaste à entreprendre un tel travail pour une si petite somme. Mais il garda cela pour lui. Il pensa aux problèmes que le travail soulevait et répondit : « Ouais, je vais vous faire le boulot. Mais voyez-vous un inconvénient à ce que je prenne deux semaines pour le faire ? » Enchanté d'en avoir davantage pour son argent, le propriétaire acquiesça. L'idée du jeune homme était de faire paître son troupeau d'oies et ses vingt chèvres sur ce terrain pendant deux semaines. Le résultat serait probant ! Par ailleurs, le jeune homme avait d'autres ressources. Son voisin lui devait un service et comme il possédait une pelle mécanique et un tracteur à tondre, il lui proposa d'annuler la dette de service en se faisant prêter l'équipement. Après le passage des oies et des chèvres, il travailla deux heures à déplacer les rochers et à tondre le gazon. Le terrain était devenu parfait. La beauté du plan du jeune homme résidait dans le fait qu'il avait coordonné et comprimé ses ressources, auxquelles il avait ajouté deux heures de travail personnel. Le travail fut donc terminé en deux semaines, tel que convenu. Le propriétaire, qui avait gardé l'œil sur le travail, exprima sa stupéfaction et son admiration. "C'est bien beau, mais tu n'as travaillé que deux heures. Tu ne penses pas que c'est cher payé ?" Le jeune homme lui rappela que c'était lui-même qui avait fixé le prix ! L'homme en convint et remit les cent dollars au jeune homme. »*

Cette histoire sert à illustrer comment, en appliquant le principe de la compression, le jeune paysan avait calculé pouvoir faire un profit. Et ce qu'il ne fit pas fut aussi important que ce qu'il fit : IL NE SE VENDIT PAS. Au lieu de cela, il vendit le travail à d'autres ! Au lieu de rémunérer ses efforts, il accorda plutôt de la valeur aux résultats. Guidé par le sens de la valeur, il mit l'attraction, le magnétisme et la compression à l'œuvre. En combinant une série de choix pour pouvoir produire avec moins d'efforts, le jeune homme réalisa un profit. Et, ce faisant, il satisfit le propriétaire bien au-delà de ses attentes. Celui-ci exprima tout d'abord des réticences parce qu'il avait eu l'idée préconçue que le travail du jeune homme valait seulement cinq dollars l'heure. N'étant pas d'accord avec cela, le jeune homme justifia sa valeur personnelle et en donna plus que pour son argent au propriétaire.

En raison de ce qu'ils représentent, ces principes s'appliquent du moindre village à la métropole avec un succès qui relève du miracle. Ils constituent un creuset où le travail par l'effort se transforme en un travail générateur de valeurs. À mesure que nous entraînerons notre conscience à percevoir toute chose comme l'incarnation de valeurs (positives et négatives), nous cesserons d'avoir besoin d'employer l'effort pour réorganiser la vie. Une amie à moi travaillait dans la salle de courrier d'une grande firme de courtage à Wall Street. Elle réussit à accomplir quelque chose de semblable au jeune fermier en créant de nouvelles façons d'organiser, de traiter et de mettre le courrier en liasses. Comme elle était payée d'après un tarif horaire, elle obtint une prime en fonction du plan de redressement de la compagnie. Puis, pour son profit personnel, elle décida de rédiger un manuel d'instructions destiné à la mise en œuvre d'autres salles de courrier.

Quand je posai à Jésus d'autres questions sur le salaire horaire, il répéta un vieil enseignement : *« Tout homme doit être rémunéré pour le travail qu'il accomplit. Il n'y a rien de mal au salaire horaire, pourvu que vous développiez une conscience supérieure de ce que vous vendez. Faites que votre travail soit un échange fondé sur la valeur que les autres lui accordent. Mais ne vous vendez pas, ne vendez pas votre temps ni aucune partie de votre être.*

Dans le quotidien, c'est la perception ou la création de valeurs qui est la dimension de la conscience la plus syntonisée sur l'esprit. Lorsque ces aspects de la conscience viendront aussi constituer la base de votre économie, votre civilisation sera véritablement éclairée et en bonne santé. »

De bien des manières, Jésus mit l'accent sur le fait que nous sommes tous inestimables, sans prix. Plutôt que de mettre un prix sur nos efforts (mesurés seulement en fonction du temps passé à exécuter le travail), nous devrions selon lui fonctionner pour créer de la valeur. Ceci permet au travail d'être estimé à un prix et d'éviter à l'homme ou à la femme qui l'exécute de se vendre. Ce concept inédit me permit d'envisager une approche complètement nouvelle sur le plan des finances, la prise de conscience se résumant à l'idée que le véritable profit ne doit pas être réalisé aux dépens des autres. En définitive, une économie fondée sur la force ne génère aucun véritable profit pour personne. Elle ne fait que remettre en circulation des gains nets selon une courbe ascendante et inflationniste qui va tout juste assez vite pour pouvoir dissimuler les dettes.

Pour faire écho à cette prise de conscience, le Maître me fournit les explications additionnelles suivantes : *« L'inflation est le résultat de faux profits. On arrive à cela en maintenant l'incessante et croissante avancée des échanges monétaires à un rythme plus rapide que celui des dettes. Il y a donc illusion de profits. Aussi longtemps que la technologie, la production, l'expansion et l'énergie humaine pourront soutenir le mouvement, l'illusion elle aussi sera entretenue. C'est pour cette raison que l'inflation pique du nez dans les nations pauvres et qu'elle sait si bien se contenir dans les pays riches. L'inflation est le train de marchandises de l'économie d'une culture basée sur la force. Par contre, les économies qui s'appuient sur l'économie de moyens ne génèrent pas d'inflation et, par conséquent, ne "consomment" pas de vies. À un moment donné, les choses se passeront de cette façon-là sur la Terre. En attendant, chacun de vous peut commencer à gagner sa vie en partant du concept de la compression. D'autres vous emboîteront le pas quand ils verront que cela vous réussit.*

Chaque fois que vous faites quelque chose plus facilement et mieux, vous inspirez les autres à vous imiter. À mesure que vous découvrirez des façons plus efficaces de vivre et de travailler, il vous restera aussi davantage de temps pour les loisirs, les études, la prière, la méditation et la vie tout court ! Tout ce que vous faites se voit et se transmet. Par l'esprit qui est Un, rien ne passe inaperçu et tout se propage très, très vite ! »

Pendant qu'il me racontait cela me revint à l'esprit une histoire dont j'avais entendu parler dans un cours de zoologie et qui illustre parfaitement le pouvoir du partage. Elle nous emmène faire un tour dans le règne animal, plus particulièrement par l'observation du phénomène du « centième singe ». Les principes découverts par les observations suivantes ont depuis été étudiés sous tous les angles. D'après ce récit, un groupe d'anthropologues étaient partis étudier une espèce de singe sur une île, quelque part dans les mers du Sud. Là, les singes se nourrissaient principalement de patates douces. Chaque jour, leur rituel consistait à creuser le sable pour trouver une patate, à la casser en deux et à la manger. Leur habitude était de les manger par le centre pour éviter le sable collé sur la pelure, de jeter le reste et de recommencer la cueillette. Un jour, par ingéniosité ou par accident, un singe décida de laver sa patate, ce qui lui permit de la manger tout entière. Ceci voulait dire, bien sûr, qu'il y avait moins de déchets et ainsi qu'il n'avait pas à creuser autant pour trouver d'autres patates douces. Pour chaque tubercule qu'il consommait, les autres devaient en dégager trois. La gratification première, c'était qu'il n'avait pas besoin de cracher de sable et qu'il avait peut être alors le temps de jouer et de batifoler dans l'eau ! Les avantages qu'il tirait de ce geste avaient dû être évidents et remarqués. Néanmoins, son étrange comportement eut pour effet d'amener les autres singes à le considérer comme un numéro à part puisqu'il avait brisé la tradition. Malgré cette hérésie simienne, l'intelligence et la fonctionnalité eurent le dernier mot. Peu après, sa famille et ses proches compagnons se mirent aussi à laver leurs tubercules. Le nombre de singes à laver leurs patates augmenta lentement, alors que ceux qui conservaient l'ancienne tradition se tenaient à distance, observant les « futés » avec défiance. Le confort et l'habitude de la tradition – creuser pour dénicher une patate, cracher du sable et jeter la plus grande partie de ce qui était trouvé – avaient la vie dure mais l'emportaient encore sur la nouvelle manière de faire les choses. C'est pourquoi le changement ne se fit que très graduellement. Les anthropologues comptèrent patiemment un à un les singes qui changeaient d'habitude, les progrès étant très lents. Puis, un jour, une chose remarquable advint. Lorsque les anthropologues arrivèrent au compte de cent singes, tous les autres singes modifièrent leur façon de faire ! Un phénomène d'inversion était venu modifier collectivement la conscience de tous les singes. À partir de ce moment-là, tous les singes de l'île se mirent à laver leurs patates douces ! Mais une chose encore plus extraordinaire se produisit. Cette petite île figurait parmi un chaînon d'îles sur lesquelles les singes qui y habitaient avaient pratiquement les mêmes habitudes alimentaires. Dès que le paradigme changea sur la première île, il changea également sur toutes les autres ! La synchronicité spontanée est le résultat tangible et pragmatique du dialogue spirituel. Consciemment ou non, la communion entre l'Un et l'existence se perpétue *ad vitam aeternam*. Quand nous nous ouvrons à cela avec amour, nous connaissons des moments d'extase, des moments puissants d'intuition et de prises de conscience spontanées. Un bien plus grand bienfait de cette unité d'esprit est d'y prendre part volontairement et consciemment du plus profond de notre être. Une telle communion nous apportera de précieux moments d'exaltation où les réalités intérieures et extérieures concorderont harmonieusement.

Par l'esprit qui n'est qu'un, nous sommes tous en contact les uns avec les autres. Et l'amitié nous est ainsi accordée. Nous sommes en contact avec Dieu et nous connaissons la paix. Nous ressentons un besoin et quelque chose vient y répondre. Nous exprimons un espoir et une vision nous apparaît. Nous sentons une émotion et son expression nous est livrée. Nous envisageons une vérité et la parole nous est donnée. Avec la simplicité des enfants, admirons l'esprit avec émerveillement. Cependant, nous ne le trouverons pas en scrutant l'horizon, les plus hauts sommets ou l'étoile polaire. L'esprit règne, invisible, au fond de nous, ainsi que cela est si bien décrit dans l'Évangile selon saint Luc, chapitre 17, versets 20 et 21 : *« On n'accède pas au royaume de Dieu par l'observation. Et personne ne peut dire : "Regardez, il est ici ou il est là !" Car, bien sûr, le royaume de Dieu est en vous. »*

Chapitre 6

Le cœur, votre intelligence supérieure

Nos discussions concernant le cœur furent la pierre angulaire de toutes les autres. C'est sur ce thème que Jésus s'attarda le plus longtemps. En fait, il le reprit fréquemment pour enjoliver la valeur des autres sujets abordés. Pour le Maître, le cœur est sacré et, de toute évidence, semble être sa demeure première. *« Le cœur est le lien qui vous unit à Dieu et à l'univers. Il harmonise votre expérience personnelle, votre conscience et votre caractère, et syntonise le tout sur ce qui est au-delà de votre entendement. »* Lorsqu'on avalise cette affirmation, on ne peut qu'arriver à la conclusion que le cœur est notre demeure première à nous aussi, le point à partir duquel la vie éclôt en nous et grâce auquel notre pérennité immortelle est assurée. *« Le cœur est magnétique, silencieux et paisible. Quand vous êtes dans le cœur, vous avez l'impression de vous reposer dans un paisible lac céleste ou de flotter dans le vide. En tant que centre magnétique, il est l'instrument qui génère toute votre énergie vitale. Et lorsque vous lui laissez les rênes, votre niveau énergétique augmente sur les plans physique, mental, émotionnel et spirituel. C'est également dans le cœur que se trouvent la clarté, la détermination, l'assiduité, l'intention, la tranquillité, le respect, la justice, la bienveillance et les perceptions de grandeur. »*

Un jour, alors que nous parlions du cœur, il m'invita à me servir du diagramme que j'avais tracé pour illustrer le Grand Triangle, ajoutant qu'il fallait y ajouter un élément pour qu'il soit complet. Il me demanda la chose suivante : *« Dessine un cercle dans le centre du triangle avec rien dans son centre. À partir de son périmètre, trace des rayons lumineux allant vers l'extérieur. Ceci sera l'indication d'un point de focalisation ainsi que celle d'un mouvement d'extension vers l'infini. Si je devais visuellement vous expliquer l'endroit où le cœur se situe au sein de l'existence, ceci serait une façon très pertinente de le faire. En essence, le cœur est le point central de la paix et de la tranquillité à partir desquelles l'infinité peut être appréhendée. Lorsqu'un être appréhende l'infinité, il active tous les niveaux de potentiel à l'intérieur et à l'extérieur de lui. L'amour que cet être est, l'esprit qui est Un et les particules adamantines confondent leur existence sous la gouverne du cœur. L'âme d'une personne est l'unité où se combinent l'amour, l'esprit, les particules adamantines, l'expérience, les actes, les espoirs et les rêves. Pour l'âme, le cœur est la porte qui donne aussi bien accès à la vie qu'à l'éternité. Le cœur est l'intemporelle et indestructible source de toute connaissance supérieure. Chez tous, c'est le point où les forces intérieures et extérieures sont identiques. C'est dans le cœur que la volonté de Dieu et la vôtre peuvent s'harmoniser. »*

Il était clair que le cœur dont il parlait était quelque chose de bien plus puissant et vaste que tout ce à quoi nos lieux communs font allusion. C'est pour cela que je lui demandai un jour pourquoi il choisissait de m'entretenir de quelque chose d'aussi impressionnant et primordial en lui donnant le nom d'un organe physique, même si cet organe revêt une importance cruciale dans nos vies et fait l'objet d'une multitude d'histoires et de légendes.

« Il s'agit d'un symbole important qui s'accompagne de connotations génératrices de vie. Faites en sorte d'élargir la compréhension que vous en avez. Comme c'est le cas pour le moyeu d'une roue ou l'œil d'un cyclone, vous avez en vous un endroit paisible où les aspects physique, mental, émotionnel et spirituel de votre vie communient dans une intention commune et en harmonie. Dans cet endroit, on ne distingue aucune différence temporelle, spatiale ou substantielle. L'organe corporel en est l'expression physique. La qualité de la vie qu'il engendre se reconnaît à la vitalité et à la force de votre sang. Ce n'est pas par accident que le sang est un symbole de vie. De futures découvertes médicales viendront confirmer ce fait. »

Pendant qu'il m'expliquait en détail le cœur, ses paroles vibraient magnifiquement alors que je sentais les limites de mon propre conditionnement sur le sujet. Ce qui me renversa, ce fut de réaliser à quel point ce conditionnement s'avérait si impropre. Même quand on ne le comprend pas totalement, il n'y a aucun autre sujet dont on parle plus que le cœur dans notre culture. Nous avons la Saint-Valentin, et puis nous avons Noël, la fête des Mères, la fête des Pères, le jour de l'Armistice, ainsi que de nombreux autres événements qui célèbrent la dévotion. La musique joue des chansons pour les cœurs brisés, que les psychologues essaient de raccommoder. On évoque le pouvoir du cœur sur les panneaux d'affichage, dans les publicités des magazines et à la télévision pour vendre de tout, de la nourriture pour chiens aux automobiles. Pourtant, nous en savons si peu sur sa véritable et profonde signification. Pour ce qui est du cœur physique, les médecins déclarent que cet organe n'a jamais été aussi fort, raison pour laquelle nous sommes plus corpulents, plus grands et vivons plus longtemps. Pourtant, en même temps, les maladies cardiaques l'emportent dans la course au paradis ! Le cœur physique est un organe vital qui possède de grandes et merveilleuses ressources qui restent encore à découvrir. La médecine et la philosophie orientales nous ont appris qu'il existe un important et merveilleux champ énergétique autour de nos corps et de nos cœurs physiques. Et chaque jour, les preuves s'accumulent renforçant l'idée que ce champ complexe d'énergie électrique est une source vitale d'énergie pour le cœur physique. L'étude de l'acupuncture permet d'approfondir le sujet et s'adresse à quiconque est intéressé à en savoir plus sur les méridiens du corps. Ce fascinant sujet donne accès à un monde totalement nouveau de connaissances qui viennent compléter la science et la médecine occidentales. Certaines références à propos du cœur proviennent de la psychologie populaire. De nombreuses études, références et thérapies s'attardent à la différence qui existe entre les hémisphères droit et gauche du cerveau ainsi qu'aux styles de vie leur correspondant. Elles allèguent que les gens qui fonctionnent à partir de l'hémisphère droit sont des gens de cœur. Autrement dit, que ce sont des êtres émotionnels, intuitifs, empathiques et sensibles. Par contre, les individus qui fonctionnent à partir de l'hémisphère gauche sont des personnes logiques, analytiques et qui ont l'esprit d'initiative et de compétition. Cette dichotomie est souvent poussée à l'extrême quand on dit que les gens de cœur sont « féminins » et que ceux qui sont logiques sont « masculins ». De telles observations comportent une certaine vérité puisque le cerveau est divisé en deux parties. Néanmoins, pour limitées qu'elles soient, de telles observations nous renvoient des vérités, l'une d'elles étant que, dans notre culture, le cœur a en général été considéré comme l'aspect émotionnel, empathique, intuitif et féminin de notre être. La plupart des gens sont passés à côté du spectre complet des pouvoirs du cœur. Toutes les considérations précédentes sur le cœur sont importantes et valables. Cependant, chacune prise à part est incomplète. Même toutes ensemble, elles n'arrivent pas à la hauteur du Cœur sacré dont Jésus me parla.

Depuis les années qui ont suivi nos entretiens, de grands progrès ont été réalisés sur le plan de la compréhension. La lecture d'un article récemment publié par l'érudit scientifique Chilton Pierce me combla d'aise. Il y décrivait que la recherche effectuée dans plusieurs domaines confirmait que le cœur est le siège principal de l'intelligence chez les êtres humains. Il y précisait que soixante à soixante-cinq pour cent des cellules du cœur sont en réalité des cellules nerveuses et non pas des cellules musculaires, tel qu'on le croyait auparavant. Non seulement ces cellules sont les mêmes que celles du cerveau, mais elles disposent des mêmes connexions et du même genre de neurotransmetteurs que l'on trouve dans le cerveau. Ces liens connecteurs, appelés ganglions nerveux, sont reliés à chacun des principaux organes du corps. De plus, Pierce explique clairement de quelle manière le cœur crée un champ électromagnétique autour du corps qui rayonne de 2,70 m à 4 m. Ce champ est aussi bien vibratoire qu'holographique, ceci voulant dire qu'on peut s'y raccorder à partir de n'importe quel point du corps, même microscopique. Sa recherche laisse entendre que le champ énergétique du cœur est l'émetteur de tout le spectre d'ondes radio à partir duquel le cerveau soustrait la substance qui lui permet d'articuler à l'intérieur de nous l'expérience que nous faisons du monde[8].

Cet article me rappela une déclaration intrigante que Jésus fit à plusieurs reprises. « *Il existe chez chacun de vous un point où les composantes physiques, spirituelles, émotionnelles, intellectuelles et intentionnelles de l'existence sont parfaitement synchrones. Là, les différences disparaissent en ce qui a trait aux éléments, au temps, à l'espace et aux conjonctures. Il s'agit du point zéro que l'on peut connaître avant la naissance, immédiatement après la mort et entre les deux, chaque fois que notre volonté s'accorde parfaitement avec celle de Dieu. Tous les gens peuvent se raccor-*

der au Créateur par ce point sacré, même s'ils ont erré longuement pendant qu'ils vivaient. À ce point de véritable simplicité, vous pouvez entrer en communion parfaite avec le Père et, chaque fois que vous le faites, votre vie est renouvelée ou même transformée.

Le cœur est un vortex magnétique par lequel les bienfaits de toute essence ou de tout potentiel sont reçus, assimilés et réorientés vers la vie. Grâce aux lois de l'électromagnétisme, ce pouvoir est converti en énergie vitale. Étant essentiellement de nature magnétique, le cœur fonctionne à son meilleur par le truchement de la conscience innocente, qui attire et reçoit. Les jugements et les gestes qui divisent et repoussent fermeront la porte du cœur derrière vous. Si vous voulez renforcer le cœur, vous devez d'abord apprendre à percevoir avec innocence, accepter et pardonner. Lorsque vous conférez du pouvoir au cœur, celui-ci s'ouvre à vous. Tout d'abord, vous remarquerez ce changement par votre regain de passion pour la vie, un sommeil plus paisible ou une meilleure digestion. Le cœur est la pierre angulaire de votre santé et de votre qualité de vie. C'est pour cette raison que ce sont ces éléments qui en subissent les bienfaits en premier. Plus vous avalisez votre cœur, plus votre vie s'épanouit et plus vous disposez d'énergie pour procéder à des changements majeurs dans votre vie. À un moment donné, ces visites faites au cœur vous permettront de réaliser vos plus chers rêves. Les degrés énergétiques que vous atteindrez transformeront et métamorphoseront tout. »

Dans un monde si obsédé par le pouvoir, il est ironique que le cœur soit si peu compris, car Jésus a dit que *« le cœur est la véritable source du pouvoir humain ».*

Ma réaction à ce commentaire me poussa à lui poser une question sur un problème qui me préoccupait beaucoup. « Tu as déjà clairement expliqué que l'amour est le pouvoir de l'univers et maintenant tu me dis que le Cœur sacré est le centre du pouvoir conféré à l'humanité. Avec de telles bases positives, pourquoi le pouvoir pose-t-il une telle difficulté et un tel problème de corruption sur la planète Terre ? »

« LE PROBLÈME CE N'EST PAS LE POUVOIR, MAIS SON SUBSTITUT, LE FAUX POUVOIR ! »

Je saisis immédiatement ce qu'il entendait par là, voyant très bien où il voulait en venir. Néanmoins, comme je ne voulais rien tenir pour acquis, je lui demandai ce qu'était le pouvoir substitut.

« Le véritable pouvoir passe par Dieu et lui est inhérent. Par les liens éternels qui nous relient au Créateur, CE POUVOIR EST TRANSMIS À TOUS LES INDIVIDUS ET À TOUS LES ÊTRES VIVANTS, ET EST AUSSI INHÉRENT À CHACUNE DE CES VIES. *Étant donné que tout pouvoir provenant de Dieu est essentiellement pur, un tel pouvoir ne peut se perdre ou se corrompre que si une personne renie l'amour et se dissocie de Dieu. L'homme attribue un pouvoir substitut à la structure, à l'autorité et aux forces extérieures à lui. Le faux pouvoir peut lui permettre d'exercer son influence sur son milieu de vie. Cependant, lorsque ce faux pouvoir assume les droits du pouvoir réel, il y a rapidement corruption. Par exemple, lorsque deux hommes fondent une entreprise, ils créent également un pouvoir substitut. S'ils s'entendent là-dessus et supervisent tous deux la chose, alors la structure qu'ils ont créée peut être utile. Mais si l'un d'eux usurpe les droits de l'autre et s'octroie le pouvoir à son seul profit, il y aura certainement corruption. L'éducation scolaire des enfants est aussi un pouvoir substitut avalisé par les parents. Aussi longtemps qu'il reflète les valeurs et les désirs des parents, ce pouvoir reste dans des limites justes. Mais s'il est employé pour saper le véritable pouvoir qui existe entre les parents et les enfants, il y aura des problèmes. Un gouvernement en est un autre reconnu par les citoyens. Aussi longtemps que ce gouvernement est au service des besoins des citoyens et qu'il respecte le pouvoir réel à partir duquel il a été établi, ce dernier peut être utile. Mais dès l'instant où le pouvoir substitut s'abroge les droits du pouvoir réel, il y a corruption. En général, ceci survient par l'emploi de la force, de la coercition au conformisme, de la suppression des droits et de la malhonnêteté. Le pouvoir substitut s'appuie toujours sur le véritable pouvoir. Lorsque cette règle est respectée et reconnue ouvertement, le pouvoir substitut peut servir d'allié à l'autorité. Par contre, si la force et la malhonnêteté ont renversé l'ordre des priorités pour donner l'impression, fausse, que le pouvoir substitut est le véritable pouvoir, alors vous vous retrouvez dans une situation où la puce essaie de posséder le chien à grands renforts de menaces et de punitions.*

Dans de telles conditions d'oppression, rien ne fonctionne mieux que la déclaration de la souveraineté des droits propres au pouvoir inné. Ainsi se révèle le pouvoir de tous les véritables libérateurs. C'est ce que les Pères fondateurs de votre nation firent en 1776. C'est ce qui advint avec l'abolition de l'esclavage. Cela se produit également dans les collectivités, les familles, les carrières et la vie des gens. C'est ce qui arrive quand une personne revient dans le cœur et active le pouvoir inné qui a été conféré à ce point par le Créateur. Bien sûr, le pouvoir substitut rétorque parfois, mais il ne gagne jamais. Car il ne possède aucune autorité propre.

Il incombe à chaque individu d'établir la différence entre le pouvoir inné et le pouvoir substitut et d'honorer cette différence. Votre pouvoir inné se trouve dans l'enfant de Dieu que chacun de vous est, dans l'amour que vous êtes et dans l'éternel lien que vous entretenez avec le Créateur par le Cœur sacré. Dans votre vie, vous déléguez aussi ce pouvoir à de nombreuses identités créées de toutes pièces, surtout des identités d'ordre social, professionnel, et arrivistes. Dès qu'une de ces identités prend le dessus et régit votre vie, c'est-à-dire s'abroge les droits de votre pouvoir inné, les problèmes surgissent. Le terme "ego" signifie plusieurs choses dans votre langage. Néanmoins, les problèmes dysfonctionnels associés à l'ego s'expliquent parfaitement comme étant le résultat de l'abrogation du véritable moi par les fausses identités.

Au plus profond de votre être réside votre centre sacré. Il s'agit de ce lieu paisible et tranquille où vous ne faites qu'un avec Dieu. C'est par ce lien que votre pouvoir inné vous est révélé. Par conséquent, vous ne pouvez vous permettre de sous-estimer cela. Et la connaissance du cœur n'a également pas de prix dans votre vie. C'est un endroit où vous devez être seul, car c'est votre endroit personnel sacré. Juste le fait d'y être est en essence un acte de prière. Lorsque j'ai dit à mes disciples d'aller dans un endroit isolé pour prier, je parlais au sens propre et au sens figuré. D'abord pour trouver un lieu tranquille et isolé. Ensuite, pour rester dans cet endroit approprié afin de se retirer dans le lieu sacré intérieur.

Le Cœur sacré occupe une position précise dans le corps, position qui peut légèrement varier selon les gens. Il se situe entre la colonne vertébrale et le cœur physique, de 2,5 cm au-dessus du cœur physique à 7,5 cm au-dessous de celui-ci. Même si le cœur physique est sur le côté gauche du corps, le cœur sacré se trouve sur l'axe central du corps. Chez les gens qui mènent une vie très physique, comme les athlètes et les travailleurs manuels, le vortex énergétique du Cœur sacré est localisé plus bas en raison du besoin qu'ils ont d'avoir une assise physique équilibrée. Chez les intellectuels et les musiciens, il sera un peu plus haut. »

En ce qui me concerne, il me conseilla de le chercher plutôt vers le haut en raison des fréquences et des inspirations qui sont le propre de ma réceptivité sur le plan esthétique.

« Quand vous descendez dans votre cœur, l'attention doit se transformer en silence. Elle doit descendre jusqu'à ce qu'elle s'apaise. Par cette contemplation paisible, vous pouvez voir l'unité dans tout ce qui est. Cet endroit est votre jardin sacré, car il est la charnière entre le corps et l'âme, entre le physique et l'immortel, entre vous et Dieu.

Quand le cœur est en santé et totalement vivant, c'est l'endroit où chacun va le plus naturellement. Mais quand une personne l'a oublié et abandonné, elle peut éprouver certains problèmes pour y retourner. LA CHOSE ESSENTIELLE AVEC LE CŒUR, C'EST QU'IL EST MARQUÉ DE L'EMPREINTE DE VOTRE VÉRITABLE CARACTÈRE ET DE CELUI DE L'AMOUR QUE VOUS ÊTES. C'est la seule façon dont il peut vous reconnaître. Par conséquent, si vous essayez d'entrer dans votre cœur en présentant de fausses identités, de faux programmes, des pensées impures ou tout autre excédent de bagage, il se peut que vous ne présentiez pas le mot de passe voulu. Votre dignité, c'est d'être dans le cœur, puisqu'il s'agit de votre demeure originelle, du centre de votre être. Par contre, étant donné que le cœur est le défenseur de votre âme immortelle, son système de sécurité est infaillible. Car, par la volonté de Dieu, ce qui n'est pas vous ne sera pas reconnu. Il faut vous délester de toutes les illusions, de tous les faux-semblants et de tous les jugements quand vous arrivez à son seuil. N'est-ce pas également ainsi que vous devez entrer au royaume des cieux... comme un petit enfant ?

Il y a deux façons d'entrer dans le cœur. La façon la plus simple est de calmer le mental par le lâcher-prise et la résolution. Ce faisant, vous permettez à votre attention de devenir ce petit galet que l'on jette dans un grand lac paisible. Laissez-vous dériver en flottant dans le silence et le vide jusqu'à ce que vous trouviez l'apaisement. L'autre approche est un peu plus ardue. Mais si vous persévérez, elle deviendra plus facile. Le processus, axé sur le nettoyage et la transformation, se résume à ouvrir et à rentrer directement dans le cœur afin de lui redonner ses titres de noblesse en tant que centre sacré. Cette méthode vous permettra de localiser le passage par lequel le cœur communique avec l'infinité, l'Esprit qui est Un et le Père.

Pour commencer, vous devez être conscient du champ d'énergie dans lequel votre corps baigne, une sorte de cocon protecteur. Puis, avec votre troisième œil, votre œil intérieur, visualisez à partir de l'extérieur de ce cocon, derrière votre dos, un point qui se trouve devant votre colonne vertébrale. À partir de ce point sur le cocon, scrutez votre colonne vertébrale comme si vous cherchiez l'entrée d'une grotte, de votre cœur. Il se peut, au départ, que son ouverture soit très petite. Quand vous y pénétrez, celle-ci se dilatera et vous y verrez peut-être l'infini. Chez certaines personnes, cette entrée est si hermétiquement close qu'elles peuvent tout juste en sentir la présence. Au sens figuré, il faudra retirer la grosse pierre placée devant l'entrée pour découvrir le passage. Mais ne vous découragez jamais, car l'ouverture est là. Vous finirez par la dénicher si vous continuez à la chercher et elle s'ouvrira lorsque vous frapperez à la porte. Ne vous laissez pas trop déboussoler par votre première impression. Il se peut que vous sentiez l'air froid et sombre du cosmos, car, étant donné que l'esprit est plus frais que le corps, un effet de refroidissement a lieu. Certains d'entre vous verront peut-être un buisson ardent devant l'entrée. D'autres distingueront une porte entourée de flammes ou encore apercevront ou sentiront un ange imposant avec une épée en train de garder l'entrée. Vous hésiterez peut-être à vous introduire en raison de la sacralité de l'espace et voudrez retirer vos chaussures, symboliquement parlant, ou vous purifier dans l'eau baptismale. Ceux qui ne sont pas prêts à recevoir cette perception la nieront ou s'enfuiront, car la sacralité qu'ils discerneront est le lien qu'ils ont avec Dieu. En passant la porte du cœur de cette façon, vous recevrez la sagesse qui a été mise là pour vous dès le début. Plus vous prendrez conscience du Cœur sacré, plus seront ravivées en vous des dimensions de l'intelligence que vous avez égarées. Ou à tout le moins, vous connaîtrez une profonde et véritable relaxation. »

Il m'expliqua que le cœur guide toujours nos vies, que nous fassions appel à lui ou pas, que nous le reconnaissions ou pas. Il reste constamment le lien sacré que nous entretenons avec le Père et fonctionne toujours en tant que centre de l'intelligence supérieure.

« Par le cœur, le Père est toujours avec vous. Et chaque visite que vous effectuez à ce sanctuaire privé renforce la relation avec lui et avec votre Créateur. Juste le fait de s'y trouver est déjà une prière. Peu importe ce que vous dites, puisque le Père connaît vos moindres désirs et besoins. La prière que j'ai enseignée à mes disciples était spécialement formulée pour faciliter le renforcement du lien entre le Père et l'enfant, entre le Ciel et la Terre. La fonction du cœur est d'honorer ce lien sacré. »

Le Notre-Père est probablement la prière la plus connue de toute l'histoire humaine. Elle a été traduite dans presque toutes les langues et a été modifiée de bien des manières. À l'origine, elle fut dite en araméen. En étudiant attentivement les paroles qui la composent dans cette langue, on peut conférer davantage de force et de clarté à la version que je connais depuis mon enfance :

Notre Père qui êtes aux Cieux,
Que votre nom soit sanctifié,
Que votre règne arrive
Et que votre volonté soit faite
Sur la Terre comme au Ciel.
Donnez-nous aujourd'hui notre pain quotidien
Et pardonnez-nous nos offenses
Comme nous pardonnons aussi à ceux qui nous ont offensés.
Ne nous laissez pas céder à la tentation,
Mais délivrez-nous du mal.

« Lorsque le lien avec le Seigneur est puissant, les paroles n'ont pas d'importance. En réalité, les paroles sont beaucoup moins importantes que le fait d'être dans le Cœur sacré. La prière que j'ai donnée à mes disciples a une qualité spéciale en ce sens qu'elle a été conçue pour les amener à entrer directement dans le Cœur sacré. Elle fera de même pour tous ceux qui méditent

avec révérence sur le sens de ses paroles. Les paroles sont exactes, même si malheureusement quelques traductions ont remplacé le terme "offense" par "péché", ce qui est incorrect. Dans ce lieu sacré, vous n'amenez même ni le mot ni le concept de péché. Mais il est juste et approprié que vous demandiez que vos offenses soient effacées à l'entrée. Le désir de Dieu est que vous viviez dans la complétude et l'abondance, pourvu que ce soit ce que vous souhaitiez aux autres.

Il baigne dans l'unité et la perfection, et ne sait rien du péché. C'est entre vous que vous avez besoin de demander pardon. Voilà pourquoi je vous ai dit que si un homme a offensé son frère, il doit en premier lieu aller le voir et lui demander pardon. Alors, il sera pur de cœur et pourra entrer dans le temple. Ainsi, quand vous êtes purs de cœur, vous ne faites qu'un avec Dieu. C'est ce que j'entendais par les paroles suivantes : "Bénis soient ceux qui ont le cœur pur, car ils verront Dieu."

Très souvent, quand je parlais du temple, je faisais référence au Cœur sacré et non à un édifice. De même, quand il était question du royaume des Cieux, je pensais à la zone de perfection que représente le lien entre Dieu et l'homme, lien qui se trouve dans le Cœur sacré. Le créateur de la perfection, c'est Dieu. Là où cette perfection existe, il y a le ciel. Pour l'homme, la porte d'accès à cette perfection, c'est le Cœur sacré. Trouvez d'abord celui-ci et tout vous sera ensuite donné.

Dans le silence sacré, vous connaîtrez peut-être la béatitude et la tranquillité. Ceci vous comblera ou sera guérissant. Ou bien vous verrez l'infinité se déployer sous vos yeux. Ce point d'observation est la base de votre conscience supérieure, car l'infinité vous honore, vous, l'amour que vous êtes, en tant qu'une parcelle de l'Un dans l'éternelle vastitude de tout ce qui est. Dans ce centre de sagesse inestimable, vous découvrirez des dimensions d'intelligence particulière qui vous guideront sans cesse vers les actions justes. Sept dimensions d'intelligence ont leur source dans le cœur. Ces dimensions peuvent être considérées tout d'abord comme des principes de vie. Puis, à mesure que vous les maîtrisez mieux, vous finissez par les voir comme des dimensions appartenant à des connaissances et à des facultés supérieures. Ces dimensions sont l'unité, l'amour, la vie, le respect, l'honnêteté, la justice et la bienveillance. Grâce à elles, le cœur peut rétablir l'intégralité d'une infinité de façons pour obtenir une infinité de résultats en fonction d'une infinité de points de départ. Telle est la faculté du cœur.

Toute réalité, l'existence matérielle y compris, émerge de l'infini et pas le contraire. Avec Dieu, l'infini est une cause première. En tant qu'enfant de Dieu, chacun de vous fait également partie de l'infini. L'infini est le potentiel illimité de Dieu, qui se manifesta d'abord en tant que conscience, puis en tant qu'amour, ensuite en tant qu'esprit et enfin en tant qu'un ensemble infini de particules adamantines pouvant être combinées d'une infinité de manières. N'oubliez pas cependant que, puisque vous êtes un aspect de Dieu, vous faites partie de l'infinité et non pas de la structure qui en résulte. Dans l'ordre des choses, cette position vous permet d'avoir un aperçu de l'infinité et de regarder la vastitude de l'existence physique sans vous sentir dépassés par celle-ci. C'est ce point de vue qui vous laisse être l'individu que vous êtes, absolument unique dans un univers qui prospère par la duplication, la reproduction et la similarité. Vous restez à tout jamais vous-même, car vous faites partie de l'infinité et êtes donc étranger à l'univers physique. Vous êtes une rallonge de l'infinité divine, et c'est le cœur qui vous amène à percevoir celle-ci. Le cœur est le don que Dieu vous a fait. C'est le lien qui vous unit éternellement au Créateur. »

Je réfléchis un peu et lui demandai ensuite : « À l'origine, n'étions-nous pas un ? À partir du point du vue de l'Un, n'y a-t-il pas déjà l'infinité ? Pourquoi a-t-il fallu autre chose ? »

« Si vous aviez un poste de radio monophonique équipé d'un seul haut-parleur mais produisant un son infini et parfait, ne préféreriez-vous quand même pas un système stéréophonique ? Le Saint-Père, la source d'infinité, est bien entendu l'Un et l'infinité. Néanmoins, sa grandeur rayonne bien au-delà pour engendrer ce que vous pourriez appeler l'infinité stéréophonique !

Et ceci s'accomplit à travers ses enfants ! Voyez-vous, l'infinité du Père précède les enfants, mais avec ses enfants celle-ci est l'essence vivante d'un univers stéréophonique. Sans eux, l'existence ne serait pas stéréophonique. Autrement dit, ce phénomène créé en raccordant le principe de l'infinité à une infinité de points de vue ne pourrait pas exister. VOUS ÊTES PAR CONSÉQUENT LA RICHESSE DE L'UNIVERS, LA PROFONDEUR ET LA FINALITÉ DE TOUT. Il est essentiel que vous respectiez votre individualité et la conscience de ce que vous êtes. C'est à partir de cette conscience que vous pouvez penser et imaginer. C'est cette conscience qui vous confère le droit d'être une source additionnelle d'infinité et de création. Sans cette conscience, vous seriez un automate qui réagirait inconsciemment à des conditions déterminées d'avance. Cette conscience est l'étincelle qui active votre propension à être une source secondaire d'infinité. Et quand vous communierez avec l'infini, votre existence prendra des dimensions élargies. L'univers est un partenariat où le Créateur peut se reposer à son aise et le créé, jouir de sa liberté ! C'est une relation dont vous pouvez faire l'expérience avec d'autres sur un mode symphonique lorsque vous voyez les yeux du Père dans les yeux de vos frères. Vous faites ainsi rayonner la richesse symphonique de l'infinité. »

Selon moi, il semblerait que nous ne réussissions pas à reconnaître cette relation symphonique en raison de l'indifférence et du mépris. Bien trop souvent, nous négligeons nos compagnons par manque de respect, par aversion, par jalousie ou simplement par manque de conscience de la valeur qu'ils représentent pour la vie. Une blague paysanne rend bien l'essence d'une telle omission. Il y est question d'un fermier qui avait une belle terre ainsi qu'une merveilleuse ferme. Même si le travail avait été dur, la récolte était abondante. Quand le moment de la récolte fut presque arrivé, l'homme passa un moment debout près de son tracteur à admirer la généreuse récolte à venir. Le révérend de la paroisse s'adonna à passer en voiture et se gara près de lui. Le bon révérend lui fit un signe aimable de la main en faisant la remarque suivante : « Le bon Dieu vous a gratifié d'une magnifique ferme, n'est-ce pas ? » Ce à quoi le fermier répliqua : « Ça c'est sûr ! Et vous pouvez pas savoir le nombre de fois où j'ai remercié le ciel de m'avoir donné tout cela ! Mais vous auriez dû voir de quoi cette terre avait l'air quand elle était seulement à lui ! »

« Vous êtes tous indispensables pour assurer l'expansion de l'infinité. Vous êtes cette dimension additionnelle. Et c'est le cœur qui est l'outil vous permettant d'actualiser cette dimension. C'est là que commence votre intelligence supérieure. »

Puis, il m'expliqua qu'il y a dans la vie plusieurs niveaux et qualités d'intelligence visant à créer la conscience et à manifester les solutions devant résoudre les problèmes. Le niveau le plus élevé d'intelligence est l'amour lui-même, car il détient à lui seul les secrets et les solutions suprêmes de l'existence. Le niveau le plus bas, et le propre de l'homme, est la biogénétique, qui voit aux fonctions corporelles et à l'instinct de survie. L'intelligence biogénétique est incapable par contre de formuler des lignes de conduite étant donné sa peur extrême de la mort et son attitude combative face au milieu de vie. Lorsque l'intelligence biogénétique essaie de faire de la philosophie, elle considère la moralité comme le résultat de la punition et de la culpabilité, et le pouvoir, comme un impératif territorial. Les similarités raciales, politiques et sociales deviennent les fondements de l'inclusion ou de l'exclusion, et Dieu est vu comme un allié qui nous épaule dans nos combats quotidiens, pourvu que nous soyons obéissants. Heureusement, il y a au-dessus de ce niveau d'intelligence un esprit qui sait colliger et assimiler des perceptions et des informations d'une bien plus grande envergure. Quand un homme développe sa conscience, les perspectives étroites propres à l'intelligence biogénétique sont supplantées par un plus grand éventail de capacités et d'aptitudes mentales. Jésus m'expliqua que le mental est une immense mémoire qui ingère l'information et agence les expériences en motifs logiques en vue d'applications pratiques. Son plus beau produit, c'est le rationnel. Sa plus grande limite, c'est la dépendance aux modèles structuraux de pensée.

« Le mental est un instrument d'agencement de fonctions alternées qui sont empreintes électriquement sur un mode mathématique binaire à la façon d'un ordinateur. L'intelligence du mental est un système de connaissances créé par le milieu qu'il sert. Par milieu, j'entends quelque chose d'aussi petit que le quotidien ou d'aussi vaste que le cosmos. L'impression d'expansion dans le mental provient du simple fait qu'il y a dans le petit les motifs qui se retrouvent dans le vaste. La taille du mental n'a cependant pas d'importance, car celui-ci n'est toujours qu'un serviteur. Il n'a donc pas l'étoffe d'un maître. »

Lorsque le mental essaie de philosopher, il a recours à des concepts ayant une forme idéalisée. Par conséquent, ses formules tombent toujours en deçà des vraies réalités de la vie. Pour lui, la bienséance, la correction et la réforme constituent le concept de base de la moralité. Le pouvoir, quant à lui, s'évalue en fonction des possessions de connaissances. Et la société est fondée sur des hiérarchies. Pour le mental, la loi est une question de correction plutôt que d'équité. Lorsque l'intelligence du mental envisage la réalité divine, elle le fait par le truchement de concepts idéalisés qui sont conçus pour distinguer la perfection de l'imperfection et pouvoir émettre un jugement à leur sujet.

Malgré ses limites, il est un serviteur précieux qui a par-dessus tout conféré à l'homme une certaine dignité dans son milieu en lui permettant de maîtriser les forces de la nature. Il a aussi donné à l'être humain un vaste éventail d'informations sur l'univers et le loisir d'obser-ver celles-ci. L'homme doit donc rendre hommage au mental pour les nombreux services qu'il lui procure. Néanmoins, vu l'incapacité du mental à expliquer la vie par la compassion, il ne faut pas s'étonner si une grande partie de l'humanité s'en tient fermement à des explications de la vie qui proviennent de l'intelligence biogénétique. Mais au moins, l'intelligence biogénétique est provie et endosse les alliances dans les cercles fermés. Ces considérations concernant le mental servirent de toile de fond à une discussion que nous eûmes à un moment donné. Il fit à ce sujet la remarque suivante.

« IL EST IMPÉRATIF QUE L'HOMME RECONNAISSE L'INTELLIGENCE SUPÉRIEURE DU CŒUR, CAR LE MENTAL À LUI SEUL NE PEUT LUI DIRE QUI IL EST. L'intelligence biogénétique est une arme fatale lorsqu'elle est combinée au potentiel technologique actuel. À l'inverse du mental, le cœur est une fonction d'intelligence fondée sur la simplicité et la synchronicité suprêmes. Sa matrice est en fait un centre synergétique de conscience qui perçoit le lien unifié avec tout.

Les niveaux d'intelligence qui sont à la disposition de l'humanité pourraient se résumer à la survie, la logique, la synchronicité et l'amour. Ces quatre niveaux existent chez tous les humains, bien que chacun s'attarde à celui qui le sert le plus. Si une personne en sait peu sur l'intelligence du cœur ou sur l'intelligence de l'amour, elle s'attardera sur les autres possibilités qui lui sont données. L'intelligence biogénétique est bien équipée pour pouvoir assurer la vie physique et interagir émotionnellement avec le milieu ambiant. Le mental, quant à lui, peut rédiger des rapports et imaginer des navires lance-fusées. Mais ni l'une ni l'autre de ces intelligences n'a la capacité de donner un sens à la vie ou d'établir un lien avec le Divin. Les tentatives pour les étendre en dehors de leur champ d'application se sont soldées par de destructeurs malentendus.

Et pour finir, il y a l'intelligence infinie et omnisciente. Il s'agit de l'Esprit qui est Un. On pourrait aussi peut-être l'appeler le mental cosmique, bien que le mot intelligence soit plus approprié pour en décrire la fonction universelle. À proprement parler, un mental est composé d'un minimum de structure puisqu'il comporte des circuits, des combinaisons finies et des applications.

Seule la simplicité du cœur peut appréhender l'infini et relier le ciel à la Terre de manière significative. Centre d'équilibre, un peu comme le centre d'une roue, le cœur déploie sa conscience en fonction de sept cercles concentriques d'entendement, chaque dimension de conscience venant s'emboîter sur la précédente et la compléter. »

La première dimension de l'intelligence du cœur est l'unité.

Il s'agit de la conscience de base qu'il n'y a qu'un seul Dieu, un seul pouvoir, une seule force qui unifie la vie tout entière. Cette conscience établit que l'esprit est Un. Elle révèle la sagesse ancestrale et procure une vision de l'ordre supérieur des choses. Quand on respecte cette unité, on arrive à comprendre les schèmes de cause à effet qui s'infiltrent dans l'existence. L'intelligence du cœur nous apprend que le cause à effet est beaucoup plus qu'un phénomène linéaire. Une action qui est bonne pour le Tout sera peut-être rendue tout à fait différemment, mais d'une manière tout de même bonne pour le receveur.

« Alors que l'unité est quelque chose de suprême, le bien est quelque chose qui s'adapte beaucoup. À l'instar de l'eau qui cherche à stabiliser son niveau, le bien cherche l'application juste. Dieu peut donner à des actions qui partaient d'une mauvaise intention une tournure de bien.

L'unité est la source de l'intelligence, car elle confère la faculté de colliger les connaissances et de définir les priorités avec justesse. C'est là que commence la sagesse. L'intégration est le principe qui permet de bien vivre et de bien penser. Sans priorités, vous n'avez aucun point de mire dans la vie et donc aucune valeur. Ceci est transposé sur un plan supérieur d'intel-

ligence lorsque vous comprenez que tout le monde éprouve de grandes problématiques par rapport à la dominance. Celle-ci est toujours un problème dans le monde. La rivalité, fondée sur la domination, se traduit souvent par des conflits économiques ou militaires. Dans la vie personnelle de chacun, c'est l'établissement de positions qui suscite d'incessantes batailles. Ces choses-ci sont faciles à observer. Malheureusement, la rivalité pour dominer ne se limite pas à ce qui est évident. Les compulsions alimentaires ou autres sont des mouvements qui rivalisent avec les fonctions naturelles pour essayer d'établir leur domination. La liste de ces choses est sans fin. À moins que vous ne laissiez Dieu être la force unificatrice de vie, rien d'autre ne saura mettre fin au chaos de la compétition. Toutes les compulsions et accoutumances résultent de fausses dominances et de pouvoirs substituts. La plus grande de toutes les dominances est peut-être celle qui a des identités fabriquées auxquelles une personne a elle-même rattaché ses droits. De telles identités causent une très grande accoutumance. C'est la fausse dominance qui vous fait errer, consomme votre temps, détruit vos espoirs, ronge vos rêves et sape votre amour. Sans cette fausse dominance, vous auriez l'infini sagesse à votre disposition et le temps pour vous en servir. Par l'unité, qui est Dieu, l'Un, le Suprême, vous disposez de tout le pouvoir dont vous avez besoin pour mener à bien votre vie et votre existence. »

Il suggéra que nous méditions sur le principe de l'unité quand nous sommes dans le cœur et que nous déclarions que Dieu est le seul et unique pouvoir qui puisse déterminer notre vie. Plus nous nous ouvrons à cette prise de conscience, moins le reste aura d'emprise sur nous. Le pouvoir de Dieu nous sera transmis par le cœur pour que nous puissions avoir la maîtrise sur notre vie.

La deuxième dimension de l'intelligence du cœur est l'amour.

« L'amour est la force de l'univers. Par conséquent, ce qui peut le plus vous protéger dans la vie, c'est de défendre, honorer et respecter l'amour sous toutes ses formes. Lorsque vous appliquez ce principe avec une grande clarté, vos raisons d'être

dans la vie apparaissent. Pourquoi ? Parce qu'elles sont toutes tissées à même l'amour. L'amour, c'est plus qu'un sentiment ou une direction. C'est une dimension de l'intelligence et de la vie vécue avec intention. Par-dessus tout, l'amour est l'essence de l'être. Une personne qui s'engage dans sa raison d'être dispose d'une plus grande intelligence qu'une autre qui ne le fait pas. Un individu qui vit sa véritable raison d'être peut attribuer des valeurs à sa vie. L'intelligence du cœur est dotée d'une qualité cumulative. Par la perception de l'unité dans la multiplicité, elle peut établir des priorités. Ensuite, c'est l'amour qui choisit les intentions. Par ailleurs, l'amour intensifie chez l'humain l'instinct de sustenter, intensifier et actualiser ces intentions. L'amour est aussi bien une façon d'être qu'une voie pour devenir. L'amour met le feu à la vie. Il déguste la vie et entretient la foi et l'espoir. Même si la vie apporte parfois de dures leçons, l'apprentissage a lieu seulement s'il y a eu pardon et si l'amour est rétabli. C'est l'amour qui initie l'apprentissage. Seul l'amour permet d'apprendre. C'est ainsi que vous faites des coups durs de la vie des apprentissages durables. Alors vous pouvez dire : "Je n'ai plus besoin de refaire ça. J'ai bien intégré la leçon. Je comprends le sens de cette expérience." L'amour amène un sentiment de certitude dans la vie. Et quand votre amour sera pur et dénué de regrets ou de faux désirs, vous aurez la confiance nécessaire pour vivre avec passion. Quand vous serez certain de votre amour, la passion sera bien alimentée. Avec la passion, il y aura du combustible pour la vie. Voyez l'amour comme le pouvoir de votre être et l'essence de ce que vous êtes réellement. Appliquez sérieusement ces principes et vous réussirez en amour et dans la vie. »

La troisième dimension de l'intelligence du cœur est la vie.

« La vie, c'est l'amour en action. La vie est une expérience riche de sens, de bonheur, de satisfaction et de continuité. Elle a sa propre intelligence. Suivez-la, servez-la et réalisez l'amour qui est en vous en suivant les chemins qu'elle vous indique. Ce processus tout simple comporte une grande sagesse. Voilà pour-

quoi j'ai incité mes disciples à suivre la vie et à laisser les morts enterrer les morts. S'appesantir sur les erreurs passées coûte très cher. C'est la vie qui vous montrera le chemin et donnera naissance à votre futur. Au lieu de regarder la vie dans le rétroviseur, regardez devant vous et voyez les possibilités actuelles avec des yeux innocents. En pratiquant la perception innocente, vous cultiverez l'intelligence innée qui sait comment la vie fonctionne et comment l'amour que vous êtes peut l'agrémenter. Pardonnez aux autres et à vous-même, car hier appartient au passé. C'est ce que je voulais dire en parlant des morts. Soyez ici et maintenant et regardez le chemin qui est devant vous, car c'est là qu'est la vie.

Considérez le moment présent comme sacré. Ceci vous amènera à trouver la réponse à bien des problèmes qui vous déconcertent. Respectez la vie sous tous ses aspects et comme étant une expérience en cours. La vie n'est pas derrière vous, elle est devant vous. Elle n'est pas une histoire ni un souvenir. La vie est ce qui éclôt sous vos yeux dans l'instant présent. Rappelez-vous cela et votre intelligence deviendra une force dynamique plutôt qu'un corps stagnant de connaissances coincées dans des structures mentales. »

La quatrième dimension de l'intelligence du cœur est le respect.

Dans le monde actuel, ce mot a perdu une grande partie de sa signification, bien que, en Orient, le respect soit encore une importante dimension de l'honneur. J'avais toujours considéré le respect comme quelque chose de protocolaire. C'est donc pour cette raison que je dressai l'oreille quand Jésus en parla comme une dimension au même titre que les autres.

« Cela commence par le respect de Dieu, le respect de soi, le respect de vos frères et de toutes les formes de vie. Le respect est un point d'honneur, mais il est aussi bien plus que cela. Bien que nous ne soyons qu'un par l'esprit, chaque être est unique par son amour, sa raison d'être et sa vie. Chaque personne est dotée de qualités uniques qui lui confèrent des aptitudes, des libertés et des responsabilités qui ne se retrouveront pas chez d'autres.

Chaque individu et chaque aspect de la vie sont irremplaçables. Personne d'autre n'apportera sur terre la contribution qui est la vôtre. Le respect commence par la connaissance selon laquelle vous et votre Créateur avez un accord et que celui-ci comprend toutes les réponses et les ressources dont vous avez besoin pour le bon fonctionnement de votre vie. Le respect se poursuit avec la reconnaissance de ce droit aux autres. Puis en reconnaissant l'ordre divin, qui est la forme suprême de l'intelligence. Quand vous savez cela, vous vous sentez suffisamment fort pour abandonner vos inquiétudes. En fait, la plupart des choses pour lesquelles vous vous inquiétez ne surviennent jamais. Vous devez accepter une certaine partie de vos épreuves et celles que vous désirez transformer exigeront de votre part détermination et concentration, qualités que vous ne maîtriserez pas si vous vous inquiétez tout le temps. Le sang-froid et le calme résultent du respect de l'ordre divin. Ne vous plaignez pas, car c'est là un manque de respect. Ne vous vautrez pas dans l'apitoiement personnel, car c'est là aussi un manque de respect envers vous-même. Pourquoi un enfant de Dieu devrait-il s'apitoyer sur son sort ? Ceci est l'essence même de la dénégation. Et quand vous niez, vous rendez-vous compte à quel point vous perdez votre pouvoir ?

En respectant l'ordre divin, vous cultiverez la patience et apprendrez le juste à-propos des choses. Il y a une grande intelligence en cela. Avant que vos projets s'actualisent et que votre place soit faite, vous devez souvent voir à d'autres problématiques et besoins. En faisant preuve de respect envers toute chose, et surtout envers l'ordre divin, vous connaîtrez la paix et la patience. Et conséquemment, vous ferez le meilleur usage possible de votre vie et ferez preuve du plus grand respect possible envers vous. La meilleure façon de faire preuve de respect envers soi est d'honorer le cœur en le reconnaissant comme le siège de l'accord qui existe entre vous et Dieu, et comme l'instrument qui vous donne accès à l'intelligence supérieure. »

La cinquième dimension de l'intelligence du cœur est l'honnêteté.

« La pratique de l'honnêteté révèle le pouvoir de la perception

innocente. » La perception innocente était l'élément le plus délicat de tout son enseignement parce qu'il n'exigeait rien d'autre que de l'attention et des yeux ouverts tout grands comme ceux d'un enfant qui observe une chenille. Il précisa que la perception innocente est un facteur essentiel si l'on veut faire de nouvelles découvertes. En effet, il faut mettre de côté les filtres de décodage habituels pour pouvoir découvrir ce qui n'a pas encore été révélé. C'est également par la perception innocente que nous nous retrouvons en la présence de Dieu. *« C'est pour cela que j'ai dit que vous deviez redevenir des petits enfants afin de pouvoir entrer dans le royaume des Cieux.*

Sans honnêteté, il ne peut y avoir d'intelligence supérieure. De bien des manières, l'honnêteté est la somme de toutes les autres dimensions de l'intelligence, car comment peut-on même accéder à l'intelligence si ce n'est par la pratique de l'honnêteté ? Comment l'intelligence peut-elle être appliquée à la vie à moins de pouvoir évaluer honnêtement une situation ? Il est malheureux que l'honnêteté soit principalement considérée comme un élément de conduite morale et non comme un aspect de l'intelligence. L'honnêteté permet de trouver des solutions à tous les problèmes de la vie, ainsi qu'à ceux de la science, de la loi et de l'organisation sociale. L'honnêteté commence par la simple question : "Qu'est-ce ?", suivie d'une réponse directe non censurée concernant ce qui est.

La personne qu'il est le plus dangereux de tromper, c'est vous. Car, lorsque vous le faites, vous sapez l'honnêteté en vous. Elle est le fondement de l'intelligence, alors que la malhonnêteté est celui de la stupidité. Par conséquent, le premier pas à faire dans n'importe quelle science, étude ou recherche est d'établir une base en fonction de l'honnêteté et de progresser ensuite dans ce sens. Les théories ne sont que secondaires comparées à cela. Si les chercheurs avaient passé autant de temps à s'attarder à cette qualité qu'à prouver des théories, les connaissances seraient rendues bien plus loin qu'elles ne le sont. Il en va de même de l'organisation sociale. Par exemple, l'intégrité est le principal ingrédient qui entre dans la préparation des plans budgétaires, des partenariats et de la production.

Bien des portes restent fermées devant une personne malhonnête. Même si elle réussissait à franchir certaines portes, elle ne s'y retrouverait pas dans le brouillard de ses propres duperies. Et ceci comprend l'honnêteté ayant trait aux habitudes, aux relations, aux idées, aux carrières et aux projets. Vous n'irez pas plus loin que l'honnêteté dont vous faites preuve. En méditant sur cela, votre cœur s'ouvrira et vous révélera des possibilités qui étaient autrefois cachées. »

La sixième dimension de l'intelligence du cœur est la justice.

La justice est le fondement de toute civilisation et de toute intelligence culturelle. Quand il n'y a plus de justice, les civilisations s'écroulent. La justice, c'est beaucoup plus que la moralité et l'application de la loi. C'est aussi l'équité. La justice, c'est un échange équitable.

« *L'échange, c'est le fondement de la vie dans l'univers, de la plus élémentaire particule aux situations humaines les plus compliquées. La justice, c'est l'intelligence de l'échange et de l'équilibre. Lorsqu'il y a maintien de l'équilibre, il y a santé. Ceci est vrai pour tout, des gens à la planète.*

En pratiquant l'équilibre et l'échange équitable dans vos interactions avec la vie et les autres, vous développerez la sagesse. Vos instincts vous avertiront de la validité des idées, d'un projet ou d'un travail. Vous saurez également comment fixer avec équité les salaires et le prix des denrées. Tout trouve son équilibre à un moment donné. Savoir garder judicieusement et efficacement cet équilibre est une marque d'esprit de justice. Il y a dans le cœur une dimension spéciale de l'intelligence qui permet à ceci de se produire. »

Il m'expliqua que notre pratique habituelle de concurrence des prix, même si elle est fonction de la disposition du consommateur à payer, ne signifie pas automatiquement qu'une valeur juste a été attribuée à l'objet de consommation. « *Il y a un juste prix pour tout. C'est le rapport exact entre le dérangement et le résultat qui en détermine l'équité. Combien de temps, d'énergie, d'efforts et d'aptitudes ont-ils été nécessaires pour produire tel produit ou tel service ? Pour l'échange et l'équilibre, il est aussi préjudiciable de payer trop que pas assez.* »

Je pensai aux nombreux pays où le marchandage fait encore partie du style de vie. Avec une certaine malice, je lui demandai : « Sommes-nous censés discuter tous les prix ? »

« Seulement si vous êtes disposés à discuter les prix qui sont bas autant que ceux qui sont hauts ! Discuter les prix ou marchander pour toute autre forme d'échange dans votre seul intérêt est en deçà de la véritable justice et viendra affaiblir l'intelligence de votre cœur. La justice est fondée sur le principe de l'équité et cela fonctionne dans les deux sens. »

Quelques années après mes conversations avec le Maître, je lus un livre extrêmement intéressant dans lequel je trouvai l'illustration de son exposé. L'auteur de cet ouvrage prétendait que de profiter d'un *bargain**, c'était en fait un *bar gain*. Je pris cette remarque comme une confirmation de ce que le Maître m'avait enseigné et décidai que, à partir de cet instant-là, je mettrais fin à mon sempiternel désir de conclure de bonnes affaires et que j'appliquerais sérieusement le principe de Jésus. Jusqu'alors, j'avais calculé que les soldes, les bonnes trouvailles, les brocantes, les marchés aux puces et les ventes-débarras faisaient exception à la règle. Après tout, si quelqu'un avait dévalué un objet, les choses semblaient équitables. Mais ce même jour, j'eus l'occasion de découvrir quel était le véritable pouvoir de l'équité. J'étais sur le point de commencer une nouvelle peinture et j'avais besoin d'acheter de la toile. Celle que j'utilise est une toile de lin belge très fine qui coûte entre soixante et quatre-vingt-dix dollars le mètre. En raison de sa cherté, je n'en garde pas une grande quantité chez moi et mon fournisseur non plus. Par conséquent, je suis toujours contente lorsque celui-ci en a un rouleau en stock et que je peux alors me procurer la toile au mètre. Le matin où j'appelai au magasin, le vendeur en avait justement un rouleau déjà entamé. Je le remerciai et lui demandai de m'en mettre deux mètres de côté, précisant que je venais les chercher tout de suite.

En arrivant à la boutique, j'échangeai quelques salutations avec lui et il me coupa les deux mètres de tissu que j'avais demandés. Je ne m'étais pas enquise du prix parce que j'en connaissais le prix approximatif. Par ailleurs, c'était le seul endroit où je pouvais dénicher

* *Bargain* : objet obtenu à prix plus bas que sa valeur réelle.
Bar gain : exclure le gain.

un tissu d'une telle qualité. Quand il me tendit la facture, je constatai qu'il m'avait facturé seulement trente dollars pour deux mètres. Sans la moindre hésitation, je lui dis : « Vous avez fait une erreur. » Ma remarque le fit sursauter et il me demanda s'il m'avait trop facturé.

« Non, non. Au contraire, vous ne m'avez pas assez facturé. C'est loin d'être le prix juste ! Sortez votre catalogue et vous verrez. » Pendant que son index parcourait les colonnes de chiffres dans son catalogue de vente en gros, je calculai que ma facture aurait dû s'élever à cent quatre-vingt-dix dollars au lieu des trente malheureux dollars qu'il était prêt à accepter. Je lui précisai que je voulais payer le prix juste et qu'il trouve ainsi son compte dans la vente de cette coûteuse toile. Je ne sais trop s'il fut choqué, embarrassé par son erreur ou stupéfait qu'une cliente prenne ses intérêts à cœur.

Toujours est-il qu'il refusa ma proposition et rétorqua : « Non, non. Je vous la laisse à trente dollars. »

Je continuai à discuter en lui demandant de me faire un prix qui soit juste pour lui.

Il griffonna quelques chiffres sur un bout de papier et fit un geste de la main. « Au diable ! Disons que je vous laisse le coupon pour quinze dollars ! »

Ce qui se passa réellement ce jour-là, ce fut un geste mutuel d'amitié, chose bien plus importante pour nous deux que le prix de la toile. J'avais essayé de lui payer le plein montant et il n'avait rien voulu savoir, après quoi, j'avais entrepris de faire grimper les enchères pour qu'il y trouve son compte. En faisant cela, j'avais pu lui rendre son geste à un niveau acceptable pour lui. Par après, nous devînmes de bons copains et il se faisait toujours un plaisir de me signaler les articles en solde ou les escomptes touchant l'achat de volumes. Cette expérience fut si gratifiante pour moi que j'en applique depuis le principe partout. Maintenant, lorsque je vois quelque chose en solde, je demande tout d'abord : « Êtes-vous vraiment sûr que vous pouvez vous permettre de vendre cet article à ce prix ? » De la sorte, j'exprime un désir authentique d'équité. Le résultat est souvent surprenant, car il y a un corollaire à cela. En étant juste envers les autres, les autres le sont envers vous.

Je tirai une bien plus grande leçon de cette expérience du fait qu'elle venait confirmer quelque chose que le Maître m'avait dit au sujet de l'amour et de l'échange. ***« L'amour est l'élément, l'énergie et la disposition d'esprit qui permettent à l'échange de se produire. Le*** *vol, l'intrusion ou l'invasion s'effectuent par la force ou la supercherie. IL N'Y A PAS DE VÉRITABLE ÉCHANGE SANS AMOUR. Il se peut que vous pensiez échanger de l'argent pour une marchandise, alors que, en réalité, ce que vous échangez, c'est de l'amour. Vous échangez de l'amitié, de la confiance, une réciprocité et des valeurs qui instaurent la justice. Quand la justice disparaît, la confiance n'existe plus. Et quand la confiance n'est plus présente, la civilisation s'éteint elle aussi.*

Ne pensez pas que vous serez désavantagés en étant justes. Chaque personne bénéficie d'agréments particuliers dans la vie, en fonction du lien unique qu'elle a avec le Père. En mettant de côté l'iniquité, vous bénéficiez d'une plus grande clarté quant aux possibilités et avantages qui vous sont propres. Pour savoir ce qu'ils sont, il faut tout d'abord renoncer à la pratique de l'iniquité. Certaines personnes protesteront et s'apitoieront sur leur sort en invoquant qu'elles n'ont aucun privilège. Qui aurait pu penser que Helen Keller – aveugle et sourde – bénéficiait d'un avantage quelconque ? Selon toutes les apparences, elle avait tous les désavantages du monde. Voyez-vous, il s'agit de la loi de l'humble qui hérite des richesses de la terre. Quand vous renoncez à toute tentative de vivre dans l'iniquité, vous découvrez que vous êtes assis sur une mine d'or. Un nombre incroyable de privilèges et d'agréments vous ont été accordés. Mais cette mine d'or ne peut se trouver que dans l'innocence de votre cœur. »

Ceci me rappela un fait divers. J'avais entendu parler, il y a longtemps, d'un homme qui avait mené une vie de fraudes jusqu'à son arrestation et son incarcération. En fait, il était un invétéré récidiviste. Pour finir, le juge lui retira toute nouvelle possibilité de libération conditionnelle, à moins qu'il n'effectue de grands changements dans sa vie. Pendant son séjour en prison, il entreprit d'étudier le droit, ainsi que d'autres matières, qu'il enseigna ensuite aux autres détenus. Il devint très rapidement une grande source de motivation dans la prison. Bref, il est actuellement un membre connu du barreau new-yorkais et l'auteur de nombreux livres sur l'augmentation de la criminalité et sur la rééducation carcérale. Il est devenu un homme fort respecté. Son redressement n'aurait pas pu avoir lieu cependant s'il n'avait pas touché le fond et cessé à la suite de cela, toute tentative malhonnête.

Cet exemple m'invita à faire une pause et à réfléchir un peu avant de faire l'énoncé suivant au Maître : « La plupart du temps, quand on parle de justice, il est question de châtiment ou d'application de la loi. Je peux voir maintenant que la justice a une bien plus grande envergure que cela. »

« Si la seule raison d'être de la justice était de contenir la criminalité, on pourrait difficilement la considérer comme une forme d'intelligence supérieure. La véritable raison d'être de la justice n'a rien à voir avec l'endiguement de quoi que ce soit ! La justice concerne l'ajustement et la résolution. La justice est une fonction de la vie qui sustente le bien et régit l'incessant flot des échanges. Néanmoins, la criminalité fleurit si l'injustice sévit partout. Si l'on veut faire un parallèle avec la santé, on peut dire que la criminalité est une maladie qui cause de sérieux problèmes cardiaques après des années de stress et de vie malsaine. La justice fonctionne comme l'eau. Elle trouve son véritable niveau si son flot est alimenté par suffisamment d'équité et d'échanges. Lorsqu'il est impossible de procéder à des ajustements, on tente souvent des mesures désespérées. Il y a bien des possibilités pour expliquer la criminalité. Pourtant, lorsqu'une société pratique la justice, la criminalité ne trouve aucun sol fertile sur lequel pousser. »

« Qu'en est-il du commun des mortels ? La plupart des gens que je connais suivent les règles mais n'accordent pas une grande estime à la justice. Plusieurs personnes cherchent simplement les occasions d'avancer d'une façon qui n'enfreint pas les règles. Comment le commun des mortels arrive-t-il à découvrir les avantages qui lui sont propres dans la vie ? »

« Au lieu d'imiter les autres ou de leur en vouloir, soyez plutôt comme le Créateur. Vous êtes les enfants de Dieu. Rétablissez le lien qui vous unit à lui, car chacun d'entre vous a été créé pour une raison unique et spéciale. Dans cette vérité, vous découvrirez quelles sont vos données sur le plan des avantages et de la justice. »

L'intelligence de la justice nous amène à comprendre l'équilibre naturel qui existe en toute chose et à nous en soucier. Vu la vastitude de l'univers et la complexité en fonction de laquelle tout est lié entre nous, comment pouvons-nous reconnaître les forces qui sous-tendent cet équilibre ? C'est là que l'offrande et le pardon deviennent les éléments essentiels d'une vie vécue avec intelligence.

Et c'est là où la bienveillance entre en jeu. Pas seulement comme une expression de la grâce, mais également comme une forme d'intelligence, probablement la plus grande de toutes.

La septième dimension de l'intelligence du cœur est la bienveillance.

« La bienveillance n'est pas uniquement un geste de charité posé envers l'enfant, le faible ou le nécessiteux. C'est la volonté de Dieu pour tous. Votre bonté s'améliore avec la bienveillance. Le Père veut que vous connaissiez et employiez ce pouvoir pour que vous sachiez judicieusement conserver ce qui vous a été donné. C'est par des gestes de bienveillance que l'abondance croît dans votre vie, car en faisant preuve de bienveillance, vous augmentez les possibilités de retour de cette dernière vers vous.

La bienveillance n'est pas un très grand sujet d'actualité en ce monde et bien peu de gens en comprennent la véritable teneur. Certains ont même tendance à mépriser la bienveillance, ou la bonté, car ils la voient comme un geste de propitiation du fort envers le faible ou une compensation pour le fait que celui-ci domine. C'est pour cela que bien des gens éprouvent de la gêne à accepter la bienveillance. Cependant, si vous méditez là-dessus, vous découvrirez que c'est un sujet qui va bien au delà de cela. Le monde considère que la bienveillance, ou la bonté, est en quelque sorte une sécurité qui vient adoucir les dures réalités de la vie.

EN RÉALITÉ, LA BIENVEILLANCE EST LE CŒUR DE LA VIE. Elle est ce qui rend la vie supportable, significative et délicieuse. Commencez par vous demander quel serait le plus grand geste de bonté que vous pourriez poser envers quelqu'un. Puis, envers vous. Soyez très précis, car c'est la clé qui vous permettra de trouver celle de l'intelligence de la bienveillance. Rester vague à ce propos vous conduira seulement vers d'aimables sentiments qui n'ont aucun rapport avec les situations dans lesquelles vous êtes. Vous serez surpris des réponses que vous obtiendrez si vous posez des questions directes et pénétrantes. »

Pendant que je réfléchissais un peu à cela, je réalisai le nombre d'idées fausses que nous avons sur la bienveillance ou la bonté. Nous nous contentons de limiter la bienveillance à la courtoisie et au civisme. Nous montrons facilement notre préoccupation pour éviter de nous engager véritablement. À combien d'enfants n'avons-nous pas cédé alors qu'une belle accolade et un « non » ferme auraient exprimé une bien plus grande bienveillance ? Avec quelle facilité faisons-nous preuve de complaisance face à nous-mêmes, alors qu'une certaine retenue aurait été la plus grande des bienveillances à notre égard ? Combien de fois n'avons-nous pas été rongés par l'inquiétude et fait les cent pas quand le simple fait d'aller dormir aurait été un geste de bonté envers vous ? Et toutes les fois où nous avons pensé à la vengeance au lieu du pardon !

« Pour développer l'intelligence qui est propre à la bienveillance, il vous faut découvrir la véritable joie qui vient avec l'offrande et le pardon véritables, sans aucune condition, même pas pour la gloire ou par besoin d'être reconnus. Une personne qui limite ses offrandes à des échanges ou au contrôle perdra rapidement l'intelligence de la bienveillance. Puis, vous devez apprendre à faire preuve de bonté envers vous. Certaines personnes ont peur d'être bonnes par crainte de donner l'impression d'être faibles et de devenir trop complaisantes envers elles-mêmes. D'autres mangent du chocolat et regardent la télévision à longueur de journée. Elles ne font pas preuve de bienveillance pour elles-mêmes et évitent tout simplement la vie. De telles habitudes ont cours parce que les gens ne comprennent pas le sens de la bonté. Quand vous exprimez la bienveillance, vous vous branchez littéralement sur l'intelligence divine. Quand vous comprenez ce que la bienveillance envers vous signifie, vous comprenez également ce qu'elle est envers les autres. Dieu veut que vous soyez tous bienveillants envers vous et envers les autres. »

Je compris que, jusqu'à cet instant-là, j'avais grandement confondu bienveillance avec gentillesse et tendresse. Prenant conscience du fait que la bienveillance était bien plus que cela, je sentis le besoin urgent de demander ce qu'elle était réellement.

« LA BIENVEILLANCE C'EST LA VRAIE NATURE DE LA VOLONTÉ. C'est une intention supérieure qui s'exprime sous la forme du souci des

autres, de l'aide qu'on peut leur apporter. C'est aussi s'abstenir de poser des gestes qui peuvent blesser, partager, faire en sorte que notre vie fonctionne et avoir de la considération pour les autres. LA BIENVEILLANCE, C'EST LA FORCE EN ACTION. La confiance qui émane d'une attitude de bienveillance a une influence indéniable sur n'importe quelle situation. Pensez à l'effort qu'il vous faut fournir pour honorer votre véritable potentiel au lieu de le diminuer. Pensez à la force qu'il vous faut pour démontrer de la bonne volonté envers une personne qui vous blesse !

La bienveillance instaure la force et la force suscite davantage de bienveillance. »

Cette remarque évoqua une autre situation dans ma vie où cette vérité avait été illustrée.

Un jour, je vis un petit chien se faire frapper par une voiture. On m'avait déjà dit de ne jamais toucher un animal blessé par crainte que la douleur ne l'incite à adopter un comportement agressif en guise de défense. À cet instant-là cependant, de telles considérations ne trouvèrent aucun écho dans mon cœur. Je ramassai simplement l'animal et l'emmenai chez le vétérinaire. En fait, il grogna juste un peu et fit mine de me mordre, mais ce n'était rien comparé à la confiance qui me poussait à aider cette créature. Cet acte de bienveillance lui sauva la vie et enrichit la mienne.

Vu avec ce recul, la bienveillance peut et devrait être le phare qui guide tous nos gestes dans la vie. Ceci signifie parfois qu'il faut éliminer ce qui ne fonctionne pas. En 1978, je dus faire preuve d'un tel geste de bienveillance envers une toile. Celle-ci représentait une jeune fille courant pieds nus, habillée d'une robe d'un vert vif et tenant une grappe de ballons. Derrière elle, il y avait un mur de pierre et, en arrière-fond, une scène de carnaval. C'était un tableau très complexe comportant un nombre de problèmes que je semblais ne pas être capable de solutionner. À l'époque, j'avais une énergie effrénée et il m'arrivait parfois de peindre toute la nuit. Mais ce soir-là, ce n'était pas le cas. Mon énergie s'amenuisait en même temps que la toile se dégradait. Mon évaluation sincère de la situation me fit comprendre que je ne pouvais rien faire pour la partie supérieure de la composition. Pendant des heures, je me demandai pourquoi cela n'avait pas marché. Puis, je vis ce que j'étais en train de faire. Le pourquoi de la chose n'avait aucune importance. Un couteau tranchant en main, je m'approchai de la toile et en retranchai toute la partie supérieure. Ceci s'avéra un heureux sacrifice ! Tout ce qu'il restait, c'était la jupe et les pieds en mouvement. Déconcertante, la scène était rafraîchissante et surprenante. Et mon tourment était terminé. C'est le meilleur geste de bienveillance que j'avais pu poser cette nuit-là envers moi et mon œuvre. Je ne savais pas du tout à l'époque que c'était une des plus belles choses que j'avais faites pour mon avenir. Précédant « L'agneau et le lion », cette peinture nouvellement réduite et intitulée « L'envolée du printemps » devait devenir la plus célèbre de ma carrière. Elle me permit de signer un contrat avec une des plus grandes maisons d'édition du monde. Lancée en 1980, cette affiche d'art fut une des plus vendues dans le monde et fit briller mon nom en lettres lumineuses pendant six mois ! De toute évidence, ceci prouve que la bienveillance peut adopter bien des formes étranges. Elle vient prendre par surprise aussi bien celui qui donne que celui qui reçoit !

Si j'observe notre culture, je remarque qu'il y a un certain regain de bienveillance, et ce, sous des formes qui n'existaient pas il y a dix ans. Le concept de convivialité dans la mise en marché est la preuve que le monde des affaires accorde dorénavant de l'attention au pouvoir de la bienveillance. Soyons réalistes ! Préféreriez-vous acheter d'une personne amicale ou désagréable ? Travailler pour une compagnie qui vous appuie ou pour une autre qui abuse de vous ? Pour une entreprise qui a tendance à vous conférer davantage de pouvoir personnel ? Quels sont les produits qui vous servent le mieux ? Voudriez vous d'une voiture qui a été conçue par une firme employant des pratiques de gestion adverses ?

Jésus compara l'univers à un délicat mécanisme qui fonctionne merveilleusement bien lorsqu'on l'utilise avec sensibilité et intelligence. La bienveillance n'est pas seulement un geste que nous posons envers les gens nécessiteux et faibles. *« La bienveillance est la dimension actualisée de l'intelligence du cœur, la volonté de Dieu envers la vie elle-même. Lorsque j'emploie le terme intelligence, ne le confondez pas avec le raisonnement détaché et sec qui est propre au mental. La véritable intelligence n'est rien de plus que la certitude et la compréhension qui confèrent passion et clarté à la vie. On peut dire la même chose d'une autre manière. Dans le Cœur sacré, il y a sept passions : l'unité, l'amour, la vie, le respect, l'honnêteté, la justice et la bienveillance. Ces passions se traduisent par l'entendement et une capacité à savoir vivre. Ensemble, ces passions constituent la COMPASSION, qui est le véritable savoir de l'âme. »*

Chapitre 7

Traverser les ponts

« Vous n'êtes pas seuls ! Si seulement vous vouliez traverser le plus petit des ponts pour redécouvrir l'amour de votre Créateur et de votre prochain ! »

Un pont constitue une prouesse d'ingénierie, une pensée ou une force qui établit un lien de transition avec un autre espace ou une autre dimension de l'entendement. Au cours de notre vie ou au fil de nos expériences, nous jetons et traversons bien des ponts. Il peut bien entendu s'agir de structures enjambant des rivières, de pensées transmettant des messages ou d'expressions venant confirmer un discernement. Selon le Maître, l'amour est le pont le plus puissant qui puisse exister.

C'est de la plus merveilleuse des façons que le Maître révéla cette réalité à mon cœur. Alors que « L'agneau et le lion » était sur le point d'être achevé, j'observai la prairie où se tenaient d'innombrables moutons et remarquai à quel point ils paissaient paisiblement dans cette vallée. Il émanait de cette peinture une atmosphère frappante qui toucha mon cœur et me rappela les vers du psaume XXIII. Dès que je lui fis part de cette impression, Jésus commença à réciter les vers de ce psaume en y apportant par contre une légère modification : il employa le mot AMOUR au début de chaque vers.

L'Amour est mon berger : je ne manquerai de rien.
L'Amour me fait reposer dans de verts pâturages.

L'Amour me dirige près des eaux paisibles.
L'Amour restaure mon âme.
Il me conduit dans les sentiers de la justice grâce à son nom.
Quand je marche dans la vallée de l'ombre de la mort,
Je ne crains aucun mal, car l'Amour est avec moi.
Il est ma houlette et mon bâton.
L'Amour dresse devant moi une table, face à mes adversaires.
L'Amour oint d'huile ma tête et fait déborder ma coupe.
Oui, le bonheur et la grâce m'accompagneront
tous les jours de ma vie.
Et j'habiterai dans la maison de l'Amour jusqu'à la fin de mes jours.

Il ne se fatigua jamais de me rappeler que Dieu est amour et que tout ce dont nous faisons l'expérience est essentiellement de l'amour, sous une forme ou une autre. L'amour est le pont suprême qui nous permet de reconnaître la présence de Dieu dans nos vies. Un jour, il ajouta un nouvel élément à cela. ***« Votre vie est avant tout déterminée par l'amour et ensuite par vos pensées et vos actes. Selon la nature de vos pensées et de vos actes, soit votre amour se renforcera, soit il s'affaiblira, sera modifié, mal interprété ou même inversé. »***

Jésus avait hésité à parler des conceptualisations, des idées et des processus de la pensée avant d'être assuré que je sache apprécier à sa juste valeur le pouvoir de l'amour et l'intelligence supérieure du Cœur sacré. C'est pour cela que, pour vous présenter son message, je le fais dans l'ordre de priorité qu'il a choisi. Selon Jésus, ***« le mental n'est pas un bon point de départ, car il fonctionne selon un processus de dérivation et ne possède aucune énergie première ni pouvoir premier. Quand il s'agit d'essence suprême, le mental n'a pas la moindre idée de ce dont il s'agit. »***

Une fois qu'il fut assuré de ma capacité à distinguer l'activité mentale de l'intelligence supérieure, il entreprit d'aborder le domaine de la pensée. En tant que professeur d'université, mon plus grand défi et ma plus grande satisfaction étaient d'aider les étudiants à penser plus clairement et plus efficacement. De toute évidence, la pensée est un élément essentiel de notre nature ainsi qu'un aspect crucial qui nous permet de vivre avec intelligence et de manière concise. Par conséquent, une fois qu'il fut disposé à discuter du thème de la pensée, ma curiosité alla en s'amplifiant alors que je cherchais à comprendre où celle-ci se situait dans le spectre de l'intelligence et des aptitudes.

« Il faut tout simplement commencer par la conscience, la présence. La conscience est essentielle. Elle appartient au Père, à l'Esprit qui est Un et à chaque particule d'infinité. Dans l'existence, tout est conscience. Il vous suffit de penser aux particules et sous-particules d'un atome, à la façon dont leurs modes d'échange sont exacts et prévisibles. Quelle connaissance permet à ces modes d'échange d'exister ? Comment les roses savent-elles quand éclore ? Comment les oiseaux savent-ils quand migrer ? Comment les troupeaux sauvages d'ovidés savent-ils où trouver de l'eau ? Comment le monarque, ce papillon migrateur, réussit-il à suivre chaque année son itinéraire du Canada au Mexique ? La conscience, c'est là où l'intelligence commence. Toutefois, sa seule présence ne sous-entend pas automatiquement qu'il y a pensée ou que la conscience telle que vous la connaissez a été créée. Les concepts, les idées et les pensées sont des cristallisations de la conscience, de la présence à cc qui est. Ces cristallisations servent à stabiliser la conscience et à la mettre en application, ou du moins à permettre de le faire dans un certain futur. Les pensées s'élaborent à partir d'une suite de probabilités. »

« Pourrais-tu m'en dire un peu plus à ce sujet ? »

« Prenons par exemple un groupe de chasseurs du paléolithique. Leur vie suit un cours mené par l'instinct, l'expérience et les besoins une fois qu'ils ont fait une chasse fructueuse et qu'ils retournent vers les leurs. En raison des conditions météorologiques imprévisibles et de la grande distance qui les sépare de leur camp, ils doivent s'arrêter en chemin pour fumer la viande et tanner le cuir, sinon ils perdront tout ce qu'ils auront attrapé. Regardant autour de lui, un des chasseurs aperçoit un grand rocher plat qui pourrait parfaitement leur servir de surface de travail. Dans cette situation, le rocher n'est rien d'autre qu'une commodité temporaire et quelque chose dont on pourra se souvenir. Et au cours des années suivantes, ils se souviendront effectivement du rocher puisqu'ils décideront de s'y arrêter à

nouveau. Saison après saison, ce rocher deviendra un lieu d'arrêt rituel. Après bien des années, en raison des changements climatiques et des migrations des troupeaux de bêtes sauvages, les chasseurs se déplacent vers des contrées où il n'y a pas de tels rochers. Un jour, ils dressent leur camp dans une forêt. Un homme y remarque un grand tronc d'arbre fendu et fait le lien avec le rocher. En se souvenant du rocher, il vient d'avoir une idée. Il propose de fendre d'autres arbres et de disposer les troncs côte à côte afin d'en faire une surface plane, comme le rocher. Une pensée vient de naître ! L'acte de créer une table avec des troncs d'arbres est le résultat final d'une progression directe allant de la fonctionnalité du rocher à un lien établi avec autre chose. Une fois la table conçue, d'autres pensées purent lui donner un sens et multiplier ses fonctions. La table fut dont créée par une attention assidue et une association d'idées. La pensée fut le lien crucial, le pont entre sa virtualité et son élaboration ! Quelque chose qui avait été une commodité temporaire s'était cristallisé en une fonctionnalité consciente qui devait dorénavant servir aussi bien d'outil mental que d'objet pratique dans la vie de la tribu. »

Il m'expliqua que le développement des symboles suivit un parcours similaire. *« Par exemple, l'homme primitif observait les étoiles. À partir de ces observations, il dressait ensuite des cartes rudimentaires où figuraient des lieux et des points d'orientation. Tout d'abord, ces cartes ne furent rien d'autre que des pictogrammes d'étoiles ou de formations terrestres disposés de façon à pouvoir faire entre eux des associations et des liens. Par la simple observation de sommets montagneux, d'étoiles, de rivières, de terres de chasse, de camps et de lieux de cérémonie, et par l'établissement de liens entre eux, un langage pictographique vit le jour. Qu'est-ce qui motiva cela ? Le désir de créer des liens est très puissant chez l'humain. Au cours des âges, c'est un désir qui l'a poussé à accomplir ses plus grandes réalisations. Inhérent à ce désir, il y a le besoin fondamental d'établir un lien entre les expériences, les émotions, les réflexions et les aspirations d'une manière telle que s'ajoute un facteur de responsabilité à la conscience originelle, la transformant de ce fait en conscience intégrée. Celle-ci se développe individuellement et collectivement, car elle est le résultat direct de l'établissement de liens.* L'AMOUR PROVOQUE L'APPARITION DU DÉSIR D'UNITÉ ET LA PENSÉE MANIFESTE CE DÉSIR EN INSTAURANT LE LIEN.

L'histoire regorge de tels exemples. Il suffit de penser à l'Antiquité et d'évoquer comment les objets lourds étaient déplacés sur des troncs, jusqu'au jour où quelqu'un "inventa" l'essieu et la roue. Les manœuvres difficiles effectuées avec les gros troncs étaient devenues un fardeau inutile étant donné qu'un petit tronc, en tournant librement sur lui-même, pouvait dorénavant faire tournoyer deux grands disques de bois. En premier lieu survient la conscience puis vient l'élaboration des pensées, des concepts et des idées. LA CONSCIENCE EST LA CONDITION PREMIÈRE. LA PENSÉE EST LE LIEN UNIFICATEUR. »

Jésus précisa que l'humanité traverse de longues périodes de simple conscience au cours desquelles elle s'élabore avant que ne s'installe la clarté conceptuelle menant à la cristallisation d'une idée, comme c'est le cas dans les exemples du rocher, de la table constituée de troncs d'arbres, de l'essieu et de la roue.

« La pensée sert de lien dans le cadre de la conscience, des expériences et des relations sociales ou spirituelles. Sans la pensée, les relations humaines n'auraient que très peu de sens ou de qualité. VOTRE PENSÉE DÉTERMINE LA MANIÈRE D'ENTRER EN RAPPORT AVEC AUTRUI, QUI, À SON TOUR, DÉTERMINE VOTRE PENSÉE ! *Une fois qu'un lien est établi, une direction s'établit également, ainsi qu'une séquence. C'est de la sorte que la pensée acquiert son sens. En étant appliquée concrètement dans la vie, la pensée se dote d'une direction, d'une raison d'être. La pensée ressemble à une flèche : elle est placée sur la corde de la vie et est propulsée par l'amour. Ce qu'il y a d'inhérent à la pensée, c'est un vecteur. »*

« Qu'entends-tu par vecteur ? »

« C'est la direction implicite propre à une combinaison de deux éléments ou plus. Par exemple, si tu disais à quelqu'un que tu es née à cinquante kilomètres de l'endroit où tu vis actuellement, il pourrait s'agir de n'importe quel endroit. Par contre, si tu précises que ton lieu de naissance se trouve à cinquante kilo-

mètres à l'ouest de l'autoroute 20, les gens pourraient localiser ta ville natale sur une carte. »

« Je comprends comment les vecteurs peuvent déterminer une direction dans la dimension physique. Mais je ne saisis pas bien quand il s'agit d'une pensée. Comment une pensée peut-elle avoir un vecteur ? »

« Prenons un exemple simple. Vous venez d'acheter un bouquet de fleurs. Peut-être l'avez-vous acheté impulsivement après l'avoir vu, sans y accorder la moindre pensée. Ou pour agrémenter votre salle à manger, en faire cadeau à un ami ou vous en servir pour faire une composition artistique. En soi, un concept n'est que la focalisation de la conscience. La pensée sous-entend une direction intentionnelle de la conscience. VOUS DONNEZ DU POUVOIR À UNE PENSÉE PAR LA DIRECTION QUE VOUS LUI ACCORDEZ. Les idées n'ont que peu de valeur si vous ne les mettez pas en pratique et que vous ne permettez pas à leurs répercussions de faire leur chemin pour qu'elles engendrent d'autres liens.

Ce concept revêt une importance capitale dans la vie en ce sens que le premier des points d'un vecteur est toujours l'amour. Il est le point de départ de toute chose et représente la force fondamentale qui sustente toutes vos pensées. Le second point est la façon dont cet amour est dirigé par vos pensées. Comment appliquez-vous l'amour dans votre vie et qu'en faites-vous ? La toile de votre vie est tissée à partir de votre amour et des divers vecteurs que vous avez employés pour le diffuser. Les problèmes surgissent quand le mental se sert des pensées pour contrôler, réduire ou remplacer l'amour au lieu de laisser les pensées s'actualiser dans la vie. Le mental essaiera de contrôler les pensées jusqu'à ce qu'il les fasse siennes et les retourne contre vous pour influer sur votre comportement. La représentation visuelle la plus éloquente de la puissance de la pensée est celle de l'arc et de la flèche. La pensée est à son meilleur quand elle est dirigée telle une flèche par la corde de l'amour en s'éloignant du tireur !

Laissez-moi vous donner un exemple tangible de la manière dont les pensées peuvent servir à saper le pouvoir de l'amour et à diminuer la qualité de la vie. Un certain facteur détestait les chiens. Par conséquent, il attirait naturellement à lui leur hostilité et se faisait souvent attaquer. Même s'il prenait des précautions et était physiquement armé pour se défendre, ce problème était pour lui une source constante de stress dans son travail. Il décida de s'inscrire à un cours de contrôle du mental dans l'espoir de se créer de meilleures dispositions d'esprit qui sauraient modifier les données actuelles ou du moins lui permettraient de mieux se défendre. Les choses s'améliorèrent un peu, mais seulement parce qu'une plus grande distance existait dorénavant entre lui et son problème. Il y trouva tout de même un certain soulagement dans le quotidien. Par contre, rien n'avait vraiment changé puisque LE MENTAL N'A PAS LE POUVOIR DE CHANGER LA VIE. *Ceci est seulement l'apanage du cœur. Ce facteur découvrit la puissance de cette vérité lorsqu'un jour un ami intime lui suggéra de pardonner aux chiens qui l'avaient attaqué. Soudainement frappé d'un chagrin profond, le facteur vit sa haine des chiens fondre comme neige au soleil en réalisant d'où provenait le problème. Quand il était petit, son plus cher souhait était d'avoir un petit chien. Malheureusement, ses parents et lui habitaient dans un appartement où il y avait tout juste assez de place pour eux trois. Chaque Noël, il écrivait au Père Noël pour lui demander de lui apporter un petit chien. Mais il n'y avait jamais de petit chien sous l'arbre le matin de Noël. Lorsque l'enfant eut dix ans, il aperçut un chien errant dans la rue et tendit la main pour le caresser. Le chien s'élança sur le petit garçon et le mordit à la joue. Pendant que le médecin mettait des points de suture sur le petit visage déchiré, le jeune garçon formulait toutes sortes de pensées qui allaient inverser son désir premier d'avoir un petit chien. Ces nouvelles pensées "expliquaient" pourquoi il ne devait pas en avoir un. Même si le désir d'avoir un chien avait disparu, l'amour originel, lui, était toujours là. Cet homme l'avait en fait enfoui sous une modification de la pensée. Et, à partir de ce moment, il y eut un problème puisque, par la suite, ses pensées se retournèrent contre l'amour originel au lieu de le manifester dans la vie. Le soulagement et la guérison survinrent seulement quand il put pardonner au premier chien qui le mordit et, surtout, à ses parents de ne pas lui avoir permis d'avoir un chiot !*

L'AMOUR EST LE SEUL POUVOIR DANS LA VIE ET IL CONSTITUE LE POINT D'ORIGINE AUQUEL TOUS LES VECTEURS DE LA PENSÉE SONT

RELIÉS. Là où il y a des pensées contradictoires, il y a également des difficultés. À moins que le rapport que chacun entretient avec l'amour en lui ne change dans le cœur, rien de vraiment essentiel ne sera différent dans la vie. Ce que l'on perçoit comme des émotions négatives n'est pas l'absence d'amour, mais simplement l'inversion des pensées, qui vient saper le pouvoir de l'amour et du bien. Lorsque l'amour est désactivé par des pensées négatives, cela peut être dangereux car il n'existe rien de plus puissant que le pouvoir de l'amour et rien de plus proche de l'âme. »

Nos conversations portèrent aussi sur le lien entre l'amour et la raison d'être, car il s'agit également d'une relation fondée sur des vecteurs. *« Ce lien fondamental commence par l'amour que vous êtes et s'exprime dans le monde par les engagements que vous prenez envers votre Créateur et envers ceux avec qui vous partagez votre vie. Autrement dit, votre véritable raison d'être est simplement une prolongation concrète de l'amour que vous êtes, amour qui a été instauré par Dieu et qui vous a été conféré dans le cadre de l'ordre divin. Il est de votre devoir d'être tous vous-mêmes, d'aimer Dieu de tout votre cœur et d'utiliser les talents que cette relation fait naître.*

L'univers préférerait que vous envisagiez vos obligations et vos priorités différemment. Dès votre enfance, on vous a appris à être performants non pas en fonction de votre motivation personnelle, mais en fonction des règles et du conditionnement. Certes, tous les enfants doivent apprendre à tenir compte des besoins et des désirs des autres. Mais le conditionnement ne vise pas seulement cet objectif. Le monde veut que vous fassiez vos preuves ! Ainsi vous serez possédés par votre propre disposition à vouloir acquérir une identité ! Il y a dans le monde bien des conditions à remplir. Par exemple, avant de pouvoir faire, vous devez avoir ! Il faut de l'argent pour s'instruire, acquérir de l'équipement et se procurer les matériaux permettant de produire. Mêmes si diverses professions ont effectivement le droit d'établir des normes de rendement et d'excellence, ceux qui s'assurent de ces normes seraient avisés de se rappeler que tous les vecteurs de pensée et d'action dépendent originellement du pouvoir fondamental de l'amour et de l'être. La prépondérance matérielle et la réussite fondée sur la compétition ne peuvent à elles seules assurer un rendement de qualité. C'est l'amour et l'être qui déterminent la qualité. Si les priorités employées pour gérer la vie ne reflètent pas cette réalité, des problèmes surgiront. Si les considérations d'ordre structurel dominent et contrôlent la vie, les relations seront nombreuses à être dysfonctionnelles et les exigences qui leur sont inhérentes iront à l'encontre des schèmes naturels de la vie.

Le grand potentiel qui réside en chaque âme est activé par la volonté d'être. Pour alléger le faux conditionnement imposé par le monde, il faut connaître sa vérité propre et l'honorer. De temps en temps, il vous faut aller dans les montagnes pour vous retrouver seul avec vous-même et le Créateur. C'est dans de tels moments que vous découvrez combien il vous a été donné. Si vous voulez découvrir votre véritable potentiel, vous devez tenir compte de sa source. Redécouvrez l'amour que vous êtes. Il viendra éclairer tout ce qui vous a été donné. Lorsque vous ferez cela, votre vie prendra petit à petit tout son sens. »

Je pris une grande inspiration et notai en même temps que le Maître s'était redressé et que ses yeux me fixaient avec intensité. Puis, d'une voix à peine plus haute qu'un chuchotement, il dit :

« La volonté est le pont qui vous relie à Dieu et sa volonté est que vous soyez toujours près de lui dans l'amour et le service. En acceptant sa volonté, vous devenez le lien, le pont qui lui permet d'amener les Cieux sur la Terre et la Terre aux Cieux. »

Assise sur ma chaise, j'observai le silence pendant quelques minutes et savourai la merveilleuse présence devant moi. Puis, ce fut la curiosité qui m'incita à faire le raisonnement suivant : « Tu m'as souvent affirmé que le libre arbitre nous a été donné pour que nous puissions explorer la nature de notre amour et laisser libre cours à notre besoin d'expérimenter. Ce que tu viens de me révéler me remplit de révérence et d'enthousiasme, mais je ne peux m'empêcher de me demander jusqu'où notre liberté va une fois que nous nous sommes rendus à la volonté de Dieu. »

« La volonté ne consiste pas seulement en une pensée ou une projection d'intention forte, ni en la persévérance. Bien trop souvent, le concept de la volonté est faussement interprété com-

me étant une intention ferme et résolue par laquelle on impose ses propres conditions à la vie. En fait, on peut formuler des intentions pour tout et on trouve effectivement des intentions sur tous les plans de l'existence. LA VOLONTÉ EST LE POUVOIR QUI FAIT BAIGNER L'INTENTION DANS L'HARMONIE ET LA COMPLÉTUDE. La volonté est l'unité et le point de focalisation qui entretiennent et activent les impulsions individuelles pour ensuite les orienter vers un plan pragmatique. Il va sans dire que la volonté concernant les intentions négatives peut être plus facilement déroutée que celle se rapportant aux intentions de nature supérieure. Ceci étant, comment le pouvoir et le privilège de la volonté pourraient-ils vraiment appartenir à quelqu'un d'autre qu'à Dieu ? Vous avez le droit et l'obligation de découvrir le fonctionnement de la volonté en vous et dans la vie. C'est dans cette exploration que s'inscrit votre libre arbitre. Au cours de votre vie, vous découvrirez comment syntoniser votre volonté sur celle du Créateur en décelant votre raison d'être supérieure et en la faisant vôtre.

Maintenant, contentez-vous d'écouter quelques-unes des paroles d'une prière que je vous ai enseignée. "Que votre règne arrive. Que votre volonté soit faite sur la Terre comme au Ciel." La volonté de Dieu est que le Ciel et la Terre soient en harmonie. Quand vous énoncez cette affirmation, vous vous alignez sur sa volonté. Je ne vous ai pas dit de lui demander que seule sa volonté soit faite et que la vôtre ne compte pas. Je ne vous ai pas dit non plus de demander au Père d'acquiescer à vos quatre volontés. La véritable volonté de Dieu est une force d'activation dans un contexte synergétique global. C'est pour cela que vous devez trouver le point où la volonté de Dieu et la vôtre se rencontrent et ne font plus qu'une. Il est de votre devoir de vous affairer à trouver ce point. C'est le pacte qui vous lie à lui en tant qu'enfants de Dieu. Cela commence en reconnaissant que vous êtes un pont vivant, un lien vivant entre la Terre et le Ciel. La prière que j'ai donnée à mes disciples constitue l'éternelle évocation de ce lien entre la Terre et le Ciel, entre l'homme et son prochain, entre l'homme et Dieu. Lorsque vous respectez le pacte qui vous demande d'établir des liens entre vous et la vie, votre perception de la volonté s'harmonise avec la volonté de Dieu. »

« C'est ce que tu as voulu dire par : “Mon Père et moi ne sommes qu'un[9]” ? »

« Essentiellement, oui. Notre Père est la source de tout amour. Je suis amour et vous l'êtes également. À cet égard, nous portons le même nom. Dans la mesure où tous les gens deviennent totalement l'amour qu'ils sont, il y a unité avec Dieu. Mon Père et moi ne faisons qu'un, car je suis le pont entre le Ciel et la Terre. L'humanité elle aussi est un pont entre la Terre et le Ciel. Et chacun a une raison d'être et un pacte avec le divin qui lui sont personnels. Si vous ne les réalisez pas, personne ne le fera à votre place. Ceci est la vérité supérieure propre à la complétude. On peut comparer l'univers à un casse-tête géant qui ne sera pas complet tant et aussi longtemps que chacun des morceaux n'y trouvera pas sa place. Et aucun de ses éléments ne peut être remplacé. Chaque personne représente un morceau de ce magnifique casse-tête et chaque raison d'être doit être actualisée. Quand j'ai dit que mon Père et moi n'étions qu'un, je voulais dire que personne ne peut me contourner et me remplacer. Je me suis totalement abandonné à sa volonté. Vous avez ce même droit en fonction du pacte qui vous lie à lui. »

Quelques jours plus tard, cet aspect du lien avec le Père trouva une autre occasion d'être expliqué plus en détail pendant que nous échangions sur un mode plus désinvolte. Même si sa présence conférait à ma vie une grande élévation d'âme, Jésus prenait quant à lui un grand plaisir à faire des incursions dans mon plan de réalité, se divertissant souvent pendant que je donnais libre cours à ma créativité ou à des activités banales. Avec une courtoisie et un souci permanents, il comprenait le besoin que j'avais de me distancer un peu de la force renversante de sa splendide vérité. Un jour, j'ai même tiré le téléviseur dans l'atelier et nous avons regardé *Bonanza** ensemble ! Généralement, il avait l'habitude de se servir des situations les plus insignifiantes pour illustrer quelque enseignement en imaginant d'habiles paraboles. Comme à l'accoutumée en sa présence, il y eut une grande synchronicité entre les événements du feuilleton et son enseignement. Donc,

* *Bonanza* : émission américaine très populaire dans les années 60.

pendant que nous regardions cette émission, l'histoire comme telle devint la toile de fond lui permettant d'exposer un certain nombre de vérités d'ordre supérieur. Pour résumer la situation, le père d'Adam Cartwright avait confié à celui-ci le soin d'aller vendre et livrer leur bétail dans un marché éloigné. Afin de pouvoir finaliser la transaction, le père avait donné à Adam une lettre d'entente stipulant le prix de vente à l'acheteur. En arrivant sur les lieux, Adam eut des difficultés avec le commerçant en question, car celui-ci ne voulait plus payer le prix convenu. Il insista pour négocier à nouveau le prix et exigea de parler avec le père d'Adam. Mais Adam resta sur ses positions, lui assurant que s'adresser au fils revenait à s'adresser au père. Là-dessus, Jésus fit le commentaire suivant : *« C'est ce que j'ai voulu dire par pacte, entente ou délégation de pouvoir. Vous êtes en possession d'une lettre d'autorisation qui vous donne la possibilité de faire ce que vous avez à faire, et personne n'a le droit de refuser cette lettre si vous la présentez en toute bonne foi au nom de la volonté du Père. Personne n'a le droit de vous renvoyer ou de s'abroger la gloire du Père pour amoindrir votre lumière, votre vertu ou votre valeur. Par ce pacte, le Père vous montre un certain respect, et l'accepter revient à rendre honneur à votre courage. En ce qui a trait à ce pacte, personne ne peut prendre votre place ni vous contourner. La délégation de pouvoir est la prérogative du Père et personne d'autre ne peut l'endosser, que ce soit en raison de désirs et d'aspirations ou de la croyance qu'une autre personne a échoué. »*

Cette déclaration reflétait l'immense respect qu'il portait à tous. À mesure que j'absorbais la clarté et la rectitude de son message, je me sentais de plus en plus à l'aise avec la vérité selon laquelle la volonté appartient seulement à celui qui voit l'existence comme un tout et qu'elle est un pouvoir que l'humanité peut uniquement découvrir et exercer. La relation que nous entretenons avec la volonté divine est empreinte de liberté, de respect et d'accomplissement. La révélation qu'il venait de me faire sur la volonté exprimait la simple conviction holistique que le Grand Tout ne serait pas complet aussi longtemps que toutes les pièces du puzzle ne seraient pas rassemblées. *« C'est ce que j'ai voulu dire par : "Chaque lettre de la loi doit être accomplie, étant donné que la loi, c'est vous, moi et tout ce qui est. La loi, c'est la réalité. Elle doit être totalement accomplie et ensuite il ne restera plus rien à faire." »*

Quand Jésus prononça ces paroles, ses yeux brillèrent et je pus y voir l'amour qu'il portait même au moindre papillon. Je pus aussi apprécier le fait que les battements d'ailes d'un papillon au Japon peuvent avoir un effet sur une tempête en Afrique. Il n'y avait rien d'insignifiant aux yeux du Maître. *« Là où il y a de l'amour, il y a du pouvoir chez la moindre des créatures. Et il n'y a aucun ordre d'importance puisque l'existence est totalement unifiée. »*

Parmi les nombreux ponts et liens dont nous discutâmes, il en est un qui fut particulièrement révélateur : les croyances. Jamais auparavant je n'avais pris conscience que les croyances ne sont que des liens avec ce que nous considérons comme étant hors de notre portée. Alors que celles-ci sont indispensables à notre confiance en la vie et à notre bien-être spirituel, le fait est qu'elles ne sont que des « ponts » et non une fin en soi. Ayant pris conscience de cela, je voulus en savoir plus sur l'importance relative de ce à quoi croit une personne, comparé au simple pouvoir de croire.

« Y a-t-il un ordre d'importance en ce qui concerne les croyances ? »

« Oui, mais cela n'a rien à voir avec les systèmes de croyances. Les véritables croyances de chacun viennent du plus profond de son être. Il s'agit en fait du pouvoir qui sous-tend toutes les autres convictions dans votre vie. Les plus tenaces sont celles commençant par les mots "je suis". Toutes les autres résultent du conditionnement ou de la spéculation. Pour savoir ce à quoi vous croyez véritablement, il va vous falloir entrer dans le Cœur sacré et observer en silence le lien éternel qui vous relie à la Source. C'est ce que vous aurez à faire parce que vos vraies croyances reposent sur l'autel de votre cœur. Je peux vous dire de croire et comment croire. Mais ce que vous allez croire sera totalement tributaire de ce que vous êtes vraiment, de ce que vous pensez être, de votre besoin de conformité et de vos besoins de survie. Chaque humain a entièrement le choix. Ce que vous croyez n'est qu'une manifestation extérieure de votre propre état d'être, qui est amplifié par vos attentes, vos intentions et vos expériences. Personne ne doit s'abroger le droit de juger les convictions de quelqu'un d'autre. Il vaut mieux l'aider à faire honneur à la croyance que son cœur révère. La plus grande des

croyances est celle qui touche votre pacte avec Dieu. Elle ne doit pas être masquée par les systèmes de croyances, car ces derniers sont une prolongation de l'esprit de conformité qui règne entre les gens par rapport à la nature de leurs aspirations communes. Il est important que vous sachiez distinguer les systèmes de croyances de la croyance à l'état pur. À mesure que votre clarté sur vous, la vie et le reste de l'existence se renforce, se renforcent également les croyances dont vous vous servez pour établir des liens. »

« N'est-ce pas par le truchement des croyances que nous sommes reliés à l'esprit qui est un ? »

« Il n'y a aucun lieu où vous n'êtes pas tous reliés à l'esprit qui est un. Une croyance, cependant, est comme une pensée envoyée dans cette unité. Toute croyance comporte une direction et une intention. Si vous deviez en examiner une, vous pourriez vous demander : "Quel vecteur suis-je en train d'établir avec cette croyance ? De quelle façon est-elle reliée à mon véritable moi et vers quoi se dirige-t-elle ?" Il ne fait aucun doute que la flèche des croyances est aussi rapide que celle des pensées et qu'elle atteindra son but. Il n'existe rien de plus vulnérable et de plus formateur que l'esprit. Vous créez votre vie en faisant simultanément intervenir votre amour, vos pensées et vos croyances dans le règne de l'esprit. Dans toutes ses applications, vous seriez avisés de faire preuve de respect envers cette vérité. »

Je me dis silencieusement que je confondais les choses, car j'avais toujours employé indifféremment les termes "pensée", "intention" et "croyance", un peu comme s'ils avaient tous le pouvoir semblable de manifester un désir. Je voulais obtenir des éclaircissements à ce propos, mais attendis un moment plus propice.

Et l'occasion ne tarda pas à se présenter quand il revint sur le concept de la conséquence.

« Vos actes aussi bien que votre être ont des conséquences, car ils conditionnent le déroulement de votre vie. Vos intentions donnent l'impulsion, la force et la passion qui se traduisent ensuite par des résultats. »

« Où la pensée entre-t-elle en jeu dans tout cela ? » lançai-je.

« La pensée est ce qui permet d'envisager des liens entre la cause et l'effet et de formuler un concept élargi dans le cadre duquel une situation devient beaucoup plus claire. Si vous deviez comparer la vie à une pièce de théâtre, l'acteur serait bien entendu la personne, et l'action, de toute évidence la trame de l'histoire. L'intention serait l'intrigue ou le sens qui établit un lien entre les personnages et leurs actes. Et la pensée serait le scénario. Comme tout dramaturge le sait, les personnages sont le moteur d'une pièce, alors que les actions sont les protagonistes faisant avancer l'histoire. Et l'intention fournit la raison d'être de l'histoire, la passion, le point culminant. En ce qui concerne ces trois éléments essentiels du théâtre, c'est le scénario qui est le plus flexible, le plus sujet aux modifications et le plus apte à exprimer au maximum la liberté. »

« Mais n'a-t-on pas souvent dit : "On est ce que l'on pense" ? » Si cela est vrai, alors j'ajouterais que la pensée est plus fondamentale que ce que tu viens d'affirmer. »

« En fait, une personne est déjà ce qu'elle pense. La beauté de la pensée, c'est qu'elle reflète l'être et procure au protagoniste un scénario qui peut être soit amélioré, soit modifié. Votre choix dépend de votre intention.

La pensée offre une grande liberté de choix grâce à l'exploration et à la vérification. C'est un peu comme le dessin que tu fais avant de peindre. Sans dessin, tu ne pourrais pas réaliser de peinture. Par contre, tu peux esquisser plusieurs croquis avant de décider lequel tu choisiras pour exécuter ton tableau. C'est la même chose dans le cas d'un scénario. Celui-ci sert de support à la pièce de théâtre et fournit le déroulement de l'histoire grâce aux vers, aux répliques et aux scènes. Il en va de même avec la pensée, puisqu'elle sert de support à la vie, vous fournit une aide, des explications rationnelles, des réflexions et des ouvertures.

Pour comprendre la véritable valeur de la pensée, vous devez en premier lieu prendre conscience qu'elle a un rôle de nature parallèle à celui de la vie. Ne vous est-il pas souvent arrivé de vous surprendre en train d'hésiter et de vous dire : "Il faut que j'y repense" ? Ce recul a pour objectif de vous permettre de consulter une dimension parallèle de pensée qui vous amène à examiner les éventuelles issues d'une situation sans devoir actuellement les vivre. Étant donné que la pensée est parallèle, elle vous laisse tout le loisir de jouer avec la liberté, l'expression, l'exploration et la découverte en dehors du théâtre de la vie. »

« Dans le Nouveau Testament, il semble que tu as déclaré qu'un homme a déjà fait ce qu'il pense. Je comprends maintenant que tu affirmes ici la même chose, que la pensée traduit l'acte et l'oriente. Mais jusqu'à maintenant, j'avais mal interprété cet enseignement, car j'avais compris qu'il signifiait que la pensée cause l'acte. Cette conclusion de ma part me faisait sentir un peu coupable lorsque j'envisageais les pires scénarios possibles ou les éventualités catastrophiques et elle implanta en moi l'idée que nous devons être extrêmement prudents, parcimonieux et uniquement positifs dans notre façon de penser ! Pourrais-tu m'éclairer sur ce point ? »

« La confusion entre la pensée et l'intention est largement répandue. L'intention est la force motrice et causale derrière toute action. Il est certain que ce que votre cœur formule comme intention s'actualisera d'une manière ou d'une autre. Cette écriture à laquelle tu fais allusion avait pour objectif d'enseigner le pouvoir de l'intention. Elle a été mal traduite puisque c'est le mot "pensée" qui a été choisi. Mais la véritable signification de cette écriture sera éternellement valide : quand il y a une erreur ou un méfait, le moment de sa cause se trouve dans l'intention, soit bien avant l'acte ! Si une personne veut corriger quelque chose dans sa vie, elle doit considérer la réalité qui prévalait au-delà de l'acte au moment où l'intention fut exprimée. Comme je vous l'ai répété à de nombreuses reprises, si vous voulez changer votre vie, vous devez changer votre cœur. Ceci est du domaine de l'intention. Par contre, les pensées vous donnent la liberté de revenir sur vos intentions ainsi que sur vos gestes. Elles vous permettent de choisir, de redresser le tir ou de faire du renforcement. »

Bien des catastrophes auraient pu être évitées si on avait auparavant envisagé par la pensée toute la gamme des possi-

bilités. Bien des épreuves auraient pu être adoucies si une pensée précautionneuse avait prévu des préparatifs. Bien des passions destructrices auraient pu être dissipées si on en avait joué le scénario par la pensée en premier lieu. La pensée est le tableau noir, le terrain de jeu et le miroir de l'âme. La pensée vous permet d'examiner, de renforcer ou de rectifier toute situation que vous êtes en train de créer. Par contre, la pensée n'est pas la force motrice à l'origine de la situation. Ce pouvoir revient à l'amour que vous êtes et aux intentions qui le manifestent par l'action. »

Pendant que je réfléchissais un peu à l'aspect créatif de la pensée, mon esprit s'intéressa au thème de la beauté. Malgré le fait que nous participions tous deux à une création artistique, le thème de la beauté n'avait pas encore été abordé. Mon expérience en tant qu'artiste trouvait son compte dans la comparaison que Jésus avait faite entre le théâtre et la vie. Il y avait un sujet et une intention, appuyés par la pensée et l'expression. Mais qu'en était-il de la beauté ? Chaque fois qu'elle apparaissait sur mes tableaux, il s'agissait d'une sorte de confirmation que la création du moment était la bonne. Chaque fois que la beauté faisait son apparition, je pouvais être assurée que le succès n'était pas loin ! En me rendant compte de cela, je sentis que la beauté sous-entendait beaucoup plus que ce que je pensais. Comme je n'étais pas trop sûre de ce que cela pouvait être, je me hasardai en posant la question suivante : « La beauté fait-elle aussi partie de ces ponts que nous traversons ? »

« En fait, la beauté est la somme de bien des ponts d'origines diverses qui forment ensemble un motif harmonieux. La beauté est un chœur et ses chanteurs, un ensemble de rêveurs, un concert d'aspirations, une orchestration d'objectifs, une symphonie d'ambitions et un ballet de production. Des vecteurs convergeant harmonieusement et à bon escient font émerger la beauté. Ceci est vrai aussi bien pour une fleur, une chanson, un coucher de soleil ou une magnifique peinture. La beauté est un signal qui vient confirmer et rehausser des conjonctures positives. Souvent, elle est l'indicateur vivant de la rectitude. Malheureusement, la structure peut contrefaire la beauté d'une multitude de façons. C'est pourquoi certaines personnes s'en méfient. Celles qui savent faire la distinction entre une structure aguichante et la

lumière de la beauté intérieure seront guidées par la beauté dans leur cheminement. En présence de sa véritable nature, vous ressentirez la présence de Dieu ainsi qu'une grande congruence avec sa volonté. C'est pour cela qu'il y a une telle aspiration envers la beauté dans la vie. La beauté donne une confirmation d'harmonie et de bien-être. »

Le Maître poursuivit en élargissant son enseignement sur les liens, sur les ponts. Il approfondit ses explications en abordant leurs applications et leur portée. Je retirai de cela que la corrélation prévisible que l'on peut établir grâce au phénomène de cause à effet constitue le plus éminent pont dont nous puissions jouir. Nous voulons tous savoir où nous nous en allons et nous voulons tous pouvoir choisir et justement déterminer dans une certaine mesure la direction que nous suivons. Si nous observions attentivement les scénarios prévisibles de cause à effet dans la vie, nous nous épargnerions bien du stress et des misères. Il précisa de toutes les manières possibles que tout ce que nous avons fait nous sera rendu. Que tout ce que nous avons donné nous sera redonné d'une façon similaire. Je testai ce qu'il venait de me dire en lui posant la question suivante : « Si le phénomène de cause à effet est si fiable en tant que pont reliant le présent au futur, alors pourquoi les gens vertueux passent-ils si souvent inaperçus alors que les malicieux remportent souvent la palme ? »

« Ceci est moins vrai que vous pourriez le penser. Les apparences d'iniquité sont superficielles du fait que la majorité des gens n'ont simplement pas assez de conscience pour se rendre compte de la façon dont l'équilibre s'effectue dans l'univers. Le phénomène de cause à effet comporte deux aspects fonctionnant différemment. L'un d'eux est la linéarité, la prévisibilité : se nourrir quand on a faim élimine celle-ci. Le facteur d'immédiateté dans la réaction ne tient aucunement compte des personnes et des situations. Il est totalement efficace en ce sens qu'il agit aussi bien pour les malicieux que pour les vertueux. Le seul inconvénient pour ces derniers, c'est que les opportunistes cherchent avidement à maîtriser de tels facteurs afin de profiter des avantages que le contrôle leur procure. De leur côté, les âmes humbles et vertueuses considèrent souvent que se servir de la prévisibilité des choses relève de la tricherie ! De telles opinions

sont dramatiques, car elles coupent les âmes les plus vulnérables des lois divines. De telles lois ont été créées pour armer et protéger les humbles, pourvu qu'elles soient reconnues et appliquées consciemment. La loi de cause à effet opère avec ou sans consentement ni connaissance délibérée. Par contre, la participation et la volonté augmentent grandement les résultats qui lui sont inhérents.

Mais il y a une seconde et plus vaste dimension au phénomène de cause à effet. Celle de la complétude et de l'équilibre holistiques. Étant donné que l'esprit n'est qu'un, il n'y a pas de frontières dans l'univers. Il y a dans cette unité un seul cœur qui sent et connaît la rectitude de toute chose, qui équilibre et guérit par des moyens dépassant l'entendement normal. Cette dimension sacrée de l'existence réagit au phénomène de cause à effet activé par l'amour plutôt qu'à celui activé par l'effort. Par conséquent, il se peut qu'une personne donne à quelqu'un et reçoive de quelqu'un d'autre. Un homme s'éreintera à travailler dans une usine, mais sera récompensé par l'amour de ses enfants. Une femme donnera son temps sans compter pour la sauvegarde de la nature et sera récompensée par les enseignements qu'elle en retirera. Une autre personne rendra visite aux malades et verra son apitoiement sur soi disparaître. Un homme qui pardonnera à un autre se verra pardonné à son tour.

Dans cette dimension de cause à effet, la manipulation égoïste n'est pas possible, car cette dimension est uniquement activée par la nature de l'amour de la personne en question. Quand vous exprimez l'amour que vous êtes, les bienfaits qui peuvent en découler sont illimités.

Lorsqu'il me dit cela, me revint à l'esprit sa magnifique interprétation du psaume XXIII dans lequel il exprima la façon dont notre amour doit guider nos vies, même quand nous sommes dans l'obscurité ou que nos ombres prennent le dessus. J'observai un silence révérencieux pendant un instant. J'étais trop touchée pour parler. Puis, mes pensées retournèrent à des considérations d'ordre pratique et routinier. « De nos jours, beaucoup de gens font des prédictions. Se contentent-ils de lire les schèmes prévisibles de cause à effet pour ensuite les projeter dans le futur, ou bien ont-ils accès à une connaissance d'ordre supérieur ? »

« C'est en grande partie la structure qui est impliquée quand il est question de prophéties, car cette structure a besoin d'un mouvement d'entraînement prévisible. Elle s'investit dans les prophéties pour pouvoir maintenir sa position et éviter d'être modifiée. Les prophéties couvrent un grand éventail de choses : analyses de probabilités, planification annuelle ou investissement à très long terme. Voyez-vous, les prophéties ne sont pas limitées aux perceptions ésotériques. Elles portent également sur des observations du réel permettant d'établir un lien avec un vécu prévisible. Il est possible par contre d'abuser de la prophétie en tant qu'art et science si elle s'adresse aux dimensions spirituelle et émotionnelle du cœur dans l'intention d'en solliciter son support pour des conjonctures d'ordre temporel uniquement. La structure s'investit énormément pour empêcher le cœur des hommes de changer et pour que ses prophéties se maintiennent. Mais le cœur est votre authentique source de prophétie, car il régit le point où l'intérieur et l'extérieur se rencontrent et ne font qu'un. Il constitue un instrument diagnostique bien plus précis que tout outil matériel. Pour connaître votre futur, il vous suffit de consulter votre cœur. Le Cœur sacré et ses sept niveaux d'intelligence supérieure vous diront tout ce que vous avez besoin de savoir sur le déroulement de votre vie.

Bien entendu, un individu pourra en connaître beaucoup sur les possibilités futures en examinant les schèmes de cause à effet. Une personne intelligente et bien informée peut observer les schèmes de cause à effet et prédire avec logique leurs tendances ou leurs conséquences à long terme. Néanmoins, si vous voulez vraiment savoir où votre vie vous mène, il vous suffit de regarder dans votre cœur. Toute prédiction n'est valable que si le cœur la soutient. Dès que le cœur change, un scénario complètement différent se met en place. Rappelez-vous l'histoire que je vous ai racontée un peu plus tôt au sujet du facteur qui a finalement pardonné au chien qui l'avait mordu. Par après, plus aucun chien ne voulut jamais le mordre. Par conséquent, son futur venait de changer. Chaque fois que le cœur change vraiment, le futur se transmue également.

Vous avez toujours trop mis l'accent sur le changement extérieur. Ne vous méprenez pas cependant : les améliorations extérieures ont une grande valeur. Par exemple, il est constructif de faire le ménage dans une maison. Par contre, une maison propre n'est pas automatiquement un foyer. Bien des gens sont actuellement en état d'épuisement de nos jours parce qu'ils essaient frénétiquement de transformer leur vie en faisant, en pensant et en travaillant tout à la fois, alors qu'un simple changement sur le plan du cœur suffirait à résoudre le problème.

Une grande transformation sur le plan du cœur, surtout si elle se produit simultanément chez de nombreuses personnes, peut renverser d'anciennes prévisions ou prédictions. Quand j'ai marché sur terre, il y a deux mille ans, les conditions étaient telles qu'on pouvait raisonnablement envisager qu'un grand cataclysme pourrait se produire cinq cents ans plus tard. Mais il n'a pas eu lieu. Pourquoi penses-tu ? »

« Parce que tout un tas de cœurs changèrent après ton passage sur la Terre ! » Il sourit.

« Environ cinq cents ans plus tard encore, il aurait pu y avoir un autre grand cataclysme. Encore une fois, il ne se produisit pas. Aussi longtemps que les cœurs changent, les prévisions et prédictions qui relèvent de la structure sont sujettes à une continuelle remise en question. »

J'hésitai un instant avant de poser la question qui me venait à l'esprit. Tout sentiment de retenue se dissipa cependant lorsque je vis la commissure de ses lèvres amorcer un sourire invitant en même temps que son regard m'incitait à parler. « Si les prophéties se limitent à être de temporelles éventualités pouvant s'estomper ou s'effriter lorsque le pouvoir supérieur de la vérité du cœur entre en jeu, pourrais-tu alors révéler dans quelle mesure le Livre des révélations s'avère valide ? »

« Le Livre des révélations est bien plus qu'un ouvrage de prophéties. Il s'agit d'écrits où sont révélées des vérités éternelles sur l'accomplissement de l'âme quand elle retourne vers le Père, retour qui s'accompagne de l'annihilation de tout ce qui est faux et du fait que les éventualités négatives s'effacent à la lumière de la vérité. Ce manuscrit ne tombe pas dans les habituels pièges des prophéties parce qu'il ne met pas l'accent sur les possibilités temporelles de la vie. Ce n'est d'ailleurs pas la portée de son message. On a attribué à ce document sacré une fausse interpré-

tation majeure, celle de présenter le déroulement d'une histoire avec des événements mondains. Il est certain qu'une profonde transmutation de l'âme humaine serait impossible sans transposition ou manifestation sur le plan de la réalité concrète. Par conséquent, certains phénomènes physiques accompagnent la trame de ce texte et il est bon de noter que les éléments qui redeviennent poussière sont les structures qui prévalent actuellement dans le monde de la matière.

Ce livre annonce le point de non-retour où l'humanité affrontera sa destinée. L'humain ne pourra réaliser sa filiation à Dieu tant et aussi longtemps qu'il n'aura pas renoncé à tout ce qu'il a créé par inconscience et par manque de connexion au Grand Tout. Les fausses identités, les fausses significations et les structures sans valeur disparaîtront à mesure que l'âme retrouvera le pouvoir qui lui permet de manifester le vrai pacte qu'elle a fait avec le Père. Cet heureux événement doit se produire dans l'amour et non pas dans la peur. Et pendant que le cœur s'y préparera, il y aura également des modifications concrètes sur le plan des conséquences extérieures. Ce qui surviendra est crucial et inévitable pour la destinée humaine. Et personne n'y échappera. Par contre, il y aura un choix quant à la façon dont cet avènement sera reçu par chacun. Ceux qui le recevront dans une attitude d'amour sauront traverser le dernier pont pour atteindre leur réalisation. »

Actuellement, bien des gens ont l'esprit préoccupé par les événements cataclysmiques imminents que les prophéties ont annoncés. Il est donc plutôt surprenant que, en sa présence, alors que j'aurais pu demander tout ce que j'avais voulu, mon esprit n'ait jamais eu la curiosité de s'intéresser aux mauvais présages ni à d'éventuels désastres. Par contre, alors qu'il achevait d'exprimer la pensée mentionnée ci-dessus, je lui posai pour la première et unique fois la question concernant l'éventualité d'une catastrophe imminente. Sa réponse fut nette, positive et dénuée de peur.

« Les structures qui contrôlent actuellement la vie des humains ont toutes été créées dans un état d'inconscience et de manque de connexion avec le Grand Tout. En raison de leur puissant mouvement d'entraînement, ces structures portent en elles le germe de l'oppression à venir. Pour survivre, elles doivent

gommer l'âme et s'assurer de son assujettissement. À mesure que le moment de la réalisation humaine se rapproche, il se produira parallèlement un effondrement et une dernière riposte de la part de ce qui veut se perpétuer contre le bien de l'homme. Ceci permettra néanmoins à la conscience humaine de s'élever et se traduira par une nouvelle ère de fraternité sur la Terre, au cours de laquelle les structures seront instaurées de nouveau en fonction d'un plus grand état de conscience et de connexion avec l'ordre divin. »

Je me hasardai à poser la question suivante : « Y aura-t-il alors de grandes souffrances ? »

« Même si la souffrance n'est jamais ce que Dieu veut, personne n'échappera à l'expérience. Un grand nombre de gens ressentiront peu de souffrances, si ce n'est la compassion qu'ils éprouveront envers ceux qui connaîtront douleur et chagrin. À l'autre extrême, il y aura ceux, nombreux, qui sont si attachés à ces structures en désagrégation, qu'ils ne connaîtront aucun sursis dans leur détresse. Et même cela s'avère un bienfait, car des vies emplies du venin de l'angoisse pourront se purger et avoir la chance de guérir. Ce sont en grande partie les choix individuels et la nécessité absolue d'aller vers des choix faits depuis longtemps qui détermineront la façon dont cet événement sera vécu. Peu importe comment chacun réagira à ce changement, IL EST ABSOLUMENT SANS ÉQUIVOQUE QUE TOUTE L'HUMANITÉ PROFITERA DES BIENFAITS QUI RÉSULTERONT DE CETTE TRANSFIGURATION HUMAINE. »

Mais avant que le jour de cette transfiguration humaine ne se produise, bien des ponts doivent être traversés pour permettre à nos vies d'atteindre des niveaux de conscience et d'aptitude plus élevés. Aux dires du Maître, il est impératif que nous cherchions sans cesse les causes sur des plans supérieurs parce qu'« *un problème ne peut jamais se solutionner dans le plan où il a été manifesté et où il existe. Tout problème soulève une question dont la réponse se trouve au moins un niveau plus haut sur le plan de la conscience ou de l'aptitude. Il n'y aurait jamais eu de problèmes s'il n'y avait pas eu perte de vigilance et d'attention et, par conséquent, perte de la capacité à voir les réponses. Une des plus grandes erreurs commises par l'humanité face aux problèmes de la vie, c'est de les aborder sur le plan de la causalité. Ceci ne peut que conduire à l'affrontement, à des difficultés et à de perpétuelles frustrations.*

Pour résoudre un problème, il faut en premier lieu l'examiner à partir d'un plan supérieur afin d'en avoir une meilleure vue d'ensemble. Ceci est évident dans le domaine de la guérison. Un médecin, ou le corps médical, ne peut qu'enrayer une maladie, l'empêcher de progresser, réduire l'infection et assurer des conditions permettant à la guérison de s'effectuer. Par contre, le véritable point de départ de la guérison est un miracle qui survient toujours sur un plan supérieur par la restitution de la complétude. Peu importe le problème, la guérison provient toujours d'un plan supérieur. »

Ma pensée se tourna alors vers les nombreux Américains qui souffrent actuellement d'obésité. Ils sont toujours en quête du régime miracle, de pilules amaigrissantes, d'exercices ou de séances d'hypnose dans l'espoir de remédier à leur problème de poids séance tenante. Pour faire écho à cette problématique, ainsi qu'à d'autres semblables, le Maître nous recommande de chercher un point de vue supérieur qui viendra englober le problème dans sa totalité plutôt que de l'affronter avec antagonisme. Il suggère que nous sachions reconnaître de quoi nous avons réellement faim et de quoi nous avons vraiment besoin de nous débarrasser. *« Quel est le chagrin qui vous pousse à ensevelir votre vie sous la détresse ? Quand vous saurez répondre à de telles questions, mettez de l'ordre dans votre vie et cherchez à vivre plus totalement. Il est toujours sage de chercher des avis plus éclairés, qu'ils soient divins ou humains, pour trouver comment solutionner n'importe quel problème physique. Quand cette solution se présentera, vous la reconnaîtrez par la complétude qu'elle conférera à votre vie. »*

Pour ce qui est de l'amélioration de la qualité de notre vie, Jésus employa l'image de l'embarcation qui navigue sur un canal, comme le canal de Panama qui relie deux niveaux de mer différents. Il avait employé cette image pour illustrer le processus constant qui vient élever notre vie vers des niveaux toujours plus hauts de complétude et de réalisation.

« Lorsque vous entrez dans la première écluse, vous ne voyez que les grands murs qui entourent et contiennent l'eau. Il est essentiel d'accepter la situation telle qu'elle est pour faire face aux limites auxquelles vous vous heurtez actuellement. Et il faut faire un acte de foi pour affronter votre sentiment de manque et votre vision restreinte. Car une fois que le niveau de l'eau monte, un miraculeux changement survient sur le plan des circonstances. Lorsque les portes de l'écluse s'ouvrent et que votre embarcation entre dans l'écluse suivante, un pouvoir de complétude supérieur au précédent se révèle à vous. Puis, devant vous, se présente un autre ensemble de grands murs qui vous empêcheront de voir ce qu'il y a au-delà. À nouveau, vous devrez faire entrer en jeu la foi et la conscience pour faire grimper le niveau de l'eau jusqu'au seuil désiré. Et le processus se répétera ainsi à chaque écluse. Puis, un jour, soudainement, les portes de la dernière écluse s'ouvriront, vous révélant la merveilleuse immensité de l'océan. Et voilà que vous aurez atteint la terre nouvelle, que le rêve sera devenu réalité. Avant cela, vous auriez tout intérêt à vous rappeler que peu importe où vous êtes rendu, vous devez faire preuve de foi pour examiner votre vie et vous demander comment tirer le maximum de ce dont vous disposez. Commencez par des choses simples, comme de vous lier d'amitié avec votre voisin, de pardonner à votre frère ou de rembourser vos dettes. Payez quelqu'un pour tondre votre gazon ou aidez un enfant ayant des difficultés dans ses études. Un second emploi vous serait peut-être utile ou bien avez-vous plutôt besoin de vacances. La complétude ne s'atteint pas d'un seul coup une fois pour toutes. Quand une personne cherche des réponses précises à des situations complexes, le résultat n'est pas toujours probant. Il vaut mieux essayer d'atteindre sans cesse une plus grande complétude pour accéder à des niveaux supérieurs de conscience. »

Il mit particulièrement l'accent sur le fait que les améliorations progressives fonctionnent à merveille. Les plus petits changements se traduiront par de nouveaux points de référence, de plus grandes prises de conscience, et votre qualité de vie en sera augmentée. Voici une situation bien simple que nous connaissons tous : il s'agit de ce que nous ressentons parfois lorsque nous essayons tard le soir de résoudre sans succès un problème. À un moment donné, nous nous abandonnons au sommeil, qui nous amène la paix et la revitalisation dont nous avions besoin. Ce qui nous paraissait incontournable la veille nous semble tomber sous le sens le lendemain matin. C'est que, pendant notre sommeil, nos niveaux d'énergie, d'attention et d'intégralité se sont élevés au-dessus de ce problème. Si nous nous laissons confiner par les murs qui créent et définissent nos problèmes, nous nous nions la possibilité d'avoir accès au point de référence propre à l'intelligence supérieure.

« Quand vous cherchez des solutions, visez la complétude. Ce qui vous conduit à la complétude, c'est une perspective de plus en plus large des choses et une plus grande ouverture à la vie. Le monde de la structure aimerait bien vous faire croire que la réalité est ce qui est permanent et l'illusion, ce qui change. Il aimerait bien vous faire croire que, lorsque quelque chose change, c'est juste une illusion. Si celle-ci est permanente, alors elle est vraie. Ce qui est vrai est fait d'amour, d'esprit et de particules adamantines. Ces trois aspects de la réalité peuvent être élaborés à l'infini de diverses façons ou bien être perçus à partir d'une infinité de points de vue sans que leur réalité en soit diminuée. La vie est une véritable rivière de possibilités mouvantes. »

Cette image de réalité mouvante me permet dorénavant d'apprécier le rôle crucial que joue le libre arbitre dans la vie de chaque individu. Si d'infinies possibilités peuvent simultanément exister dans la réalité, alors c'est que nous devons effectuer des choix d'importance. Et ces choix auront un impact sur la manière dont la réalité s'impose dans notre vie. Ayant compris cela, je peux me souvenir des prises de conscience faites le jour où a eu lieu le miracle du tableau. Quand je repense à cette journée, je me rappelle aussi clairement les détails de l'accroc alors que mon doigt se faufilait dans le trou et sentait les fils déchirés. Et quand je me reporte un jour plus tard, je me rappelle avoir vu la peinture intacte comme si jamais rien ne s'était passé. Le fait qu'elle soit redevenue intègre me frappa comme un rayon lumineux d'une force impénétrable et totale. Et maintenant, lorsque je repense à ces deux perceptions totalement divergentes, l'image visuelle qui me vient est celle d'un rideau qui s'étend à l'infini. D'un côté du rideau, il y a la toile endommagée et de l'autre, une peinture intacte, comme si elle n'avait jamais été touchée. Cette double perception me prouve que la coexistence de possibilités multiples peut assurément faire en sorte que ces deux perceptions existent effectivement. Une, aussi bien que l'autre, aurait pu prévaloir en fonction des choix faits à leur sujet. Cependant, cette œuvre avait tellement été réalisée dans l'amour et la vérité que la réalité de l'accroc ne réussit pas à persister. Ceci soulève un point crucial concernant la vie. Parmi toutes les possibilités qui coexistent par rapport à une situation donnée, ne créons-nous pas la pérennité en ce qui a trait à celles que nous choisissons ? Notre responsabilité est grande du fait que nous savons que nous choisissons effectivement l'orientation et la qualité de notre vie. Ce concept fait écho aux enseignements du Maître sur le cœur et sur son pouvoir de changer nos vies. En effet, quand nos cœurs changent, nos préférences risquent de changer également. Peut-être cela est-il le pont lui-même, le pont du choix et de la responsabilité que la foi et la conscience rendent possible.

Chapitre 8

La béatitude de la vie

Est-il possible de connaître le Ciel sur la Terre ? Cela paraît inimaginable, si l'on envisage le ciel comme un lieu de pure béatitude, alors que le monde ici-bas n'est que conflit. Sous les pressions incessantes de notre existence de mortels, nous cherchons plutôt à fuir en des lieux plus sereins et plus accueillants. À l'époque où j'étais avec le Maître, j'ai toutefois ressenti une paix et une absence de conflit que je n'avais jamais connues sur cette Terre. Le ciel existe peut-être partout où la paix de Dieu prévaut.

En ce qui me concerne, c'est sur le plan de la résolution de problèmes que j'ai constaté la plus grande différence. En tant qu'artiste, j'ai toujours apprécié les défis et j'ai souvent ressenti d'agréables montées d'adrénaline quand j'étais à la hauteur. J'ai la conviction que nous nous attirons un grand nombre de difficultés, sinon la plupart, pour l'expérience qu'elles nous procurent et l'accomplissement qu'elles nous font toucher. Mais la différence fascinante, avec le Maître, c'était la facilité avec laquelle j'apprenais, accomplissais et grandissais sans avoir besoin de surmonter d'obstacles. Rétrospectivement, j'avoue que, en d'autres occasions, la résolution de problèmes a souvent fourni à mon ego un motif illusoire de crier victoire ! Par contre, j'ai appris que la véritable « victoire » consiste à revenir à la béatitude de ma nature, sachant que je peux connaître la sérénité indépendamment des circonstances extérieures. En outre, j'estime que nombre de situations éprouvantes dans ma vie ont tout simplement été inutiles.

Il semble qu'à un moment donné de notre histoire personnelle et collective, nous ayons dû déterminer la valeur des confrontations et des difficultés. Puisque les problèmes paraissent inévitables, peut-être avons-nous décidé d'adopter une attitude créative en les considérant comme une aventure et une forme d'apprentissage. Ou, au contraire, comme une punition ou un châtiment. En nous rappelant l'enseignement du Maître à ce propos, nous pourrions examiner un aspect encore plus important de la chose : la possibilité que l'amour n'accueille les problèmes que pour démontrer qu'en définitive ils ne sont qu'illusions.

Plus d'une fois, je demandai à Jésus comment attirer les béatitudes plutôt que les problèmes. « Comment recevoir la véritable béatitude de la vie, s'il en est une ? Peux-tu m'en donner la formule ? »

« Je l'ai fait. »

« Où ? » demandai-je aussitôt.

« Tout ce que j'ai enseigné jusqu'ici porte sur le bien-vivre, mais tu parles peut-être en particulier des Béatitudes[10] ! »

« Oh », lançai-je d'un ton déconfit. Malgré leur inspirante beauté, les Béatitudes m'ont toujours donné du fil à retordre sur le plan de la compréhension et, franchement, pour moi, elles s'apparentaient davantage à une recette pour atteindre la sainteté qu'à un apprentissage pour arriver à l'épanouissement humain. Ces fameuses Béatitudes font partie de son Sermon sur la montagne[11], peut-être son plus grand discours dans le Nouveau Testament.

Après avoir entendu sa réponse, je n'eus qu'un commentaire à ajouter : comme j'aurais aimé me trouver là, tel un oiseau sur une branche, pour observer l'allégresse et l'expectative des témoins assis à flanc de montagne au bord de la mer de Galilée ! Quelle merveille de l'avoir vu multiplier les poissons ! Comme j'aurais été heureuse d'entendre le message de sa bouche !

Ce sermon m'a toujours profondément émue et inspiré le grand et profond désir de le voir s'accomplir ainsi que de comprendre à fond son sens véritable. Bien que les métaphores de Jésus comportent une superposition de significations multiples, certaines des paroles et expressions sacrées ont toujours occasionné chez moi un certain malaise. C'est pour cette raison qu'il m'aida à comprendre l'énorme problème posé par la traduction de sa langue en d'autres dialectes plus formels et plus structurés. Il m'expliqua que l'araméen était en Israël une langue de la rue, fort pratique, terre-à-terre et colorée. Comme c'est le cas pour les langues populaires, toute parole ou expression particulière avait probablement plusieurs significations possibles, selon les nuances d'expression ou le contexte de la conversation.

Pour bien me faire comprendre, Jésus établit une comparaison entre les diverses significations possibles d'un mot araméen et certains termes de notre propre jargon oral, qui n'est pas structuré. Dans notre langue, par exemple, nous employons l'expression « Je suis cool ». Si je faisais cette affirmation, mes auditeurs pourraient réagir de diverses façons. Telle personne croirait peut-être que je fais allusion à la température, tandis qu'une autre supposerait que j'exprime l'indifférence. Quelqu'un d'autre conclurait peut-être que je suis en paix avec moi-même. Et un autre pourrait me croire très « branchée ». La même expression renferme toutes ces possibilités. Par conséquent, le problème de la traduction de ses paroles fut beaucoup plus complexe que le simple fait de trouver des expressions équivalentes en latin, en grec et dans les langues modernes. Si difficile que cela fût en soi, le plus grand obstacle fut de retracer les contextes en fonction desquels il parla, contextes qui s'étaient perdus et qui aideraient à déterminer la signification exacte de ses paroles.

Littéralement, le mot béatitude signifie « bénédiction et grand bonheur », ce qui fut le sens principal de sa promesse. Mais les Béatitudes faisaient également allusion à la limitation, au chagrin et à la souffrance en tant qu'aspect insurmontable de l'expérience humaine. Par-dessus tout, je voulais comprendre pourquoi il en était ainsi. Dès que j'exprimai ce désir, il se mit à réciter les bénédictions afin que, les entendant de vive voix, je puisse prendre à cœur leur signification.

De sa voix profonde, il commença ainsi : « *HEUREUX LES PAUVRES D'ESPRIT, CAR LE ROYAUME DES CIEUX EST À EUX !* »

Puis, il attendit ma réaction.

Je répondis : « Je bute sur celle-là depuis la première fois que je l'ai entendue, enfant. Pour moi, le royaume des cieux signifie la richesse de tout ce qui est. Alors, comment la pauvreté peut-elle avoir un lien avec l'obtention de toutes les richesses du royaume ? Je ne vois pas le rapport entre la pauvreté et les Cieux. Qu'entends-tu vraiment par là ? »

« Si tu avais écouté avec ton cœur, tu aurais entendu la

vérité, malgré la déperdition de sens due à la traduction. Toutefois, comme tu as mis le doigt sur ton incompréhension, laisse-moi te sortir de la difficulté. Tu butes sur le mot "pauvre". En araméen, il a plusieurs significations possibles qui ne peuvent être déterminées que par le contexte et les pensées exprimées. Il pourrait vouloir dire appauvri ou épuisé, comme dans le cas d'un sol. Ou encore, incapacité, absence de qualité, faible potentiel, déficience. Ces significations se traduisent aisément dans votre langage. Cependant, "pauvre" avait en araméen un autre sens qui n'est pas retenu dans la plupart des langues modernes. Il voulait dire "simple". Je faisais donc ainsi véritablement référence à la simplicité ! Permets-moi maintenant de réciter correctement la phrase pour qu'ensuite tu me fasses part de tes sentiments. « Heureux les simples, car le royaume des Cieux est à eux. »

« Parfait ! Tout simplement parfait ! » Et je me suis sentie profondément nourrie par sa bénédiction. Au bout d'un moment, il donna d'autres explications sur cette béatitude.

« Essentiellement, il faut surtout éviter d'introduire des complexités et des hiérarchies dans les démarches spirituelles. Bien que la structure soit nécessaire à l'existence physique, elle n'entraîne qu'isolement, frustration, jugement et arrogance lorsque vous lui accordez un pouvoir dans le domaine spirituel. N'en accordez donc aucun aux systèmes de croyances qui vous empêchent de vous rapprocher de Dieu. Ne vous soumettez pas à la tyrannie des hiérarchies, qui exigent que vous vous éleviez spirituellement en fonction de la permission ou du protocole établis par l'homme. Ce fut la grande problématique suscitée par la tour de Babel. La religion de la Babylone ancienne était contrôlée par divers échelons d'autorité ecclésiastique qui s'arrogeaient le droit de gérer l'ascension d'une personne vers le ciel. Ce problème s'est répété au sein de la religion organisée, et nombre d'empires spirituels ont échoué pour la simple raison qu'ils étaient fondés sur des structures mentales et l'autorité humaine. Le royaume des Cieux ne connaît ni structure ni hiérarchie. Si vous encadrez vos expériences sacrées d'une infinité d'exigences sanctionnées par l'homme, vous fermez ni plus ni moins la porte des Cieux. Revenez à la simplicité. L'esprit est un. Vous n'avez nul besoin de gravir mille marches pour être pleinement relié en esprit à votre

Créateur. L'esprit est en vous, fait partie de vous, vous entoure, vous étreint et vous accompagne toujours. Vous n'avez besoin de la permission d'aucune structure pour recevoir tout ce que l'Esprit divin vous réserve. Tous les grands empires de l'histoire se sont effondrés parce que des hiérarchies humaines gouvernaient leur vie spirituelle. Voilà pourquoi j'ai dit : "Bénis soient les simples d'esprit, car le royaume des Cieux est à eux." Lorsque vous serez simple, vous n'aurez qu'à demander et tout vous sera donné. Vous n'avez pas besoin d'atteindre une nouvelle dimension avant de passer à une dimension encore plus élevée. Il suffit de l'amour et de la simplicité pour que votre vie spirituelle soit accomplie.

Tout royaume divisé contre lui-même connaîtra la dévastation. Toute ville ou maison divisée contre elle-même ne pourra résister. Car il n'y a qu'un seul esprit et il ne peut être divisé. Vous ne pouvez affirmer que telle chose a un esprit et telle autre, pas. Vous ne pouvez prétendre que telle personne appartient à l'esprit et telle autre, pas. N'enlevez rien à l'esprit. L'esprit est en toutes choses, de toutes choses et avec toutes choses. Quand il s'agit de l'esprit, il n'y a ni exigences préalables ni hiérarchie. L'esprit est un. Si vous tentez de le dissocier, la maison divisée se retournera contre vous, le perturbateur. Chaque fois que vous tentez de diviser l'esprit, vous lui permettez de "percevoir ses dommages et intérêts" auprès de vous ! Savoir accepter et honorer l'Esprit qui est un à partir de la simplicité de votre propre place dans la vie, voilà la clé du ciel. Acceptez-le là où vous êtes et tel que vous êtes. Point n'est besoin de ressembler à un autre ni d'être un autre. Une puce en paix avec elle-même et émerveillée devant l'éternité a plus de chances de rencontrer Dieu qu'un géant égocentrique à l'appétit vorace. Ce ne sont ni la taille ni l'importance qui comptent ; c'est plutôt l'acceptation et la simplicité. Il y a dans la simplicité un accomplissement qui vous apportera un grand bonheur. »

Pas une seule fois il ne dit : « *Heureux ceux qui construisent des structures mentales ou matérielles à leur propre avantage.* » Il insista plutôt sur le fait que nous sommes bienheureux en esprit lorsque nous affirmons l'amour que nous sommes et que nous nous joignons à l'amour de Dieu dans un royaume qui surpasse l'affectation humaine. *« Les hiérarchies font partie de l'élitisme profane. La structure appartient à la Terre. À mesure que la relation avec votre prochain et votre Créateur s'élève dans l'amour, la domination de la structure fléchit. Ceux qui prétendent s'élever en passant à travers des couches de perception structurée ne font que s'élever mentalement. Ils n'ont pas encore vu le royaume des Cieux. À mesure que vous vous élevez dans l'esprit, la réalité structurée diminue et n'a plus ni grande incidence ni grand impact sur votre conscience. L'amour et l'esprit ne comportent ni hiérarchie ni structure. L'AMOUR EST LA SOURCE DE VOTRE VIE.*

Maintenez également la simplicité dans vos pensées, car celles-ci sont un outil de manifestation. Il importe donc de les surveiller et de les orienter convenablement. On peut comparer l'amour à un commandant en chef et les pensées, à un colonel donnant des ordres à ses troupes. Il est important que les ordres soient bien relayés aux troupes. C'est le rôle de la pensée. Alors, surveillez vos pensées et donnez-leur les bons commandements. Par contre, si vous les prenez à tort pour la source de votre vie, vous oublierez votre véritable pouvoir. »

Lorsqu'il dit cela, je me rappelai une expérience personnelle que j'avais faite dans l'étude et la pratique de la pensée positive. Alors que j'enseignais à l'université de l'Oklahoma, je m'étais inscrite à plusieurs stages qui, je le croyais et l'espérais, m'aideraient à rester focalisée sur mon travail et à mieux diriger mes intentions. Chacun de ces cours demandait d'appliquer des pensées positives qui, au départ, semblèrent donner des résultats. Mais après un certain temps, leur efficacité diminua radicalement. Voilà pourquoi je pris plusieurs cours au lieu d'un seul. Je cherchais une méthode durable. En me rappelant cette expérience, je réalisai que le Maître avait esquissé une réponse. Je lui demandai donc de m'entretenir de cela.

« Cette méthode fonctionnait bien pour toi au début parce que tu commençais avec une grande réserve d'amour qui avait besoin d'être dirigée et focalisée. Après avoir appliqué et exprimé cette réserve, il n'y avait plus rien à accomplir. POUR QUE VOS PENSÉES DONNENT LES RÉSULTATS ESCOMPTÉS, ELLES DOIVENT ÊTRE FONDÉES SUR L'AMOUR. Nombre de cours de développement et de gestion de la pensée seraient plus efficaces et auraient des résultats plus durables si la puissance derrière la pensée était mieux comprise. Comparez votre amour et vos pensées à un archer. Si

votre amour est l'archer, votre mental est l'arc et vos pensées, les flèches. Sans une habile orientation des pensées, vous n'atteindrez pas la cible. Sans l'amour pour garnir l'arc d'une corde et le bander, votre motivation sera faible ou mal dirigée. Toutes ces choses font partie de votre totalité, mais votre force c'est l'amour. Il est important de garder et de diriger vos pensées. Même dans ce cas, ne leur attribuez pas un pouvoir autre que celui de votre amour et n'attribuez pas à votre esprit la clé du ciel. Votre esprit ne peut ouvrir la porte du ciel. L'activité mentale engendre invariablement des complexités qui doivent être contenues par la structure. Au sein des hiérarchies propres à la structure mentale, les idées progressent vers le haut par degré de sophistication. Ces normes compliquées donneront toujours à certaines personnes une meilleure place qu'à d'autres. L'amour, par contre, est simple, tout comme l'esprit. Gardez cette simplicité et vous éviterez les pièges compliqués de la vie. »

Une curiosité particulière m'asticota petit à petit alors que je réfléchissais à ses commentaires sur la pensée et l'esprit. Même s'il était calme et paisible, son regard accueillant suggéra qu'il était réceptif à ma question. Cependant, avant de la lui poser, il me fallut clarifier les sentiments et pensées qui montaient en moi.

Au fil des siècles, on a toujours fait référence aux notions de structure sacrée, d'architecture sacrée et de géométrie sacrée. Je réfléchissais à ces concepts de deux façons différentes en tenant compte de l'essence de la simplicité. D'abord, je pensai à la contradiction qui existe entre structure et simplicité, ainsi qu'à la futilité d'une recherche de la perfection à travers la structure. Par ailleurs, je ressentais de l'admiration envers ceux qui avaient innocemment perçu et distillé la simplicité innée, même dans le domaine de la structure. Bien sûr, en tant qu'artiste, certains de mes instants les plus grisants étaient survenus lorsque la complexité cédait à la simplicité et que, sur une banale surface de peinture et de toile, une composition resplendissait d'excellence. Et quand j'écoute une musique magnifique, je suis particulièrement émue aux larmes par des rythmes simples et merveilleux qui reviennent au sein d'arrangements complexes de chants et de contre-chants. Mes pensées se tournèrent graduellement vers un intense sentiment d'appréciation et de gratitude envers la renversante simplicité de l'amour. Je ne pus m'empêcher de demander : « Parmi les magnifiques symétries, figures et harmonies de l'existence, certaines sont-elles sacrées ? »

« Seul Dieu est sacré, bien que la beauté et la simplicité que vous découvrez dans la nature, la pensée et l'expression artistique puissent certainement véhiculer sa présence sacrée. Il est très bien de se laisser émouvoir, inspirer et même guérir par la perfection ainsi perçue. Si toutefois de telles figures et harmonies sont codifiées sous forme d'idées figées censées avoir une vie ou un pouvoir en soi, cela pourrait leur enlever toute valeur potentielle. Les moments et manifestations de la perfection émergent des harmonies naturelles de l'existence. Sauf qu'il n'existe aucune structure qui ne puisse être remplacée et transformée par l'amour. Sinon, comment les miracles pourraient-ils se produire ? Comment l'âme pourrait-elle être libre ?

À moins de saisir que toute structure peut être transformée par l'amour, vous ne pourrez jamais comprendre comment j'ai multiplié les poissons. Pour accroître quoi que ce soit, il vous suffit d'en prendre une partie ou un échantillon et de l'aimer suffisamment. Voilà pourquoi il est important, lorsque vous donnez, de le faire avec amour. Ainsi, vous multiplierez ce don. Vous pouvez augmenter n'importe quoi. Avec suffisamment d'amour, une chose se multiplie.

Si la structure était seigneur et maître dans l'existence et s'il n'y avait qu'un seul poisson, il resterait le seul. Car ce poisson unique représenterait les contours et molécules qui incarnent une entité séparée. CE QUE DÉFINIT LA STRUCTURE, C'EST LA DIVISION ! DANS LA DIVISION, C'EST LA STRUCTURE QUI PRÉVAUT. PAR CONSÉQUENT, LA STRUCTURE MAÎTRISE LE MANQUE ! Si l'on considère les particules adamantines, tout l'esprit et tout l'amour d'un seul poisson, le potentiel est infini et incalculable. Il ne peut être contenu et il lui suffit d'une force motrice pour se multiplier. »

On a souvent parlé d'anges qui avaient intercédé en faveur de personnes confrontées à des situations dangereuses. Des sauvetages incroyables confirment que l'on peut suspendre la réalité structurée. De tels actes servent peut-être à nous rappeler que, même si nous avons besoin d'ordre sur terre, il serait erroné de sacraliser tout cadre structurel. La simplicité de l'amour, de l'esprit et des particules adamantines dépasse toute structure. Ces éléments sont communs à toute forme et possèdent un potentiel transformateur infini.

Alors que je méditais sur la nature immuable de la simplicité, celle-ci me donna l'impression de ressembler au roulement des vagues de l'océan. Lorsqu'il se mit à réciter la deuxième Béatitude, on aurait dit qu'une nouvelle mélodie succédait à la première. En effet, il y a une progression naturelle de la première à la deuxième bénédiction, car si l'on comprend qu'il n'y a qu'un seul esprit, une seule existence et une seule éternité, il devient plus facile d'accepter que rien de réel ne se perd ni ne manque jamais.

« HEUREUX LES AFFLIGÉS, CAR ILS SERONT CONSOLÉS ! » Lorsque Jésus prononça ces paroles, sa voix était magnifique. Mon visage dut révéler un certain malaise, car d'un ton affable, il me demanda ce qui me préoccupait. Je me rappelais mes propres chagrins et, à vrai dire, ils ne m'avaient pas l'air d'être des bénédictions.

« Encore une fois, la traduction a un peu malmené les mots et le sens. En araméen, "affliction" peut vouloir dire chagrin, peine, douleur ou regret. La plupart de ces significations ont des connotations négatives et laissent entendre que l'on s'accroche à ce que l'on a perdu. Toutefois, il existe un sens encore plus important qui ne peut s'exprimer que dans un contexte axé sur la valeur de l'affliction. Je fais référence à la purgation et à la libération, ce qui est assez différent de l'intériorisation du chagrin et de la perte. Dans un premier temps, lorsqu'une personne reconnaît et ressent le chagrin, elle le prend comme un malheur. Déprimée, peut-être en état de choc, elle se tourne donc vers l'intérieur pour ressentir ses blessures émotionnelles et spirituelles. Ceci est du chagrin. Lorsque le processus prend fin, aux derniers stades du lâcher-prise, il y a affliction. Dans l'affliction, les larmes coulent librement dans l'acceptation et le lâcher-prise. Dans cet état, le cœur peut percevoir la continuité dans la vie, même si quelqu'un a perdu ce à quoi il était attaché. En laissant aller ce qu'il ne peut retenir, il guérit. C'est dans le lâcher-prise que chacun trouve la béatitude. La peine, c'est s'accrocher à ce qui a été perdu – le deuil, c'est lâcher prise. Personne ne se réjouit de l'arrivée d'une peine, d'un chagrin. Loin de moi l'idée de suggérer une telle chose. Mais en laissant aller la peine par la purge, le lâcher-prise et les larmes, la guérison peut enfin survenir.

Ce processus s'applique à toute perte et pas seulement à celle d'un être cher. Cela peut être la fin d'un rêve ou d'un espoir. Même le sentiment de perdre l'enfance peut susciter un moment de deuil. Une telle purification ouvre un espace dans lequel on peut célébrer l'émergence d'une nouvelle étape de la vie. À certains moments, aussi, il faut reconnaître la fin d'une carrière ou d'un rôle dans la vie. Lorsqu'une personne laisse aller et qu'on honore ce qui a été, les larmes coulent peut-être, mais de nouvelles portes s'ouvrent alors.

Le fait d'accepter ce processus est une merveilleuse thérapie qui peut entraîner de nombreux bienfaits et quantité de bénédictions. Car l'amour a deux aspects : l'attachement et le lâcher-prise. Ce n'est qu'en vivant et en comprenant ces deux aspects de l'amour qu'un être est complet. Pour ce qui est de l'attachement, il y a de la joie et de la facilité à se tourner vers l'autre, à l'accueillir et à le toucher. Pour ce qui est du détachement, il y a plus de difficulté à lâcher prise et à dire adieu. Il y a un temps pour tout laisser aller. En agissant ainsi, vous laissez également aller l'attachement et redevenez entiers. C'est ainsi que vous êtes bienheureux. »

« HEUREUX LES DOUX, CAR ILS HÉRITERONT DE LA TERRE ! »

J'étais presque gênée d'avouer qu'il m'était difficile de comprendre celle-ci également. Ma difficulté à accepter cette Béatitude était reliée aux connotations de soumission attribuées à la docilité. Bien que l'humilité soit une vertu magnifique, l'idée de « docilité » a d'autres significations, surtout lorsque l'on considère la relativité de la valeur humaine. Il ne m'était pas facile de concilier la docilité avec l'idée d'hériter de *la Terre* ! « Cela veut-il dire que je suis censée vivre d'une manière servile ? Ou avons-nous affaire, encore une fois, à un problème de traduction ? »

« Oui, il serait bon de clarifier cette traduction. Le mot araméen qui signifie « doux » a plusieurs sens : humble, pauvre, servile ou effacé. Mais je n'entendais aucun de ceux-là. Dans votre langue, le mot qui se rapproche le plus de mon intention est modération. Il faudrait le lire ainsi. "Heureux ceux qui vivent dans la modération, car ils hériteront de la Terre." La modération est l'économie de Dieu et l'économie de la béatitude ! Ne vous

trouvez-vous pas équilibré lorsque vous vivez dans la modération ? Lorsque vous vivez de façon équilibrée, n'êtes-vous pas entier ? Lorsque vous êtes entier, n'héritez-vous pas de la Terre ?

La modération est un concept relatif fondé sur l'équilibre. Il ne peut être mis en application par l'égalité ou la limitation. Pour une personne chargée de grandes responsabilités, la modération exigerait davantage que pour une autre qui en a moins. La modération n'évoque pas les limites ni la conformité, mais plutôt le concept rationnel selon lequel un homme est plus complet lorsqu'il vit de manière équilibrée. Ce qu'exige un homme est régi par ce qu'il peut aimer ! Grâce à la modération, sous la régence de l'amour, tout est disponible.

Cherchez la modération en toutes choses. Je recommande la modération non seulement dans l'alimentation ou le confort matériel, mais aussi dans le travail, les habitudes et les activités mentales. Lorsque le ciel descendra sur terre, la modération sera devenue la norme de l'économie. Il ne sera plus nécessaire qu'une personne amasse des provisions et qu'une autre meurt de faim. Le partage deviendra une joie lorsque vous comprendrez que tout ce que vous partagez servira de fondement à ce que vous recevrez. »

Il y a une logique magnifique dans ces bénédictions. Chacune découle naturellement de la précédente, car lorsque l'on sait comment les besoins de la vie sont comblés, on tend naturellement à laisser aller ce qui ne peut être retenu. Lorsqu'une personne consent à se départir de quelque chose, l'accumulation cesse d'être une préoccupation de l'esprit. Et lorsque l'accumulation s'arrête, l'abondance est là pour tous. Le lendemain, désireuse d'appliquer ce qu'il avait dit, j'examinai mon placard et trouvai quelques vêtements fort jolis, accrochés là mais jamais utilisés parce qu'ils ne convenaient pas à mes besoins ni à mon style. Comme je commençais à songer aux amies qui pourraient les aimer, je remarquai qu'il existait pour moi un plan de responsabilité nouveau par rapport à l'appartenance. En fait, j'étais curieuse de trouver la personne à qui tel vêtement appartenait en réalité. Lorsque j'appelai mes amies, je leur donnai sans retenue et sans attitude de charité ni condescendance. Il me suffit de leur dire : « Il y a une robe suspendue dans mon placard qui, je crois, t'appartient vraiment. J'ai dû penser à toi en l'achetant. » Ensuite, je fis de même avec mes livres et mes bibelots. À mesure que j'inspectais mes étagères et mes placards, je sentais s'intensifier ma sensibilité au partage dans le respect du principe de l'appartenance juste. Puis, la chose la plus étonnante se produisit peu à peu. Mes amis me rendirent la pareille en me faisant des cadeaux. Et les articles qu'ils m'offrirent semblaient vraiment être à moi.

Jésus m'expliqua ceci : *« L'argent peut vous permettre de vous procurer des biens, mais ne peut établir d'appartenance véritable. Tout ce qui vous appartient en propre est déterminé par ce que votre cœur attire et ce que votre amour régit. Seul ce qui relève de votre cœur peut vous faire épanouir et vous sustenter dans la vie. Vous en ferez l'expérience en pratiquant la modération. En faisant vos courses, vous serez à même de savoir quels aliments vous conviennent. Vous n'aurez pas à manger à l'excès pour compenser des faims inconscientes. En pratiquant l'excès, l'humanité a détruit une grande partie de sa sensibilité aux vrais besoins et à l'appartenance juste. Ce genre d'abus n'est pas limité à l'excès matériel et aux plaisirs physiques. Il concerne aussi l'excès de travail, de déni, de souffrance, de punition, de chagrin et de contrôle. Certains vivent dans l'échec et la pauvreté en fonction de l'idée préconçue que le sacrifice libère de l'obsession. Leur excès à eux est plutôt le déni. Tout peut être porté à l'extrême. Un retour à l'équilibre est nécessaire pour chaque activité et chaque cycle. L'équilibre apporte la complétude, la satisfaction et la bénédiction. »*

« HEUREUX CEUX QUI ONT FAIM ET SOIF DE JUSTICE, CAR ILS SERONT RASSASIÉS ! »

Cette Béatitude est directement reliée au Cœur sacré, car lorsqu'une personne a faim et soif de justice, la pureté et l'innocence fondamentales de son cœur sont réveillées. Maintes fois, Jésus me rappela que le cœur sous-tend l'essence de notre innocence et de notre bonté. Grâce à la puissance du cœur, nous pouvons être l'amour que nous sommes.

J'étais submergée quotidiennement. Un mot de lui me suffisait. J'étais comblée, car je me trouvais en présence de sa justice et de sa rectitude. La justice, ou droiture, est un concept difficile à étudier dans le monde, car nous y rencontrons si peu de pureté et tant de choses qui servent à soutenir de fausses prétentions à la rectitude. Pour comprendre la plénitude de cette béatitude, il me fallait plus d'éclaircissements à propos de la justice.

« La justice, la droiture, c'est le fait d'être ce que vous êtes. Cela signifie être juste envers vous-même, votre Père et l'esprit qui est un. Soyez tout simplement l'amour que vous êtes. Cela se découvre et se développe à travers une relation juste avec le cœur.

Le cœur est un puissant aimant qui génère une énergie de vie pour le corps et l'âme. Il attire à vous tout ce dont vous avez besoin. Dans la Chambre sacrée du cœur, vous sentirez la présence de votre Créateur et serez oint par sa justice. À partir de ces saintes communions, des principes plus élevés d'intelligence vous seront révélés et, à travers eux, la justice viendra dans votre vie. »

Les principes de l'intelligence supérieure du cœur ont été présentés en détail au chapitre 6. Il est toutefois pertinent de les réexaminer ici, du point de vue de la rectitude. Ce sont l'unité, l'amour, la vie, le respect, l'honnêteté, la justice et la bienveillance. L'unité est le fondement de toute rectitude par lequel tout amour se déploie. Grâce à l'amour, nous sommes remplis de la connaissance supérieure de la vie. La vie est le troisième « fournisseur » d'intelligence. La vie engendre et attire la vie. En l'affrontant, nous voyons la vérité qui lui est inhérente. Nous ne pouvons apprendre que par le respect. À travers celui-ci, nous honorons la rectitude et les beautés de la vie, de même que la rectitude, la bonté et l'amour des autres. La perception innocente consiste à regarder le monde tel qu'il est et à comprendre que ce regard suffit. Toutes les réponses sont devant nous. Sachant cela, nous valorisons le principe de l'honnêteté. Puis vient la justice par laquelle nous voyons l'équilibre en toutes choses et le besoin d'équilibre pour tous les actes. Enfin, il y a la bienveillance, qui est la volonté de Dieu. Il n'y a pas plus grande justice. Il poursuivit : *« HEUREUX LES MISÉRICORDIEUX, CAR ILS OBTIENDRONT MISÉRICORDE ! »*

Ceux qui accordent la miséricorde reçoivent la miséricorde. Lorsque nous pardonnons, nous sommes pardonnés. Jésus me donna une autre raison à cela : seul le cœur peut comprendre le pardon. Si vous pratiquez chaque jour le pardon, le cœur régnera en maître dans votre vie.

« Tous les jours, pratiquez le pardon dans les petites choses. Il libère l'âme de la captivité et, en outre, il est un geste que votre mental ne pourra jamais bien saisir. En effet, la seule intention du

mental est d'équilibrer les comptes. Dans les questions de moralité, le mental ne cherche qu'à être quitte. Par conséquent, pratiquez la tempérance de l'esprit et la puissance du cœur. La miséricorde n'est pas seulement une façon d'équilibrer la cause et l'effet, bien que ce soit certainement une raison valable de la pratiquer. LA RAISON SUPÉRIEURE DE PRATIQUER LE PARDON, C'EST QUE CHAQUE FOIS QUE VOUS ÊTES MISÉRICORDIEUX, VOUS GRANDISSEZ. À mesure que vous grandissez, votre béatitude s'accroît et les choses mêmes qui pourraient vous nuire ou provoquer une résistance en vous n'auront aucun pouvoir sur vous. La miséricorde est la fleur de la croissance. Ceux dont la miséricorde est limitée auront une influence limitée dans la vie.

HEUREUX CEUX QUI ONT LE CŒUR PUR, CAR ILS VERRONT DIEU !

Au centre sacré de votre cœur, le Créateur sait que vous n'êtes rien moins que parfait. Dieu ne connaît pas le péché. C'est pourquoi le fait même de pécher vous en sépare. Dans la pureté de votre cœur, vous êtes en union avec lui. »

« Alors, pourquoi n'entrons-nous pas plus facilement dans notre cœur ? » demandai-je.

« Parce que l'humain ne se voit pas comme pur, parfait et innocent. À moins de vous voir ainsi, vous n'entrerez pas dans la Chambre sacrée du cœur. Tant que vous essaierez de traîner derrière vous votre absence de mérite et vos erreurs, vous resterez au seuil de votre cœur et n'y entrerez pas. Mes apôtres me demandaient constamment comment prier, cherchant des mots et des formules. Je leur répondais toujours que le fait d'être dans le cœur est une prière. Je finis par leur donner une prière destinée à déverrouiller la porte du cœur. En la récitant, n'importe qui peut revenir à la pureté et à l'innocence. C'est une invocation du cœur. Par conséquent, lorsque vous prononcez ces paroles, soyez ferme et attardez-vous un moment dans le silence, la paix et l'innocence. Dans la chambre sacrée du cœur, vous ne faites qu'un avec le Père et, dans cette union, la Source en vous sait tout ce dont vous avez besoin et n'entretient aucune imperfection. Lorsque vous entrez dans le cœur sacré, vous êtes ramené à votre vie et redevenez entier. Comment, dans ces cir-

constances, le visage de Dieu peut-il ne pas vous être révélé ?

Vous pouvez également percevoir la présence de Dieu partout dans l'existence par l'innocence du regard. C'est la perception à l'état pur. En la pratiquant, vous pouvez être en paix avec votre vie et voir la beauté de ce qui est devant vous. Tout a été créé dans l'innocence. Cultivez cela si vous voulez voir le visage de Dieu. L'esprit n'a pas à créer la réalité ; il doit plutôt l'observer, l'assimiler, la comprendre et l'appliquer. Le cœur sait accepter la réalité. Le cœur pur accepte inconditionnellement. L'esprit cherche à comprendre et invente ce qu'il ne peut saisir – ou pire, il le juge. C'est un phénomène dangereux, car le mental invente des réalités qui vous éloignent de votre nature et des buts véritables de votre vie. Lorsque vous vous pliez devant le fait que l'existence n'exige pas l'invention – qu'elle est, tout simplement –, vous êtes à la veille de vraiment voir le visage de Dieu.

Le jugement vous isolera de cet espace sacré. En fait, c'est le seul péché dont soit capable un pur et parfait enfant de Dieu. Le jugement est le péché originel, et le perpétuer continuellement vous tiendra éloigné de la présence de votre Père. »

Je remarquai le sérieux de son attitude à propos du jugement et quelque chose me poussa à lui demander ce qui suit : « Si le jugement est une violation de l'innocence et si le Père est la Source de toute innocence, pourquoi alors y a-t-il tant de références au jugement de Dieu dans la Bible ? »

« Le mot hébreu mishpat*, traduit par "jugement", fait en réalité référence à la rédemption et à la disculpation – et non à l'opinion ou à la condamnation. L'homme, dans son véritable potentiel, est innocent et bon. Personne ne le sait et ne le soutient davantage que le Créateur. Si vous jugez un homme, vous vous opposez à lui. En toute situation, c'est Dieu qui voit et défend ses enfants, en dépit des transgressions du faux Soi ou du monde de l'iniquité. Dieu sait faire la différence et vous rend votre droiture innée. L'ancien sens hébreu de jugement est devenu le pilier de votre système judiciaire américain, selon lequel un homme est innocent jusqu'à preuve du contraire. C'est le juge qui protège le droit du défendeur d'être considéré comme innocent jusqu'à ce qu'on tienne compte de toutes les accusations.*

Tel est également le point de vue du Créateur, mais avec plus de clarté, de pureté et de pardon. C'est le monde dans lequel vous vivez qui soutient la culpabilité et l'absence de mérite et utilise le pouvoir de la condamnation et de la punition pour appuyer ses programmes destructeurs. Si seulement les fils de Dieu comprenaient la futilité de l'accusation, la fraternité fleurirait grâce à l'innocence.

En disant cela, je ne sous-entends pas qu'il ne faut pas intercepter les gestes destructeurs et maîtriser les agresseurs, sinon, comment pourrait-on maintenir la fraternité ? Malgré cela, il faut appliquer la justice avec l'intention de rétablir la fraternité et non de la diviser ou de la disperser.

J'ai souvent emprunté l'image des brebis ou des poissons pour décrire à mes disciples la nature de l'acceptation collective dénuée de jugement. Les poissons évoluent en bancs et les brebis en troupeaux. Dans les deux cas, l'acceptation de membres additionnels dans le troupeau ou le banc se fait sans qualification ni réserve. Il y a chez ces créatures l'innocence simple propre à l'esprit qui est un. J'ai vu un troupeau de six brebis augmenter jusqu'à dix mille à mesure que s'y ajoutaient de nouveaux troupeaux menés au pâturage ou au marché. Jamais une seule brebis ne fut rejetée. L'inclusion était inconditionnelle. »

J'étais très heureuse que le Maître utilise l'exemple des moutons et des poissons pour nous faire comprendre le concept de l'acceptation. J'étais loin d'être d'accord avec les connotations habituelles associées à ces animaux, soit le conformisme, la médiocrité et la dépendance.

Lorsqu'il remarqua mon soulagement, il ajouta l'affirmation suivante : *« Les hommes doivent vivre ensemble dans le soutien mutuel et l'harmonie, mais certainement pas aux dépens de l'individualité ni dans un conformisme fermé. »*

De par sa présence, il démontrait jour après jour de quelle façon la perception innocente éliminait toute possibilité ou inclination à refondre la vie en fonction du jugement : lorsque j'étais en sa présence, la vie était acceptable telle quelle. Cela ne signifie aucunement que je n'exprimais pas les difficultés ou les objections que je ressentais. Car une telle liberté d'expression est aussi un aspect de la perception innocente. Néanmoins, je voyais comment nous épuisons notre force vitale en tentant à l'infini de la conformer à des idées préconçues et à des jugements.

« La plupart des conflits sont engendrés par le rejet de la vie et le déni de l'existence telle qu'elle est vraiment. »

Avec une grâce parfaite, cette affirmation introduisit la Béatitude suivante : « *HEUREUX CEUX QUI ŒUVRENT DANS LA PAIX, CAR ILS SERONT APPELÉS FILS DE DIEU !*

Il y a bien des manières de faire la paix dans la vie. Il n'est pas nécessaire d'être diplomate, négociateur, conseiller ou prêtre. Cette béatitude n'est pas non plus limitée au règlement de conflits et de disputes. Son pouvoir vient de la grâce qui permet de mettre un terme à la dualité. Vous serez gratifié de la complétude lorsque vous mettrez fin à la dualité et dépasserez le concept selon lequel la vie est un conflit entre pôles opposés. À ce stade, l'humanité a le très grand besoin de reconnaître que l'approche dualiste de la vie est devenue désuète. Elle doit reconnaître l'unicité qui rassemble par l'esprit et l'appliquer en l'acceptant. »

Son idée de la paix était bien plus grandiose et son impact était beaucoup plus grand que la simple résolution de conflits au bureau ou à la maison. Même si nous mettons l'accent sur des questions fâcheuses et perdons souvent le sommeil à leur propos, il faut toutefois préciser que ces éléments de conflit sont pour la plupart infimes.

« Le nœud de la dualité chez l'homme réside dans le fait qu'il se crée des problèmes pour ensuite déclarer qu'il est brillant d'avoir réussi à en venir à bout. Lorsque l'homme crée un problème au départ, il devrait pouvoir le régler ! Ce qu'il vaudrait mieux qu'il fasse, c'est se demander s'il avait vraiment besoin de ce problème. »

Pendant qu'il parlait, je pensai aux nombreuses façons dont nous sommes conditionnés par les multiples opposés : haut-bas, dedans-dehors, avant-arrière, joyeux-triste, pour n'en nommer que quelques-uns. « Nous habitons une planète où il y a le jour et la nuit. Cela n'affecte-t-il pas notre pensée ? »

« Oui, c'est possible. Sauf que vous avez le choix de vous concentrer sur cette observation limitée ou de voir plus loin, vers un entendement plus global.

Permets-moi de te montrer comment cela peut fonctionner. Imagine seulement que tu es installée sur l'un de ces satellites en orbite dans votre stratosphère. Maintenant, regarde la Terre et dis-moi ce que tu vois. »

« Eh bien, je vois le soleil briller sur toute la Terre, avec un peu d'ombre sur le côté opposé. Malgré cela, il y a un peu de lumière presque partout. »

« Voilà l'essentiel. La lumière et l'obscurité ne sont pas des contraires. Elles constituent seulement des conditions variables d'exposition à des sources lumineuses. Ce n'est pas de la dualité. Le modèle conceptuel de la dualité est un cadre de référence simpliste créé par le mental pour satisfaire sa dépendance à l'égard de la structure et de la symétrie. Le mental cherche à expliquer au lieu de comprendre.

Le jour et la nuit ne cesseront pas. Mais vous ne devez plus les voir comme des contraires. Il n'est plus nécessaire de croire que la nuit a autant de force que le jour. Seule existe la puissance de la lumière, avec des variations d'intensité et d'interruption. Une fois que l'entendement est total, la dualité se dissipe. L'intelligence supérieure se manifeste quand toutes les perceptions de la complétude sont intégrées, celles-ci venant ainsi rétablir votre reconnaissance de l'esprit qui est un. Les fils de Dieu n'expliquent pas la vie ou ne la gèrent pas avec des concepts dualistes. Les fils de Dieu cherchent à percevoir la complétude en toutes choses. »

« Comment nous sommes-nous limités à une pensée aussi étroite ? »

« L'homme grandit et vit sur une terre elle aussi en train de grandir et de s'organiser. Une vision limitée de la vie engendre une compréhension limitée. Cependant, le conditionnement le plus crucial provient de la manière dont l'humanité a perçu, engendré et contrôlé l'énergie. L'énergie est une ressource essentielle à la survie et, par conséquent, sa gestion a un impact profond sur la conscience. Dès qu'il fut découvert que l'on pouvait allumer un feu en frottant deux bouts de bois, l'humanité fonda des cultures axées sur l'énergie de la friction. Les centrales nucléaires ne font pas exception. Les "bouts de bois" sont plus sophistiqués, bien que cette énergie résulte encore d'un processus de résistance des pôles, engendrée par la friction. »

« Cela changera-t-il un jour ? »

« Oui. La science est sur le point de passer à une nouvelle ère énergétique qui sera fondée sur les principes du magnétisme originel. On peut considérer le magnétisme sous deux formes : une dérivée et une primaire, selon le niveau de compréhension. En son état primaire, le magnétisme n'a pas de polarité et existe en abondance. Maintenant, imagine une civilisation au sein de laquelle l'énergie n'est pas une ressource pour laquelle on se bat ou que l'on cherche à accumuler. Vois-tu comment tout changerait ? »

Le silence et la paix s'installèrent entre nous alors que je méditais sur ce qu'il venait de dire. Puis, ce silence fut rompu lorsqu'il énonça la dernière Béatitude : *« HEUREUX CEUX QUI SONT PERSÉCUTÉS POUR LA JUSTICE, CAR LE ROYAUME DES CIEUX EST À EUX ! »*

Il y a une grande leçon à tirer de cette béatitude, leçon qui s'applique non seulement au ciel mais également à la Terre. C'est la plus difficile à apprendre, mais quand une personne y arrive, elle dépasse la tyrannie des épreuves et connaît la véritable libération. Voilà pourquoi c'est la dernière béatitude. »

J'étais contente d'entendre ses paroles rassurantes, car, à la vérité, cette béatitude m'avait toujours un peu effrayée. Je me sentais réconfortée et impressionnée par sa grande force et ne pus répondre qu'en exposant mon insécurité et en admettant mon manque de confiance en ma capacité à la comprendre.

« Le pouvoir de cette béatitude réside dans le fait que notre Père est le Créateur de toutes choses et que sa présence est avec tout et en tout. Il n'y a aucun lieu où Dieu ne soit. Il n'est d'expérience où Dieu ne soit. Un homme qui n'a connu Dieu que dans le bien-être n'a connu qu'une infime parcelle de son Créateur. Un homme qui doit imposer à Dieu des conditions avant de le recevoir est incapable de le recevoir. Celui qui ne peut connaître Dieu que dans les expériences d'extase et d'abondance n'a aucun pouvoir sur le reste de la vie. Qu'est-ce que le royaume des Cieux, sinon la complétude de l'ensemble ? Comment pouvez-vous avoir tout lorsque vous ne voulez connaître qu'une part de Dieu ? C'est la leçon présentée dans le Livre de Job, bien que la

plupart des gens ignorent sa signification véritable. »

« Eh bien, je suis de ceux-là. Non seulement je ne le comprends pas, mais je ne l'ai jamais aimé ! » Je n'avais pas lu le Livre de Job depuis le collège et, honnêtement, je le considérais comme l'histoire cauchemardesque d'une âme devant subir une terrible épreuve sur cette terre. Pour moi, cela ne représentait pas le Dieu d'amour dont Jésus avait parlé dans le Nouveau Testament et j'étais incapable de concilier la pénible expérience de Job avec mes croyances préférées.

D'un ton réconfortant, Jésus me demanda : ***« N'aimerais-tu pas la relire avec moi ? »***

J'acceptai aussitôt, puis il s'assit à mes côtés et nous la lûmes ensemble. Alors que ses paroles coulaient, je fus étonnée par la beauté que je n'avais pas vue auparavant dans cette histoire. Ce livre de l'Ancien Testament contient certains des passages les plus exquis jamais écrits sur l'émerveillement face au cosmos, à la majesté de Dieu, à la vaste étendue de l'infini et à la toute-puissance de Tout Ce Qui Est. En résumé, Job était un homme fort riche doté d'une bonne santé, d'une famille, d'une terre et d'un statut dans la communauté. Il respectait le Jour du Seigneur et vénérait Dieu. Puis, pour des raisons que Dieu seul connaissait, sa loyauté à Dieu fut mise à l'épreuve. Job avait été reconnaissant de cette abondance matérielle, mais il s'agissait de savoir s'il resterait fidèle à son Créateur dans des conditions extrêmement dures. C'est ce qui provoqua ma réaction originale. Je voulais savoir quelle espèce de Dieu anxieux et cruel donnerait tout à un homme pour ensuite le lui reprendre !

En fait, je n'étais pas prête à comprendre la totalité de ce puissant message. L'histoire va beaucoup plus loin que ce drame superficiel ne le suggère. Ce que je ne comprenais pas, c'était que Dieu enlevait à Job ses fixations et ses dépendances afin de le préparer à tout avoir. Dans la richesse et le confort, Job n'avait qu'une partie de Dieu. Il était satisfait de sa « bulle » et ne cherchait pas à élargir sa relation au Créateur. Par conséquent, il ne s'attendait pas à ce coup du destin et n'était pas préparé à l'accepter avec grâce. Au début, il essaya des prières de rédemption et des aveux de péchés dans l'espoir que Dieu lui pardonne toutes les offenses qu'il aurait pu commettre. Mais les problèmes ne firent qu'empirer. Puis, il approfondit sa compréhension de la situation, espérant tirer une leçon de toutes ces épreuves. Mais les problèmes s'aggravèrent encore. Il prit conseil auprès de ses amis, mais rien ne changea. Finalement, dans le découragement absolu, Job s'abandonna à la toute-puissance, à la beauté et à la grandeur de l'univers. Il commença à voir avec admiration et émerveillement la majesté de tout ce qui est. À travers ces sublimes réalisations, il en vint à accepter l'amour de Dieu en toutes choses. Lorsqu'il abandonna ses jugements, ces affreuses conditions prirent fin. Ainsi donc, miraculeusement, dès qu'il accepta tout, tout lui fut donné !

« Dans le langage moderne, le mot "persécution" implique un harcèlement ou un châtiment intentionnel. En araméen, il signifiait généralement "souffrance". Dieu n'afflige ni ne harcèle jamais ses enfants. Il cherche avant tout à être connu d'eux dans la plénitude de l'existence.

C'est par le défi et le dépassement de la souffrance qu'une personne va au-delà de sa bulle protectrice pour vivre plus largement l'amour de Dieu. Celui qui crée les conditions est le protagoniste majeur de toute relation. Par conséquent, tant qu'une personne empêche sa source sacrée d'élargir les conditions de la vie, il ne peut y avoir de relation véritablement sacrée.

Cette béatitude a une autre signification, qui est liée à la disparition de l'illusion. Pour atteindre cette autre béatitude, vous devez réaliser que "pour la justice" veut dire "pour l'amour". Chaque fois que vous restez ferme et debout au milieu d'une épreuve, à entretenir et à exprimer l'amour que vous êtes, vous voyez tomber les illusions. En étant l'amour que vous êtes, vous recevez le pouvoir de transcender vos souffrances.

Si vous voulez vous convaincre que l'amour est une force intérieure, aimez vos ennemis. »

S'il n'est pas d'ennemis durables, il est des situations adverses. La vie apporte avec elle ses épreuves et il est impératif de vivre l'amour que nous sommes même dans les moments adverses. Dans cet état d'être particulier, nous acquérons la confiance que l'extérieur ne peut nous contrôler et que le monde ne peut nous dominer.

« Ce n'est qu'en présence de votre ennemi que vous pouvez vraiment découvrir cette vérité. Ce n'est qu'en aimant au-delà de toutes les conditions extérieures qui vous amènent logiquement à ne pas le faire, que vous pouvez découvrir la source profonde d'amour que vous êtes. Au chapitre 23 du Livre des Psaumes, le roi David accepte la table que le Seigneur dressera devant lui, sachant qu'en présence de ses ennemis, sa tasse débordera. Et

sa tasse déborda d'amour. David savait que seul le pouvoir de l'amour pouvait mener à la victoire. GRÂCE À L'AMOUR, VOUS AVEZ LE POUVOIR SUR N'IMPORTE QUELLE SITUATION. SEULEMENT, VOUS NE LE SAUREZ QUE SI VOUS SURMONTEZ L'ADVERSITÉ. Cette dernière Béatitude est la plus grande de toutes, car si vous en comprenez le message, vous êtes à jamais libéré des illusions qui pourraient s'emparer de vous et mal orienter votre vie. »

Chapitre 9

Les dix commandements de l'amour

Il y a deux mille ans, lorsqu'on demanda à Jésus son point de vue sur la loi et les commandements, il répondit : « *Tu aimeras le Seigneur ton Dieu de tout ton cœur, de toute ton âme et de tout ton esprit. C'est le premier et le plus grand commandement. Et voici le second : Tu aimeras ton prochain comme toi-même. Toute la loi et tous les prophètes reposent sur ces deux commandements*[12]. »

Par cette simplification, Jésus clarifia les commandements existants et déclencha sur la Terre un changement de paradigme qui est encore en train de s'établir. C'est par ces énoncés qu'il révéla la raison d'être de la loi, voire l'ajustement et l'accomplissement du caractère, des gestes et de la vie. Du même coup, il balaya l'idée selon laquelle la loi accorde à la force l'autorisation d'instituer et de maintenir des programmes de contrôle. Il me rappela maintes fois, quand nous parlâmes des lois sociales et universelles, que « *l'amour est l'unique puissance et que, par conséquent, toute loi doit être enracinée dans l'amour pour être valide. Vous n'avez qu'une chose à prendre en compte par rapport aux lois de la vie : la suprématie de la vérité en tout. La vérité est la constante de toute vie. Ce n'est qu'à travers elle que vous trouverez le chemin de l'accomplissement et transcenderez l'illusion. La certitude de la vérité et de l'amour réside dans le Cœur sacré.*

Car le cœur prend sur lui émotions, sentiments et conscience de la vie pour les parfaire et les purifier. Par ce processus, toutes vos expériences retournent à Dieu pour être renforcées ou remises en perspective selon le pacte que vous avez avec le divin et votre but de vie. Au centre même de votre âme demeure le Cœur sacré. Ce n'est pas le côté gauche ni le côté droit de votre être, comme aimerait le croire votre mental, car ce dernier divise tout en deux dans le but de comparer et d'examiner. Votre cœur est plutôt le centre brûlant, passionné et d'intégration de la vie en vous qui cherche l'unité, agit avec amour et enjolive la vie avec l'honnêteté, le respect, la justice et la bienveillance. Ces qualités donnent lieu à une bonté puissante et forte. Le Cœur sacré est véritablement votre intelligence supérieure et la source d'une vie inspirée. C'est l'intelligence du cœur qui prévaudra sur terre lorsque l'humanité sera réalisée et aura atteint la plénitude. Vous ne pouvez trouver votre bonheur si vous êtes divisé ou affaibli. Par comparaison au cœur, l'intelligence du mental se consacre à établir les délimitations et les lignes directrices qui viennent soustendre la comparaison et le contrôle. En ce qui a trait au mental, la moralité n'est pas tant une façon d'améliorer la vie que de la contrôler. Il peut certes être important d'adopter des lignes de conduite morales afin de développer une fraternité bienveillante et nourrissante. Toutefois, l'homme institue souvent des règles dures et rigides non pas pour élever les gens, mais pour les rabaisser. Le mental intervient donc ici pour usurper la puissance du cœur et poser les bases du jugement plutôt que celles de la vie.

La véritable compréhension de la moralité et de l'éthique excède largement le territoire du mental, malgré que certains aspects de l'éthique régissent celui-ci. Son principe le plus important a trait à la juste priorité. Le mental est un serviteur et non un maître. Le deuxième facteur en importance se rapporte à la manière dont le mental soutient ou contredit la perception innocente. Il n'a pas le droit ni le privilège d'inventer ou de recréer la réalité pour étayer ou instaurer ses propres programmes. En définitive, toutes les lignes directrices de l'éthique mentale doivent être gouvernées par des normes de "faisabilité". C'est le processus par lequel le mental s'intègre à la loi universelle. En outre, il y a là une forte implication d'obéissance, car l'obéissance est l'application de la vie et de l'effort en vue de la réalisation. Par exemple, un constructeur de ponts se pliant aux principes pragmatiques de l'ingénierie réussit à produire des ponts qui peuvent résister aux éléments et assurer aux voyageurs un déplacement sécuritaire d'une rive à une autre. La faisabilité existe dans tout. Dans ce domaine, le mental a le devoir de trier les choses avec diligence et de les appliquer avec sérieux. Pour bien des gens, l'obéissance a des connotations d'oppression, car on l'a souvent interprétée comme étant la soumission à l'autorité, bonne ou mauvaise. C'est tragique, car suivre les lois de Dieu se traduit toujours par l'accomplissement et la valorisation de la personne. La fausse obéissance est souvent maintenue par la coercition et la punition. Elle entraîne habituellement une baisse de l'estime de soi chez ceux qui y sont assujettis. »

« Comment réagir à cette fausse autorité ou comment la changer ? »

« Faites preuve d'engagement envers la faisabilité et mettez l'autorité au défi de faire de même. »

« Quelle est la différence entre l'éthique et la moralité ? »

« L'éthique est le processus continu qui consiste à appliquer des principes d'intelligence supérieure aux problèmes de l'existence collective et à doter la vie de valeurs favorables au bien-être collectif. C'est vous soucier de la façon dont vous affectez la vie des autres et prendre conscience de ce qui fait votre valeur supérieure dans votre relation aux autres. On peut résumer l'éthique comme étant LA CAUSE ET L'EFFET EN ÉQUILIBRE, EMPLOYÉS POUR LE BIEN SUPÉRIEUR.

La moralité est essentiellement la dévotion dont chacun fait preuve pour apporter des changements positifs. C'est la responsabilité face aux situations ainsi qu'une volonté de les affronter honnêtement et de les traiter directement en vue d'une amélioration. L'hygiène du corps, de l'esprit, des émotions et de la pensée en fait partie. Le chemin de la sainteté passe par la propreté ! La moralité est toutefois quelque chose de personnel. On ne peut l'appliquer de l'extérieur sans amoindrir la présence « Je Suis » d'une personne.

L'éthique est indispensable pour que règnent la bienséance et la fonctionnalité dans la société. La moralité est vitale pour que se développent chez la personne clarté, force et vertu. La simpli-

cité dans tout cela, c'est qu'elles prennent toutes deux leur source dans l'amour. »

« Quel lien cela a-t-il avec la loi mosaïque [les Dix Commandements] et les autres règles de conduite qui visent à empêcher toute mauvaise conduite ? »

« Tout d'abord, il serait utile de comprendre l'histoire et les circonstances du parcours terrestre de Moïse. Bien que le cœur humain soit éternellement le même, à cette époque, la réalité extérieure était très différente de ce qu'elle est maintenant. Ceci était particulièrement vrai dans le cas de la destinée du peuple hébreu. Guidés par Dieu et par Moïse, les Hébreux avaient été délivrés de leur long esclavage en Égypte, ceci étant un moindre mal. Car, comment peut-on être libre quand on n'a nulle part où aller ? Moïse eut suffisamment le sens des responsabilités et de sagesse pour savoir qu'un homme n'est libre que s'il a un lieu où vivre et une raison d'être là où il est. Voilà pourquoi il garda les Hébreux dans le désert pendant quarante ans. Il fallait que deux générations passent pour que le peuple ait des anciens n'ayant pas connu l'esclavage. Pour bâtir une nouvelle nation, il fallait un peuple libre. S'ils étaient passés directement de l'esclavage à leur ancienne patrie, tout aurait été perdu. Des siècles d'esclavage chez les Hébreux avaient effacé chez eux tout sens de la responsabilité personnelle, de l'autonomie et de l'éthique. Les esclaves ne reçoivent aucune éducation et on leur refuse le privilège de la décision, de la détermination et du discernement. Il leur est interdit de penser. Un esclave doit se borner à suivre des ordres. La sagesse et la grandeur de leurs ancêtres importaient peu, car il y avait eu rupture dans la tradition ancestrale. Moïse hérita d'un incommensurable problème culturel et de l'immense responsabilité de redonner une intégrité à son peuple. »

L'amour et le respect profonds du Maître pour Moïse étaient évidents. Alors qu'il parlait, il devint clair que nous, qui jouissons aujourd'hui des bienfaits de la civilisation occidentale, avons une immense dette envers cet homme. Soulignant certaines des décisions cruciales que ce grand leader avait dû prendre, Jésus expliqua que Moïse avait insufflé au peuple hébreu une nouvelle éthique, un nouveau sens de la fierté, l'autonomie et la compréhension des droits individuels et collectifs. Comment peut-on rebâtir une civilisation sans d'abord accomplir tout cela ? Par conséquent, la loi mosaïque comprenait des références à la structure ainsi qu'aux principes de la vérité universelle. Il y avait également des règles, car le besoin d'instaurer discipline et responsabilité était essentiel pour que cette nation soit autonome. En même temps, il émanait de chacun de ces commandements un grand amour, car ils étaient d'inspiration divine. Moïse avait également une compréhension perspicace de l'amour qui ne vient que lorsqu'une personne est en profonde communion avec son propre cœur. Je trouvais intéressant que Jésus ait utilisé la métaphore du buisson ardent pour décrire l'entrée de l'âme dans le Cœur sacré. Au moment où il en parla, je pensai à Moïse avec la certitude qu'il avait traversé la porte du cœur avant que Dieu ne s'adresse à lui sur la montagne où furent livrés les Dix Commandements[13]. Ces commandements sont la somme de nombreux éléments de sagesse. D'abord, il y eut l'accumulation des expériences humaines quant à la conduite sociale et éthique, toutes deux prêtes à être affinées. Puis, la profonde clarté du cœur de Moïse et sa compréhension de l'intelligence supérieure. Et enfin, l'inspiration divine concernant les lois fondamentales de l'univers. Néanmoins, la compréhension véritable de ces lois ne s'atteint que par la reconnaissance du rôle de l'amour dans leur création.

Le respect de l'amour comme source de toute loi nous donne simultanément clarté et liberté. Cependant, la plus grande raison qui m'a incitée à mettre en corrélation l'amour et la loi, c'est la discipline. Pourquoi ? Parce qu'elle vise à renforcer ou à rétablir le Soi authentique, le « Je Suis afin que nous soyons », au lieu de donner du pouvoir aux structures du conformisme.

« Les lois qui servent Dieu sont révélatrices, transformatrices et vont toujours dans le sens de l'élévation. La loi sert à soutenir la vie et à la corriger au besoin. Une société qui ne recourt à la loi que pour s'adonner au jugement est un danger. La loi n'a aucune validité en soi, sinon par l'amour dont elle est issue. La puissance de l'amour ne remplace ni n'annule les lois de conduite. L'amour révèle la raison d'être de la loi et remplace la coercition par la révélation véritable. »

« Voudrais-tu expliquer comment chacun des Dix Commandements trouve son origine dans l'amour ? »

« La première loi mosaïque dit ceci : "TU N'AURAS PAS D'AUTRES DIEUX DEVANT MOI." C'est le commandement qui célèbre notre seule et unique Source, celle qui nous unifie tous.

Il n'y a qu'un Dieu, et la Source fait connaître sa présence par l'Amour. L'Amour divin est la cause première et rien ne le précède. Tout fut créé à partir de l'amour. En tant qu'enfant ou aspect de Dieu, vous n'avez d'autre cause que votre Père. Par conséquent, votre nom est Amour et l'amour est la cause première de tout ce que vous avez jamais cherché à accomplir. En honorant le Père comme étant amour et cause première, vous renforcez également en vous le fait que l'amour soit la cause véritable de l'action. Tout geste de votre part qui n'est pas engendré par l'amour vous éloigne de la source de votre pouvoir. Rappelez-vous que l'amour régit les particules adamantines et que l'esprit unique entre en résonance avec l'amour. Là où il y a de l'amour, du potentiel, de l'espoir, il y a Dieu. C'est la réalité de base pour toute création. Rien ne la précède en importance, en pouvoir ou en vérité. La Source est le fondement de toute réalité.

L'union est l'instrument du bien. La division est l'instrument du mal. Vous feriez bien de tenir compte de cette vérité dans tous vos actes. Au cours d'une vie, quand vous traversez des périodes de croissance et de changement, Il y aura des moments chaotiques où vous serez mis au défi de laisser aller vos vieux schèmes de comportement et d'en adopter de nouveaux. Des éléments nouveaux arriveront et d'autres partiront. À ces moments-là, il faudra vous rappeler que l'unité est divine et non mondaine. L'unité est dynamique et son potentiel s'élargit perpétuellement. Au cours du processus de transformation, nombre de structures peuvent s'effondrer et disparaître. Mais il en va autrement des divisions destructrices qui s'immiscent dans la vie et en dérange l'harmonie. La division se caractérise par la résistance à la croissance et par l'usage du jugement et du conflit pour retarder le pouvoir de l'unité. Ceux qui divisent considèrent le changement comme une menace. Par conséquent, ils accolent aux éléments de changement autant d'hostilité ou de perversion que la situation le permet. La division s'observe aisément dans la guerre et les agressions criminelles, bien que son influence s'exerce en général avec plus de subtilité. À propos du monde dans lequel vous vivez, vous devez savoir que la stagnation qui y règne n'est pas due à la complexité ni même au chaos. En fait, ces conditions peuvent avoir un certain potentiel. L'inertie résulte d'une division qui s'effectue dans une situation d'impasse. Chaque fois que cela se produit – dans les familles, les nations, les économies ou les groupes raciaux –, la division effectuée dans un équilibre passif n'est qu'un semblant d'unité. »

Selon la deuxième loi mosaïque : *« TU NE TE FERAS PAS DE STATUE NI AUCUNE FORME DE CE QUI EST DANS LE CIEL EN HAUT, OU DE CE QUI EST SUR LA TERRE EN BAS, OU DE CE QUI EST DANS LES EAUX AU-DESSOUS DE LA TERRE. »* J'avoue que celle-là m'inquiétait un peu, car en tant qu'artiste, c'est précisément ce que j'ai l'impression de faire. Je demandai : « Cela veut-il dire que la reproduction artistique est un mal ? »

« Pas du tout, car la reproduction artistique est une expression d'admiration devant l'essence de la réalité. L'art est une tentative d'amélioration de la réalité et non un remplacement de celle-ci. »

« Alors, peux-tu expliquer en quoi ce commandement se rapporte à l'amour ? »

« Dieu est amour : cela signifie honorer l'amour sous toutes ses formes en tant que puissance véritable de l'univers. N'affaiblissez cette puissance d'aucune manière par une fausse représentation, une subversion ou un déni, ou bien en la remplaçant par des structures qui contrefont la présence de l'amour. Moïse disait à son peuple de ne contrefaire Dieu avec aucune forme d'idées, de substances ou de structures inventées. Aucune structure ne peut le représenter. Si vous essayez, vous vous méprendrez quant à la source de votre force. La forme, la substance et la structure sont nécessaires à l'ordre et au soutien de la vie, mais ne durent pas. La structure n'est qu'une servante, un élément fondamental de l'existence. Ne symbolisez pas la présence de Dieu et ne la conceptualisez d'aucune façon transitoire ou mortelle. Ne contrefaites sous aucune forme la présence du Père sacré. N'attribuez la puissance de Dieu à aucune illusion ni la

fragilité de l'illusion à aucun aspect de Dieu. Voici une façon positive de l'exprimer : Honorez et connaissez toujours la puissance de l'amour, tout en reconnaissant la nature fugace de l'illusion. Distinguer l'une de l'autre, c'est le commencement de la sagesse. »

« Tu sembles utiliser les termes contrefaçon et illusion d'une manière interchangeable. Y a-t-il une différence entre ces deux mots quand tu les emploies ? »

« Oui, il y a une différence notable entre une illusion et une réalité contrefaite. Lorsque vous vous habillez différemment pour des occasions diverses, vous projetez des illusions autres de vous-même. Lorsque vous conceptualisez les détails d'un projet avant qu'il n'ait une réalité tangible, vous créez une sorte d'illusion préparatoire. Lorsque vous vous évadez dans un bon livre afin de trouver en vous une nouvelle dimension du ressenti, vous orchestrez un parcours d'illusions crédibles. Par contre, si vous vous habilliez comme quelqu'un d'autre pour l'imiter et usurper ses droits, cela serait une création contrefaite. Si vous viviez une illusion comme un substitut de la vie, ce serait une contrefaçon de la présence. Les illusions ne sont ni bonnes ni mauvaises, sinon dans leur usage. Si on les prend pour la réalité, cela constitue une contrefaçon de l'existence. Le monde abonde en contrefaçons. Si vous leur accordez votre vie et de la passion, vous en serez appauvri. Rien de cela n'arrivera si vous ne contrefaites jamais l'amour ni ne le considérez comme une illusion. L'amour est le fondement de toute réalité. Si vous honorez cette vérité de toutes les manières et évitez de contrefaire votre relation à Dieu par des concepts et des rituels creux, vous ne confondrez jamais la réalité avec l'illusion. Lorsqu'une personne a confiance en la réalité, elle peut ensuite jouer en toute sécurité avec les illusions, à des fins d'expression créatrice. »

Essentiellement, ce commandement nous enjoint à bien reconnaître et honorer la puissance de l'amour et à distinguer celui-ci de tout ce qui chercherait à l'asservir ou à le remplacer. En réalisant cela, je me rappelai les paroles immortelles et magnifiques de saint Paul. « Quand bien même je parlerais par la langue des hommes et des anges, si je n'ai aucun amour, je deviens une timbale creuse ou un symbole sonore.

Quand bien même j'aurais le don de prophétie et comprendrais tous les mystères et toute connaissance, et quand bien même j'aurais la foi qui me permettrait de déplacer des montagnes, si je n'ai aucun amour, je ne suis rien. Et quand bien même je donnerais tous mes biens pour nourrir les pauvres, et mon corps pour qu'il soit brûlé, si je n'ai aucun amour, cela ne me sert à rien[14]. »

« Le troisième commandement affirme : "TU NE PRONONCERAS PAS EN VAIN LE NOM DE TON DIEU." L'amour est le nom de Dieu. Sans amour, il n'y aurait pas de vie, car la vie est l'amour à l'œuvre. Ne dévalorisez pas l'amour et ne l'utilisez pas à mauvais escient. Si vous niez la puissance ou la faisabilité de l'amour, que vous en faites un mauvais usage ou que vous ternissez son honneur par une fausse représentation, le doute ou la malhonnêteté, votre vie en souffrira grandement. La puissance de Dieu agit par l'amour... sachez-le ! Si vous simulez l'amour pour manipuler la vie ou que vous invoquez l'assentiment de Dieu pour supporter autre chose que la vie, vous aurez moins d'impact sur la vie. Ce commandement vous apprend à renforcer votre rapport à la vie et à tout ce qui est vivant.

La quatrième loi mosaïque affirme, quant à elle : "TU TE SOUVIENDRAS DU JOUR DU SABBAT POUR LE SANCTIFIER." Le jour du Seigneur est un jour de grâce qui suit six jours de travail ou de création. Il permet de revenir à l'amour que vous êtes et de vous éloigner de la structure et de ses contraintes. Vous pourrez apprécier pleinement toute votre rectitude intérieure en célébrant le Divin dont est issu l'amour que vous êtes. Faites que ce jour soit sacré en investissant votre cœur et en activant le lien sacré qui existe entre le Père et l'enfant. Sentez l'amour de la paix et la joie que la complétude peuvent vous apporter. Au cours de cette journée sacrée, aimez également l'Esprit qui est un et célébrez sa complétude.

Le mot-clé du jour du Seigneur est "respect". Cela commence par le respect envers le Père et va jusqu'au respect de toutes les formes vivantes, des schèmes de création et de l'univers. Il y a dans l'univers un rythme qui comporte une mélodie d'ordre divin. Ce rythme est fait de six battements et une pause, six points et un centre, six plans et une surface, six hommes et un chef, six facteurs et une intention, six actes et un repos. L'observation de ces rythmes fait partie du respect que l'on porte à l'univers. Ce n'est pas par hasard que l'arrivée de l'homme dans l'univers est le sixième événement majeur de la création. L'amour, la foi et la conscience sont la véritable essence de l'homme et représentent le point culminant de la gloire de l'univers. Vous êtes les enfants du Père, en charge de la vie. C'est seulement lorsque vous tenez compte de ce repos que vous pouvez savourer ce qui vous a été donné et vous débarrasser de ce qui n'a plus de raison d'être dans votre vie. C'est dans de tels moments que le pouvoir de la complétude peut accomplir des miracles et que le Divin nous sert ses plus grands bienfaits. En respectant ce moment de repos, vous exprimez la révérence que vous portez envers une volonté et un pouvoir supérieurs. Vous ne pouvez en imaginer de plus grands. En observant le jour du Seigneur, vous apprenez le vrai sens du lâcher-prise, qui n'est rien d'autre que la foi en la providence divine. Vous observez les principes de l'intelligence supérieure et le pouvoir du non-agir. Sans de tels moments de repos, la vie devient une suite sans fin de progressions linéaires, d'actes imposés et d'éternelles corvées qui fonctionnent à l'infini selon des cycles de six suivant d'autres cycles de six. Dans ces cycles, il n'y a pas de place pour le repos, la paix et le rétablissement. Quand les véritables principes du jour du Seigneur sont ignorés dans la société, celle-ci tombe automatiquement dans l'oppression aussi radicalement que le jour cède sa place à la nuit. Notre Père a instauré des moments d'arrêt entre les cycles d'action pour que vous puissiez jouir des fruits de la création. Si vous ne vous arrêtez pas pour accueillir les bienfaits du Seigneur, comment l'âme peut-elle s'ouvrir et recevoir ? Comment peut-elle être en paix ? »

Je lui demandai à cet instant-là si le jour choisi pour observer ce repos dans la semaine avait de l'importance et quel devait être ce jour.

« Cela n'a pas vraiment d'importance, pourvu qu'une grande partie de la population – après concertation populaire – s'entende pour que ce jour corresponde à un arrêt du travail. Le jour du Seigneur est une célébration de l'Esprit qui est Un. »

Il me rappela que Moïse avait demandé que le jour du Seigneur soit également celui du serviteur, de la servante et des bêtes de somme. Il s'agit d'un jour de relaxation et d'introspection au cours duquel chacun des membres de la collectivité se recueille dans l'amour et la complétude de l'esprit. Chacun peut le faire comme il l'entend, mais il n'en tire le plein bénéfice qu'en partageant sa félicité avec les autres. C'est un jour de grâce au cours duquel chacun est aimé inconditionnellement et peut tout aussi inconditionnellement oublier ses activités. Le jour du Seigneur est celui de la célébration du cœur, des prières, de la contemplation, des cadeaux spontanés, des paroles aimables et du simple respect du sacré. Ainsi nous cultivons le respect envers l'Esprit qui est un et le pouvoir qu'il nous confère pour faire appel à l'ordre divin.

« Le cinquième commandement dit ceci : " TU HONORERAS TON PÈRE ET TA MÈRE AFIN QUE TES JOURS SE PROLONGENT SUR LE SOL QUE TON DIEU TE DONNE. " »

Immédiatement, je pensai aux difficultés auxquelles nous faisons face de nos jours dans nos rapports parents-enfants. Bien des enfants subissent des influences négatives en dehors de la maison et en sont troublés. Leurs parents ont donc des défis de taille à relever.

De plus, d'autres sont négligés ou maltraités par des parents qui se perdent dans des relations et des situations dysfonctionnelles. Ces enfants ont désespérément besoin de retrouver leur estime personnelle et de se défaire de ces influences.

« Ce commandement englobe bien plus que le respect des enfants envers les parents. À l'époque de Moïse, la cellule familiale était autocrate par nature, les populations peu importantes et les habitudes tribales axées sur les fonctions familiales. C'est pourquoi la loi pouvait être prise plus à la lettre en conservant tout son sens. De nos jours, bien plus de facteurs viennent influer sur la vie des enfants. Il y a beaucoup plus de diversité et de complexité dans la société et la cellule familiale. Pour apprécier la signification profonde de ce commandement, il faut donc élargir la perspective qui lui est propre.

L'amour qui active ce commandement est en fait l'amour de tous ceux qui sont venus avant vous. En respectant ce qui a été avant vous, vous apprenez à recevoir tout ce qui vous est offert et savez vous en sustenter. Vous ne pouvez vous fier à une personne pour laquelle vous n'éprouvez aucun respect. L'histoire appartient à chacun. Certes, il y a dans l'histoire de chacun quelque chose qui est digne de recevoir avec amour. Lorsque je vous ai dit de bénir votre nourriture, c'était pour vous aider à comprendre plus totalement que c'est l'amour qui vous nourrit bien plus que les aliments. Il en va de même en ce qui a trait à votre patrimoine personnel et culturel. Vous ne pourrez progresser dans la vie si vous n'éprouvez pas d'amour ni de respect envers ce qui vous a précédé sur terre. Nier le passé oblige les gens à passer leur vie à le réinventer. Ils auront tendance à briser la continuité en raison de la fausse conception que repartir à zéro les comblera plus. Ou bien ils briseront ce qu'ils ont reçu pour pouvoir prouver qu'ils peuvent tout faire d'une meilleure façon. Comment pouvez-vous vivre de longs et heureux jours si vous n'honorez pas ce sur quoi vous bâtissez ? Vivre et travailler en collectivité est la clé de la fraternité et de la prospérité. En honorant votre patrimoine, vous établissez les fondations qui vous permettent d'aller de l'avant. Vous pourrez alors fixer toute votre attention sur votre avancée au lieu d'essayer de remplacer ce que vous refusez de respecter. »

Ce que Jésus venait de dire s'appliquait parfaitement à ma carrière. Dès l'âge de trois ans, je savais que je serais une artiste toute ma vie. Avant même de savoir écrire, je me plongeais passionnément dans les pages d'un merveilleux livre où figuraient des peintres célèbres. Ce bouquin appartenait à ma mère, qui avait remarqué à quel point j'adorais ces peintures et qui avait décidé de m'en faire cadeau. Mais je dois admettre que, quand j'eus quatre ans, ce livre était quelque peu défraîchi. Ces représentations alimentaient mon inspiration, et les peintres étaient mes héros. Même si jeune, je savais déjà sur les traces de qui je marcherais. Ceci m'aida par ailleurs à recevoir l'appui manifeste de tous mes proches et m'assura un bon départ dans ma vie professionnelle. Au cours des années, j'ai toujours eu le réconfort de pouvoir faire appel à toute cette réserve de réalisations artistiques.

« Tout n'existe que dans un contexte donné et s'en nourrit en reconnaissant celui-ci, honnêteté comprise. Rapporter fidèlement des faits et des intentions n'est qu'une partie infime de l'honnêteté. Celle-ci provient de la révérence dont chacun fait preuve envers les choses, révérence qui fait qu'il reconnaît et apprécie le contexte. N'importe quel fait, problème ou individu peut être dénaturé si quelqu'un modifie, cache ou déforme le contexte dans lequel il évolue. Pour vivre honnêtement, il faut

d'abord honorer le contexte dans lequel on est. Dans le cas d'une personne, le premier contexte qu'elle a connu, c'est sa famille. Il y a là, parfois, des problèmes et des épreuves qui doivent être guéris ou mis de côté. Et un contexte de vie qui n'est pas reconnu ni compris en est un dont on ne peut pas se débarrasser.

Malheureusement, bien des enfants entament leur vie en niant le contexte dans lequel ils sont nés et choisissent de ne pas bâtir leur vie sur leurs débuts innocents. On les entend souvent dire qu'ils commenceront leur vie dès qu'ils auront quitté ces lieux familiaux haïs. Il se peut aussi qu'ils critiquent la vie de leur père et de leur mère ou celle des autres membres de la famille, et qu'ils promettent de ne jamais être comme eux. Avec une grande résistance, ils formulent des objections et de grandes proclamations sur le fait qu'ils ne répéteront pas les erreurs des autres. La vie n'est qu'un seul fleuve d'énergie, d'expériences et d'amour. Tirer des leçons des épreuves et des erreurs des autres est une grande marque de sagesse. Par contre, si une personne rejette le mouvement de vie que ses expériences lui ont apporté, elle détruit le contexte qui pourrait l'amener plus tard à comprendre et à résoudre certaines choses.

En niant un contexte de vie, elle essaie également de créer un vide. L'univers peut tolérer bien des illusions, mais certainement pas l'existence du vide. Une telle chose constituerait une violation de l'Esprit qui est un et de son intégralité. Dès qu'un vide est créé, il est aussitôt rempli de la chose même qui a été niée. La pensée que vous avez formulée pour créer ce vide devient justement l'élément qui se manifestera. Le meilleur moyen de devenir comme ce que vous jugez, c'est de vous en dissocier, tout en ne laissant que votre image dans ce vide. L'histoire se répète d'une génération à l'autre parce que le jugement et le déni créent une interruption dans le courant vital. L'univers s'empresse de remplir cette faille avec ce que vous avez justement nié. Les cycles se répètent inlassablement et vous devez toujours réexaminer les éléments non désirables. Si l'humanité comprenait le pouvoir du cœur à accepter, assimiler, purifier et accueillir tout ce qui est moins que parfait, elle pourrait en profiter grandement et aller de l'avant. La vie est un incessant cours d'eau d'amour, de création, *de conscience et d'actes. À mesure que ce cours d'eau fait son chemin dans votre vie et votre cœur s'y ajoutent également votre propre amour et votre participation. Vous en tirez aussi les expériences qui favorisent votre croissance. Un courant ne peut être bloqué. Vous pouvez tout au plus en modifier la direction. Cependant, un flot arrêté par le déni se retourne vers celui qui l'a nié et amène à se répéter la chose même qui a été empêchée.*

Permettre aux bonnes choses de passer dans votre vie est relativement facile, car l'admiration amène harmonie et résolution. Toutefois, le pardon et la tolérance sont nécessaires si l'on veut que quelque chose de désagréable traverse facilement notre vie. Ce mouvement se raffinera et se purifiera avec le temps et la modification de son contexte. N'avez-vous pas remarqué qu'un geste tout à fait déplacé dans un contexte peut sembler très approprié dans un autre ? Le Cœur sacré est l'instrument qui donne la possibilité de perfectionner et de raffiner le feu de la vie en vous. Il ne faut pas stopper la vie. Elle doit être vécue. Il faut participer, faire des expériences et s'amuser. En tant qu'enfant de Dieu, vous faites partie de la création. Pour aller de l'avant en grandissant et en prospérant, vous devez reconnaître et accepter avec amour et respect les générations qui vous ont précédé et qui vous ont donné la vie. Ceci fait partie de l'ordre divin des choses. »

Le sixième commandement dit ceci : « *TU NE TUERAS POINT.* » De nos jours, la menace de violence physique existe encore dans bien des parties du monde et dans certains secteurs de notre société. Cependant, j'avais rarement pensé à ce commandement, supposant que les gens que je connaissais n'y prêtaient pas grande attention non plus. Pourquoi ? Pour la simple raison que la plupart d'entre nous donnerions plutôt notre vie au lieu d'en prendre une. Dans un monde où la fraternité est en pleine expansion et où les institutions la protègent, nous avons conclu trop vite que la vie est dorénavant respectée plus que tout et que le meurtre n'est que le fait du monde de la barbarie. Toutefois, il faut aller au-delà de ce que l'on voit. La menace de meurtre s'estompant, nous sommes devenus en même temps moins conscients de certains aspects plus profonds de ce commandement de Moïse. Réfléchir à l'aspect sacré de la vie n'est jamais une perte de temps.

Le Maître m'amena à comprendre que ce commandement se

rapporte à bien d'autres choses que la coercition de l'homicide. « *Le pouvoir fondamental de la justice, c'est l'ajustement ! L'ajustement est possible parce que l'abondance dans l'univers suffit pour rectifier et équilibrer les problèmes et l'iniquité. Pensez seulement au nombre de graines qu'un épi de blé produit ou au nombre d'œufs qu'un insecte peut pondre ! Tout dans la nature se multiplie à l'infini. Lorsque la vie subit un assaut par réaction, elle multiplie sa production. Le deuxième pouvoir de la justice est l'échange. Étant donné que l'essence première des choses est la même en tout, il y a donc possibilité d'échanges à l'infini entre les éléments et les circonstances pour que s'effectue un équilibre ou un ajustement quand cela s'avère nécessaire. Le troisième pouvoir de la justice est la propension de la vie à se perpétuer malgré toutes les barrières et tous les empêchements. Il est futile de faire obstruction. Il est insensé et de pure perte de vouloir détruire. La vie se perpétue au-delà des jugements et des résistances, au-delà des tentatives visant son annihilation. Par conséquent, lorsqu'un homme adopte une attitude destructive face à elle, il devient un virus mortel pour tout, en particulier pour lui-même.*

Si vous envisagez la vie dans un esprit de conflit, de manque et de destruction, vous nierez votre propre pouvoir supérieur. Par contre, lorsque vous constatez que le pouvoir de l'amour confère de l'expansion, votre vie acquiert de la force. L'expansion est le moteur de la vie. Et c'est justement là la crainte d'une personne qui se voit dissociée du Grand Tout existentiel ou qui s'y oppose. Dans cette perspective limitée, l'expansion vers les autres est souvent perçue comme une menace à l'intégrité personnelle. Et ce sentiment amène souvent les gens à attaquer les autres. Pour la plupart des individus, tuer un être humain est une chose impensable, alors qu'on peut tuer sans ciller une raison d'être, un talent, un rêve, une idée ou un amour. On peut tuer n'importe quelle partie d'un être humain par l'intimidation, la force ou la négation. La motivation derrière cela n'est rien d'autre que le désir d'avoir raison ou de bénéficier de certains avantages. Par peur, on tue souvent ce qui vient déranger nos intérêts personnels. »

Ces pensées éveillèrent en moi l'expression « assassinat moral », qui décrit bien la puissance et la portée d'un geste destructeur posé envers l'âme d'une autre personne. Dans l'histoire humaine, les hostilités sont également le fruit de déséquilibres naturels et sociaux qui visent à répartir autrement les forces du pouvoir. Je demandai à Jésus ce qu'il en était de ces apparentes iniquités sur le plan social ou personnel : *« Tout dans la vie fonctionne selon des cycles. La marée ne peut pas être haute et basse en même temps. Un arbre ne fait pas ses feuilles en même temps que ses fruits. Respecter l'ordre divin des choses veut dire partager et, souvent, attendre. Cela peut exiger de la tolérance et du pardon, ainsi qu'une attitude de soumission devant les forces en présence, auxquelles il faut laisser la place en premier lieu pour qu'elles finissent leur cycle.*

Les pays entrent en guerre parce qu'ils ne savent pas comment prendre de l'expansion sans engendrer des conflits. Mais détruire la vie ne peut pas solutionner les conflits de l'existence. La vie continue son cours, peu importe ce qui se passe. Et les conflits se perpétueront aussi longtemps que vous ne comprendrez pas que la vie est un déploiement d'amour qui cherche à s'actualiser. Le bien et l'abondance dans la vie servent de fondement à la justice. Quand vous connaissez cela, vous savez comment appliquer la justice. Une personne qui comprend cela devra préférablement employer des solutions autres que la violence et l'hostilité. La meilleure attitude serait d'observer par quel moyen l'expansion pourrait servir au mieux les intérêts de tous. Au temps des pionniers, si deux frères avaient des positions antagonistes, l'un partait vers l'ouest et l'autre vers l'est afin que leurs différences puissent s'exprimer librement. Il arrive souvent que deux entreprises se disputent les mêmes clients, alors que la collaboration serait sans doute une excellente solution pour que les deux parties touchent des marchés distincts. Il arrive aussi fréquemment que la technologie freine le progrès collectif en tenant secrètes certaines découvertes, alors qu'un partage des connaissances ouvrirait des portes, ce que la concurrence ne permet pas.

Dans les dimensions supérieures du cœur, la raison d'être de la vie, c'est l'expansion par l'unification. Quand vous accueillez l'expansion avec amour, il n'y a aucune limite quant à la conscience ou à l'influence que vous pouvez avoir. Les religions et les philosophies servent de fausses intentions lorsqu'elles se fondent sur le conflit. Il est dramatique que la plupart des guerres aient eu comme point de départ des problématiques d'ordre religieux ou philosophique. Les fondateurs de votre nation [les États-Unis] ont bien compris cela et ont instauré des lois sur la liberté et la protection pour prévenir les conflits internes. Vous avez cependant la liberté de choisir et de communiquer, ainsi que le droit de mener votre vie et de trouver le bonheur comme bon vous semble. Et ceci peut personnellement se faire dans un milieu qui garantit à tous les mêmes droits. Ce sont ces droits ainsi que d'autres qui constituent la trame de l'univers de notre Père. »

Quand nous acceptons totalement l'ordre divin, que nous nous ouvrons aux multiples possibilités de la vie et les assimilons, nous comprenons petit à petit le sens profond du commandement : « TU NE TUERAS POINT. » Fondé sur l'amour, ce commandement nous rappelle de respecter la vie en tant que phénomène d'expansion.

« Travaillez ensemble pour que tout soit à la portée de tous et la destruction deviendra chose du passé.

Selon le septième commandement : "Tu ne commettras pas l'adultère." L'institution du mariage doit être sacrée : telle est la volonté de Dieu. On ne doit pas se marier à la légère ni rompre un mariage avec insouciance. Le mariage est sacré et, dans cette optique, il ne tire pas son pouvoir du plan terrestre. Le rapprochement d'un homme et d'une femme est fondé sur la dévotion qu'ils se portent réciproquement. Il est également le symbole du mariage sacré entre Dieu et sa loyauté envers l'humanité, entre l'âme immortelle et son cœur bien-aimé, et entre tous les éléments de la création qui sont liés les uns aux autres pour évoluer dans l'amour.

L'union d'un homme et d'une femme fait honneur à l'union qui existe entre toutes les autres choses. Quand une union est pure et tendre, elle est la plus grande expression de bienveillance et de tendresse que l'on puisse trouver sur terre. La compassion est ce que le Père veut pour la vie entière. Quand la bienveillance est là, il y a espoir et possibilité qu'elle prenne de l'ampleur partout dans l'existence.

Lorsque deux personnes ou plus se rassemblent dans l'amour pour quelque raison que ce soit, peu importe leur relation, il se crée une union dans l'Esprit qui est un. Sous la régence de l'amour, il s'effectue un échange serré de particules adamantines. Un lien aussi profond et aussi significatif que le mariage devrait être pur et exempt de tout élément impropre, malhonnête et avilissant. Tout problème qui survient dans un mariage puise son origine dans la déformation originelle de l'amour. Si l'engagement était faible ou les motifs peu honorables, il n'y aura probablement pas assez de force ni de sincérité pour que le mariage dure. Lorsque le lien est impur, la relation échoue. Ceci a lieu parce que la relation est déjà minée. Il se peut que l'union ait été motivée par des besoins extérieurs, des raisons peu sincères ou peut-être encore d'une façon impropre. Si un mariage est conclu seulement pour des raisons d'argent, d'avantages sociaux ou de convenances, l'adultère est de toute manière au programme depuis le début. Il ne faut donc pas s'étonner qu'il y ait infidélité par après. »

« L'instabilité matrimoniale et le divorce sont des problèmes très généralisés de nos jours. Existe-t-il des circonstances et des situations dans lesquelles on devrait délibérément mettre fin à une union ? »

« La véritable assise du mariage, c'est l'amour. Son objectif est de régir la vie par le respect, la sincérité, la joie et la profondeur de l'engagement. Si tout cela n'est pas en quantité suffisante pour perpétuer l'union ou que l'adultération de l'amour est plus grande que la capacité du couple à la résoudre, alors il vaudra mieux mettre fin à l'union que de déshonorer l'amour. Mais que les unions tiennent ou pas, une chose est certaine : toutes sont issu de Dieu. Lui seul les fait ou les défait selon sa volonté, car de toute éternité aucune vie humaine ne peut être la possession d'une autre, même pas par les liens du mariage.

Le divorce ne devrait pas être pris à la légère ni envisagé pour des raisons provenant de pressions extérieures ou de difficultés temporaires. Pourtant, il y a des fois où même un bon mariage sera brisé afin que les deux personnes observent chacune séparément de leur côté un pacte d'un ordre supérieur. De la sorte, la structure n'emprisonnera pas l'amour, ni ne l'empêchera de servir, pour ne perpétuer que des intérêts acquis ou des apparences extérieures.

L'union d'un homme et d'une femme est le symbole le plus pur et le plus parfait de l'union de n'importe quelles deux autres choses. Par conséquent, la pleine signification de cette alliance est révélée lorsque celle-ci apporte un sens approfondi à la vie. Les principes du mariage sont des symboles qui s'appliquent à toute relation et à tout autre pacte. Lorsque vous vouez votre vie en toute foi à une carrière ou à une vocation, n'est-ce pas un mariage ? N'en va-t-il pas de même avec vos relations d'amitié, familiales ou spirituelles ? Est-ce que ce ne sont pas également des mariages ? »

« Quel est le plus grand des mariages ? »

« L'union de Dieu et de l'homme. C'est la force qui prévaut derrière toutes les autres unions. Lorsque l'humanité répond à l'appel de Dieu comme la promise répond à l'appel de son fiancé, le ciel descend sur terre. »

Ce puissant énoncé fut suivi d'un silence. Je m'attendais à ce que le Maître poursuive ses commentaires, mais il ne dit plus rien pendant presque une heure. Pendant ce temps-là, je continuai à peindre tout en réfléchissant à ses paroles. Puis, plus tard, alors que je repassai mes notes, je fis une puissante prise de conscience. Chacun de ces sept premiers commandements reflète et reprend tour à tour les sept dimensions supérieures du cœur. Derrière chacun d'eux, on peut voir l'unité, l'amour, la vie, le respect, l'honnêteté, la justice et la bienveillance. Et chacun est animé des forces dynamiques propres à l'intelligence supérieure. Lorsque cette prise de conscience s'effectua en moi, nos yeux se croisèrent et il se remit à parler. Ce qu'il me dit alors fut comme une bénédiction par rapport à cette nouvelle prise de conscience. *« Tu as vu la grande vérité derrière ces commandements : ce sont les instruments de la régence du cœur ! »*

« Qu'en est-il des trois derniers commandements ? » lui demandai-je. Ma curiosité était particulièrement aiguisée du fait que je savais que, dans l'ordre divin, rien n'est laissé pour compte.

« Les derniers trois commandements relèvent des pactes du cœur. De par son pouvoir magnétique, le cœur a comme premier

que vous êtes. Ce que vous ferez et aurez sera le résultat direct de l'équilibre qui régnera dans le cœur entre votre vie intérieure et votre vie extérieure. Le second pacte concerne la perception innocente. Il est de votre droit d'être présent en tant que témoin de la création et de percevoir la vérité en toutes choses. Le troisième pacte du cœur est de veiller sur la raison d'être qui existe entre vous et la source sacrée et de voir à ce qu'elle s'actualise. »

Selon le huitième commandement : « TU NE VOLERAS POINT. » Dans tous les secteurs de la société, le vol est en train de devenir une source majeure de danger et de difficulté économique. Bien des gens pensent que c'est un signe de désintégration morale généralisée, alors que d'autres âmes plus généreuses considèrent ce phénomène comme une tentative humaine désespérée de faire circuler la richesse dans un monde qui gagne en rigidité sur le plan économique. Même à cela, la plupart des observations et des conclusions sur le vol appartiennent à la catégorie du jugement. L'homme a tellement mis l'accent sur les lois interdisant et punissant le vol qu'il est complètement passé à côté des raisons plus profondes visant à honorer le sens de la propriété. Depuis mon plus jeune âge, on m'a appris à croire que chaque personne a une décision morale à prendre en ce qui touche le fait de voler ou pas. Une fois ce choix effectué, j'avais cependant l'impression qu'on ne devait plus y penser mais qu'il fallait se comporter en conséquence. Une telle étroitesse de vision du sens de ce commandement laissait peu de place à la réflexion intellectuelle et spirituelle sur le plan de l'entendement. C'est pourquoi, afin d'aborder le sujet sous un autre angle et dans l'espoir d'en avoir une compréhension plus éclairée, je lui posai d'abord la question suivante : « Quelle est la nature de l'appartenance juste ? »

« La relation entre l'amour d'une personne et ce qui lui appartient est naturellement juste. En respectant la propriété d'autrui, on honore les droits individuels et collectifs. Ce commandement met l'accent sur le droit de chaque individu d'avoir son propre temps et son propre espace, et sur le devoir de chacun de respecter ce droit chez les autres. Ceci s'applique aussi bien aux choses intangibles qu'aux possessions matérielles, car tout ce que vous possédez a été attiré par l'amour, par l'intermédiaire du cœur.

Du début à la fin, toute chose appartient au Père. Cependant, celui-ci donne la garde de ces choses à ses enfants pour qu'ils puissent vivre, prendre des responsabilités et connaître le plaisir. Peu importe que ces choses aient été gagnées par vous ou qu'elles vous aient été offertes. Le facteur le plus important quand vous obtenez ou acquérez quelque chose, c'est que l'amour dans votre cœur vous permette de recevoir et d'employer ce que vous recevez. Le respect de la propriété est simplement un symbole indiquant que vous honorez l'amour entre vous ainsi que vos droits respectifs. »

Après qu'il eut dit cela, un incident survenu avec une jeune femme que j'avais employée il y a longtemps me revint à l'esprit. Je ne doutais absolument pas de son honnêteté foncière. Cependant, un jour qu'elle s'était absentée, je remarquai que certaines de mes notes avaient disparu de ma filière personnelle. Ces notes sur la théorie des couleurs étaient irremplaçables, bien qu'elles fussent de bien peu d'intérêt pour quelqu'un d'autre. Cette perte me dérangeait et m'intriguait au plus haut point. Ayant quelque répugnance à l'accuser, je poursuivis mes recherches et attendis que quelques autres indices se présentent. Deux jours plus tard, mes notes étaient revenues dans leur dossier. Rien ne manquait, mais le mystère m'obsédait. Je ne voulais pas non plus entretenir d'idées négatives au sujet de mon employée. Aussi décidai-je de mettre cartes sur table. Elle admit ouvertement avoir pris les papiers par pure curiosité et ajouta très vite qu'elle n'avait rien volé.

Je la regardai calmement et répliquai : « Oui, vous avez volé quelque chose. Vous avez volé ma vie privée et mon droit d'accès à ces informations. » Ceci était un concept nouveau pour nous deux et une leçon mutuelle. Elle me fit ses excuses et je lui pardonnai. Après cela, le respect fut plus grand entre nous. Et, ironiquement, il y eut également plus d'échanges.

Jésus fit les commentaires suivants à ce sujet : *« Le partage et l'échange sont la suite naturelle du respect des droits respectifs de chacun d'avoir ce dont il a besoin pour accomplir et servir la vie. Par manque de respect, les possessions matérielles deviennent une barrière qui divise les gens. Une personne aura trop et une autre pas assez. Et aucune des deux n'a suffisamment confiance en elle pour briser la barrière ni assez de sagesse pour savoir comment ou pourquoi cela devrait être fait. »*

« Et si un homme est vraiment pauvre au point de mourir de faim ? Est-ce mal qu'il vole de la nourriture si personne ne lui fait la charité ou ne lui donne de travail ? »

« Il y a quelque chose de mal dans cette action, mais il s'agit d'une transgression mutuelle qui peut seulement être résolue du point de vue du Créateur. Il faudra que le geste criminel soit corrigé et que la vie de l'homme désespéré subisse des changements, sinon de tels actes en viendront inéluctablement à faire partie de son caractère. Simultanément, il faudra aussi remédier aux privations qui ont obligatoirement occasionné un tel geste. L'accumulation et l'avidité, qui sont en partie la cause de son manque, doivent aussi être prises en compte. L'avidité est une autre forme de vol. Le manque et l'excès résultent tous deux de la perte du sens de la véritable appartenance. Savoir ce qui est vôtre de plein droit, à partir de la certitude du cœur, est quelque chose que l'argent ne peut acheter. Sans cette certitude, l'appartenance est renforcée par les frontières et les ententes contraignantes. »

Plus il parlait, plus je réalisai que les actes de possession se traduisent sans cesse par une certaine responsabilité mais pas toujours par une véritable appartenance. Il y a aussi l'appartenance collective, la fierté que nous avons tous face à nos collectivités, nos activités, nos professions, nos écoles et nos groupes divers. Toutes ces choses appartiennent à tous et sont aimées par tous. Il m'est souvent arrivé de préparer mes conférences au jardin botanique de Fort Worth, que j'avais familièrement surnommé mon « deuxième bureau ». Je n'ai pas d'acte officiel de propriété en ce qui concerne ce lieu et, pourtant, je sens qu'il est là, me procurant un nid où je peux me sentir à l'unisson avec l'Esprit qui est un. Quand nous élargissons notre concept de la propriété ou de l'appartenance, nous devons y englober plus que tout ce que nous pouvons acheter ou posséder personnellement. Certaines personnes sont des gens de la ville, et leurs âmes se partagent cet espace. D'autres sont des gens de la mer et d'autres encore, des gens de la montagne. Chaque fois que j'entendais John Denver chanter les montagnes Rocheuses, je me plaisais à penser que ces montagnes étaient les siennes.

« La création évolue en fonction de mouvements de va-et-

vient, comme dans les marées, et que l'on peut constater partout dans l'existence. Toute chose provient de Dieu et retourne à Dieu. Mais on peut dire aussi que durant son existence, toute chose s'appartient en propre. Ceci exprime la suprématie de l'être qui sustente la création. La plus profonde compréhension que vous pouvez avoir des lois de l'appartenance se manifeste quand vous rendez à chaque chose ce qui lui appartient. Rendez à Dieu ce qui appartient à Dieu, rendez à la Terre et à votre frère ce qui leur appartient et, enfin, rendez-vous ce qui vous appartient. Voilà une vérité sublime en même temps que quelque chose de tout à fait pratique.

Le vol le plus commun dans le monde consiste à dérober quelque chose dans un domaine productif de la vie pour apporter du support à un domaine qui ne l'est pas. Par exemple, votre planification budgétaire va de travers quand vous dépensez l'argent du loyer pour autre chose. Il existe dans l'univers une forme de comptabilité qui engendre un besoin d'équilibre entre ce qui attire un courant d'énergie et ce qui le reçoit. Quand les choses sont bien réparties, l'énergie augmente considérablement. Dans le cas contraire, il y a une déperdition d'énergie. L'amour régit et attire. Quand il est honoré, la richesse est sans fin puisque l'amour est le véritable bien possédé. Lorsque vous comprenez parfaitement ce que je viens d'énoncer, les voleurs ne peuvent plus vous dérober ce qui vous appartient. »

La neuvième loi de Moïse dit ceci : « TU NE PORTERAS PAS DE FAUX TÉMOIGNAGE. » De toute évidence, ce commandement enjoint de ne pas mentir sur votre prochain ni sur ce que vous avez vu ou ce dont vous avez été témoin.

« Aimez la réalité avec une telle clarté et une telle profondeur que vous n'aurez pas du tout besoin de la voir autre ou de la rendre autre aux yeux de votre prochain. Aimer la réalité telle qu'elle se présente est l'essence de l'honnêteté et de la perception innocente. Pratiquer la supercherie est chose déloyale ; elle vous éloignera de vous et de Dieu. Être honnête signifie aimer la réalité, être présent et percevoir ce qui est devant vous. Bien des gens s'abstiennent de mentir mais avancent dans la vie avec des lunettes roses. »

Dans l'existence, nous portons souvent des œillères et refusons de voir ce qui est sous nos yeux. Lorsque Jésus parlait de la perception innocente, il faisait allusion à la capacité de voir et d'accepter la vie telle qu'elle est. La perception innocente est la passion qu'a le cœur de découvrir, d'éclairer et de générer la compassion. Il fit remarquer que *« l'honnêteté n'est pas seulement un acte moral, mais l'assise de la sagesse et de l'intelligence ».*

« Bien des gens pensent que la vérité blesse et, par conséquent, l'évitent le plus possible. Pourquoi ? »

« Parce qu'il existe une grande confusion entre la franchise et l'honnêteté. Certaines personnes sont d'une telle franchise que chacune de leurs paroles cingle et, pourtant, elles ne voient pas plus loin que le bout de leur nez. Elles remuent ciel et terre pour expliquer ce qu'elles pensent, bien que leur esprit ne perçoive pas les choses clairement. La franchise peut blesser et le fait souvent. Étant donné que l'honnêteté fait toujours référence à la réalité, elle comporte donc un élément de réconfort, d'appui et de résolution.

La vérité est une constante de l'univers. Tout ce qu'il faut à l'humain pour rapporter la vérité, c'est respecter la réalité. La révéler peut être un acte bienveillant et doux, plein de tolérance et de compassion pour l'autre. J'emploie souvent des paraboles et des métaphores pour traduire la vérité, car elles savent bien s'adapter aux cœurs, aux esprits et aux attentes de ceux qui écoutent. Ainsi, une seule et même vérité peut être entendue par bien des gens et être comprise à bien des niveaux différents de conscience, en fonction de la réceptivité et de l'ouverture de chacun. La vérité concerne ce qui est dit et ce qui est entendu, pas vraiment la façon dont elle est communiquée. »

La dernière loi de Moïse dit : « TU NE CONVOITERAS PAS. » La convoitise est un énorme problème de nos jours. Devant tant de rivalité ou de concurrence et l'énorme pression extérieure, nous craignons de ne pas réussir à vivre en fonction des standards extérieurs. Les grandes vedettes font la promotion de produits et, bien sûr, cela nous donne l'idée que nous pouvons acquérir le succès qu'elles projettent si nous achetons ces choses.

« Ne cherchez pas à vous accomplir dans ce qui est extérieur. Dieu a doté chacun de ses enfants d'amour et de capacité.

Et ceci ne se découvre pas en entretenant des avantages extérieurs ni en comparant vos gains et vos difficultés avec ceux d'un autre. L'amour rattaché à ce commandement est celui qui fait en sorte que vous ne faites qu'un avec votre raison d'être. C'est l'amour de l'accomplissement intérieur et du plein entendement de qui vous êtes. Quand vous êtes vraiment vous-même, vous savez que vous êtes un enfant de Dieu. Vous ne pouvez pas être quelque chose de plus grand que cela. Vous êtes ici-bas pour manifester sa création et il n'y a rien de plus grand que vous ne puissiez faire. Par conséquent, vous avez une raison d'être, et c'est le déroulement de votre vie qui la manifestera. Convoiter, c'est remplacer votre raison d'être sacrée par des motivations purement extérieures.

Les motivations extérieures finissent un jour par détruire la capacité d'une personne à reconnaître et à honorer sa propre raison d'être. Elles conduisent à la jalousie et à l'envie quand celle-ci voit que les autres réussissent, et laissent place à un sentiment de défaite personnelle. Si elle mène une vie où règne la jalousie, le but de son existence est faussé. Elle peut cependant raviver le sens de sa véritable raison d'être en respectant la beauté de l'accomplissement et le processus par lequel il a lieu. Cette évolution peut se comparer à l'édification d'une maison, brique après brique. Tout d'abord, on pose une brique sur le ciment et une autre à côté d'elle. À mesure que le travail avance, on accorde de l'attention à chaque brique pour s'assurer qu'elle est bien à niveau et correctement jointe à l'autre. Le vrai maçon sait pertinemment que chaque rangée de briques détermine le véritable cachet de la maison. À un moment donné, il fera quelques pas en arrière et verra que le mur est fini et qu'il soutient tout le bâtiment. Entre-temps, il aura fallu foi et dévouement pour édifier le bâtiment. Sans cette confiance intérieure, on perd de vue l'ensemble et la négation de l'importance personnelle supplante la joie du travail fait avec dévouement.

Faire entrer l'amour dans le processus de la vie est une chose très puissante. Quand vous considérez uniquement les réalisations extérieures et oubliez de faire honneur au processus, vous devenez comme Icare, le dieu de la mythologie grecque. Icare voulait voler vers le soleil. Pour cela, il construisit une paire d'ailes géantes qu'il attacha à ses bras. Comme le font aujour-

d'hui les parapentistes, il s'élança d'une falaise pour attraper les courants et se faire porter vers le soleil. Mais il n'avait pas prévu que, en se rapprochant de cet astre, ses ailes fondraient. Il tomba donc dans la mer, qui ramena son corps inconscient vers la côte. Icare avait oublié que nous pouvons atteindre le soleil ou toute autre destination en faisant un pas à la fois, selon le processus approprié au but. Il était tellement obsédé par le désir d'épater les autres qu'il avait sous-estimé le processus. Lorsque vous avez de l'amour pour le cheminement qui vous permet d'accomplir quelque chose, vous êtes moins tenté de comparer vos réalisations à celles des autres. Chaque personne a quelque chose de différent à accomplir. Certaines sont rendues à la fin de leur projet, alors que d'autres en sont au début. Quand vous entreprenez de mettre sur pied un projet, allez jusqu'au bout et entreprenez-en un autre. Le fait que certaines personnes arrivent à se réaliser avant vous fait tout simplement partie du cycle de la vie. La personne qui pose la dernière brique à son chef-d'œuvre ressentira à coup sûr de la fierté et suscitera l'admiration des autres. Il est possible que, dans votre quartier, une autre personne pose la première brique de sa future maison. Se sentant mal assurée et vulnérable, elle cache ses maigres débuts à tous. Ces deux personnes ne sont pourtant pas différentes, car elles ont posé une brique à la fois dans le processus qui les amène chacune à vivre leur raison d'être. L'acte de convoitise déplace la motivation d'une personne vers l'extérieur et l'empêche d'avoir un entendement plus approfondi des choses. Accorder de l'amour au développement de son évolution et apprécier sa propre raison d'être constitue les véritables assises du dernier commandement, car l'amour et la vie sont des processus sans fin.

Chapitre 10

Vos droits et libertés

Le Maître me révéla le contenu de ce chapitre lors d'une matinée du mois de février 1992, alors que j'étais arrivée au travail d'une humeur sombre et agitée. On venait de m'annoncer la maladie d'un membre de ma famille et je devais, semblait-il, m'éloigner un certain temps du studio pour prendre soin de lui. J'éprouvais une compassion véritable devant son état et le désir réel de l'aider, mais cette interruption forcée me dérangeait quelque peu.

Comme il voyait que je me débattais pour tenter de régler cette question en mon for intérieur, Jésus rompit mon silence nerveux en disant : ***« Tu as le droit de prendre congé, si d'autres affaires te retiennent ailleurs. »***

Je trouvai rassurant de sentir sa compassion alors que je ne la lui avais pas demandée et de constater la profondeur de sa perspicacité sans que j'aie même à parler. Malgré cela, l'expression qui m'étonna le plus et s'empara avec persistance de mon attention fut : « Tu as le droit. » Bien sûr, cela signifiait que j'avais le droit de choisir où je voulais être. Être avec le Maître n'était pas une obligation ! Lorsqu'il m'indiqua que j'avais le droit de décider, mon dilemme sembla s'évanouir et, moins d'une heure plus tard, un autre membre de ma famille m'annonça que la situation s'était améliorée. En fin de compte, je pouvais continuer à peindre.

Lorsque j'eus savouré tout cela au cours d'un moment de silence, nous commençâmes notre discussion sur les droits humains. Il déclara d'abord : ***« Lorsque vous avez conscience de vos droits, vous pouvez changer votre vie. »***

Je réalisai que c'était cette conviction essentielle qui, au départ, distinguait l'Amérique du reste du monde. Les gens y venaient expressément pour affirmer et défendre leurs droits, entièrement convaincus que la vie serait meilleure ici. Bien entendu, cette quête existait avant 1776. La déclaration et le respect des droits de la personne ont progressé dans la conscience de l'humanité tout au long de son histoire. Maintenant que nous connaissons des conditions de vie plus flexibles, nous sommes plus sensibles aux droits politiques, spirituels et personnels. Ce matin-là, en percevant la clarté de ses yeux et l'inflexion pressante de sa voix qui m'enjoignaient à prendre conscience de mes droits, j'eus le grand désir de lui demander des explications. Je voulais savoir quels étaient ces droits et comment je pouvais les appliquer dans ma vie.

Il fit preuve d'une sollicitude particulière. Mais avant de parler de nos droits et libertés, il livra sur le libre arbitre un préambule fort important et hautement pertinent. Si l'on comprend clairement la nature du libre arbitre, la question des droits personnels coule presque de source. Sans lui, on ne saurait envisager de droits. Ce sujet avait un corollaire, qu'il aborda également : la question de l'égalité. Toutes les autres libertés semblent tourner autour des deux principes fondamentaux du libre arbitre et de l'égalité.

« Le libre arbitre est le droit fondamental accordé par Dieu à tous ses enfants. C'est le droit d'être qui vous êtes vraiment et de faire des choix de vie qui vont dans le sens de cette vérité. La vie est mouvement et elle offre diverses possibilités et options. Par vos choix, vous affirmez votre vie, votre amour et votre vérité. Certaines conditions ou quelques milieux peuvent respecter ou soutenir votre essence propre, d'autres non. Car vous êtes les enfants de Dieu et non ceux d'une situation. Le fait d'avoir un libre arbitre vous dégage de la situation. Vous pouvez changer une situation en vue de la rendre compatible avec votre amour et ne plus accorder d'attention aux situations qui nient votre amour. Même si aucun des choix disponibles n'est idéal, le fait même de choisir vous apportera un pouvoir d'affirmation par rapport aux conditions extérieures ainsi qu'un moyen de les dépasser.

Le droit de choisir ne sanctionne pas le comportement destructeur, déviant ou irrationnel qui pourrait s'exercer à l'encontre d'une personne, de ses besoins ou des lois de Dieu. Le libre arbitre n'est pas une anarchie désordonnée. C'est essentiel-

lement avoir le droit d'être vous-mêmes, de vous connaître et de choisir les éléments et compagnons qui renforcent et exaltent la nature de votre être. Il est attribué à parts égales à tous afin que chacun ait le droit d'exprimer son amour tel quel et de se protéger des circonstances adverses.

Tous les enfants de Dieu sont égaux devant le Créateur. Aucun n'a de relation préférentielle avec lui ni n'en tire un avantage particulier. Nul n'est à l'épreuve des difficultés transitoires de son existence de mortel et nul n'est écarté de l'amour éternel du Père et de son pouvoir de pardon. Chaque personne a été créée à son image affectueuse et l'essence d'amour demeure intacte, même dans les situations les plus désespérées. Chaque individu est doté d'un centre sacré par lequel son alliance avec Dieu est résolument confortée. Chacun est une âme immortelle dotée d'une place dans l'existence. Cette égalité sacrée est directement reliée à vos droits et libertés.

Il existe également des inégalités qui affectent directement vos droits et libertés, car un individu a droit au respect dans l'inégalité autant que dans l'égalité. Tout le monde n'a pas effectué le même progrès vers l'accomplissement de son potentiel. Vous n'êtes pas tous nés dans des situations égales, avec une santé, une richesse et une intelligence égales. Toutes ces considérations font partie de la situation de chaque individu. Ces circonstances sont fort réelles, même si elles varient lorsque le cœur change et que l'effort s'applique autrement. Quelle que soit sa situation, chaque personne a le droit de ressentir l'estime d'elle-même. Rien ne mine plus l'égalité des droits que de les mettre au même niveau que la situation. C'est la personne qui a des droits et non la situation !

Lorsque vous posez un geste charitable envers quelqu'un, faites-le pour l'encourager et non pour le déshonorer ou le mettre dans l'embarras. À quoi peut bien servir l'aide fraternelle, si vous voulez vous élever au-dessus de la personne ? L'inégalité des situations est un aspect de la réalité. Néanmoins, la fraternité permet de reconnaître les différences tout en les transcendant avec amour. L'UNITÉ SUPRÊME EST CELLE QUI RESPECTE AVEC ÉGALITÉ DIFFÉRENCE ET SIMILITUDE. Autrement, le concept même d'égalité deviendrait un joug conformiste qui opprimerait les nantis et imposerait des exigences injustes aux défavorisés. Quelle que soit sa situation, tout individu doit pouvoir ressentir sa valeur. Il doit aussi pouvoir jouir du soutien émotionnel et profond de ceux qui partagent sa situation. La jouissance de l'égalité est une extension de l'estime de soi, laquelle confère de la force au bien-être collectif.

En retour de ces droits fondamentaux, on ne vous demande qu'une chose : VOUS ABSTENIR DE JUGER. Vous ne pouvez connaître le cœur d'un autre, car les signes extérieurs sont souvent trompeurs. Si vous respectez et protégez vos deux premiers droits fondamentaux, vous devez absolument en comprendre un troisième, qui est de connaître, d'expérimenter et d'honorer l'esprit de l'innocence, et surtout de savoir où le localiser. Plus que tout le reste, le jugement détruira votre propension à bien saisir cela. L'innocence appartient à Dieu, au centre sacré du cœur de chaque personne et à une perception libérée de jugement et d'idées préconçues. Par l'exercice de la perception innocente, toutes les idées fausses peuvent êtres révélées et éliminées. Avec un cœur innocent, on peut raviver la résolution d'être avec Dieu. Ce sont les trois seuls aspects de l'innocence que l'on décèle dans le domaine de l'action et de la vie. Si vous en cherchez d'autres, vous émettrez constamment des jugements fondés sur la frustration ou la déception et vous vous refuserez le plaisir et la plénitude de la tolérance. Le signe le plus certain indiquant qu'une personne a acquis la sagesse nécessaire pour savoir où trouver la sagesse, c'est son sens de l'humour !

La vie est un flux qui comporte des saisons. Il y a l'hiver et l'été, le soleil et la pluie, la maladie et la santé. Toutes ces choses constituent des expériences valables sur le plan de la conscience. Certaines d'entre elles mettent votre patience au défi. D'autres récompensent votre dévotion. Certains choix vous conforteront plus que d'autres, mais aucun ne sera impeccable du point de vue extérieur. Par exemple, on ne peut arracher une carotte du sol sans lui enlever la vie. Avec la meilleure intention du monde, des parents inscriront leur fils à des cours de chant tandis que celui-ci préférerait consacrer ses après-midi à améliorer ses talents d'athlète. Par ailleurs, certains gestes malicieux peuvent se solder par des résultats positifs, comme c'est le cas de l'homme injustement licencié qui trouve par après sa véritable carrière même si ce licenciement lui a d'abord causé des problèmes sur le plan financier.

Je vous ai répété à maintes reprises qu'un homme qui juge risque de s'égarer. Le jugement élimine le respect de l'innocence et vous empêche de voir celle-ci. L'innocence n'appartient pas au monde extérieur. Celui qui perd de vue cette notion devient intolérant et vindicatif envers les autres. Dans sa propre vie, il se comportera comme un navire sans gouvernail, emprisonné dans des formules stériles. Voilà pourquoi j'ai jadis défié tout homme sans péché de lancer la première pierre ! Établir quelque corrélation que ce soit entre l'innocence et l'action extérieure invalide le sens même de l'innocence. Le lynx est-il moins innocent s'il dévore le lapin ou s'il refuse cette nourriture et meurt de faim ?

Cela ne veut pas dire que dans le domaine de la conduite humaine, tous les actes favorisent de manière égale la vie et l'accomplissement personnel. Il est certain qu'un homme peut presque déterminer le cours de sa vie en fonction de ses choix. Il y a toutefois un point essentiel à saisir : LA BONTÉ NE PEUT ÊTRE DÉTERMINÉE PAR L'APPARENCE EXTÉRIEURE ET SÛREMENT PAS PAR LE JUGEMENT DES AUTRES. LA BONTÉ D'UN HOMME REPOSE SUR L'INNOCENCE DE SON CŒUR. Mais, parfois, ses actions n'atteignent pas les exigences et les attentes des autres. En choisissant parmi les nombreuses options que la vie vous présente, il est bon de savoir que la perfection réside dans la corrélation qui existe entre vos gestes, la volonté de Dieu et l'amour que vous êtes, plutôt que dans la recherche de l'approbation et de l'admiration des autres, qui sont, au mieux, fugaces. Quiconque oublie cela perdra de vue son propre salut et se privera des droits et libertés qui pourraient le combler. »

Il n'énuméra aucun autre droit ni ne suggéra que nos droits se limitent à ceux dont nous discutions ce jour-là. Néanmoins, les autres droits et libertés qu'il souligna semblaient au nombre de douze. Apparemment, le libre arbitre, l'égalité et l'éternelle innocence dans le Cœur sacré englobent le fondement de tous nos autres droits et fournissent les éléments de constance qui donnent sens et direction à nos autres libertés. Selon ma perception, les droits premiers se rapportent au don de la vie même et les douze autres droits viennent nous soutenir dans la conduite de nos vies.

Le plus important de ces autres droits, c'est d'avoir une relation avec notre Créateur. *« Le lien avec Dieu n'est jamais rompu, même si vous vous en êtes détaché en vous éloignant du sacré. Votre relation fondamentale avec lui demeure toujours, malgré vos efforts pour activer la division. Si vous menez une vie séparée de Dieu, le vide ainsi créé se remplira d'idées, de structures, d'institutions et de relations qui vous domineront sans merci. Vous vous sentirez peut-être prisonnier de tout ce qui est intervenu entre lui et vous, car bien entendu tout cela aura pris la place du Créateur. Ceci vous amènera à conclure que pour retourner à la source vous devrez d'abord demander la permission à tout ce qui a remplacé et exploité cette séparation, ce qui est faux puisque votre relation au Créateur est immédiate et éternelle. Cette relation ne dépend ni du consentement d'un autre ni de la conformité à des croyances. Vous n'avez qu'à agir à partir de votre droit inné de revenir à la relation avec votre Père. Peu importe votre situation, ce lien n'a jamais disparu.*

VOUS AVEZ LE DROIT DE SAVOIR QUE VOUS ÊTES AMOUR ET DE MANIFESTER CETTE VÉRITÉ PERSONNELLE À VOTRE MANIÈRE, QUI EST UNIQUE ET IMPORTANTE. Vous êtes amour. Le monde voudrait vous faire croire que vous n'êtes qu'issu de l'amour et que votre vie est justifiée par l'amour que vous faites. Il vous persuadera peut-être de tout croire à propos de l'amour, sauf le fait que vous êtes amour. Toutefois, l'essence même de votre valeur, de votre raison d'être, de votre immortalité et de votre liberté repose sur la certitude que vous êtes amour.

Puisque vous êtes amour, vous dégagez de l'énergie. Vous attirez à partir du centre même de votre être ce que votre vie réclame et vous faites appel à ce dont votre vie a besoin pour s'accomplir. En tant qu'amour, vous avez le droit de reconnaître les compagnons, les activités, les buts et les choses que vous aimez. Vous avez le droit d'aimer et de choisir ce que vous aimez. Le préjugé, le jugement et le conformisme ont une forte influence sur le monde. La pression de ces influences peut affaiblir le désir d'exprimer un amour que les autres n'apprécient pas ou même votre confiance. Cependant, rien d'extérieur ne peut diminuer le pouvoir de votre amour : c'est une question d'intégrité que d'honorer ce que vous êtes et de chercher des moyens d'enrichir votre vie afin que votre amour s'exprime sincèrement. L'amour est votre droit éternel. C'est ce que vous êtes.

VOUS AVEZ AUSSI LE DROIT DE COMMUNIER AVEC CE QUE VOUS AIMEZ. VOTRE AMOUR EST VOTRE SEUL TRÉSOR DURABLE. De tout ce que vous possédez, vivez, engendrez ou cultivez, seul l'amour vous restera après cette vie. Tout l'amour que vous avez et vivez vous appartient. Vous en séparer, c'est vous départir de votre richesse. Est-il si étonnant que tant de gens aient des difficultés concernant la prospérité, puisqu'ils ont réprimé, oublié ou nié ce qu'ils aiment ? Vous avez tous été créés en tant qu'amour pour qu'arrive vers vous ce qui amplifie et complète votre amour. Vous avez le droit de connaître cette joie, cet accomplissement et cette richesse.

Votre amour, de même que l'appui que vous accordez à ce que vous aimez, est une réalité durable, car il n'y a qu'un esprit qui est en tout. Ce tout est indivisible, et vous avez le droit de savoir que vous en faites essentiellement partie. La vie de chacun est intégrée à la trame de l'existence tout entière. Personne ne peut vous en écarter par le jugement, l'intimidation ou le refus, car l'esprit est uni et sans faille. Seuls les mensonges et les illusions ont laissé entendre que l'esprit est divisé. Si l'on vous a persuadés de croire en la division spirituelle, c'est d'abord pour vous faire souscrire à de telles croyances afin qu'elles puissent ensuite servir à vous isoler et à vous contrôler. N'acceptez pas l'isolement comme situation de vie. Vous faites partie de la famille humaine, nonobstant les jugements que d'autres ont pu vous imposer. Que les jugements soient le problème de ceux qui les expriment !

VOUS AVEZ LE DROIT DE CONNAÎTRE LE LIEN QUI VOUS UNIT À LA VIE ENTIÈRE ET D'EN BÉNÉFICIER, ainsi que de guérir en vous abandonnant au tout. Grâce à l'Esprit qui est un, des révélations peuvent vous arriver de l'univers, pourvu qu'elles aient de la pertinence face à votre vie. Vous n'entendrez tout simplement pas les messages qui ne vous sont pas destinés. L'Esprit qui est un est une intelligence vivante qui dépasse tout entendement, qui mémorise tout et qui détient toutes les possibilités conjuguées. Par la prière et la méditation, au cours desquelles vous reconnaissez la totalité de l'esprit, vous pouvez recevoir de magnifiques idées et de merveilleux messages sur votre vie et votre avenir. Vous n'avez qu'à demander. Quand on communie avec l'Esprit qui est un, l'essentiel est de s'abandonner et d'écouter. Avec une telle réceptivité, la Sainteté de l'Esprit descendra sur vous pour vous prodiguer soins et conseils. Ceux qui se sont attiré des ennuis d'ordre spirituel avaient tenté de s'affirmer d'une manière agressive envers l'esprit pour le manipuler ou le diriger en fonction de leurs désirs personnels. Rappelez-vous, comme je vous l'ai déjà précisé, que quiconque perturbe ou divise l'esprit, ou bien viole son intégralité, particulièrement pour des motifs égoïstes, se verra recevoir la même chose en retour !

La plupart des gens refusent d'exercer leur conscience spirituelle parce qu'ils en sont venus à se croire séparés du royaume spirituel. Moi, je vous déclare que ce royaume n'est pas ailleurs, qu'on n'y entre pas de l'extérieur. Il est en vous. Il se trouve en chaque être, chaque chose, chaque époque et chaque endroit. L'Esprit qui est un est éternel et omniprésent. Il est en vous et vous avez le droit de savoir que vous en faites partie. Sachant cela, vous pourrez recevoir en quantité la sagesse et les révélations qui rendront votre vie plus totale.

VOUS AVEZ LE DROIT D'ENTRER CONSCIEMMENT DANS VOTRE CŒUR ET DE CONNAÎTRE L'INTELLIGENCE SUPÉRIEURE QU'IL CONFÈRE À VOTRE VIE. Pour ce faire, vous devez comprendre et accepter votre innocence première. Vous n'avez aucune permission à demander pour entrer dans le cœur. C'est un droit, bien qu'il y ait une condition. Vous devez y entrer selon votre nature véritable, selon l'amour que vous êtes. Au centre de votre être, votre innocence ne reconnaîtra rien d'autre. Cela peut sembler impossible lorsque votre vie abonde en problèmes, en épreuves et en difficultés, et qu'il vous est difficile de distinguer le vrai du faux, à l'extérieur et surtout en vous. Vous vous demanderez peut-être : "Comment puis-je être innocent et parfait au cœur de mon être, alors que je suis plongé dans des situations concrètes difficiles ?" Ce droit n'est pas un point de logique qui se rapporte au domaine des situations. Vous abandonner à l'être véritable que vous êtes et au lien éternel que celui-ci entretient avec l'univers ne doit pas nécessairement être quelque chose de logique. C'est un droit dont vous pouvez vous prévaloir en toute situation. En retournant à l'intelligence du cœur, vous trouverez les réponses dont vous avez vraiment besoin.

VOUS AVEZ LE DROIT DE VIVRE L'INFINITÉ DE VOTRE POINT DE VUE

ET D'APPRÉCIER LES VALEURS ET SIGNIFICATIONS QUI CONFORTENT VOTRE RAISON D'ÊTRE. Comme vous en faites partie, vous avez le droit d'outrepasser toutes les structures, de vous détourner des idées courantes et de refuser les possibilités et propositions qui ne s'harmonisent pas avec votre vie et vos valeurs. Vous avez le droit d'ignorer toute structure qui tenterait de vous limiter. De tendre vers l'inconnu et d'oser rêver. Vous avez droit à l'imagination et aux fruits de sa création. À cet égard, vous pouvez connaître l'infini et vous faire une idée sur vos espoirs et vos rêves.

VOUS AVEZ ÉGALEMENT LE DROIT DE SAVOIR QUE VOUS ÊTES TOUS IMMORTELS. »

Nombre d'entre vous trouveront peut-être consternant le fait qu'il faille présenter une telle évidence comme un droit. Mais le plus affligeant en Occident, c'est que beaucoup de gens ont un concept d'eux-mêmes limité à leurs origines biologiques et à leur situation sociale. Pour eux, lorsque vient la mort, tout est fini. Pour d'autres encore plus nombreux, peut-être la majorité, l'immortalité existe, mais elle est attribuée comme une récompense.

« Certains individus voudraient vous obliger à accepter le concept de mortalité, de telle sorte que votre vie soit définie par les lois de la limitation et de la structure. L'idée est la suivante : "Vivez maintenant ou jamais... soumettez-vous au programme... ce que vous n'obtenez pas maintenant, vous ne l'aurez pas plus tard." Quand vous vous savez immortels, vous êtes vraiment trop libres pour être contrôlés et pouvez franchir tous les obstacles que peuvent ériger les programmes humains. Par conséquent, la notion véritable d'immortalité a largement été galvaudée. Dans certains cas, elle a été niée de manière éhontée et dans d'autres, surtout en Orient, elle a été distordue pour laisser entendre que l'humanité était emprisonnée dans l'éternelle roue de la vie. En vérité, vous n'avez qu'une seule vie et elle est éternelle. Le déroulement de votre vie éternelle dépend de votre amour. Vous vivez à la mesure de votre amour. Je ne dis pas cela à la légère. Telle est la loi. Vous serez à l'image de votre amour. Lorsque votre amour se raffinera au point de préférer et d'apprécier les plaisirs célestes, c'est ce qui vous arrivera. Si vous aimez le côté peu reluisant de la vie, c'est cet aspect qui sera mis à votre

disposition. Vous irez partout où votre amour ira, car il ne peut être arrêté. Avec l'amour viennent les leçons, les amis, les bienfaits et les ouvertures. Dans votre vie, tous vos processus de croissance et de changement se sont produits parce que quelque chose avait transformé votre amour. C'est par le développement des caractéristiques de l'amour que le changement s'opère. Votre amour ne sera pas à un endroit et vous à un autre !

Il accompagne votre immortalité. Sachant cela, vous saurez que la plénitude est vraiment possible. Elle commence lorsque vous prenez conscience que votre vie s'exprime bien au-delà de toute structure. Elle va jusqu'à l'immortalité. C'est votre droit.

VOUS AVEZ LE DROIT DE VIVRE DANS LA PLÉNITUDE ET DE RECHERCHER TOUS LES BIENFAITS DE LA VIE. Personne n'a naturellement de pacte avec la souffrance. De temps à autre, la souffrance peut faire partie de la vie et même faire partie de votre apprentissage pour votre épanouissement. Mais personne n'est obligé de souffrir. Chaque fois que des difficultés surgissent, essayez de voir dans quelle perspective plus vaste elles se situent. Votre Père veut vous combler d'abondance et de joie. Chaque pacte avec le Divin a été scellé dans la joie. Par conséquent, si un homme souffre, ce n'est pas par la volonté du Père. Souvent, la souffrance est un élément de la vie qui se transforme par la suite en joie, comme l'est un accouchement. Parfois, la souffrance survient en raison de l'agression et de l'ignorance collectives, ou encore parce qu'une personne veut souffrir. Certains croient à tort que la souffrance est une punition divine, une résultante du cause à effet. Ce n'est pas faux, même si notre Père ne punit pas intentionnellement. Hélas, bien des gens souffrent parce qu'ils croient davantage à la douleur qu'à la béatitude. Ceux qui ont mené une vie de souffrance savent qu'ils peuvent au moins compter sur les difficultés. Une prédiction vaut mieux que rien. Leur père a souffert, de même que leur grand-père avant lui, ce qui confère à cette pénible tradition une sorte d'amour. Certaines personnes en sont venues à aimer leur souffrance, car c'est le lien le plus fort qu'elles partagent avec ceux qui leur sont chers. Pour d"autres, la survie au malheur sert de fondement à leur accomplissement et à leur estime personnelle. En fait, lorsqu'il y a un lien entre l'amour et la souffrance, ce lien se perpétue de lui-

même. Vous êtes comme vous aimez ! Et des gens souffrent parce qu'ils ont contribué à établir un cadre dans lequel la menace de la souffrance fait partie du contrôle et de la domination.

Ils ont créé le genre d'environnement qui prévoit la souffrance et l'utilisent pour accroître leur pouvoir. Ils finiront par devenir la proie de leurs propres desseins et intentions, et recevront leur pleine mesure de souffrance.

La souffrance survient surtout parce que l'humanité ne sait pas qu'elle a droit aux béatitudes de la vie. Vous n'avez pas à vous contenter de la blessure, de la déception, de la douleur, de la confusion ou de la dépression. En outre, si vous recherchez le bonheur, le pacte qui vous lie au Père s'accomplira. Comme je vous l'ai dit, le Père a scellé ce pacte dans la joie. Ceux qui sont obsédés par la souffrance ne découvrent pas aisément quel est ce pacte. C'est en cherchant le bien-être que vous le découvrez. Quand vous cherchez les béatitudes de la vie, attendez-vous à les recevoir. Rendez grâce en sachant qu'elles vous seront accordées sur demande.

VOUS AVEZ LE DROIT DE PRENDRE VOS PROPRES DÉCISIONS. Une décision implique non seulement que vous choisissez d'avoir, mais aussi que vous refusez intentionnellement d'avoir. Personne ne peut le faire à votre place. »

À bien des égards, c'est par ce droit que nous exerçons nos autres droits. Dans un monde qui souffre de conformisme programmé, nous subissons constamment la pression de nos pairs, de nos habitudes commerciales et de la bienséance sociale. Encore là, nous devons toujours nous rappeler que nous avons le droit de faire le bien, même si cela suppose le refus. Nous croyons parfois dangereux d'aller à contre-courant, de ne pas être d'accord. Jésus m'a aidée à voir qu'il est beaucoup plus dangereux de renoncer à nos droits. Pourquoi ? Parce que quelqu'un d'autre peut se les accaparer.

Le droit au choix personnel dépasse largement le concept de la moralité. Il a trait à la vie dans toute son entièreté. En peignant un tableau, c'est-à-dire quand je crée, par exemple, il se peut que je prenne dix mille décisions. À tout instant de notre vie, nous en prenons d'innombrables. La plupart sont fonctionnelles et nombre d'entre elles concernent les priorités pragmatiques. À certains égards, on pourrait prétendre que le succès n'est que le résultat d'un grand nombre de choix judicieux. L'échec, s'il existe, peut être considéré comme le résultat d'un certain nombre de choix peu avisés. Malheureusement, bien des gens refusent de prendre leurs propres décisions, ce qui peut expliquer l'incertitude et la confusion qui règnent dans leur vie. Même s'il est parfois difficile d'y parvenir, ne pas décider peut davantage compliquer les choses. Chercher conseil auprès des autres nous aide à acquérir une certaine sagesse face au processus de prise de décision. Mais au bout du compte, nous devons tous vivre avec les conséquences des décisions que nous avons prises ou refusé de prendre.

« Votre vie est la somme de tous les choix que vous avez effectués, que ce soit par rapport à vos expériences diverses, vos origines, vos engagements et vos habiletés. En choisissant, vous exercez la responsabilité fondamentale d'être vous-même et de manifester votre amour dans le monde extérieur. Choisir vous sert à influer sur la direction que prend votre vie. Dire "non", c'est souvent le bon choix. Vous avez le droit de refuser ou de repousser tout ce qui est mauvais pour vous ou qui peut nuire à votre bien-être. "Non" n'est pas un mot populaire ; mais faire ce qui est juste n'a rien à voir avec la popularité. »

Ses paroles me rappelèrent une question que je me posais sur une croyance répandue de nos jours, à savoir que pour comprendre à fond, une personne doit avoir tout vécu. Ce genre de croyance implique même que, pour accéder à notre réalité éternelle, nous devons avoir fait l'expérience de tout. Je voulais connaître la vérité à ce propos, s'il y en avait une.

« Seule l'expérience de ce qui comble votre cœur compte. Vous n'avez pas à tout faire, tout voir, tout entendre, tout penser, tout croire et tout sentir. Chacun est différent, unique et à nul autre pareil. Vous êtes épanoui quand votre amour l'est et non lorsque vous ressemblez à tout le monde. Le conformisme ne fait pas partie de votre raison d'être dans la vie. »

Il me vint du fond du cœur une opinion à cet effet que je fus poussée à exprimer avant de passer à autre chose. « Selon moi, les croyances de cette nature cherchent à donner espoir à l'opprimé, en suggérant qu'il suffit d'un renversement des choses pour que le mendiant devienne roi et le roi, mendiant. »

« Oui, tu as raison quant à ce qui motive de telles idées. Toutefois, les espoirs qu'elles suscitent sont souvent invalidés par la réalité. Les similitudes d'expérience et de conformisme ne se traduisent pas toujours par la tolérance et la compassion.

Lorsque votre amour sera total, vous verrez que le mendiant est déjà aussi grand que le roi !

VOUS AVEZ DROIT À UNE COMPRÉHENSION HONNÊTE ET CORRECTE DE LA VIE TELLE QU'ELLE VOUS AFFECTE. Vous avez le droit de voir la vie sous un jour innocent et de chercher une réponse honnête à tous vos questionnements. Vous n'avez pas à vous contenter d'explications superficielles, superstitieuses, politiquement correctes ou conventionnelles. Vous pouvez questionner jusqu'à ce que vous obteniez une réponse. Et vous pouvez continuer à demander jusqu'à ce que la réponse soit la bonne. Lorsque la peste balaya l'Europe médiévale, certaines personnes crurent à une malédiction. D'autres, à une punition divine à laquelle il ne fallait pas s'opposer.

Dans un tout autre ordre d'idées, des scientifiques comme Louis Pasteur cherchèrent des réponses à leurs questions. Après de patientes études, ce dernier proclama un jour : "Je crois qu'il y a quelque chose de mauvais dans le lait." Vous n'avez pas à accepter les explications conventionnelles, alimentées par l'ignorance et les programmes de contrôle. Vous pouvez ouvrir l'œil pour voir, tendre l'oreille pour entendre. Vous avez le droit d'aborder la vie avec curiosité, logique et esprit scientifique, et de ne pas vous contenter d'explications impraticables.

Dans l'histoire humaine, les mystères sacrés ont trop souvent servi à sanctionner l'ignorance des choses pratiques de la vie. Il y a certainement des dimensions de conscience qui dépassent l'entendement de l'homme. Mais utiliser le royaume de la divinité pour minimiser la croissance de la conscience humaine, c'est profaner l'honnêteté. Le respect du mystère et du mysticisme à l'égard de Dieu est quelque chose d'honnête, car cela représente la mesure véritable de votre capacité à comprendre le sujet. Cependant, pour tout le reste, le mystère devrait être remplacé par le plus grand degré de conscience possible. Les vérités mystiques n'ont jamais été destinées à vous empêcher d'accéder honnêtement à des domaines de connaissance et de responsabilité pratiques.

L'honnêteté consiste en majeure partie à vous avouer sincèrement vos sentiments et perceptions subjectifs. Ceux-ci n'ont pas à concorder avec la réalité extérieure pour s'avérer valables pour vous. Cela fait partie du miracle de ce que vous êtes et de la merveille de la place que vous occupez dans la vie. Vous avez

en vous de merveilleuses réalités que vous avez le droit d'envisager honnêtement. Ce n'est pas parce que quelque chose d'extérieur à vous ne concorde pas avec vos sentiments que vous devez désavouer ces derniers et vous conformer à tort. »

Alors qu'il parlait, je me souvins des fois où je m'étais surprise à chantonner un refrain au beau milieu d'une situation qui pouvait sembler pénible à d'autres. À l'adolescence, je montais mon cheval tous les jours et j'attendais avec impatience la venue de l'hiver et des premiers vents froids. Tous les autres redoutaient la baisse radicale de température et se plaignaient en frissonnant. J'adorais l'enthousiasme de mon cheval, et le changement radical de température nous donnait à tous deux une énergie particulière. Pendant que d'autres mettaient des bûches dans l'âtre, j'étais dehors, tout feu tout flamme !

À l'université, on m'avait avertie que New York était une ville dangereuse, que les gens, généralement peu sympathiques, ne se regardaient pas dans les yeux. Je suis tellement contente de ne pas avoir adopté ces opinions car, en visitant cette ville, c'est là que j'ai rencontré les gens les plus aimables. D'autres avaient peut-être eu des impressions différentes ! À deux occasions, alors que je m'étais rendue seule dans un restaurant, des couples m'invitèrent même à me joindre à eux. Une fois, je faisais la queue dans une longue file devant un cinéma et, au moment d'arriver au guichet, nous étions douze à nous tutoyer. Presque chaque jour, en visitant le Metropolitan Museum, je me liais d'amitié avec d'autres habitués qui me tenaient compagnie sur un banc pour discuter des mérites de telle ou telle grande peinture. Si j'avais visité New York en ayant au départ des opinions et des préjugés empruntés, je n'aurais pas été aussi ouverte à ces agréables expériences. Le fait de m'avouer honnêtement la nature positive de mes sentiments et de mes perceptions m'amena à vivre des expériences correspondantes.

À d'autres moments, le respect de mes sentiments m'évita des expériences potentiellement dangereuses. À une autre occasion, à New York, j'attendais un ascenseur lorsqu'un jeune homme, s'approchant de moi, murmura : « Coke ? » Je répondis : « Non merci, je n'en bois pas ! » Il ne me serait jamais venu à l'esprit qu'il m'offrait de la cocaïne. J'étais tellement en contact avec mes sentiments que je n'étais pas entrée dans son jeu. Il parut confus et tourna les talons. D'autres fois, on m'a proposé des « occasions d'affaires » accompagnées de promesses de profits élevés. Chaque fois que j'ai écouté mes intuitions, j'ai bien fait.

Après ces réminiscences personnelles, je revins de ma rêverie pour entendre Jésus répéter : « *En ce qui concerne vos sentiments, vous avez tous le droit d'être honnêtes avec vous-mêmes. Peu importe ce que d'autres vous ont conditionnés à croire, vous avez le droit d'être fidèles à vous-mêmes.*

VOUS AVEZ LE DROIT DE FAIRE L'EXPÉRIENCE DE LA CROISSANCE PERSONNELLE ET DE MENER UNE VIE DÉCENTE. Ceux qui cherchent le changement positif font preuve de plus de moralité et de décence que ceux qui ne changent rien, peu importe leur point de départ. La moralité, c'est le changement pour le mieux. Voilà comment les premiers seront les derniers et les derniers, les premiers. En cet univers, l'amour est la constante. Tout le reste change, par la croissance ou le délabrement. Souvent, ceux qui protègent les intérêts qu'ils ont acquis et l'ordre qu'ils ont établi camouflent en fait une vie qui tend au délabrement. C'est ce que j'ai souvent dénoncé comme une tendance malheureuse chez les pharisiens de l'antique Israël. Ils avaient besoin de changement, mais s'accrochaient à l'ordre établi et l'encensaient de leurs jugements. Il vaut toujours mieux démasquer un cycle de dégradation que le laisser se poursuivre. Autrement, il ne saurait y avoir d'amélioration. Bien des gens passent leur vie et emploient leurs ressources et leur énergie à entretenir des images de convenance, même si leurs "pieds d'argiles" se désintègrent constamment. Ces gens mènent leur vie en fonction de jugements et non d'après des principes d'honnêteté. Une personne qui vit ainsi sera malhonnête envers elle-même et se retrouvera par conséquent prisonnière de ses propres limites.

L'amour cherche toujours à améliorer, à rendre la vie plus fonctionnelle, plus joyeuse, plus totale et plus belle. L'amour cherche par tous les moyens à améliorer la vie. Arriver à comprendre cela est un geste de décence et non un jugement. Les rigides philosophies fondées sur le jugement cherchent à substituer la structure à l'honnêteté, le contrôle à la confiance et le mental à la conscience supérieure. Ceux qui valorisent le jugement dans leur vie évoluent généralement dans des formules dualistes où tout est étiqueté bon ou mauvais, mais le plus souvent mauvais. Le jugement n'est qu'une parodie de la bonté et de l'honnêteté, car son seul but est le contrôle. Le pire aspect du jugement est la maladie mortelle appelée irresponsabilité.

L'intention la plus insidieuse du jugement est celle qui accorde le contrôle aux individus dominants et la responsabilité à ceux qui sont dominés. C'est une entente instable, car celle-ci est fondée sur la malhonnêteté. Ceux qui contrôlent finiront par déclarer que le bien et le mal n'existent pas, de crainte qu'on leur fasse endosser des responsabilités. »

Son commentaire me rappela certaines philosophies populaires répandues qui suggèrent de débarrasser le jugement de son aspect négatif en déclarant tout simplement qu'il n'y a « ni bien ni mal ». Je voulais savoir si ce n'était qu'une réaction radicale ou si de telles inversions conceptuelles faisaient partie du processus de développement de la conscience.

« Les motifs sont sincères, mais malheureusement, il est souvent plus destructeur de désamorcer le jugement que de tout simplement le laisser s'éteindre de lui-même. Ce genre de "solutions" naïves est comparable à la fermeture d'une exploitation minière toxique : si des hommes laissaient les puits de mines ouverts, des enfants pourraient trouver la mort en y tombant. L'inversion authentique exige que chacun comprenne le véritable problème. Celui-ci a vu le jour lorsque l'homme abandonna l'innocence du cœur et délaissa son intelligence supérieure au profit de la mécanique de l'esprit. En quittant son état naturel, l'humanité est entrée dans le monde du jugement et de l'épreuve. Le mental ne s'intéresse qu'au contrôle et n'a que faire des notions de bien et de mal qui pourraient conférer de la décence à la vie. Seul le cœur a un souci d'honnêteté, qu'il recherche avec une grande sincérité. Ce n'est qu'en revenant au cœur que vous saurez quelle direction prendre pour véritablement grandir, créer, produire et trouver l'innocence vraie. Ce fut l'histoire d'Adam et Ève et de l'arbre de la connaissance du bien et du mal. Pour contrôler davantage la vie, ils choisirent le monde du jugement, fondé sur le mental, et quittèrent le jardin de l'innocence, fondé sur le cœur. Adam et Ève représentent symboliquement tous vos ancêtres qui choisirent de s'engager dans le péché en acceptant et en validant les pouvoirs du jugement. Maintenant, le jugement doit accomplir son cycle jusqu'à ce qu'il se consume et qu'il soit universellement dénoncé.

Lorsque vous aurez vaincu en vous-même la tendance à

diviser et à être divisé, vous serez au moins capable de mettre la sagesse en œuvre pour ce qui est du discernement. Permettre et interdire avec amour, c'est très différent d'accoler les étiquettes "bien et mal". Prenez par exemple un serpent à sonnette. Lui permettriez-vous de vivre dans le désert, où il pourrait avoir sa place naturelle, tout en lui interdisant de s'établir dans votre jardin ? Il existe un temps et un lieu pour tout, et le discernement consiste à accepter ou à interdire avec amour.

LA LONGUE PÉRIODE DU JUGEMENT A ÉTÉ LA NUIT LA PLUS OBSCURE DE L'HOMME, MAIS ELLE FINIRA BIENTÔT, APRÈS LE JUGEMENT DERNIER, QUI SERA LE JUGEMENT CONTRE LE JUGEMENT MÊME. À ce moment-là, la conscience humaine s'élèvera enfin dans la splendeur pour aller rejoindre le Cœur sacré. C'est l'union sacrée dont les prophètes ont rêvé. Après ce mariage, la paix viendra sur terre. Entre-temps, cherchez à améliorer votre vie de toutes les façons possibles. Profitez de toutes les occasions pour procéder à des changements positifs. Tirez le meilleur parti de chaque jour.

ET FINALEMENT, VOUS AVEZ DROIT À VOS PROPRES CROYANCES. Ce que vous croyez est votre prière la plus sincère. »

Il se tut et pendant quelques instants il n'y eut que le silence. Puis, il prononça doucement ces paroles avec intensité et simplicité : *« Un homme est à l'image de son amour. Il devient ce qu'il croit. »*

Chapitre 11

Dieu et la réalité

« L'amour de Dieu nous est révélé par son éternelle soif d'être connu. À travers tout ce qui est, il met avec amour sa présence à la disposition du cœur, de l'âme et de tous les sens de l'humain. » Avec un immense respect, le Maître répéta bien souvent que *« Dieu ne fait qu'un avec la réalité »*. Tout en affirmant la suprématie de Dieu sur la réalité, il m'assura cependant qu'il n'existe aucune division entre le Créateur et le créé, car l'amour régit tout indifféremment.

Ceci me rappelle un incident rapporté dans le Livre de Marc au cours duquel Jésus réprimanda les pharisiens pour avoir jugé ses disciples parce qu'ils avaient fait une récolte le jour du sabbat. Jésus leur dit : *« Le sabbat a été créé pour l'homme et non l'homme pour le sabbat. »* La réponse qu'il donna à cette occasion est tout à fait typique des priorités que je l'ai observé maintenir. À ses yeux, un protocole qui ne respecte pas Dieu sur le plan de la réalité de sa création est moins que sacré.

Tout ce dont il m'a parlé ou ce qu'il a partagé avec moi a toujours fortement été ancré dans la réalité. Et j'ai donc réussi à comprendre et à appliquer facilement dans ma vie presque tout ce qu'il m'a dit. La plus grande partie des ses enseignements était matière à réflexion et à développement. Seule une petite partie de ses enseignements dépassait mon entendement du moment. Mais l'estime qu'il portait au Créateur et à sa réalité fut significative en ce sens qu'elle l'amena à partager avec moi de merveilleuses révélations qui ravivèrent encore plus ma soif de savoir vu qu'elles suscitaient chez moi un grand émerveillement.

Les messages transmis dans ce chapitre et le suivant ont été transcrits minutieusement puisqu'il est possible qu'une compréhension approfondie de leur sens et leurs applications pratiques aient pu m'échapper. Dans certains cas, cela peut encore être vrai même aujourd'hui. La réalité tout entière, ou même une grande partie de celle-ci, ne peut être appréhendée par une seule et même personne. C'est donc avec un grand respect des divers champs d'intérêt humains que je présente le contenu de ces deux chapitres, tout en espérant et en souhaitant que les personnes versées dans certains de ces champs sauront faire preuve d'un plus grand entendement et d'une plus grande perspicacité que moi.

La valeur d'un message ou d'une idée est en fin de compte déterminée par son efficacité. Au cours d'une vie, nous avons de nombreuses idées. Certaines sont géniales et d'autres, tout à fait nulles. Jésus me confia que *« toute idée qui s'intègre à la réalité vaut la peine d'être explorée, au contraire des autres. Faire passer une idée au test de la réalité est la règle d'or qui permet de déterminer si une idée provient de Dieu ou pas. Est-elle réelle et amplifie-t-elle la réalité pour donner accès à des niveaux de conscience et d'application supérieurs ? Toutes les idées de Dieu ne font qu'un avec la réalité. »* C'était entre autres la conviction de Jésus en la réalité qui rendait ses paroles si vivantes. Selon lui, Dieu n'est pas seulement réel, il est également la source de toute réalité et la plus haute des réalités. La philosophie occidentale nous a appris à croire que Dieu est quelque part ailleurs, dans un état d'observation passive de la création, et que le Ciel et la Terre se trouvent dans deux plans différents. Cette conception se traduit malheureusement par un dualisme philosophique : haut-bas, obscurité-lumière, bien-mal, etc. L'autre aspect malencontreux de la philosophie occidentale, c'est qu'elle présume que la science constitue ce qu'il y a d'ultime sur le plan des connaissances pratiques et fonctionnelles, alors que la religion ne représente qu'un ensemble de croyances sur un Dieu infini et inconnaissable. Les deux domaines humains les plus importants ont donc été isolés dans les deux coins opposés d'un ring de boxe, les protagonistes de chacun des camps s'assommant à tour de rôle avec leurs théories respectives.

Sous mes yeux, Jésus déploya la réalité dans son abondance et, par-dessus tout, fit de Dieu une réalité. Nous considérons bien trop souvent la réalité comme une série de rudes conditions dont nous cherchons à nous délivrer par le pouvoir divin. Nous la jugeons comme étant blessante et adverse tout en priant pour que des miracles se produisent en croyant que Dieu existe dans un lieu lointain peuplé d'anges et d'âmes béates, et où résonne une musique céleste.

« Même en ce moment, Dieu n'est pas distinct de sa création. Vous avez permis à la réalité de devenir rude parce que vous en avez évincé Dieu. Les gens estiment leurs problèmes difficiles à comprendre et les prennent de front parce qu'ils fonctionnent seulement à partir des structures prédominantes. Ils pensent par ailleurs que Dieu les a abandonnés et leur laisse subir toutes les épreuves qui peuvent en résulter. L'ignorance, le jugement et la confusion augmentent lorsque vous croyez que Dieu est quelque part ailleurs. Quand vous mettez Dieu de côté, la réalité se résume à la structure, aux opinions, aux illusions et au chaos. Rien de plus. LA RÉALITÉ EST UN MIRACLE, SI SEULEMENT VOUS AVIEZ LES YEUX OUVERTS POUR LE VOIR ! »

Sa détermination me força à exprimer mes sentiments et mes réserves. « J'apprécie beaucoup le fait que tu expliques que nos difficultés sont amplifiées parce que nous considérons que Dieu est quelque part ailleurs. Si cet univers relève du miracle, pourquoi avons-nous alors besoin de connaître en premier lieu des épreuves ? Pourquoi devons-nous endurer de la douleur et des souffrances ? »

« Vous êtes sur terre pour trouver la foi et la conscience. Il s'agit de deux importantes caractéristiques dont tout enfant de Dieu doit jouir. Et celles-ci doivent simultanément être élaborées sur un plan de réalité qui puisse offrir toute une variété d'expériences conflictuelles et émotionnelles. La conscience résulte de l'accumulation et de l'assimilation d'une multitude d'expériences et de prises de conscience empreintes de toute une variété de perceptions. Elle grandit proportionnellement à la richesse, la profondeur et la complétude de vos expériences. Par exemple, la conscience est plus grande de nos jours que ce qu'elle était il y a deux mille ans. Par conséquent, il est possible de faire actuellement des prises de conscience impossibles à faire à cette époque. La foi est en corrélation avec la conscience, car pour une âme, elle constitue la certitude que l'action juste porte ses fruits. Pour que la foi se forge cependant, une grande menace doit venir

planer sur cette certitude par le truchement de pressions qui résultent de situations conflictuelles. Si vous saviez où vous vous en allez, qu'en serait-il de la foi ? Si tout vous était offert sur un plateau d'argent, sans risque et sans effort, quelle serait la motivation qui vous inciterait à devenir totalement conscient ?

Il est intéressant de remarquer que la foi et la conscience s'élaborent toutes deux dans des circonstances semblables. À l'instar de l'acier le plus fin, elles émergent avec force et vérité. Une fois qu'une âme a trouvé aussi bien la foi que la conscience, elle n'a plus du tout besoin de rester dans la confusion de la réalité conflictuelle. Mais avant cela, vous devez vivre des expériences, des émotions et des défis multiples où votre foi et votre conscience peuvent être éveillées et réalisées. C'est dans ce combat que vous découvrirez la force de la vérité.

Il est possible de faire l'expérience de la présence de Dieu en tant que manifestation pure et innocente, et ce, dans toute réalité. C'est à partir de cela que la conscience voit le jour. La réalité telle que vous la percevez vous amènera à découvrir bien des éléments d'harmonie, des schèmes de perfection et des constantes universelles. Il s'agit de vérités qui permettent d'assimiler plus profondément, plus simplement et de façon plus significative tout ce qui compose votre vie. De telles vérités vous élèvent au-dessus des corvées qui sont propres à une vie vécue dans l'inconscience et vous donnent la possibilité d'apprécier la vie avec plus de clarté, d'intention et d'efficacité. Plus votre expérience de la réalité se perfectionne et s'élève, plus la réalité de Dieu vous sera confirmée. Ce sera votre foi qui en sera le témoin. »

Selon Jésus, la vérité n'est pas un archétype sur lequel la réalité est calquée, comme est construit un immeuble à partir d'un plan. De tels concepts relèguent la vérité au rang de perspectives historiques et de concepts idéalisés. De plus, on peut grandement manipuler les idéologies pour servir l'autorité humaine plutôt que l'autorité divine. *« Les constantes premières de l'univers sont exemptes du temps et de l'espace. Par conséquent, elles laissent apparaître toute l'amplitude et la profondeur de la conscience. La vérité transcende la réalité et la distille pour laisser place à un simple entendement ! C'est la vérité qui vous libère des limites inhérentes aux dépendances et aux situations. »*

LA VÉRITÉ, C'EST LA CONSTANCE DANS TOUTE SA FORCE. Sans constance, il n'y aurait pas de corrélation entre les plans et le bâtiment, ni entre la conscience et la réalité. La vérité n'est ni le bâtiment ni le plan. Elle est plutôt la continuité dans toute sa force qui permet au mariage et au miracle de la cause et de l'effet d'avoir lieu. Sans constance, il n'y aurait pas de vérité. Sans vérité, il ne pourrait y avoir de conscience et la foi n'aurait aucune raison d'être.

L'honnêteté est un trait de caractère très important puisqu'il sert à honorer la vérité. Cependant, cette dernière est bien plus qu'un compte rendu fidèle des faits. Combien de fois avez-vous rapporté des faits consciencieusement pour découvrir par après qu'ils avaient changé où qu'ils étaient hors de votre contrôle ?

Quand les constantes sont révélées, vous êtes libéré du poids oppressant de la réalité changeante et vous redevenez à nouveau entier. Il existe chez toute personne ou dans toute situation un élément de constance qui prévaut, malgré les variations des formes extérieures. Et une guérison se produit chaque fois qu'une constante est révélée. Même dans l'irrationnel, il y a des facteurs de constance qu'il est plaisant de découvrir ! C'est le cas de l'humour et de son pouvoir de guérison sur l'esprit humain !

Quand il y a vérité, il y a équilibre. Quand la vérité est présente, il y a une verticalité divine et une conscience supérieure qui transcendent et instaurent la réalité existentielle sur un plan horizontal. Et sur ce plan, la réalité prévaut en tant qu'existence sous la forme d'une infinité de formes. Et ceci est le cas, que vous en soyez conscient ou non. La réalité infinie n'a pas besoin de votre assentiment pour pouvoir accomplir son devoir ou sustenter la vie. IL VOUS SUFFIT DE RECONNAÎTRE CE QUI EST EN VOTRE POUVOIR ET D'HONORER LE RESTE COMME ÉTANT VOTRE FUTUR. C'est dans la vie quotidienne qu'augmente chez vous la conscience de ce que Dieu a au programme pour vous. »

Jésus s'assurait toujours de faire remarquer que nous construisons collectivement la conscience que nous avons de la réalité. En ce qui concerne celle-ci, nous sommes comme des aveugles qui n'appréhendent que certaines parties d'un tout et qui essaient de construire ce tout en établissant des comparaisons. Mais la réalité comporte aussi une dose de clémence. Si nous comparons nos expériences et que nous les rapportons avec honnêteté, elles nous procurent la connaissance que nous cherchons. Ce qu'il y a de merveilleux, c'est que la réalité ne se limite pas à la conscience que nous en avons. Même si tout un chacun amène sa propre perception de la réalité, la trame de l'existence est constante, mesurable, impartiale et toujours prévisible quant à la manière dont elle accomplit ses incessantes tâches, sans aucun respect des connaissances ou intérêts respectifs des gens.

En termes plus simples, la réalité est la présence permanente de Dieu dans l'existence. La vérité dévoile les constantes par lesquelles cette Présence nous est révélée. *« La vérité amène clarté et certitude dans votre compréhension de la réalité et lui confère ainsi une nature prévisible et gérable. Il y a quelque chose de miraculeux dans la vérité : sa constance apparaît avec autant de grâce dans des conditions mouvantes que dans des conditions stables. La vérité n'a pas besoin d'être rattachée à des formules ou à des idées établies. En fait, elle risque autant de faire sauter des idées établies que toute autre structure. »*

Il m'expliqua à de multiples reprises que nous repoussons le potentiel miraculeux inhérent à la réalité parce que nous ne sommes pas prêts à accepter la nature illusoire des structures auxquelles nous avons accordé notre foi. C'est tout un choc pour nous lorsque l'ordre prévisible des choses est totalement détruit, même si cela s'accompagne d'un grand bienfait. Lorsque la nature illusoire de la structure nous est révélée, nous en sommes secoués jusqu'au tréfonds de nous-mêmes, surtout si nous lui accordons davantage confiance qu'à Dieu.

« Les miracles arrivent à ceux qui savent apprécier la nature miraculeuse de la vie et qui acceptent de s'y abandonner. Le Créateur vous éblouira de temps en temps, mais ce sera seulement pour attirer votre attention. Jamais il ne le fera pour vous dissocier du miraculeux potentiel de la réalité. Pourquoi ? PARCE QUE LES MIRACLES VIENNENT ACCOMPLIR LA RÉALITÉ ET NON PAS L'AMOINDRIR. »

Cependant, le miraculeux ne peut être compris normalement étant donné que la logique que nous employons pour expliquer la réalité est elle-même structurée et sans cesse soumise aux schèmes prévisibles du phénomène de cause à effet. Une telle forme de pensée ne peut appréhender les miracles, encore moins les expliquer.

« Dieu n'attend que le moment de pouvoir vous servir un

miracle. Il suffirait que vous accueilliez la présence qui est avec vous et devant vous. L'homme fait obstruction aux miracles principalement en raison de deux obsessions. Une est sa dépendance à la structure. L'autre est sa pulsion à essayer de recréer l'existence en fonction de ses illusions. Tous les enfants de Dieu sont assurément et simultanément des créateurs dans le cadre de la réalité qu'ils partagent. Et ils manifestent effectivement leur vie par des schèmes de création. Pour ce qui est de la réalité cependant, il existe une matrice commune qui est bien plus vaste que tout ce qu'une personne pourrait créer à elle seule. Il doit y avoir un moment dans votre vie où votre confiance en l'existence et en ses fondements doit devenir plus grande que votre anxiété et où elle vient gommer votre dépendance à la petitesse des ressources.

Sans cette confiance, je peux vous assurer que vous accorderez plus de foi aux structures qu'à Dieu. Rien ne peut davantage empêcher un miracle de se produire que la peur de laisser aller le contrôle limité et prévisible inhérent à la structure. L'amour, c'est Dieu et c'est vous aussi. Vous portez déjà en vous le germe de tout ce dont vous avez besoin. Si vous voulez qu'un miracle ait lieu pour vous, ne faites rien et accueillez simplement les manifestations de l'amour. Le fait est que vous tenez la plupart des miracles pour acquis. Les miracles abondent dans la vie et ne manquent jamais. L'amour en est la source : c'est lui qui les suscite. »

À un moment donné, j'en vins à comprendre que les miracles sont simplement la manifestation de l'amour et de la vie qui forcent leur chemin à travers les voiles de l'illusion qui les retiennent. Si on concentre son attention sur l'impact de l'amour et sa capacité à manifester des miracles, alors ces derniers peuvent devenir quelque chose à quoi on peut s'attendre dans la vie. Si, par contre, on se concentre sur les structures qui, par leur nature, vous subtilisent le pouvoir supérieur propre à l'amour et à la vie, alors un miracle qui surviendrait serait reçu avec surprise, voire avec un choc ou même de façon contraignante !

« Si vous voulez voir un miracle, alors vous devez aussi voir le miracle de la réalité. Vous devez voir que celle-ci est ininterrompue et qu'elle peut procurer à chacun de vous une expérience différente de la vie et être pourtant de nature constante pour tous. Il n'y a qu'une seule réalité : c'est juste l'essence et la

présence de l'existence elle-même. À cela, vous apportez vos perceptions, vos expériences, vos contributions, vos espoirs et vos rêves personnels. »

Pendant que le Maître parlait, la réalité me semblait si fluide et si bienveillante que toute la dimension du phénomène de cause à effet s'estompa pendant un moment. C'est cette tranquillité qui me poussa en fait à poser ma première question de nature scientifique, à savoir où se situe le phénomène de cause à effet dans une existence dont le fondement est dynamique et holistique.

« Le Présent sacré est la présence de Dieu à partir de laquelle tout prend forme. C'est un état de parfaite synchronicité où tout est en parfaite communion. Il s'agit du point d'équilibre entre l'éternelle fin et l'éternel recommencement de la vie. Cependant, pour les besoins de la création, la communion doit se manifester sous forme de dialogue. Celui-ci existe du fait que diverses parties du tout se reconnaissent et interagissent. La communication survient quand diverses parties du tout se mettent à interagir et à s'appuyer mutuellement.

Il est certain que des incongruités et des discordances apparaîtront tôt ou tard dans la trame de l'interaction. De ce fait, il y aura accumulation de densité et donc besoin de plus de temps et d'espace pour que l'harmonie puisse s'instaurer. Et quand la distance s'avère nécessaire pour que les interactions soient positives, le phénomène de cause à effet s'impose comme mode de communication. Par conséquent, ce qui aura commencé par une harmonie parfaite deviendra un dialogue harmonieux qui, à son tour, se transformera à un moment donné en une fonctionnalité de cause à effet.

Vous pouvez observer un scénario semblable dans les relations humaines. Les populations tribales vivent simplement en communion. Mais plus la population s'agrandit et les villes s'étendent, plus leur densité et leurs conflits génèrent de nombreux problèmes. C'est la raison pour laquelle les gens quittent les villes pour les campagnes afin de mettre un peu de distance entre eux. Si les circonstances les forcent à rester dans des villes surpeuplées, leur seule échappatoire consiste à trouver l'harmonie par consentement mutuel. »

Pendant qu'il poursuivait son explication en se servant de cette image, je me mis à comprendre que le phénomène de cause à effet régit l'état de division et la pensée qui divise. Voyant l'orientation de mes pensées, le Maître intervint promptement : *« Dans l'univers, les trois niveaux de communication existent tous simultanément. Selon une synchronicité parfaite, il existe une communion totale. À l'autre extrême, c'est le phénomène de cause à effet qui prévaut. La cause et l'effet sont les modes universels de communication et d'équilibre à distance et dans le temps, en particulier lorsqu'il y a eu conflit. Si une personne et même une particule veulent trouver la paix ou une raison d'être quelconque dans la séparation, alors elles doivent respecter la loi de cause à effet. Et pourtant, entre ces deux extrêmes, c'est la réciprocité qui constitue la loi de communication. C'est la loi de la grâce : L'HARMONIE DE L'EXISTENCE, LA RÉCIPROCITÉ DANS LA FRATERNITÉ ET LA SYNCHRONICITÉ AVEC DIEU.*

L'univers, qui a toujours fait l'objet de la science, relève du domaine des particules et des masses séparables. Et ce domaine est gouverné par la loi de cause à effet. Par contre, la distance qui demeure entre ce domaine et les autres domaines propres à la stase et à la réciprocité parfaites est très courte. Cette distance est en train d'être couverte en ce moment. À l'avenir, il y aura une accélération majeure de l'entendement. La pensée scientifique a déjà avalisé un nombre de perceptions sur la réciprocité. Et bientôt, elle abordera le domaine de la parfaite synchronicité. Ici, on parle d'un potentiel vierge et non caractérisé qui alimente tous les autres plans d'interaction et de communication avec l'énergie vitale.

L'univers tout entier est implicitement et explicitement fait d'un seul tenant et, du point de vue de la synchronicité parfaite, il prévaut une incessante alternance entre la compression et l'expansion. En fait, ces deux polarités constituent le souffle de l'univers ! La compression parfaite qui donna le jour à l'ordre universel se mua à un moment donné en expansion. Cette alternance rythmique oscille entre le silence et la percussion, permettant ainsi au son de se manifester. Il existe en chaque élément de la force vitale des intervalles successifs de silence et de percussion qui lui sont propres. En définitive, toute chose possède sa propre mélodie, son propre encodage sonore. »

Au cours de nos conversations, ceci fut sa seule allusion au rôle que le son joue par rapport à notre bien-être. Je conclus de ses commentaires, cependant, que la musique tire sa puissance des merveilleux rythmes oscillatoires de la mélodie universelle.

Le thème de la compression revêtait une importance cruciale à ses yeux et il passa plusieurs jours à m'en expliquer les influences dans la vie. ***« L'expression ultime de la compression, c'est la simultanéité. »*** La simultanéité est le « point zéro » de l'équilibre parfait où tout le potentiel universel coexiste tout simplement. Même si nous nous situons très loin de l'origine de l'univers, nous ressentons encore la stase originale chaque fois que nous faisons l'expérience de la simultanéité, que nous sentons pouvoir être « à deux endroits en même temps », que nous ressentons vraiment de l'empathie envers notre prochain et que le miracle de la coïncidence gomme le pouvoir du temps et de l'espace. C'est par la simultanéité que Dieu réussit à être avec les oiseaux et la brise, avec les poissons et l'océan, avec vous et moi.

De toute évidence, la simultanéité et la synchronicité n'ont rien à voir avec la compression violente que l'on peut observer dans les bennes à ordures à compactage. Il mit l'accent sur le fait que la compression parfaite n'est jamais le résultat du conflit, de la douleur ou de la destruction et qu'elle est plutôt l'infini potentiel qui se retrouve dans un état de coexistence pur et limpide. La compression existe autour de nous sur tous les plans de l'existence. Par conséquent, si nous ne recherchons pas l'harmonie divine et ne respectons pas les conséquences du phénomène de cause à effet, il est fort probable que nous ferons l'expérience de la vie sur un mode de fracas et de chocs. Jésus expliqua qu'il y a en chacun de nous et en toute chose un centre magnétique qui appelle la compression. Et notre façon d'établir un lien avec ce centre magnétique revêt une grande importance pour notre bien-être.

Apparemment, le miracle de la création dans l'univers appartiendrait au mode de la compression. Dans le monde microcosmique des particules atomiques, la compression est selon moi engendrée par le magnétisme. L'attraction et l'association des éléments potentiels de base engendrent et maintiennent la compression sous forme de densité moléculaire. À la manière d'une roue qui aurait de nombreux anneaux concentriques, la compression attire sans arrêt vers elle toujours plus d'éléments semblables. Il peut y avoir une accumulation considérable de densité sans que la coordination ne se perde, car dès qu'il y a perte, il y a friction et par conséquent génération d'énergie thermique. La compression favorise l'accumulation de la densité. Des éléments discordants et aléatoires arrivent, qui prennent la forme de combinaisons structurelles spécialisées. À ce niveau de la compression, l'organisation remplace la synchronicité et la force engendre l'énergie. Il s'agit du plan de la densité matérielle et de la force telle que nous ne la connaissons que trop. Le mouvement progressif qui mène de la synchronicité parfaite à l'harmonie sous-entend une organisation graduée, les schèmes structuraux devenant de plus en plus complexes à chaque augmentation de densité. Cette progression peut se comparer aux trois niveaux progressifs de la communication.

Jésus déclara que l'univers tout entier a été bâti sur la compression et qu'il s'agit de la loi de l'énergie. La compression engendre l'énergie. Et l'expansion la libère. Il ajouta également que tout mouvement de compression engendre une nouvelle énergie. À ce sujet, je lui posai la question suivante : « Qu'en est-il de la loi de la conservation de l'énergie ? On nous a appris à l'école qu'il y avait une quantité fixe d'énergie dans l'univers, alors que tu viens d'affirmer que l'énergie est perpétuellement en train d'être créée. »

Il se mit presque à rire mais se retint, se contentant de répéter qu'il voulait exactement dire ce qu'il avait dit, mais que cela ne sous-entendait pas que la loi de la conservation ne pouvait pas exister à certains niveaux de fonctionnement. *« Il s'agit d'une explication valable en ce qui concerne le champ des particules qui se séparent et interagissent. Il est entendu que cette loi a ses limites et qu'elle sera réévaluée à mesure que l'on en apprendra davantage sur le pouvoir supérieur de l'attraction et sur le pouvoir suprême de l'amour, pouvoir qui fournit un apport constant d'énergie à l'univers.*

Le potentiel de l'amour est constant et il n'y a aucune limite quant à son apport. L'énergie qui provient de l'amour est littéralement illimitée, car toute nouvelle attraction et compression se traduisent par davantage d'énergie. C'est par le pouvoir de l'amour que l'univers continue de prendre de l'expansion, même si les forces thermonucléaires sont infiniment à l'œuvre pour consommer des structures. » Il mit bien l'accent sur le fait que les forces thermonucléaires ne consomment que des structures et pas l'essence première !

La mention de ces forces piqua ma curiosité en ce qui a trait aux lois de la thermodynamique. Voici ce qu'il en dit : *« À l'instar des lois de la conservation, qui font partie des lois de la thermodynamique, les forces thermodynamiques se rapportent aux champs de densité capables de générer et de réagir à l'énergie thermale. En ce qui regarde ces champs de densité, ces lois sont exactes pour des raisons d'ordre pratique. Même à cela, il y a dans les forces thermodynamiques une faille qui les empêche de se fondre au Grand Tout. Ces lois définissent l'énergie comme une fonction de la matière dans le cadre d'un système macroscopique, système qui est isolé derrière un fond d'infinies et d'imperturbables inconnues. Somme toute, l'infini est un résidu. Et cette attitude est le propre de la motivation qui veut que l'on ignore ce que l'on ne peut pas contrôler. »*

« Alors, qu'est-ce qui engendre la compression ? »

« L'amour, toujours et avant tout ! L'amour crée la compression parce qu'il rassemble tout. L'amour engendre l'union. Il unit les particules et crée les relations. L'agent physique qui joue le rôle d'intermédiaire est le magnétisme. La compression, c'est la conjugaison de la force magnétique et de l'existence physique. »

Son emploi du concept de magnétisme dans ce sens indiquait clairement l'existence de propriétés magnétiques premières dans l'univers, auxquelles il faisait souvent allusion en les appelant les « champs d'attraction ». Ces états élémentaires de potentiel créateur réagissent apparemment à une impulsion consciente d'une façon directe et synchrone, pour ensuite donner lieu aux diverses formes que l'attraction magnétique peut prendre dans le monde de la masse et de la structure. J'eus à un moment donné la curiosité de demander comment ces champs en viennent à exister dans le cadre d'une essence première ininterrompue.

« L'intention appliquée au potentiel crée par réaction un mouvement rotatoire qui a la même puissance que la force de l'intention. »

C'est pourquoi il employa également le terme de « vortex magnétique » pour décrire ce phénomène. L'emploi d'une telle terminologie laissait entendre qu'il y avait un « point de départ plus ancien » que je ne connaissais. C'est pourquoi je lui posai la question suivante : « Cette connaissance d'ordre supérieur concernant la création vient-elle soutenir les observations scientifiques actuelles selon lesquelles l'univers subit encore les contrecoups de l'énorme explosion qui fut le début de tout ? Je fais ici allusion à la théorie du big-bang. »

« Avant qu'il puisse y avoir explosion, il faut d'abord qu'il y ait compression ! Le degré de compression voulu pour engendrer un tel événement ne peut être conçu par l'esprit. En fait, ce que la science observe depuis toujours, c'est le résultat de cette compression. Elle a une telle intensité qu'elle se traduit inévitablement par un relâchement de puissance équivalente. On pourrait dire que cette grande explosion fut le mur de feu qui marqua la transition entre l'approvisionnement infini et fini. Jusqu'à ce jour, la logique et les instruments de mesure n'ont pas réussi à en percer le secret, chose qui ne sera pas toujours le cas. »

Je voulus en savoir plus. Il y a de nombreuses explications de la création. Dans le livre de la Genèse, il est rapporté ceci : « Au commencement, Dieu créa les cieux et la Terre. La Terre était informe et vide. Il y avait des ténèbres à la surface de l'abîme et l'esprit de Dieu se mouvait au-dessus des eaux. Dieu dit : "Que la lumière soit ! Et la lumière fut[15]". »

Ce passage me rendait plus perplexe que jamais. S'il n'y a qu'un seul et unique esprit et pour tout, alors une chose comme le vide ne pourrait exister. « Qu'est-ce qu'était ce vide et qu'est-ce qui a été comprimé ? Par ailleurs, comment une substance aussi complexe que l'eau a-t-elle pu être avant même la lumière ? »

« Ce vide était un vortex magnétique créé dans l'Esprit qui est un, vortex où les particules adamantines ont toutes été rassemblées. Anciennement, l'eau était un symbole qui représentait une influence et une réaction magnétiques, pas la substance liquide en tant que telle. À l'époque biblique, elle symbolisait le magnétisme. »

Enfin, les premiers mots de la Genèse avaient du sens pour moi ! Même encore de nos jours, nous associons l'attraction magnétique de la Lune aux marées ainsi que l'élément de l'eau aux champs ou aux propriétés magnétiques.

« Les particules adamantines sont le corps vivant de Dieu. Quand elles ont été amenées à se rassembler et à être comprimées, certains éléments particuliers ont été créés. La compression première et originale des particules adamantines a eu pour résultat la création de la lumière. Il s'agit ici de la lumière originale, celle que l'âme consciente peut appréhender et qui est toujours présente dans les dimensions supérieures que l'on appelle les Cieux. Cette lumière est très loin de la lumière solaire qui exige un autre genre de compression. Ce que vous recevez de l'astre solaire est le résultat complexe de bien des niveaux de compression. Avec la grande explosion, phénomène qui inversa la compression, vint la libération des photons, ce qui constitue le deuxième niveau de densité de lumière.

Avant la grande explosion, toute la matière et toute l'énergie étaient comprimées au premier niveau de densité et tout ce qu'il y avait, c'était une lumière continue. L'explosion donna lieu à une production débridée de particules en expansion, qui elle-même engendra le phénomène d'espace et de temps que vous connaissez. Et c'est ainsi que les éléments furent particularisés. À ce moment-là, il y eut le jour et la nuit. Ainsi, le second jour fut achevé.

Après la grande explosion, le mouvement de compression continua et celui-ci se traduisit à un moment donné par la création des soleils. Avant que la création des soleils puisse s'effectuer, le troisième acte de la création devait être accompli. Il s'agissait de la séparation des eaux, de la création des terres et de la végétation. »

Une fois de plus, les Écritures mentionnaient que l'eau existait avant même qu'il n'y eut de soleil. Jésus me rappela que la séparation des eaux signifiait l'expansion des champs magnétiques et l'activation des divers vortex. *« Le troisième acte de la création fut la multiplication des vortex magnétiques. Il fallait qu'il y en ait plus d'un pour que la compression puisse se poursuivre, étant donné que l'univers était maintenant lancé sur le mode de l'expansion. Il y eut donc création de vortex de matière solide, des vortex dans les cieux et des vortex destinés à donner forme à la vie organique. Le troisième jour, le potentiel universel particularisé s'exprime le jour grâce aux vortex magnétiques qui se multipliaient rapidement. La compression pouvait donc trouver sa place dans des domaines spécialisés de manifestation. »*

Si, comme moi, vous vous êtes toujours demandé comment les arbres et les plantes étaient censés pouvoir vivre le troisième jour de la création alors que le soleil n'avait pas lui-même encore été créé, vous saurez que c'est parce que leur apparence future avait été préalablement établie. Le potentiel de l'univers fut mis en valeur par la multiplication des vortex magnétiques. *« Chaque plante et chaque animal est doté d'un centre magnétique. C'est la marque d'intention que la vie confère à tout jusqu'à ce jour. »*

À cet instant-là, je pris conscience d'une autre implication des propos de Jésus. Auparavant, j'avais toujours tenu pour acquis que le soleil était une masse fondue de fer qui brûlait et explosait. Il venait juste de dire que le soleil était un puissant aimant !

À la suite d'autres questions, il poursuivit ses explications en me précisant que tout avait débuté ainsi et que, par le phénomène des demi-vies, il en sera toujours ainsi dans une certaine mesure.

« Votre soleil a vu le jour en étant d'abord un vortex magnétique qui attira à lui d'incalculables masses d'hydrogène. Les atomes d'hydrogène furent attirés un à un jusqu'à ce qu'il y ait compression. Avec la compression de l'hydrogène, il y eut une intense chaleur. L'énergie thermale amena l'hydrogène à se transformer en hélium. Ceci s'effectua à un degré de chaleur se situant entre cinq et dix millions de kelvins. À chaque nouveau palier de compression, il y eut encore plus de chaleur et de transmutation d'énergie. L'hélium se transforma en carbone 12, puis en oxygène, en néon, en magnésium, en silicium, en soufre, en argon et en calcium. Chaque transmutation se traduisit par une densité de plus en plus grande, formant ainsi un anneau de matière solide autour du centre magnétique. À cette époque, le soleil était encore creux et la force magnétique commençait à être de plus en plus puissante. Pour finir, ce réchauffement par l'énergie, qui s'élevait à plus de cinquante millions de degrés Kelvin, enclencha la formation du fer, un métal dont l'avènement découla de la transmutation des éléments que je viens de mentionner. Autrement dit, le soleil ne commença pas sa vie sous forme solide. Les éléments provenant de l'hydrogène comprimé se transformèrent à un moment donné en fer.

Il existe un point crucial dans la vie d'une jeune étoile. La transmutation en fer peut se produire en l'espace de quelques secondes. Quand elle a lieu et si l'étoile est immense, alors tout son intérieur se remplira de fer. Lorsque ceci survient, une incroyable implosion s'opère, qui amène l'étoile à exploser. C'est le cas des supernovae. Ce phénomène se produit uniquement chez les jeunes étoiles géantes et ceci n'est pas très fréquent.

Deux autres choses peuvent se dérouler. La transmutation du fer peut s'effectuer à un rythme beaucoup plus lent et emplir totalement le vide. Par après, le soleil ne serait plus un aimant vivant et ses jours seraient comptés. Il s'agirait alors d'une naine blanche mourante.

Par ailleurs, il existe des naines blanches vivantes. Il s'agit de soleils où la transmutation du fer est encore effective et le centre, activement magnétique. Le vôtre en est un. Votre soleil est une force magnétique vivante nécessaire au développement de la vie organique dans le système solaire. »

Une pensée me vint soudainement à l'esprit : peut-être sa recommandation de contempler et d'apprécier la beauté du soleil au lever et au coucher trouvait-elle sa raison d'être dans le fait que notre bien-être physique entre harmonieusement en résonance avec son centre magnétique.

« Il y a chez toutes les formes vivantes un centre magnétique. Non seulement pour les planètes, les arbres, les animaux et les humains, mais également pour les formes-pensées, les émotions et la conscience. Toutes ces entités sont des produits de la compression et fonctionnent, espérons-le, sous la régence de l'amour. »

Alors qu'il parlait, il devint évident pour moi que la compression n'était pas un aspect fortuit de la création, mais plutôt une fonction charnière. Aujourd'hui, j'ai l'impression que la compression est un sujet que nous ne pouvons plus nous permettre d'éluder si nous voulons comprendre comment la totalité de l'esprit se manifeste aléatoirement dans la dimension physique. Peut-être cet aspect aléatoire n'est-il qu'une illusion !

« Le cœur sacré est votre centre magnétique ainsi que la source de votre intelligence supérieure et de votre force vitale. Le centre même de votre vie est un grand et puissant aimant. Ne

pensez-vous pas que ce serait une erreur que de chercher votre raison d'être ailleurs qu'à l'intérieur de vous-même ? Les gens qui la cherchent à l'extérieur d'eux ne font-ils pas la plus grande erreur du monde, voyageant d'un lieu à un autre pour la trouver ? Ils étudient tous les documents inimaginables ou s'entretiennent avec tous les enseignants possibles qu'ils rencontrent sur leur chemin afin de trouver leur raison d'être.

Si vous voulez aller dans le sens des créations du Père, il vous faudra le faire en harmonie avec les principes mêmes sur lesquels l'univers fut créé, le premier d'entre eux étant bien entendu l'amour. VOUS ÊTES AMOUR. EN TANT QU'AMOUR, VOUS AVEZ LE POUVOIR D'ATTIRER À VOUS TOUT CE DONT VOUS AVEZ BESOIN. EN TANT QU'AMOUR, VOUS AVEZ LE POUVOIR D'INITIER LA COMPRESSION DE L'ÉNERGIE SOUS N'IMPORTE QUELLE FORME DONT VOUS AVEZ BESOIN DANS VOTRE VIE.

Du point de vue de Dieu, la suprême expression de la compression est la simultanéité. La Source divine comprime tout ce qui est : temps, espace, énergie et manifestation. La simultanéité parfaite et totale de la présence, de la conscience et de la manifestation est la prérogative d'une omnipotence propre à Dieu. »

Ceci est la compression à l'état suprême. C'est là où tout a commencé, puisque cela a pris naissance au point zéro. LE POINT ZÉRO EST LE POINT D'ÉQUILIBRE PARFAIT OÙ TOUT EXISTE À L'UNISSON, DANS UNE SIMULTANÉITÉ DE COMMUNICATION ET DE COMPRÉHENSION. Il peut donc être avec moi ici, avec quelqu'un d'autre en Chine et littéralement partout dans tout l'univers à la fois ! Il peut aussi bien être dans une particule que dans tout le cosmos. Les oiseaux n'échappent pas à son attention, pas plus que l'air qui les porte. Ceci est la simultanéité parfaite et totale, le pouvoir d'omnipotence qui est la seule prérogative de Dieu. Pendant que mon esprit s'attardait sur cet état idéal de compression, il devint clair pour moi qu'aucune douleur ou souffrance ne lui était associée. Au contraire, il y a un relâchement sur le plan de la souffrance, de la coercition et de l'oppression dense. Et par résonance, la simultanéité nous appartient également à nous, les enfants de l'amour, ce que nous sommes vraiment. Même en ce moment, nous évoluons simultanément sur plusieurs plans. Par exemple, nous respirons et nos cœurs battent alors même que nous sommes absorbés dans nos pensées. Notre âme est en contact avec le cosmos pendant que nous parlons et que notre corps est rivé à la Terre. Ne s'agit-il pas de simultanéité sous sa forme la plus pure ? Toute personne ayant déjà ressenti simultanément de la joie et de la tristesse ou un sentiment de perte et de gain a déjà fait l'expérience de la simultanéité dans toute sa grâce. Le Maître le résume ainsi : *« Vous êtes simultanément tout ce que vous avez jamais été et vous portez en vous le germe de tout ce que vous serez jamais. Où est le conflit dans tout cela ? Avec une infime modification de l'attention, vous pouvez vous transposer d'hier à demain. Avec une autre infime modification de l'attention, vous pouvez passer de l'éveil au sommeil. Le sommeil vient-il changer la nature de ce que vous êtes ? Vous êtes encore totalement et complètement vous. N'êtes-vous pas un être dont toutes les facultés fonctionnent simultanément ? »*

Ceci se comprend aisément une fois que nous y concentrons notre attention. Dans nos vies linéaires, nous avons pris l'habitude de nous spécialiser, et ces habitudes nous amènent à croire que le phénomène de cause à effet est la seule explication au fonctionnement de la vie.

« Les explications découlant du phénomène de cause à effet ne peuvent satisfaire totalement l'entendement des choses chez les gens. Il est très important certes de comprendre les conséquences inhérentes à un tel phénomène, mais il est aussi important de comprendre ce que réciprocité et synchronicité sont. Il faut toujours faire appel à ces trois niveaux d'entendement et les appliquer dans la vie le cas échéant. »

Je ressentis une triste impression d'ironie en réalisant que l'humain ignore les lois de cause à effet quand cela fait son affaire, c'est-à-dire quand ses raisonnements le lui dictent. Pourtant, il ne réussit pas à voir, au-delà de l'étroit cadre des conséquences linéaires, la plus grande vue d'ensemble qui pourrait lui apporter les véritables réponses. Pour la première fois, je vis avec évidence combien la vie serait plus belle si nous tenions compte de ces trois plans d'interaction.

« Cette incapacité de l'humain à se rapporter à ces trois plans découle de sa spécialisation extrême, de sa soif de connaissances sur l'existence physique et de sa pulsion à chercher la cause derrière un facteur physique, et cela, depuis les temps les plus reculés. Mais une telle chose n'existe pas étant donné que le phénomène de cause à effet en est un de dérivation. Il y a la Source originelle, et c'est Dieu. Cependant, dans le cœur de la

Conscience divine, il n'y a qu'une parfaite intention en harmonie avec une parfaite manifestation. Vous pourriez considérer cela comme un phénomène de cause à cause.

Cette quête en vue de trouver la cause première sur un plan physique peut se perpétuer éternellement sans jamais aboutir. Le désir de faire de la cause la reine de l'effet a laissé place à des scénarios d'incalculables souffrances, épreuves et détresses mentales humaines. De plus, cela a enrayé le progrès scientifique dans certains domaines. La cause et l'effet font partie d'un tout bien plus grand. En fait, à un stade de la vie la poule précède l'œuf, alors qu'à un autre, l'œuf précède la poule. Ces deux stades ne peuvent cependant pas être saisis sans l'entendement plus large qui tient compte de l'interaction. »

« Pour quelle raison l'humain a-t-il alors si fortement persisté dans ce sens malgré la futilité de la chose ? »

« Parce qu'une motivation puissante l'amenait à cela. Si l'humain parvenait à faire du phénomène de cause à effet le point de référence ultime, il réussirait ainsi inéluctablement, pour ses propres fins, à prendre le pouvoir lui-même sur le principe du "contrôle par la punition". C'est pour cette raison que je vous demande de pardonner, de laisser aller et de tenir compte du pouvoir supérieur de la grâce pour mettre fin à votre longue séparation d'avec Dieu, séparation qui vous a tous maintenus captifs sur le plan le plus bas de réalité.

Il existe pour toute situation une vaste gamme de possibilités : scénarios de cause à effet, rythmes de réciprocité et synchronicité parfaite. Votre choix s'arrête sur ce qui fait l'objet de votre attention. Et dans de nombreux cas, le choix effectué est le reflet de votre sagesse. Il n'est pas judicieux d'éviter les conséquences qui dérivent du phénomène de cause à effet, quand c'est ce qui semble le plus approprié dans le moment. Il n'est pas sage non plus de bloquer la grâce et la tolérance dans des domaines où il y a réciprocité. Et il n'est absolument pas raisonnable de méconnaître le pouvoir de Dieu.

Cet univers est infiniment malhabile étant donné que toutes les possibilités de création existent simultanément. Ce qui s'avère le plus faisable pour vous dans l'instant vous révèle quelle est votre raison d'être dans la vie. C'est aussi la façon dont vous servirez l'existence et dont vous vous réaliserez. Quand vous atteignez les limites de vos capacités, vous cherchez l'appui des autres. J'espère pour vous que ceci s'effectuera dans un respect mutuel. »

Comprendre ceci revient à saisir notre sens de la totalité. Notre propension à la spécialisation nous a coupés de la grande totalité de ce que nous sommes. Le résultat, c'est que notre perception de l'existence et de ses dimensions est limitée. Exprimée sous une multitude de formes, la compression fait inéluctablement partie de la vie que nous menons. Elle fait partie de l'existence tout entière, bien qu'elle se manifeste différemment, en fonction des degrés variés de conflit ou d'harmonie en cause.

Jésus recommanda grandement que nous tenions compte de ces divers niveaux de compression dans nos vies. *« Vous pouvez reprendre le contrôle de vos vies en passant en revue les états de compression divers dans lesquels vous vous trouvez. Lorsque vous voyez qu'il existe des zones de densité obscures et lourdes, c'est qu'il y a trop d'éléments incompatibles comprimés ensemble. IL VOUS SUFFIT DE CHANGER UNE CHOSE, D'EN LAISSER ALLER UNE OU D'EN DÉPLACER UNE AUTRE..*

La compression parfaite ne se traduit jamais par un conflit ; elle devient plutôt un état de transparences superposées », ce qui est parfaitement compatible avec le centre magnétique qui attire et assure le maintien des multiples compressions. Et c'est à partir de cet état parfait de compression que nous pouvons observer toutes les autres manifestations. *« Sachez reconnaître où il y a transparences superposées et simultanéités de conscience, car ces dernières comportent une grande rectitude sur le plan de la raison d'être et de la fusion avec Dieu. Vous découvrirez que de telles réalités sont riches de sens pour vous. Et bâtissez là-dessus afin que votre vie tout entière prenne de l'expansion sur tous les plans avec simplicité. »*

Le second niveau de compression est celui de la coordination et de l'interaction. Bien que l'ordre y règne, il y a plus de résistance et, par conséquent, il en résulte de l'énergie thermique. Une compression de ce genre, ravigotante et productive, peut se comparer aux prouesses athlétiques. Que fait un coureur olympique lorsqu'il bat un record mondial ? Il fait plus en moins de temps. N'est-ce pas cela la compression ? De tels exemples s'avèrent stimulants, productifs et passionnants. Nous connaissons tous dans notre travail un sentiment de joie quand nous réussissons à accomplir davantage en moins de temps. Nous tentons d'exceller et apprécions le défi que cela représente. Il est franchement satisfaisant et rassérénant de produire plus que l'énergie que l'on dépense.

Le Maître émit cependant une réserve à ce propos et mentionna que nous ne devrions pas consacrer trop de temps à ce niveau. *« Là où il y a beaucoup de feu et d'énergie, c'est que bien des forces fonctionnent simultanément. Peut-être y a-t-il une activité que vous aimez particulièrement en raison de son dynamisme. Donc, avant que le feu ne vous consume, situez-vous par rapport à elle et découvrez sa signification et sa raison d'être pour vous. De la sorte, vous pourrez passer à autre chose à un moment donné. Vous n'êtes pas censé rester toujours au même point dans votre vie. »*

Le troisième niveau de compression est celui de l'agencement et de l'organisation des éléments aléatoires et discordants qui constituent des agrégats structurels particuliers. Il s'agit du plan de la densité matérielle et de celui du conflit, de la force et de l'organisation. Ce plan est celui qui nous occasionne bien des frustrations. S'il constituait la seule réalité dont nous fassions l'expérience sur le plan de la compression, il est peu probable que nous ayons l'idée d'associer ce processus à Dieu.

Je me plais à penser que la toile « L'agneau et le lion » fut de bien des manières un exemple du plan le plus élevé de compression. En me mettant au travail le matin, la peinture de la veille était toujours sèche, alors que son temps normal de séchage est en général de trois jours. La compression s'effectua sur le plan du temps. Tout ce dont j'avais besoin me fut également fourni sans effort et il n'y eut jamais aucun problème. De toute évidence, j'étais en présence de quelqu'un qui savait régir le niveau suprême de compression. Je crois que c'est ainsi que le Maître peut être avec bien des personnes à la fois. Cet état de parfaite compression lui permet d'être totalement transparent et, par conséquent, d'être parmi nous et de n'être vu que par consentement mutuel. Ainsi se manifeste également la transparence de Dieu.

Les miracles survenus par rapport au tableau sont peut-être dus en partie au degré élevé de compression dans le cadre duquel il a été réalisé. Peut-être la fonction d'un miracle est-elle de gommer les conflits inhérents à la structure et de faciliter le lâcher-prise face aux compressions de l'existence. Au cours de la dernière semaine de la vie de Jésus, il y eut une incroyable compression et un degré de passion extrêmement élevé. En quelques jours seulement, toute l'histoire de l'humanité et du monde changea. C'est cela la compression !

Le thème de la compression offre un grand potentiel dans le monde de la guérison. J'ai parfois connu des périodes dans ma vie où, parce que j'étais dans un état d'unité totale et que je me trouvais dans des moments de très haute compression, mon immunité aux maladies contagieuses était extrêmement élevée. Je pouvais me trouver en présence de gens ayant le rhume ou la grippe sans en être nullement affectée. Lorsque la complétude ne laisse aucune place à l'invasion, j'imagine que l'on pourrait très bien marcher dans un nid de serpents à sonnette ! Quand on est dans un tel état de complétude, il n'y a pas de place pour les éléments envahisseurs. Ceci est peut-être un des grands secrets de la guérison.

Il existe plusieurs raisons extrêmement importantes pour lesquelles il faut adopter une attitude pragmatique en ce qui concerne la compression. La compression fait inéluctablement partie de notre vie. Elle révèle beaucoup de choses sur la vie d'une personne, lorsqu'on l'observe objectivement. Jésus dit ceci : *« Quand on combine des éléments qui ne vont pas ensemble, cela se traduit par de la souffrance et de la douleur. La consommation d'alcool, de narcotiques ou même d'aliments malsains ne venant pas soutenir les fonctions corporelles en est un exemple. Cela revient à dire que certaines combinaisons d'éléments, d'idées, d'actes ou d'humains ne fonctionnent tout simplement pas sur le plan de la réalité. Persister à vouloir forcer un assortiment d'éléments ou de gens incompatibles à fonctionner ensemble n'occasionnera que souffrances, épreuves, malheurs, perte d'énergie et appauvrissement.*

D'un autre côté, ne pas réussir à intégrer et à comprimer quoi que ce soit se traduit par une vie où il n'y a que dispersion, manque d'orientation et énergie réduite. Nous devons tous nous demander ce que nous pouvons comprimer. Ce que nous pouvons rassembler et faire fonctionner. Il y a quelque chose de très intéressant au sujet de la compression : c'est la façon dont elle suscite l'apparition de l'intention, des priorités et des valeurs. »

« Comment commencer ? Comment faire pour que la compression s'effectue ? »

« Très simplement. Il suffit d'être ici et maintenant puisque la compression maximale du temps est le moment présent ! Et puisque la compression maximale de la perception est l'innocence, ne rajoutez rien de superflu à la vie. Vous n'avez pas besoin de la modifier ni de lui ajouter des couleurs qui ne sont pas nécessaires. N'inventez pas de réalité. Ne réparez pas ce qui est cassé. Allez droit au but. Servez-vous de tous vos atouts, y compris tous vos outils, tous vos talents et toute votre conscience. Évitez la procrastination. VIVEZ ! C'est cela la compression dans l'ici-maintenant. Cela vous ramènera dans votre centre, au point zéro. »

Ce concept de la compression me paraissait étrangement nouveau en même temps que profondément familier. Pourquoi, me demandai-je, suis-je si peu versée en la matière ? Au cours de mes dix-neuf années d'excellente éducation scolaire, avais-je oublié de suivre le « cours d'introduction à la compression » ?

« Un des plus grands obstacles à la compréhension pratique de la compression, c'est la spécialisation professionnelle et intellectuelle, spécialisation qui prévaut de nos jours dans le monde. Un autre facteur important est la prédominance de la structure. Comprimer des structures est une tâche ardue qui exige l'emploi d'une grande force. Si cela s'effectue d'une mauvaise façon, il peut en résulter de la souffrance et du malheur. Au-delà de cela, il y a l'illusion. Le monde est actuellement régi par de nombreuses illusions et il y a une grande différence dans la manière dont l'illusion et la réalité réagissent à la compression. On peut comprimer et décomprimer la réalité à l'infini. En fait, la compression confère de la force à la réalité, mais elle démantèle l'illusion. La raison pour laquelle le thème de la compression est si étranger à vos oreilles, c'est que toute discussion s'y rapportant serait fortement réprimée dans un monde foncièrement fondé sur la

structure, la spécialisation et l'illusion.

La fraternité est une réalité qui accorde du pouvoir à tous les hommes. Et cette vérité est très accentuée quand il y a des désastres et des traumatismes. Et quand il y a accomplissement, la joie est partagée par tous. Par contre, les illusions et les structures humaines s'avèrent inutiles et désuètes. Rappelez-vous toujours que la fraternité existe en tant que réalité et qu'elle vous sert de support à tous. Peu importe le genre de système administratif instauré, pourvu qu'il soit juste pour tous et qu'il réponde aux besoins humains.

La réalité est la meilleure des économies qui soit. En fait, la réalité est l'âme de l'économie. Si vous n'aviez pas à payer pour vos illusions, imaginez un peu combien vous seriez riche ! Si les structures se limitaient au strict nécessaire, imaginez le temps libre dont vous disposeriez pour vous adonner à la joie de vivre ! Beaucoup d'énergie est gaspillée pour créer des illusions et maintenir des structures. Il vaudrait mieux employer cette énergie pour s'assurer de vivre en santé et de façon productive. LES ILLUSIONS ET LA STRUCTURE PEUVENT SUBTILISER VOTRE VIE SI VOUS LES LAISSEZ FAIRE. »

« Comment établir une distinction entre l'illusion et la réalité ? La démarcation entre les deux est parfois très mince. »

« Effectivement. Tout d'abord, il ne faut pas aborder cette question avec peur ni considérer l'illusion et la réalité comme des adversaires. Les illusions font partie de la réalité personnelle de chacun. Si vous comprenez et utilisez vos illusions à bon escient, elles peuvent vous aider. Si, par contre, vous vous en servez à mauvais escient, elles peuvent nuire à la réalité. Elles sont des interfaces auxquelles votre esprit, votre cœur et votre âme recourent pour aborder, connaître, goûter et évaluer les divers potentiels de la réalité dans un cadre qui se situe en dehors du domaine de l'implication. L'illusion est à la réalité ce qu'une carte routière est à un réseau routier ou ce que le théâtre est à la véritable vie.

Le problème se pose quand les illusions assument une identité propre et servent d'échappatoire à la réalité, ou pire, quand elles servent de fausse représentation de la réalité. On peut faire la distinction entre les deux en s'impliquant et en faisant preuve de discernement. Si vous restez dans le doute, essayez le truc suivant : imaginez ce qui se produirait si la situation en question n'était plus créée. Voyez-vous, la réalité ne s'efface pas quand on ne la crée plus. Mais les illusions, elles, disparaissent.

Si rien n'y fait, imaginez ce qui surviendrait s'il y avait une accélération de compression dans la situation en question. Qu'est-ce qui disparaîtrait et qu'est-ce qui persisterait ? »

Son explication me ramena à l'époque où mon époux et moi étions propriétaires d'un vignoble à Paradise, au Texas. Ce n'était qu'une illusion du paradis ; et pourtant, nous avons pris plaisir à cette expérience fantastique qui sortait de l'ordinaire. Ce vignoble était beau et nous étions en fait les premiers producteurs du Texas à vendre du vin de table à une grande chaîne de magasins. Nous cultivions également plusieurs qualités de raisins, que nous vendions à une coopérative vinicole voisine. En ce qui concerne le climat, par contre, il y avait un grand hiatus entre notre illusion et la réalité. Le climat du centre du Texas est loin de convenir à la culture de la vigne. Nous avons dû user de produits chimiques pour résoudre toutes sortes de problèmes, et chaque année, nous étions toujours confrontés à des gels printaniers tardifs. Une fois, nous sommes restés debout toute la nuit, brûlant tout ce qui nous tombait sous la main pour essayer de contrer la descente vertigineuse du thermomètre. Année après année, notre énergie baissait, comme la production. La combinaison malheureuse de réalités discordantes venait clairement souligner notre illusion. De plus, si nous avions mis fin à toutes nos solutions de sauvetage, notre vignoble aurait été totalement et immédiatement perdu. Par contre, s'il avait été situé en Californie du Nord, la situation aurait été totalement différente. Nos grappes de raisin auraient été magnifiques et nous aurions fait beaucoup de profits. À un moment donné, nous dûmes accepter l'évidence : ce vignoble ne pouvait fructifier que dans les méprises romantiques de l'illusion. Mais cela vaut parfois la peine de s'amuser avec nos fantaisies, même si nous courons le risque d'avoir à affronter la réalité qui est sous notre nez.

« Tous les enfants bâtissent des châteaux de sable d'un genre ou d'un autre. Et c'est bien parce que cela leur donne l'occa-

sion d'observer leurs attentes face à la réalité. L'erreur vient du fait que l'on s'attend à vivre dedans. L'adversité survient parce que l'on interprète mal la relation entre Dieu et le château de sable. Ce dernier est uniquement votre création à vous. Le comble de la sottise humaine est d'en construire un et de s'attendre à ce que Dieu le rende réel ou le sauve des vagues qui viennent le démolir. Le pacte qui vous lie à Dieu a trait à la réalité et vous ne pourriez avoir à endurer plus aimant et plus rempli de compassion que Dieu pour vous aider à la respecter. Toute prière adressée à partir du cœur et respectant la réalité sera exaucée. Le drame, c'est que la plupart des prières adressées à Dieu le sont pour des illusions brisées ou menacées de l'être. Le grand voleur et le grand briseur de cœur, c'est l'illusion, parce qu'elle a donné à l'homme l'idée fausse que Dieu n'a que faire de la condition humaine.

Dieu ne fait qu'un avec la réalité et l'homme a été choisi pour être l'héritier et la manifestation de cette réalité. Ne pensez-vous pas qu'il lui importe que vous vous accomplissiez dans cette réalité ? Lorsque vous démontrez votre habileté à composer avec la réalité, l'amour, l'aide et l'assistance viendront à votre rencontre sous la forme de miracles.

Votre vie sur terre vous sert à bâtir la foi et la conscience. Ce faisant, vous découvrirez que la réalité est aussi bien un réconfort qu'un miracle. Avant de vous établir fermement dans ce processus, vous chercherez à tort le confort dans la structure, les miracles dans l'illusion et la compétence dans la spécialisation. Ceci est le propre de l'état de dissociation que la plupart des humains connaissent. »

« Comment faire savoir à une autre personne qu'elle vit dans l'illusion, sans tomber soi-même dans le jugement ? »

« On ne le fait pas. Chacun doit apprendre tout seul la différence entre l'illusion et la réalité en recherchant la foi et la conscience. Le manque de maturité sur le plan de la perception amène naturellement à voir toute expérience comme une illusion de la réalité. Avec la maturité, cependant, on en vient à comprendre qu'il y a aussi bien l'illusion que la réalité. Une fois que vous

savez distinguer l'une de l'autre, vous savez aussi quand et comment désamorcer les effets des illusions des autres sur vous.

Je vous conseille alors d'user de modération dans toutes choses, car il y a dans celle-ci une grâce qui confère un grand discernement et qui vous protège des pièges du jugement. »

La spécialisation rend la distinction entre l'illusion et la réalité particulièrement difficile. La spécialisation fait en sorte que les vies sont linéairement établies en fonction de la durée, alors que nos jours sont malheureusement comptés. Jésus m'expliqua que les deux plus grandes sources de stress sur le marché du travail américain était la spécialisation et le déclin de la compréhension fondée sur les valeurs. Au lieu d'occuper un bon emploi qui paye bien et qui a du potentiel sur plusieurs plans, une personne peut finir par avoir deux ou trois boulots spécialisés qui l'occupent jour et nuit et qui ne payent toujours pas les factures.

La compréhension fondée sur la valeur vient avec l'expérience et l'observation, surtout en ce qui concerne l'efficacité, l'intégration et les résultats. La spécialisation, quant à elle, détruit cette conscience puisque les possibilités d'intégration sont trop restreintes. On a depuis longtemps prouvé que les ouvriers travaillant sur les chaînes de montage spécialisées sont les plus épuisés à la fin de la journée. On ne peut rien reprocher au travail en soi. Par contre, devoir faire sans arrêt attention à des détails est très éreintant. Jésus dit que l'univers tout entier a été créé à partir de la compression et que c'est la loi qui régit l'énergie. La spécialisation épuise. Chaque fois que nous limitons nos activités à une dimension unique, nous perdons de l'énergie. Il me révéla que c'est là une des raisons pour lesquelles les Américains sont si fatigués. Leur vie est en train de devenir beaucoup trop unidimensionnelle.

« Une longue journée de travail ardu, suivie des corvées et des obligations domestiques ainsi que d'une nuit agitée ne peuvent certes pas vous procurer l'énergie et l'entrain dont vous avez besoin le lendemain. La dernière chose que vous souhaitez dans de telles conditions, c'est un surcroît de travail. La réponse n'est donc pas d'en faire plus mais bien d'enrichir ce que vous faites. D'exprimer davantage vos dimensions personnelles et de les mettre à contribution dans votre travail. Faites-vous des amis. Explorez un angle d'apprentissage qui peut vous enrichir sur d'autres plans. Exercez votre mémoire, votre concentration et vos aptitudes sociales. Vous prétendez que cela pourrait vous prendre

l'énergie que vous n'avez déjà plus ? En réalité, cela vous rendra l'énergie que vous avez perdue. Dans tout ce que vous faites, appliquez toutes les dimensions de votre personne. Ceci ne rallongera pas la liste de vos corvées. Au contraire, cela viendra enrichir votre journée parce que vous exprimerez dans le même instant les dimensions superposées et comprimées de tout ce que vous êtes. »

Il précisa par contre que seule la compression régie par l'amour résulte en une énergie qui sait nourrir l'âme. Par conséquent, quand nous procédons à des compressions, nous devons nous assurer de le faire avec amour. *« La compression créée avec amour est le profit que vous tirez de la vie. Il en va de même du travail. Le concept de profit s'accompagne souvent de sentiments de culpabilité ou de jalousie parce que sa nature est mal comprise. Dans bien des situations, il n'y a aucun profit véritable ; il y a seulement un déplacement d'argent. Quand aucune énergie nouvelle n'a été générée, l'argent a tendance à s'accumuler dans les poches de ceux qui tiennent les rênes. Voilà pourquoi le profit a fini par avoir mauvaise réputation et que les gens ne comprennent pas le concept de la prospérité.*

Au fur et à mesure que l'humanité utilisera la compression régie par l'amour et la valeur, le profit prendra le sens d'un accomplissement et ne se traduira plus par la culpabilité. Au lieu d'être quelque chose que le voisin a, mais pas vous, le profit se traduira par la prospérité et l'enrichissement pour tous. L'existence même du profit engendrera de nouvelles valeurs et énergies dont les autres pourront profiter. Le profit positif fait baisser les prix et l'inflation tout en remontant le moral des gens et les rendant joyeux. L'effet maximal engendré par l'effort minimal ne conduit pas à la paresse mais plutôt à un regain d'intérêt pour le travail.

Ce qui produit la paresse, ce sont les corps fatigués et les attitudes rebelles qui dénoncent le travail et la production poussive, où il n'y a aucun véritable profit ni aucune récompense. Le profit juste, c'est investir l'amour pour débloquer d'autres avantages. Les oies vous enseigneront peut-être quelque chose à ce sujet. Dans la formation en V des oies qui migrent, vous remarquerez qu'une oie prend la tête de ces grands voiliers pour fendre le vent et faciliter le vol aux autres. Elle ne prend pas la tête pour dominer. C'est ce que le profit juste fait pour tout le monde. Il génère en fait une nouvelle énergie et ravive et enrichit l'économie dans son ensemble, à laquelle tout le monde contribue. Quand il y a compression véritable, il n'y a jamais de pauvreté grave ou généralisée. »

Le pouvoir de la compression est l'amour. Son instrument est le magnétisme. La manifestation technique de cette vérité ne s'est pas encore totalement matérialisée sur terre. Nous vivons dans un monde où l'énergie est générée par la friction depuis le jour où l'homme frotta pour la première fois deux morceaux de bois l'un contre l'autre pour allumer un feu de camp. Ce genre d'énergie sert de fondement à la force électrique. C'est là-dessus que nos technologies et nos pensées s'articulent. La plupart des difficultés actuelles dans la production résultent de l'emploi de combustibles électrique et fossile. En effet, ils exigent et engendrent de hautes spécialisations et de grandes compressions. Au cours des cinquante dernières années, la croissance sous haute pression de la force et de la spécialisation a éliminé la plupart des entreprises indépendantes dans les nations industrielles. Selon Jésus, les multinationales ne survivront que si elles adoptent un emploi plus avisé de la compression. Si elles le font, il y aura une inversion majeure du mouvement. En effet, elles feront appel à des compagnies et à des particuliers qui gèrent leur vie et leur industrie dans une optique de compression multidimensionnelle. Ceci ne se produira peut-être pas du jour au lendemain, mais ce sera certainement la tendance future.

Il m'est aussi venu à l'esprit que notre soleil étant une compression de gaz hydrogène, un examen approfondi de cette abondante substance et de son rôle crucial dans notre système solaire pourrait se traduire par la mise au point d'un combustible plus abondant et moins résistant, donc plus propre.

Quant aux problèmes et aux adaptations requis dans le domaine de l'industrie, le Maître se servit du secteur agricole comme exemple. Les prises de contrôle effectuées dans le cadre de la haute pression ont chassé les petits agriculteurs et les éleveurs de leurs terres. Cette tendance existe depuis longtemps et a même atteint des sommets il y a dix ans. Actuellement, les excès de responsabilités afférents à la gestion de la production obligent les responsables à une sérieuse réévaluation des profits et des dettes. De nombreux conglomérats envisagent petit à petit le fait qu'il est difficile de bien gérer la production sur le terrain à partir d'un bureau en acajou. Sur le plan de la compression, il n'existe dans le monde aucune activité commerciale qui exige autant d'éléments variés que l'agriculture ou l'horticulture. Cette activité nécessite en effet que l'on tienne compte, simultanément, de nombreux facteurs sur place. Par ailleurs, ce ne sont que les très grandes sociétés qui peuvent en fait distribuer les aliments dans le monde entier, puisqu'elles le font par le biais de la distribution et du courtage organisés. Le rôle de chaque joueur sera finalement déterminé par l'efficacité de la compression. On ne peut maintenir les illusions derrière le masque de la structure que pendant un certain temps et jusqu'à ce que la force de la nécessité et de la compression entraîne l'écroulement du système.

« Ceci est vrai aussi bien pour les nations que pour les entreprises et les particuliers. Observez les signes qui indiquent qu'une spécialisation et une expansion outrancières sont en train de revenir à la compression. Il y a encore de l'espoir que la transition se fasse avec succès. Si cela n'a pas lieu, l'économie s'écroulera. C'est ce qui se produisit à Rome, où on avait étendu à outrance une économie fondée sur la force. Et il y eut trop de violations rattachées à la moralité, à la philosophie et à l'organisation humaine pour qu'une expansion par trop excessive retrouve la voie de la compression. L'expansion et la compression constituent le souffle de l'univers. Lorsque la santé fait défaut, un des deux éléments du cycle, sinon les deux, lâche. Rome avait perdu tout sens de la compression. Elle suffoqua donc d'une expansion démesurée. »

L'exemple contemporain se rapprochant le plus de celui de Rome est la chute de l'Union soviétique. L'expansion à outrance a usé la nation, et il ne resta plus rien à l'État pour financer et assurer le retour nécessaire à la compression. Les seuls éléments de compression qui purent être instaurés furent ceux de la gestion régionale, de l'héritage commun et de la production en usine. Ces éléments, ainsi que certains autres, permirent au moins aux gens de refaire leur vie. Toute l'humanité devrait tenir compte de cet exemple tragique avec compassion et esprit d'entraide.

« On reconnaît une véritable civilisation à sa capacité à prendre de l'expansion et à se rétracter, avec la même aisance et cycle après cycle, ce rythme de va-et-vient n'étant dominé ni par

l'expansion ni par la compression. Voilà ce qu'est la réalité. Par contre, on reconnaît la structure et l'illusion à ce qu'elles créent l'idée fausse que l'expansion est le seul chemin qui conduit au pouvoir et à la gloire. Lorsqu'une nation ou une société a principalement centré son pouvoir sur la structure et l'illusion, elle continuera à tout prix à poursuivre de façon compulsive sa politique d'expansion. Elle évitera les cycles naturels de compression de peur que cela mette à nu certaines structures superflues et fausses illusions et que cela entraîne ensuite leur écroulement. Puis, quand le mouvement d'expansion s'accélère, il y a la crainte que le retour à la compression soit traumatisant, ce qu'il sera probablement. De toute façon, un tel revirement est inévitable.

Rappelez-vous que lorsque vous reconnaissez Dieu, vos idées deviennent plus réelles et la réalité correspond davantage à vos rêves et à vos idées. Vous pouvez toujours savoir si une idée vient de Dieu parce qu'elle fonctionne alors beaucoup mieux dans la réalité, qu'elle élève vers un plan supérieur. Quand une personne ou une société s'éloigne de Dieu, les idées émises perdent de leur applicabilité par rapport à la réalité, à moins qu'une grande force ne soit employée. La plus grande des erreurs est de croire que, avec suffisamment de force et de manipulation, n'importe quelle idée peut fonctionner. Ce concept fait fi de Dieu et donne lieu à un monde de force et de manipulation. Lorsque vous vivez dans un monde où les idées irréelles dominent, je peux vous assurer que la force et la manipulation font leur entrée en scène et qu'elles essaient de rendre ces idées réelles.

Lorsque vous reconnaissez Dieu, votre entendement de la réalité augmente. » Il est important de remarquer que le Maître n'a pas dit que votre réalité augmente lorsque vous connaissez la théologie. *« La théologie n'est qu'un grand résumé des croyances sur Dieu. Rien ne peut remplacer l'authentique, et il est en votre pouvoir de connaître Dieu. C'est un de vos droits divins et immortels que de connaître votre Créateur. Vous n'avez pas besoin d'un intermédiaire ni de l'avis d'une autre personne sur Dieu pour bien le connaître. Pourquoi ? Parce que Dieu est dans votre cœur. Quand vous reconnaissez Dieu, vos idées fonctionnent mieux. Vous êtes également capable de manifester des degrés de compression plus élevés, et ceci vous assure santé, abondance et sagesse. Vous*

saurez donc quels éléments agencer et comment le faire. Les différents substrats de votre vie s'articuleront simultanément avec ampleur. »

Après cet enseignement, il me donna un autre aperçu du grand triangle de l'amour, de l'esprit et des particules adamantines. Il me suggéra de prendre mon stylo et de tracer un autre triangle par-dessus le premier, mais pointant cette fois dans la direction opposée et formant ainsi avec l'autre une étoile à six branches. ***« Ce second triangle représente les éléments durables. À ses trois extrémités, écris les mots Vie, Raison d'être et Existence. »***

Ceci faisait en tout six éléments. ***« Tout ce qui est a été créé à partir de ces six éléments. L'amour est le point d'origine, et l'existence le point d'arrivée de toute création. Par conséquent, l'existence est ce qui concerne la Terre et sous-tend la réalité universelle. L'amour active l'esprit et régit les particules adamantines. L'amour donne une direction à la vie par la raison d'être, et l'existence se réalise quand la mission de vie est remplie. »***

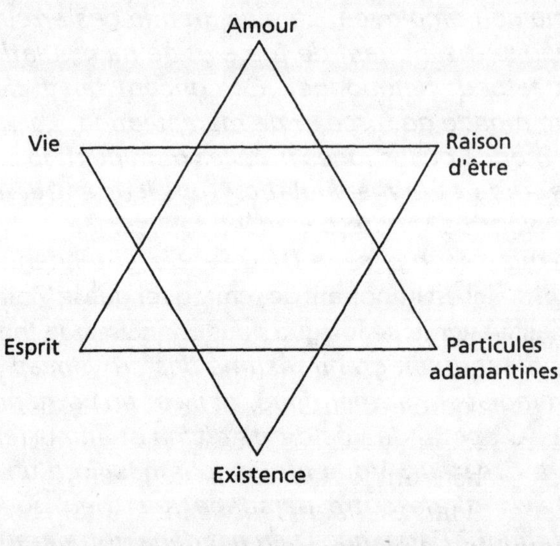

Selon Jésus, tel était le sens original de la croix de David. Après bien des journées de discussion avec lui et bien des années de réflexion personnelle, j'en suis venue à comprendre que les trois pointes de chaque triangle en disent bien plus que la simplicité de leur disposition. Vous pouvez vous servir de deux des branches d'un triangle pour expliquer son croisement avec la pointe de l'autre triangle. Par exemple, la vie existe au point d'intersection de l'amour et de l'esprit. L'existence est la manifestation résultant de l'interaction de l'esprit et des particules adamantines. La raison d'être se situe à mi-chemin entre l'amour et les particules adamantines. L'amour est le point culminant de la cause, alors que l'existence est le point culminant de la révélation totale. La raison d'être et l'esprit concourent de façon complémentaire à nous guider, alors que la vie et les particules adamantines se complètent sur le plan de l'énergie et du pouvoir. Il y a dans ce symbole un code qui permet de connaître la réalité en tant que manifestation de Dieu. Tel est le pouvoir que détient l'ancien symbole d'Israël.

Même avec la sagesse de tous les temps, connaître Dieu est encore le plus grand défi personnel qu'un homme ou une femme doit relever dans la vie. Voilà pourquoi je demandai à Jésus quel était le plus grand obstacle dans cette démarche. *« C'est le sentiment de manque de valeur personnelle. C'est pour cela que la plupart des gens préfèrent avoir connaissance de théories sur Dieu plutôt que de le connaître, lui, directement. Il est déplorable que bien des idées théologiques mettent de l'avant le concept du manque de valeur personnelle. C'est ce qui fait que les gens sont pris au piège. Le pouvoir et l'amour de Dieu sont plus grands que les mots, plus grands que tout ce qui pourrait jamais être formulé par des paroles. Et pourtant, quel père n'accueillerait-il pas son propre enfant ? »*

Je ne pus réagir à cela qu'en appliquant à moi-même ses paroles. « Je ne me pense plus sujette au faux sentiment de manque de valeur personnelle, c'est-à-dire celui qui est engendré par les jugements d'autrui. Et pourtant, je ressens encore une certaine gêne et un certain questionnement en ce qui a trait au Créateur, et ils se traduisent par une indescriptible humilité. Comme tu l'as affirmé, celui qui définit se situe au-delà de la compréhension de celui qui est défini. »

« Tout ceci est vrai, Glenda. Cependant, certains contextes vous sont fournis dans la réalité pour que vous puissiez tous saisir ce que vous avez besoin de savoir. Ces contextes sont au nombre de huit, et vous pouvez y réfléchir pour renforcer votre conscience et votre connaissance de Dieu.

1. *Se connaître en tant qu'amour et, par conséquent, comme enfant de Dieu.*
2. *Connaître la grâce, la santé et la vérité de l'équilibre. Pour ce faire, vous disposez des aspects masculin et féminin de la vie ainsi que d'autres aspects complémentaires d'équilibre. Les relations homme-femme donnent l'occasion d'étendre cette connaissance, tout comme le fait le concept de la famille, où divers intérêts et besoins se marient et s'équilibrent dans un support mutuel.*
3. *Connaître le pouvoir de la raison d'être qui permet à la réalité d'être révélée et qui regroupe les cœurs en groupes axés sur des objectifs communs.*
4. *Connaître le service par la fraternité.*
5. *Connaître les scénarios holistiques de la vie en observant les tendances de la nature.*
6. *Connaître la conscience par la perception innocente et par la compréhension objective des principes universels.*
7. *Connaître le pouvoir de la foi qui sous-tend l'esprit qui est un et le pouvoir de l'amour comme étant la volonté de Dieu.*
8. *Connaître l'infini comme quelque chose qui dépasse la structure. L'ultime réalité, c'est Dieu. »*

Chapitre 12

Jésus et la science

Peu de gens penseraient à associer Jésus à la science. Et il est fort certain que ceux qui chercheraient à obtenir des explications d'ordre pratique de sa part s'attendraient à tout coup à ce qu'il réponde sur un mode religieux plutôt que scientifique. En sa présence, j'eus une des plus éblouissantes révélations en ayant le privilège d'observer son amour de la réalité et sa capacité à régir celle-ci.

Au cours des nombreuses journées où nous avons parlé, jamais il ne divisa la réalité en classes distinctes ni ne relégua la théologie dans un coin et la science dans un autre. Pour lui, tout était réalité. Comme un gymnaste qui évolue dans les airs à un moment donné et sur le tapis, le moment d'après, sa grâce était totale et d'une grande fluidité. Dans ce chapitre sont mentionnés des éléments sur Dieu et sur l'Esprit qui peuvent sembler peu scientifiques à certains lecteurs. À ses yeux, cependant, la science est l'étude de la fonctionnalité inhérente à la réalité tout entière et qui reste incomplète si on n'a pas pris sa source en considération. D'autres lecteurs seront surpris de découvrir la facilité avec laquelle il se sent en territoire connu quand il parle de physique pure. Avant de rédiger ce manuscrit, j'ai eu le privilège d'en présenter certains éléments à des scientifiques œuvrant dans divers domaines. À l'unanimité, ils ont réagi avec stupéfaction en faisant des commentaires du genre : « Je m'attendais à entendre des vérités d'ordre spirituel, mais ceci est de la science pure ! »

Nos conversations étaient étayées de nombreuses mentions sur la façon dont la vie fonctionne. La plupart de ces explications doivent cependant être considérées en fonction de leur contexte original, qui confère plus de pertinence à ses autres messages. Par conséquent, les éléments que j'ai rassemblés pour écrire ce chapitre ne constituent pas la totalité de ce qu'il avait à dire sur les composantes de l'existence. Ce sont plutôt des révélations qui font la lumière sur le futur de l'entendement scientifique ainsi que sur les priorités et les réalisations qui l'accompagneront. Pour moi, le plus important dans nos dialogues, c'était d'avoir son point de vue sur la science. *« La science est un dialogue entre la vérité et la réalité »,* dit-il. « *Vous avez l'univers tout entier devant vous, mais vous n'avez pas la science, à moins de saisir la relation cruciale qui existe entre vérité et réalité. »*

De toutes les choses que Jésus m'a enseignées, il n'en existe peut-être pas une qui soit aussi pertinente à tous les domaines de la vie que la vérité. Parce que les humains ont toujours été attachés à leur version respective de la vérité, celle-ci a constamment baigné dans le sang et régné tout au long des guerres. Pourtant, le Maître a affirmé : *« Vous connaîtrez la vérité et celle-ci vous libérera. »* Quand cette grande révélation surviendra, prendra-t-elle la forme de découvertes scientifiques ? La trouvera-t-on dans les méandres de quelque loi ou dans un nouveau phénomène renversant ? Ou bien verra-t-elle le jour en tant que clarification finale *« sur la nature même de la vérité »* ? J'aime à penser qu'il s'agira plutôt de cette dernière possibilité. Cette préférence de ma part est renforcée par les recommandations mêmes du Maître quant au parallèle à établir entre la nature de la vérité et la toile de fond cosmique de la réalité existentielle. Il dit avec insistance : *« Il n'y a qu'une réalité : l'essence, la présence même de Dieu qui se manifeste dans l'existence tout entière. »* Cette réalité peut être perçue par tous les sens, par toutes les émotions et par tous les instruments de mesure dont dispose la science. La réalité a une caractéristique bien évidente : sa cohérence infaillible permet de la vérifier selon tous les angles de perception possibles. Par exemple, vos yeux, votre nez et votre palais viendront ensemble vous confirmer que vous êtes en présence d'une délicieuse tarte au citron. C'est exactement la même chose pour la science, puisque la comparaison de données provenant de diverses sources de recherche et d'extraction, mathématiques à l'appui, constitue la nature même de ce que nous appelons une « preuve ».

« La réalité est la nature récurrente, mesurable, impartiale et uniformément prévisible de l'existence qui accomplit sans cesse ses tâches sans partialité. Votre unique devoir envers la réalité

est d'en faire l'expérience, de la percevoir et de la rapporter avec honnêteté. Il n'y a qu'une seule réalité et elle est à la disposition de quiconque veut s'en saisir et interagir honnêtement avec elle. La réalité n'appartient pas à l'élite intellectuelle ni aux privilégiés. Elle n'est pas non plus sous leur contrôle. On peut seulement l'appréhender par l'expérience, l'observation, la comparaison, l'intégration et l'honnêteté. Le sens que l'on a de la réalité augmente à mesure que l'on intensifie notre rapport à la vie. LA RÉALITÉ EST LE CADEAU DÉMOCRATIQUE QUE LE CRÉATEUR FAIT À LA VIE TOUT ENTIÈRE ET À L'HUMANITÉ. SI SEULEMENT UNE SEULE PERSONNE POUVAIT MODIFIER LA RÉALITÉ POUR LA FAIRE CONCORDER AVEC SON PROPRE POINT DE VUE, ALORS CE CADEAU N'EN SERAIT PLUS UN.

D'un autre côté, la vérité est le souffle, la profondeur de la conscience qui transcende la réalité et la ramène au simple entendement. C'est la vérité qui vous libère des limites inhérentes aux situations et assujettissements externes. Même si la vérité est une constante, il faut vérifier cette constance par l'expérience. Par conséquent, le chemin de chaque personne pour arriver à la conscience transcendante sera unique. La vérité trouve ses origines dans une réalité commune, qui n'est cependant pas archétypale. Vois-tu, la vérité n'est pas dissociée de la réalité qu'elle sert. Elle lui est intrinsèque. Dieu n'est pas dissocié de la vérité sacrée, pas plus que l'univers n'est dissocié de la sienne, ni moi de la mienne, ni toi de la tienne. Respecter ce principe d'intégrité suprême, C'EST RESPECTER LA VÉRITÉ. C'est la malhonnêteté humaine qui, à la longue, vous a tous incités à penser que la vérité est ailleurs, enchâssée dans un a priori d'ordre parfait. La vérité est une partie vivante de l'existence, l'élément de rappel constant du sens des choses, de la certitude et de la raison d'être, trois choses qui constituent votre boussole de navigation. Si vous cherchez la liberté dans la vérité, il faudrait peut-être en premier lieu judicieusement lui accorder sa liberté !

Libérez la vérité de sa tour d'ivoire. Elle ne précède pas la réalité ni ne la formule. Elle ne remplace pas Dieu en tant que source non plus. »

Jésus précisa que rien ne nous a plus séparés de la réalité ni plus distraits de notre véritable quête de la vérité que la conception philosophique erronée selon laquelle la vérité serait un archétype. Cette erreur fondamentale provient du fait que les idées figées deviennent des « vérités établies » par le truchement desquelles de nouveaux aspects de la réalité sont ensuite examinés. Qu'est-il advenu de la perception innocente ?

« La réalité, c'est votre point de départ. La vérité, c'est ce que vous tirez de l'observation des schèmes de constance. C'est l'entendement qui s'est avéré fonctionnel, utile et ouvert à la vie. »

Il est nécessaire de formuler ces priorités avant d'aller plus loin dans la discussion sur la science avec le Maître parce que, selon lui, *« les fausses idées sur la vérité ou les mauvaises applications que l'on en fait ont plus réussi à enrayer les progrès de la science que toutes les autres raisons du monde mises ensemble »*. Il formula cette remarque en faisant allusion au philosophe grec Platon, qui fut selon lui le catalyseur de la division. En fait, Platon partit du postulat selon lequel "l'idéal" était un archétype et la réalité, un pâle et imparfait substitut de celui-ci. Malgré l'esthétisme du raisonnement de Platon et la profondeur intellectuelle de son intuition mystique, l'influence destructrice de sa philosophie sur l'histoire occidentale de la science est incommensurable. Cette philosophie servit également à renforcer intellectuellement certaines suppositions erronées à l'effet que le Créateur, qui baigne dans la perfection, serait dissocié de ce qui a été créé en raison des fortes densités de réalité imparfaite. Les idées formulées indépendamment de la réalité n'ont que peu de valeur. Celles qui sont énoncées sans respect pour la réalité auront un effet négatif et d'inertie face au progrès et à la véritable fonctionnalité. *« Le problème en ce qui concerne la philosophie idéaliste, c'est qu'elle considère la vérité comme une idée archétypale à partir de laquelle la réalité est dérivée, quoique sous une forme imparfaite. »*

Si l'on s'en tient à ce point de vue, la réalité ne correspond à l'idéal qu'en fonction du hasard, de façon approximative et imparfaite. L'idéalisme intellectuel fait de la vérité un postulat premier et parfait, et de la réalité, quelque chose de dérivé et d'imparfait.

D'un point de vue scientifique, une telle façon de concevoir l'univers comporte deux failles énormes. D'abord, elle invalide l'objectivité en raison des idées préconçues émises sur l'univers. Ensuite, les imperfections attendues de la réalité servent d'excuse à l'insouciance des observations, à la malhonnêteté des rapports et aux justifications égocentriques. Ceci devient particulièrement évident quand les écarts sont vus comme de simples marges d'erreur prévisibles par rapport à « l'idée fixe » qui sert de point de référence.

Si l'on considère la chose dans une optique historique et sociale, on constate que la plupart des guerres ont eu lieu en raison de conflits insolubles existant entre deux ou plusieurs idées fixes. On a également gaspillé d'excessives quantités d'énergie, d'intelligence et de temps à courir après des chimères pour découvrir une vérité qui pourrait supplanter toutes les autres. *« Une telle quête fait errer les protagonistes hors du sentier de la vérité, car la vérité est la constante qui confère du sens à la vie et de l'équilibre là où il n'y avait auparavant que conflit. L'apprentissage ne finit jamais, et sa voie doit s'accomplir aussi bien sur terre qu'au ciel. Les hauts contreforts glissants de la connaissance glorifiée peuvent faire périlleusement déraper vers la division.*

La vérité ne relève pas d'un archétype. DIEU EST L'ARCHÉTYPE ! LA RÉALITÉ EST FONDAMENTALE ! ET LA VÉRITÉ EST L'ACCOMPLISSEMENT DE LA COMPRÉHENSION, CONFIRMÉE PAR SA CONSTANCE DANS L'EXPÉRIENCE ET PAR L'ÉQUILIBRE QU'ELLE CONFÈRE À LA VIE.

Telle est l'équation entre Dieu et la science. Car aborder la réalité avec objectivité et en tirer la vérité est aussi une démarche scientifique juste.

C'est par contre une démarche scientifique injuste que de postuler une vérité ou une théorie en tant que concept idéalisé et de tirer ensuite de la réalité des évidences qui viennent corroborer cette théorie. La raison d'être de la science est de vérifier la réalité, pas de prouver la théorie! Dans la vastitude de la réalité, il est toujours possible de prouver une théorie si vous éliminez suffisamment d'éléments et tolérez une grande marge d'erreur. »

Puis il renchérit à l'effet que la science, qui est dominée par la théorie, se traduit inévitablement en concepts athées accompagnés de déchets industriels toxiques. Au moment où le Maître dit cela, il me vint à l'esprit que peuvent également entrer en jeu des motifs de contrôle voulant que la science s'efforce de prouver des théories au lieu de vérifier la réalité. Les théories font partie de ce que l'on appelle « la propriété intellectuelle ». Donc, tout rendement en découlant donnerait lieu à des droits correspondants. Si la réalité est le cadeau que Dieu a fait à la vie tout entière, cela signifie alors que les diverses confirmations de la réalité sont une contribution que nous faisons au bien commun.

Dans le domaine scientifique, on trouve encore de nos jours des démarches erronées, bien que cette tendance soit en régression. Depuis plus d'un siècle, l'idéalisme platonicien bat de l'aile alors que les cerveaux scientifiques affrontent dorénavant la réalité directement. Aucune des grandioses percées du XXe siècle n'aurait été possible si un nouveau paradigme n'avait pas été formulé en ce qui concerne les confrontations directes avec la réalité en tant qu'existence première. Cependant, ceci n'a pas uniquement commencé au XXe siècle puisque, parallèlement à la philosophie platonicienne, existait la philosophie aristotélicienne qui prônait la nature comme « la mère de la vérité ». Selon le philosophe grec Aristote, la vérité est extraite de l'expérience première impartiale que l'on fait de la réalité. La réalité est la base de notre compréhension, et si on l'étudie soigneusement, elle nous fournit une description très exacte de la nature. Autrefois, les scientifiques expérimentaux s'inspiraient des méthodes d'Aristote, alors que les scientifiques théoriciens avaient plutôt tendance à s'inspirer des méthodes de Platon.

Après la formulation de la théorie de la relativité par Einstein, les deux branches opposées de la science, théorique et expérimentale, virent pratiquement leurs frontières disparaître. À mesure que l'objectivité et l'intelligence scientifique se développèrent, l'idéalisme fut scrupuleusement épuré. Avec l'éviction de l'idéalisme disparut également le raisonnement logique qui permettait d'inclure Dieu dans la science. Il y eut donc un silence de mort quant au divin et l'athéisme régna suprêmement dans la communauté universitaire. Malgré cela, grâce à la merveilleuse nature du paradoxe et une fois cet idéalisme de contrefaçon éliminé, on vit la réalité divine beaucoup plus clairement. En 1965, la science avait percé le seuil de l'infini aussi bien sur le plan microcosmique, avec la physique des particules, que sur le plan macrocosmique, avec les voyages galactiques. On ne pouvait plus désormais sublimer l'incommensurable présence de la réalité !

À partir de 1965, les documents scientifiques sérieux commencèrent à s'étayer ça et là de notes métaphysiques. Puis, cette tendance devint plus notable et elle est maintenant installée. On y trouvait même à l'occasion des allusions au concept de Dieu. Il s'agissait, bien entendu, du Dieu de l'ordre, car le Dieu des miracles n'est toujours pas reconnu par la communauté scientifique. Jésus m'aida à comprendre l'évolution de cette tendance en m'expliquant que la fonction de la vérité est de nous ramener à Dieu.

Son explication n'était pas une invitation à ramener la théologie dans le processus scientifique. Cela serait une aussi grande erreur que l'idéalisme platonicien. La chose importante à comprendre, c'est que Dieu est indissociable de la réalité et que, si on observe honnêtement la réalité, les vérités que l'on en tire pourront finalement améliorer notre compréhension de Dieu et de l'univers. Ces mêmes vérités peuvent servir à bâtir un monde meilleur si nous les appliquons de nouveau dans le monde et les combinons avec des idéaux permettant d'améliorer la qualité de la vie. Le schéma suivant montre de quelle façon on peut appliquer la vérité aux aspects pratiques de la vie. À ce sujet, le Maître m'expliqua que les vérités qui nous ramènent à Dieu sont sacrées et que celles qui nous permettent de construire un monde meilleur constituent des applications pratiques de la compréhension.

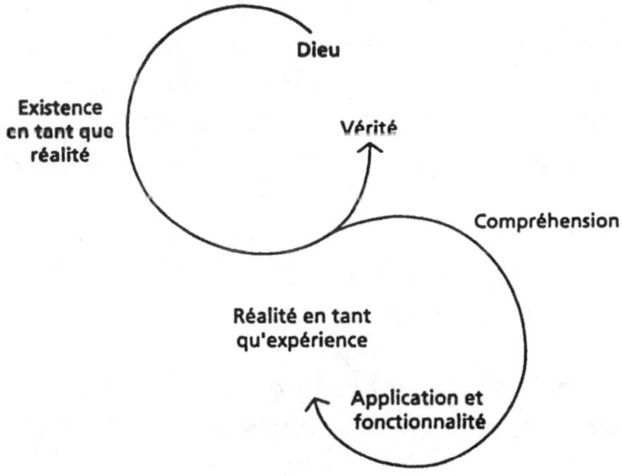

En tant qu'artiste, j'étais quelque peu découragée de l'entendre diminuer l'idéalisme. Pourquoi ? Parce qu'il y a entre la beauté et l'idéalisme une association inhérente à ma vocation. Je voulus donc savoir quelle était la relation entre les idéaux et la beauté. Il m'expliqua que ces deux notions sont des aspects de la vérité tels qu'ils sont perçus par les sens et ramenés dans le cœur sous la forme de mouvements et de schèmes harmonieux venant enjoliver la vie. La vérité appartient à tous les domaines de la vie, pas juste à la science.

« La science se situe entre la réalité première et les vérités fonctionnelles, pour ensuite passer aux applications pratiques. L'introduction d'idéaux dans le monde de la science est souvent profitable, mais uniquement dans le sens du perfectionnement des applications et de la définition de leur qualité innée. L'œuvre de Buckminster Fuller [constructeur américain surtout intéressé par les problèmes techniques – NDE] est un merveilleux exemple de l'emploi des principes d'ingénierie classique et de leur perfectionnement par le raffinement idéaliste.

Il existe une autre situation dans laquelle l'idéal est pertinent par rapport à la science. Quand je dis cela, j'espère bien que tu comprends que je ne parle pas d'imposer des idéaux à la science. Ce serait aussi invalidant et régressif que la recherche de vérités archétypales.

Rendue où elle en est à cette époque, la science est encore orientée et dirigée par des normes d'objectivité. C'est juste et en même temps nécessaire par rapport à la démarche scientifique actuelle. La science est sur le point d'arriver à une définition supérieure de ce qu'est la vérité. Une fois cette définition découverte, les idéaux auront une nouvelle signification pour la science et ne risqueront plus de faire avorter la réalité. »

En hésitant un peu, je demandai : « Si tu me parlais de cette vérité supérieure, est-ce que je pourrais comprendre ? »

« Je pense que oui, étant donné que tu la manifestes déjà dans ton travail d'artiste. En fait, cette vérité d'ordre supérieur sera tout d'abord appréhendée et utilisée en dehors du monde de la science par des gens comme toi qui feront la preuve de son pouvoir. »

« C'est quoi, alors ? »

« La vérité ultime, c'est le point où l'intérieur et l'extérieur ne

font plus qu'un. Peu importe à quel point vous avez tous étudié et observé à fond les facteurs extérieurs propres à une situation. Vous ne connaîtrez la vérité totale que si vous avez appréhendé les forces internes de motivation ainsi que leur rapport avec les éléments externes. Inversement, même si vous comprenez parfaitement l'interne, vous ne détenez pas la vérité totale à moins de comprendre l'impact de l'interne sur l'externe. Implicitement et explicitement, l'univers ne fait qu'un. Au point de stase parfait entre l'explicite et l'implicite, il y a un état d'hypersynchronicité où la matière, l'énergie, l'espace et le temps évoluent ensemble sur un mode de non-résistance ayant un potentiel infini. Il ne s'agit pas de l'effondrement de la matière, mais plutôt de celui de sa synchronicité au point zéro de stase parfaite. (Jésus précisa que la stase est l'état de repos parfait de l'hypersynchronicité.) *Le point zéro n'a rien à voir avec le rien. C'est une façon de désigner l'infini. Cette connaissance aura pour la physique le même genre d'importance que celle du zéro en mathématiques, c'est-à-dire une ouverture de son potentiel au-delà de toute limite. L'hypersynchronicité est la suprême source des schèmes, rythmes, rapports et harmonies que vous considérez comme étant l'idéal. Quand une personne sait cela, le concept d'idéal se voit affublé d'une nouvelle valeur et d'une autre signification. En même temps, cependant, chacun aura compris que les idéaux font implicitement partie de l'univers et qu'ils ne sont donc pas appliqués sur celui-ci comme un prototype extérieur engendré par le mental.*

Le mental ne peut pas générer d'authentiques idéaux, puisqu'il est lui-même un dérivé et non une cause. Il est en fait dérivé de l'idéal qu'il voudrait vous faire croire avoir créé. Cette confusion provient du fait que, à l'état d'hypersynchronicité, la cause et l'effet ne font qu'un. Lorsque la conscience sort de ce point sacré, la cause et l'effet sont perçus comme complémentaires. En fonction de sa polarité typique, le mental enregistre les effets en choisissant de se souvenir de lui-même comme étant le seul facteur de causalité. »

Il avait déjà anticipé la question que je voulais poser, puisqu'il ajouta : *« Oui, il existe bien un mental universel qui garde en mémoire la cause originelle et qui surveille son potentiel infini.*

Celui-ci ne fonctionne pas en confondant cause et effet, comme le mental des gens le fait, puisqu'il n'a jamais quitté l'état d'hypersynchronicité. » Ceci fut la seule allusion au mental cosmique ou universel qu'il fit jamais. Peut-être cette unique phrase contenait-elle tout ce qui devait être dévoilé sur le sujet. Je préfère, quant à moi, imaginer que Jésus détournait mon attention d'un sujet dont mon mental aurait pu s'emparer pour se donner du pouvoir. Sans cesse, il m'encourageait à ramener mon attention sur l'intelligence supérieure du Cœur sacré. En fait, il mit fin à cette conversation en me rappelant que le Cœur sacré est pour chacun le point où l'intérieur et l'extérieur ne font qu'un. *« Votre cœur est le point suprême de la vérité. Il y a dans le Cœur sacré bien plus d'intelligence que n'importe quel mental ne pourra jamais l'appréhender. »*

Ce matin-là, son message débordait d'implications scientifiques que je choisis de contempler pendant que je peignais silencieusement. Plus tard, au cours de la même journée, nous revînmes sur le thème de la réalité universelle. J'étais impatiente d'explorer le sujet en profondeur. Je voulais clarifier et explorer la raison pour laquelle la cause et l'effet n'étaient pas des éléments fondamentaux de l'univers, mais plutôt des manifestations dérivées d'un phénomène d'expansion.

S'il existe une stase parfaite au point zéro de l'hypersynchronicité, alors dans quelles circonstances la cause et l'effet se produisent-ils ?

« LA STASE PARFAITE, C'EST L'ÉQUILIBRE PARFAIT, LE MAINTENANT SACRÉ À PARTIR DUQUEL TOUT PREND RACINE. Cet équilibre se manifeste sous la forme des diverses parties du tout qui se reconnaissent et s'interpellent. Dans un tel état, les possibilités d'interaction peuvent varier de la simple harmonie, où tous les éléments se supportent mutuellement, aux incongruités et discordances à partir desquelles les densités peuvent s'accumuler. Quand ceci se produit, il faut davantage de temps et d'espace pour maintenir l'harmonie. Et c'est ceci qui génère la cause et l'effet, car c'est le moyen qu'a l'univers pour interagir et rééquilibrer les choses dans le temps et l'espace. Les trois modes d'interaction existent simultanément dans l'univers. Avec la stase parfaite, il y a synchronicité parfaite. À l'autre extrême, dans la division, la cause et l'effet prévalent. Et entre ces deux extrêmes, il y a la réciprocité, qui est la tendance naturelle de l'existence. »

Pendant qu'il parlait, le Grand Triangle me revint à l'esprit, soit celui de l'amour, des particules adamantines et de l'esprit. J'entrevis la parfaite et merveilleuse fusion dont il venait de discuter. Selon lui, l'amour est la source, le pouvoir qui confère vie et énergie à tout être-là. Et les particules adamantines sont les véritables particules indissociables (sens original du mot atome) qu'il qualifia parfois de particules d'infini. Celles-ci détiennent en elles le corps générique et universel de l'existence tout entière. À propos de l'Esprit, le Maître avait mentionné : *« Il n'y a qu'un esprit, qui sert de matrice ininterrompue pour toute l'existence. »* L'esprit est en toute chose, autour de toute chose, avec toute chose et de toute chose. Tout est indissociable et indivisible, et il n'y a pas d'endroit où l'esprit ne soit pas. L'esprit est la connexion ultime, le champ unifié véritable. Les hypothèses et découvertes de la science du XXe siècle ont amené l'homme à entrevoir l'ordre inhérent à l'univers, les processus créatifs et le changement dynamique perpétuel qui est soumis à cet ordre. L'existence se conçoit maintenant essentiellement comme un perpétuel flot de potentiel qui se déploie sous la forme de manifestations physiques discrètes seulement dans certaines conditions.

La théorie du champ unifié est un concept très débattu dans les cercles scientifiques. Je demandai donc à Jésus si le concept de singularité était valable.

« En raison de l'esprit qui est Un et de la nature hautement synchrone et intégrée de l'existence tout entière, la singularité existe effectivement sous un certain aspect. Elle est un terme significatif seulement par rapport à l'unité, non par rapport aux particules ou aux points. La singularité est une fonction de l'hypersynchronicité, qui peut comprimer n'importe quelle partie de l'existence ou toute l'existence en un état singulier de potentiel infini. La singularité n'existe pas en tant que dissociation, car celle-ci ne peut être honorée à ce point. »

Il était maintenant facile de voir comment nous pouvions aborder le domaine de la relativité en rendant superflues nos idées sur la division et la dissociation. Il est clair que le concept selon lequel l'Esprit est Un est l'interface entre la divinité et les aspects pratiques de la vie. Pourtant, une question continuait à me hanter. Celle sur l'amour. Comment le pouvoir de l'amour peut-il s'étendre jusqu'au domaine des particules physiques ?

Le Maître me répéta à maintes reprises que *« l'amour précède toujours tout parce qu'il ramène tout à l'unisson. L'amour déclenche l'union. L'amour unit les particules et crée les relations. L'agent physique qui intervient dans ce cas est le magnétisme. Et ce pouvoir appliqué à l'existence physique est la compression. »*

Ce ne fut que quelques jours et bien des conversations plus tard qu'il fut disposé à me révéler la nature de l'amour en tant que pouvoir physique, source de création et de sustentation. Il me rappela souvent que la force dont il était question ici n'était pas le lien affectif et tendre, la sorte de sentiment « rose bonbon » que le monde considère en général comme étant l'amour. Ceci ne veut pas dire que de tels sentiments ne naissent pas dans la vraie force d'amour. Par contre, si ces sentiments étaient tout ce que nous connaissons de l'amour, nous serions bien désemparés pour expliquer notre vie et encore plus pour la réaliser. Jésus me parla toujours du pouvoir de l'amour avec un ton respectueux et sacré. Il y a néanmoins au pouvoir de l'amour un aspect scientifique qu'il vaut mieux diffuser dans le cadre de ce contexte. C'est donc avec un profond respect et une grande gratitude que je vous transmets cette fantastique information.

« Pour examiner la fonction de l'amour sous un angle scientifique, pensez-y en tant que transfert inversé, soit une fonction où deux forces complémentaires se rejoignent en présence d'un troisième facteur stabilisant, inversent leurs modes et où l'une devient l'autre, et vice versa. Il s'agit de magnétisme premier et de compression, une fonction sans cesse à l'œuvre parmi les particules et énergies élémentaires. En ce qui a trait à la vie organique, c'est l'ADN qui remplit cette fonction complexe et mystérieuse. C'est aussi le mystère du paradoxe qui précède, remplace, dépasse et rassemble tous les schèmes de structures pour les transformer simplement en fluidité.

Le pouvoir premier de l'amour comporte une fonction de conscience de soi, de reconnaissance de soi et de dialogue avec soi. Ceci est vrai que vous considériez l'amour en tant qu'être ou énergie. Vous pourriez l'appeler la force du JE SUIS. Par une communion intérieure, le tout devient conscient de ses possibilités diverses. Puis, il y a établissement de potentiels différenciés et manifestation de ces derniers. En même temps, il y a un mouvement de rétention et de relâchement qui crée un champ statique, une constante existant de façon neutre par rapport aux variables manifestées. On peut dire que ce champ fonctionne comme le point zéro pour comprimer et libérer l'énergie. Le périmètre extérieur d'un tout ne peut jamais être délimité car, en tous points, tout élément est connecté à un autre. Un tout se définit par son caractère et sa qualité, non par ses limites ! Toutefois, son centre peut être déterminé par le zéro. Les forces qui émanent de ce point viennent exponentiellement démultiplier l'énergie libérée. Simultanément et par tension énergétique, l'énergie est transférée d'un extrême de l'expansion à l'autre. Cette inversion engendre un couple de torsion qui met en mouvement une roue de magnétisme. »

La puissance et le sens de ces pensées dépassent encore mon entendement à ce jour. Par contre, cette explication ajoute une certaine profondeur et une certaine richesse aux autres aspects de la création, que je trouve ainsi plus facile à comprendre. Mais il y a une pensée dans tout cela qui s'est montrée utile de bien des façons : *« Le magnétisme est inhérent à l'énergie première. Étant donné que vous faites intégralement partie de cette énergie, vous n'avez pas besoin de la fabriquer mécaniquement ni de la manipuler. Il vous suffit simplement d'établir fermement un lien avec elle par la conscience et la reconnaissance de vous. »* Cette affirmation vient corroborer une fois de plus la raison pour laquelle l'amour doit être reconnu comme le fondement de notre conscience de nous.

L'amour, le magnétisme et la compression, les causes premières de l'énergie, continuent de sustenter nos vies aux confins des créations manifestées. Et pourtant, nous n'avons pas encore réussi à atteindre directement ces sources de potentiel par le truchement de techniques éprouvées. Les structures de la pensée et de la fonction que nous employons actuellement pour définir notre existence n'ont pas encore atteint cet univers. L'explication de Jésus selon laquelle l'univers tout entier était bâti sur la compression et que cela était la loi de l'énergie m'intriguait au plus haut point.

En termes simples, la compression engendre l'énergie et l'expansion la libère. Il précisa par la suite que toute compression engendre une nouvelle énergie. Ceci souleva chez moi une question sur la loi de la conservation de l'énergie. « Comment une nouvelle énergie peut-elle être créée s'il en existe une quantité fixe ? »

« Les énergies de l'univers ont été élaborées par d'incroyables degrés de compression. Le relâchement de cette immense compression a donné lieu à la grande explosion que l'on connaît mieux sous la dénomination "big-bang". Dans cette explosion ont été générés les photons, qui constituent la lumière, cette constante du mouvement dans le cadre du champ thermo-dynamique créé. Dans ce relâchement de compression apparurent également les distances observables que vous appelez espace, ainsi que la formulation des schèmes élémentaires que vous connaissez comme la matière. Vous avez donc la matière, l'énergie, l'espace et le temps. Ce fut un point crucial dans la création. L'énergie libérée par l'explosion fut en fait une inversion de sa formule originale. À partir de ce moment-là, cette énergie s'est maintenue en tant que quantum fixe conditionné à se régénérer lui-même par le truchement d'inversions similaires. Par conséquent, toute structure est déterminée et établie en fonction du renversement du quantum d'origine de l'énergie. C'est cela la loi de la conservation.

Dans l'existence, la plus grande structure est le champ unifié d'énergie de conservation. Ce champ comporte un quantum fixe d'énergie parce qu'il est un dérivé et qu'il est suspendu de manière stable dans la pérennité. Les structures qui en dépendent sont exactes et finies. Mais ceci n'est pas le confin de l'énergie ni son unique source. Le champ libre et infini des particules adamantines, qui sont activées par l'amour, représente la plus grande source d'énergie. Il est disponible de façon illimitée pour des compressions actuelles et futures. » Le Maître qualifia souvent ces particules de particules d'infini et soutint que la science doit en premier lieu s'occuper de la nature et de la totalité de l'infini avant de vraiment pouvoir comprendre la nature des particules adamantines.

« Le magnétisme est généré électriquement dans le champ de conservation. De plus, à toute quantité particulière d'attraction magnétique doit correspondre un mouvement équivalent de particules chargées. Par conséquent, dans ce contexte, on ne peut avoir directement accès au potentiel magnétique en tant que source d'énergie. Les réponses aux questions concernant le magnétisme originel ne pourront donc pas être trouvées dans le cadre de cette structure limitée. Même si le phénomène de

l'électromagnétisme se produit dans le cadre du champ de conservation, il existe tout de même une fonction supérieure de magnétisme qui dépasse ces dispositions polarisées et qui est pure énergie. Dans le grand spectre des champs d'attraction, le magnétisme est engendré par des alignements d'infini.

Le mental a tendance à préférer les explications découlant de la notion de conservation, même si celle-ci comporte bien des restrictions. Car le mental est également et essentiellement de nature électrique et structurelle. Il en va de même pour tous vos instruments de compilation, d'expérimentation et de collecte de données. Ils tendent tous vers la priorité et la polarité électriques. Je vous suggérerais de commencer par changer votre point de vue. Appelons cela "la révélation de Copernic". Voyez-vous, aussi longtemps que la vision de l'homme fut géocentrique, il lui fut impossible d'envisager que la Terre puisse tourner autour du Soleil. Lorsque Copernic avança la notion d'héliocentrisme, il ouvrit par la même occasion les portes vers une galaxie.

À l'instar des lois de la conservation, les lois de la thermodynamique correspondent aux champs de densité capables de générer de l'énergie thermique et de réagir à celle-ci. En ce qui concerne ces champs de densité, ces lois sont en fait exactes. Cependant, la thermodynamique échoue infailliblement sur le plan de l'intégration de la totalité de l'existence par la logique. Elle définit l'énergie comme une fonction de la matière existant dans un système macroscopique qui est isolé par rapport à l'infini inconnu imperturbable. Le cas échéant, elle considère tout au plus l'infini comme un ramassis de résidus de l'existence qui ne peuvent être expliqués autrement. C'est ce que l'on appelle habituellement "matière noire".

La science n'est pas la seule discipline coupable d'avoir attribué à l'inconnu des quartiers séparés. Bien des religions ont relégué Dieu au lointain passé et à l'éternel futur, laissant le présent aux prises avec toutes sortes de problématiques envahissantes. C'est un sacré coup bas envers Dieu, surtout si l'on pense que le Créateur réside dans le présent sacré ! » Ceci me permit de mieux comprendre la raison pour laquelle les gens en savent autant sur les religions et si peu sur Dieu.

« Définir l'univers comme un système macroscopique de

matière et d'énergie alors qu'existe un champ impénétrable de potentiel brut suscite le même genre de coup bas envers l'infini cette fois. De plus, cela élimine la synchronicité et l'hypersynchronicité en tant que principes scientifiques, tout en reléguant le sujet de la compression aux formules expéditives de la thermodynamique. »

« Qu'en est-il des chiffres ? demandai-je. La science que nous connaissons fonctionne avec des chiffres. »

« Les mathématiques employées pour désigner l'infini et l'énergie première sont de nature angulaire et proportionnelle, car seuls les rapports et les proportions peuvent pénétrer la nature de l'infini et transposer la qualité en quantités probables. Les proportions angulaires ramènent au zéro, ce qui permet l'isolation d'un centre statique, centre qui détient un potentiel indéterminé.

Vous devez comprendre que le pouvoir fonctionnel de la véritable statique ne peut jamais être défini par la structure ni par des quantités absolues, puisqu'il se situe en dehors du domaine de la structure. Néanmoins, on peut comprendre son potentiel et y avoir accès. Et en ayant accès aux particules et à l'énergie dans le champ de conservation, on peut attribuer des valeurs numériques absolues à des constantes. En dehors de ce champ, la statique est la constante. Sa stase fournit une base aux potentiels fluctuants et à la compression, ou à la naissance des potentiels. De tels potentiels activent des vortex qui peuvent être localisés, prédits et modifiés par des angles et des proportions. Mais il ne s'agit pas ici de systèmes macroscopiques flottant isolément dans un champ indéfinissable plus vaste. Il s'agit d'éléments simplifiés. Lorsque les particules et d'autres éléments se combinent à eux, la simplification augmente quand il y a rapprochement vers le zéro. Et la complexité augmente quand il y a éloignement du zéro.

Il n'y a pas de singularité dans la dimension de la matière. La chose intéressante avec la statique, c'est que, étant indéfinissable, elle peut servir de fonction de singularité en tant que force unificatrice, sans devoir être une singularité brute dans un sens strict. La plus merveilleuse des choses touchant l'indéfi-

nissable, c'est sa capacité à s'adapter aux besoins circonstanciels tout en n'étant pas conditionné par eux. Pour bien commencer, il serait bon de réaliser que presque tout est de l'espace... »

Avant que Jésus ait pu poursuivre, je demandai : « Dans le domaine de la physique, quel est le point de vue le plus fondamental nécessitant un changement ? »

« Le concept qui veut qu'énergie égale masse. En fait, l'énergie est du potentiel. La perfection de la formule d'Einstein réside dans le fait qu'il a écrit $E = mc^2$*, pas* $E = m$ *(conditionné par la constante de la lumière au carré). Vous pourriez penser que cette différence est trop subtile pour avoir de l'importance. Et pourtant, je peux vous assurer qu'elle peut se comparer à la différence qui existe entre les explications géocentriques et héliocentriques de votre système solaire ! Le potentiel est fait d'une quantité, d'une constante et d'une qualité. Dans sa formule, Einstein a réduit à leur plus simple expression les facteurs de l'énergie dans le champ de conservation. La masse procure la quantité, la lumière apporte la constante et le carré donne la qualité. Dans un champ de conservation, la reproduction et la restriction constituent la qualité. La formule* $E = mc^2$ *vaut universellement parce qu'elle accorde une importance égale aux trois facteurs.*

Voyez-vous, l'énergie est un potentiel qui est interdimensionnel et interpositionnel. De nombreuses extrapolations dérivées de la théorie d'Einstein ont tendance à renforcer l'hypothèse bornée que l'énergie est égale à la masse et que la masse exerce une force gravitationnelle. Ce qui motive fondamentalement une telle façon de penser, c'est le désir de mettre au point les plus vastes et plus fonctionnelles définitions possibles de l'univers pour qu'elles puissent offrir le maximum de contrôle dans un champ de conservation.

Copernic dut faire face au même genre de dilemme à son époque. On croyait alors que la Terre était le centre de l'univers. Par conséquent, quiconque contrôlait la Terre pouvait également s'attendre à contrôler l'univers. Une mainmise par l'appropriation était la force qui motivait tous les anciens conquérants. Galilée fut persécuté pour ses idées parce que celles-ci avaient invalidé de telles visions de grandeur. C'est pour cette raison également qu'il y eut par après une telle libération du potentiel humain.

Une fois qu'on a compris que l'énergie est un potentiel fait d'une quantité, d'une constante et d'une qualité, on peut alors mettre au point une formule qui sera applicable à de nombreuses situations dans le champ de conservation et au-delà de celui-ci. Une fois ceci compris, les conjonctures de l'infini seront compréhensibles. »

Avant cette explication, j'avais hésité à lui faire part de ma confusion entre l'espace et l'infini. Maintenant, il devenait impératif de poser la question suivante : « L'infini est-il explicable par la matière, l'énergie, le temps et l'espace ? »

« Explicable mais pas définissable », répliqua-t-il. « *En plus de la magnitude, l'infini se caractérise aussi par la simultanéité et la qualité. Il existe dans l'espace, mais n'est pas défini par celui-ci. »* Sa réponse avait toute la simplicité à laquelle j'aurais pu m'attendre. Pourtant, je ne comprenais toujours pas l'infini dans le monde physique des particules.

« Bien. Imagine ce que je vais te dire. Deux particules voyagent à la vitesse de la lumière dans des directions opposées. Si tu considères leur point de départ comme une masse fixe géocentrique, on pourra prouver qu'elles se déplacent à la vitesse de la lumière, qui est la constante du mouvement par rapport à la masse. Tu peux par contre percevoir aussi une autre relation entre les deux particules qui s'éloignent ; c'est un point d'équilibre attribué non pas par leur point d'origine, mais plutôt par leur propension à opérer ensemble. On peut désigner ceci comme le point zéro à partir duquel on peut les observer se déplacer au double de la vitesse de la lumière. Ces deux particules premières peuvent alors en bousculer et en activer d'autres dans un mouvement sans cesse grandissant et en expansion. Ceci s'effectue par le truchement de la transmission et de la duplication qualitatives, en interdépendance avec n'importe quels facteurs ou constantes quantitatifs. La clé dans tout cela, c'est le point zéro, qui est une véritable stase à partir de laquelle peuvent s'étendre des angles d'infini. C'est de cette façon que l'univers put être créé si rapidement ! »

Quand le Maître dit cela, cela me fit penser à la théorie du chaos. *« Oui, cette théorie représente effectivement un certain progrès quant à la reconnaissance de la simultanéité et de la reproduction qualitative, car l'infini est la transmission simultanée du potentiel par le truchement des similarités de qualité. Néanmoins, la recherche d'une constante numérique unique pour chaque occurrence de chaos ne s'avérerait pas fructueuse. »*

Il me présenta deux exemples de l'infini. *« L'angularité exprime la qualité de l'infini car, par implication, les angles ne s'étendent-ils pas à l'infini ? La quantité infinie évolue progressivement et proportionnellement de la manière dont progressent les demi-vies, mais elle n'atteint jamais zéro. »*

« La constante est-elle un absolu numérique ? »

« Non, pas dans un sens absolu. Une constante est un facteur, une dimension, un potentiel, un point qui ne change pas dans un contexte particulier. Toute constante représente un index d'équilibre, le point à partir duquel toutes les variations et les accélérations s'effectuent et en fonction duquel elles peuvent être mesurées. Prends par exemple la vitesse de la lumière. Einstein fut brillant en ce qui regarde l'observation de la constante de la lumière par le fait qu'il fut le premier à démontrer que l'équilibre en mouvement est une constante de l'énergie. En réalité, toute la galaxie est de l'équilibre en mouvement. Quand vous trouvez les facteurs d'équilibre, vous trouvez aussi la constante.

Aussi simple que cela puisse paraître, bien des découvertes qui en dépendent sont actuellement bloquées ou négligées en raison de l'association fautive que l'on fait entre équilibre et inertie, ces points d'immobilité ou points morts où l'action, la vie et les fonctions sont suspendues. Cette confusion est là parce qu'on observe l'équilibre dans la structure, comme le moyeu d'une roue, le pivot d'une scie ou l'inertie d'un objet au repos.

Le véritable équilibre est vital, réciproque et synchrone. Il engendre du potentiel au plus haut point même si sa constance constitue un point d'immobilité par rapport aux variables qui l'entourent. (Il amorça un sourire et me rappela que je devrais dorénavant m'habituer à de tels paradoxes pour pouvoir me sentir à l'aise en dehors du domaine de la structure linéaire.) *La fonction d'une constante est de stabiliser des variables. Par conséquent, ce serait une erreur de tenir une constante pour une absolue fixe. Il arrive que la fonction d'une constante soit si évidente qu'on puisse la désigner, la mesurer et lui attribuer une valeur numérique, comme c'est le cas pour la lumière (raisonnement déductif). En général, la constante doit cependant être isolée par le truchement de facteurs de réciprocité dans le cadre d'un champ de variables (raisonnement inductif). »*

J'avais besoin d'une petite clarification sur le point zéro. « Le vide est-il un aspect de l'énergie et de l'espace, ou bien n'est-il qu'une hypothèse ? »

« L'un ou l'autre. Il pourrait être un vide, un champ énergétique comprenant des fluctuations non discernables, un point de départ dans un champ de potentiel en expansion ou un point d'équilibre manifeste. Le cœur de toute cela, c'est que ce point zéro est la référence attribuée à la constante maîtresse, qui est la stase parfaite de l'hypersynchronicité (équilibre ultime). Le facteur de point zéro assure le pouvoir à toutes les autres constantes, comme la vitesse de la lumière, à laquelle sont attribuées des quantités spécifiques. Si la constante suprême n'était pas le point zéro, alors les constantes auxquelles on a attribué une valeur qualitative ne seraient plus valables lorsqu'elles se retrouvent dans des situations variables. »

J'ai dû avoir l'air un peu déconcertée, car Jésus ajouta : *« Il n'est pas important pour l'instant que tu comprennes comment cela fonctionne. Ce qui l'est, c'est que tu fasses une corrélation entre l'énergie et le potentiel, et que tu saches que le potentiel est fait d'une quantité, d'une constante et d'une qualité. Peu importe la valeur qui est attribuée à la constante : elle tire toujours sa stabilité et son équilibre du point zéro de l'hypersynchronicité, qui existe dans tout phénomène. »*

« Pourquoi est-ce si difficile à voir ? » Un large sourire se dessina sur son visage, comme s'il anticipait le plaisir que le partage d'un secret divin lui procurerait.

« Parce que l'hypersynchronicité aime se dissimuler. Ce qui est inscrit dans le langage de l'unité défie toute observation extérieure. C'est comme la vérité. Pour la voir, il faut être dedans ! »

Je me retirai dans mon silence intérieur tout en recommençant à peindre. Un autre jour, tard dans l'après-midi, alors que je me sentais un peu lasse, le Maître me suggéra de sortir dans le jardin derrière la maison et de regarder brièvement le soleil. Celui-ci était bas dans le ciel et les circonstances me permirent presque de le fixer. Même si je ne pus le regarder que très rapidement, j'en ressentis un effet relaxant. À mon retour dans l'atelier, Jésus me demanda si j'avais apprécié mon petit voyage vers l'infini et fit remarquer que ma concentration devait être plus grande maintenant que j'étais magnétisée de nouveau.

« Tu veux dire que le soleil est magnétique ? »

« Le soleil commença sa vie en étant un puissant vortex de compression. Aujourd'hui, il est une force magnétique dans le système solaire. Le soleil s'élabora électron après électron par la compression de l'hydrogène. La chaleur engendrée par la compression déclencha une chaîne de réactions thermonucléaires qui finit par devenir ce que vous voyez aujourd'hui. » (Récemment, je fus enchantée de voir cette explication corroborée par d'autres. Un ami me fit parvenir un article d'un journal de Washington portant le titre suivant : « DES ASTRONOMES PRÉTENDENT QUE LA “COUVERTURE DU SOLEIL” EST MAGNÉTIQUE ». « Des astronomes ont annoncé hier (11 mai 1997) qu'ils venaient de résoudre un casse-tête vieux de cinquante-cinq ans. Pourquoi fait-il des centaines de fois plus chaud à l'extérieur du soleil qu'à l'intérieur ? Parce que, d'après eux, le soleil est entouré de l'équivalent d'une couverture électrique qui l'isole du froid sidéral. Cette couverture est chauffée grâce à un phénomène magnétique et non pas électrique. Alan Title, directeur de l'Institut Stanford-Lockheed pour la recherche spatiale et responsable de l'équipe internationale de recherche, a surnommé cette couverture le “tapis magnétique du soleil”. Environ 50 000 points magnétiques dispersés un peu partout à la surface du soleil pompent sans arrêt un courant de chaleur et d'énergie de l'intérieur vers l'auréole, cette zone la plus extérieure de l'atmosphère du soleil. » J'attends avec impatience le jour où d'autres confirmations du genre se présenteront.)

Intriguée par son explication sur la nature magnétique du soleil, je me demandai si le phénomène magnétique s'appliquait également aux trous noirs. J'étais curieuse de savoir si un trou noir était un point où la matière et l'énergie s'étaient complètement effondrées et avaient disparu dans la densité infinie avec un appétit vorace ! Le Maître sourit et précisa qu'il était impossible que la matière s'effondre totalement. Un grand sourire aux lèvres, il ajouta : *« Ces vortex ne sont pas des instruments de mort ! La plupart sont au contraire des instruments de vie qui acquièrent à un moment donné suffisamment de masse pour pouvoir se transformer en nouveaux soleils ou autres agrégations de matière cosmique. Ce que la science appelle de nos jours les trous noirs sont en fait trois phénomènes distincts. À mesure que l'on comprendra mieux l'infini et la véritable statique, on distinguera davantage ces trois formes diverses.*

Tout d'abord, ces trous noirs sont des ruptures dans la grille énergétique qui révèlent le pouvoir phénoménal de la véritable stase et sa capacité à générer de l'attraction magnétique. Il s'agit de champs naissants qui deviendront peut-être de futurs soleils.

En second lieu, il s'agit de gigantesques vortex adultes qui ont grandi si rapidement qu'ils se sont transformés en colossales fontaines d'énergie sans jamais devenir totalement solides. Ce sont de puissants quasars qui exercent une influence sur tout ce qui se trouve autour d'eux à des distances intergalactiques.

Enfin, il s'agit de champs d'effondrement de l'énergie où une étoile vieillissante a perdu sa capacité à conserver matière, énergie, temps et espace dans un système de mouvement équilibré autour d'elle. Ceci n'est pas la même chose que l'effondrement thermonucléaire d'une jeune étoile géante qui se transforme en supernova. En effet, dans ce cas, le champ magnétique continue d'avoir une influence puissante sur l'énergie et la matière voisines, mais sans le système d'équilibrage que ses propres planètes lui fournissaient autrefois. Il ne s'agit donc pas de matière effondrée, mais d'un système effondré qui se rapproche de la densité infinie. »

Pendant qu'il parlait, tout cela semblait si simple et si grandiose que je ne pus que m'émerveiller du potentiel renversant du cosmos. Il était si facile de voir la matrice sans fin de l'expansion et de la contraction dans toute l'existence à travers ses yeux ! Ceci se révéla particulièrement le cas dans la dernière discussion détaillée que nous avons eue au sujet des propriétés physiques. Il avait fait des trous noirs un sujet tellement abordable, que je ne pus résister à lui demander ce qu'il en était de cet autre élément plus qu'intrigant de l'univers : l'antimatière. L'antimatière est quelque chose de très instable. Quand la matière et l'antimatière entrent en collision, elles se détruisent l'une l'autre et disparaissent dans une explosion de radiation. Une particule d'antimatière est exactement l'opposé d'une particule de matière.

« L'antimatière et la matière ont été créées en même temps à partir d'énergie pure. L'antimatière représente la partie non compressible de l'énergie. Dans des champs de haute compression, la matière s'accumule en éléments denses et l'antimatière disparaît. Il est nécessaire qu'elles se séparent toutes deux afin que la matière puisse se perpétuer par l'accumulation de la masse. Ce n'est que lorsque les deux se rencontrent de nouveau que toute l'énergie peut être libérée de la masse. Quand les deux valences d'énergie entrent en contact, toutes les compressions de matière sont libérées sous forme d'énergie pure.

Quand cette énergie est créée, elle se divise en deux branches de potentiel. L'une réagit à la compression, et l'autre pas. Ce n'est pas une symétrie parfaite sur le plan de la structure puisque la matière contient aussi bien des charges positives que des charges négatives et que l'antimatière formera à l'occasion de minuscules groupuscules de masse. Leur fonction complémentaire crée un équilibre dynamique. Normalement, ces deux branches de potentiel n'interagissent pas activement. En fait, elles sont protégées par leur indifférence innée l'une face à l'autre, du moins jusqu'à ce que se présentent des conditions de compression si denses qu'un champ de conservation s'établit et repousse l'antimatière. La tentative d'expulsion de l'antimatière est justement le déclencheur même qui l'attire. Pourquoi ? Parce que l'antimatière est le corollaire de base qui a engendré en premier lieu la formation de la matière. Le relâchement de la compression engendre l'attraction, et l'attraction engendre le relâchement de la compression. À l'occasion, cela pourrait être un formidable big-bang ! Tel est l'éternel rythme du cosmos ! »

Ses yeux pétillèrent alors qu'il fit une pause pour me permettre de constater la simplicité de la création universelle.

La raison d'être de la science, dit-il, *« est d'agrandir la compréhension de la vie et de faire en sorte que celle-ci fonctionne ».* Je doute fort que Jésus m'eût fait part de toutes ces données techniques et scientifiques s'il n'avait point constaté que ma conscience prenait elle aussi de l'expansion. Dans toutes nos conversations, il prenait un grand soin de s'assurer que tout soit compris et que ces informations puissent être appliquées dans la vie courante. Une des plus pertinentes récapitulations qu'il ait jamais faites sur le thème de l'énergie dans notre monde concerne sa relation au manque et à la force.

« Étant donné que l'homme compose avec de l'énergie qui est définie par les principes de la conservation, il comprend celle-ci uniquement dans l'optique du manque, de la rareté. Ceci est renforcé par le fait que la source première d'énergie qu'il peut percevoir et comprendre provient du soleil. Cette énergie est diffusée dans tout le système solaire et pénètre peu à peu toutes les structures de vie. Puisque, dans ce système, il y a limite et dépendance, il y a aussi rivalité et compétition. Voilà pourquoi les forces agressives, puissantes et hautement conservatrices dominent. Aussi longtemps que la source première d'énergie de l'homme sera assujettie à un tel manque, il ne pourra y avoir de système démocratique social durable sur la Terre. Il est impératif que l'homme change de point de vue, qu'il envisage l'infini physique et la réalité de Dieu s'il veut créer sur terre une fraternité où règnent paix et prospérité. Ce changement de point de vue lui permettra de trouver les réponses qu'il cherche depuis longtemps, tant sur le plan physique que sur le plan spirituel. La science est la quête de la fonctionnalité. Elle développe la conscience sur la façon dont la vie fonctionne et applique cette conscience pour résoudre les problèmes de la vie. Toute activité qui met en œuvre cette attitude et cette démarche est scientifique. Au cours des dernières décennies, la science a succombé au prestige de la machinerie sophistiquée et à l'élitisme intellectuel en raison de la prédominance renversante de la haute technologie et des rapports de force militaires. Ceci n'est pas la véritable mesure de la science. De telles activités ont donné la fausse impression que l'élitisme intellectuel a une plus grande valeur que le service pratique. En réalité, c'est le contraire qui est vrai. C'est en servant la vie que toute véritable science voit le jour. Après quoi, le mental peut

exprimer sa servitude en employant nos brillants penchants naturels.

Il y a une clé pour accéder à l'univers. Toutes les réponses sont là, sous votre nez. Ses secrets vous sont livrés lorsque vous formulez votre question. Si vous ne posez pas la question juste, la réponse n'apparaît pas. Par conséquent, abordez la réalité avec un esprit d'humilité et de curiosité, avec le cœur ouvert, perceptif et sans jugement. Si vous posez les bonnes questions, tout vous sera révélé !

De par sa nature, la véritable intelligence est humble. Je ne veux pas dire par là qu'elle est effacée, mais plutôt qu'elle opère par la perception innocente et avec des entendements de la réalité qui sont fonctionnels. Les problématiques de la vie sont comme des points isolés sur le cercle du Grand Tout. Elles ont leurs particularités et peuvent être résolues seulement si on les évalue avec justesse.

Depuis que la conscience existe, l'homme a toujours été en quête du Grand Plan dans l'espoir de découvrir quelque empreinte holistique de l'existence et de l'appliquer comme une technologie. Si on pouvait faire cela, on pourrait draper la Terre de cette panacée suprême comme une belle couverture d'or et il n'y aurait plus aucun problème ! Si une telle chose existait, ce serait certainement la denrée la plus précieuse sur terre !

En fait, il existe une empreinte holistique. Seulement, on ne peut pas le synthétiser pour en faire une épure, et la technologie ne peut pas se l'approprier. CETTE EMPREINTE, C'EST L'AMOUR. Il n'existe pas de matrice, de grille de travail ni d'épure assez grandes pour le recevoir !

Et cependant, il n'y a aucune panacée. Même l'amour doit être donné et reçu avec le respect des particularités de la réalité et ramené à l'état dans lequel il se trouvait avant d'être brisé. De par la nature de la réalité holistique, toute fracture ou interruption de l'ordre a son genre et son mode propres, même si les facteurs qui y contribuent peuvent être nombreux et variés. L'idée de panacée est à elle seule une fausse conception de la fonctionnalité.

C'est le propre du naïf, du désespéré ou du mercenaire que de tourner autour de concepts archétypaux pouvant être présentés comme des remèdes. Il y a dans cela l'espoir de couvrir d'une généralité tous les éventuels maux cachés sans avoir jamais à les reconnaître ni à y faire face. Quand j'ai dit, il y a longtemps, qu'un homme ne pouvait se racheter de ses péchés sans les confesser, mon intention n'était pas d'être accusateur. En fait, il s'agissait d'une affirmation très scientifique pour l'époque. CE QUE J'AI VOULU DIRE, C'EST QUE VOUS DEVEZ CIBLER LES CHOSES DANS VOTRE VIE ! Vous pouvez bien briser un cercle là où vous le voulez, mais je peux vous assurer que celui-ci ne peut être réparé qu'au point même de sa rupture. Il n'existe pas de cercle magique universel qui vienne poliment réparer un problème sans qu'il y ait clarification exacte et juste. Vous ne pouvez pas non plus solutionner un problème en polissant une chose qui n'a pas été cassée. Si les fondations d'une maison sont fissurées, vous ne pourrez pas les réparer en refaisant le toit ou en effectuant un bel aménagement paysager ! Il en va de même pour les relations brisées, les projets avortés et les cœurs déchirés. Trouvez l'endroit où la déchirure s'est effectivement produite et effectuez les "réparations" à cet endroit-là.

LA MANIÈRE SUPRÊME DE GÉRER SA VIE, C'EST D'AFFIRMER L'AMOUR QUE VOUS ÊTES ET ENSUITE, DANS UN ESPRIT DE RESPECT DE L'ORDRE DIVIN, DE VOUS ENLEVER DE SON CHEMIN. La plupart des éléments qui sont anéantis dans la vie ne sont pas dans un tel état de désaffection en raison d'intentions destructives, mais plutôt à cause de manipulations stupides et d'ingérences des programmes de cupidité. Ce genre de choses engendre des frustrations et encore plus de comportements inopportuns où finalement la colère et la destruction font irruption. La vie a une propension naturelle à la guérison si on la laisse entre les mains de Dieu, celles de l'univers et de ses tendances naturelles. La confession et le pardon amènent à un état de lâcher-prise qui permet à la guérison d'avoir lieu. Leur raison d'être n'est pas le blâme, la redevance, l'incrimination ni l'accusation publique. Vous ne pouvez pas changer la couleur de vos yeux et encore moins les effets d'une tornade qui a déjà eu lieu, ni le mal que vous avez fait à quelqu'un. Les effets de la vie telle qu'elle a été vécue font dorénavant partie de l'histoire. Par contre, ce que vous pouvez faire, c'est regarder honnêtement la vérité par rapport à ce qui s'est passé, afin que votre conscience et votre vie en viennent à faire partie de la guérison et non plus de la blessure.

Le discernement, la reconnaissance des choses et la fonctionnalité sont des attitudes empreintes d'humilité. Sans elles, il n'y a point de science. Avec elles, vous êtes tous branchés sur l'amour, vous accordez du soin aux détails qui font avancer la vie et vous privilégiez la fonctionnalité, élément qui est l'impulsion première de l'amour.

Il revient à la science de s'attarder à la fonctionnalité des particularités et de s'efforcer de trouver des explications et des raisonnements dans le cadre de catégories de probabilité commune. Il s'agit d'une démarche modeste mais très noble, car elle conduira l'homme au seuil de l'infini. De telles attitudes laissent place à un grand respect envers la vie, l'infini et les détails de l'existence. »

Une fois encore, le concept de l'infini revenait sur le tapis, mais il englobait cette fois détails et réalité commune. « Veux-tu dire que l'infini est ici parmi nous comme l'esprit ? » Je tremblais un peu à l'idée que l'infini ne soit pas, après tout, si loin et que peut-être j'avais mal interprété le sujet afin d'en éviter le potentiel !

« L'infini est le facteur universel qui permet à la quantité d'être convertie en qualité et inversement. Par conséquent, l'infini concerne la transmission du potentiel dans toutes les dimensions de la réalité. C'est par cette fonction que les particules adamantines (particules d'infini) se syntonisent sur le pouvoir de l'amour. C'est peut-être pour cela que l'homme recherche une panacée. Il recherche instinctivement les situations harmonieuses et prévisibles. L'instinct est sain en soi. L'erreur, c'est que l'homme se fie à des formules archétypales qui ont artificiellement été imposées à la vie au lieu d'être extraites de la nature intrinsèque de la vie et de sa tendance véritable.

De nos jours, la masse critique dans toutes les technologies ne réside pas tant dans la science elle-même que dans les attentes que les humains en ont. Par exemple, le domaine de la médecine de haute technologie ne compte plus ses bienfaits pour l'humanité, bienfaits dont on ne pouvait même pas rêver il y a un siècle. Par contre, ses réalisations ont été si renversantes que cela semblerait laisser entendre qu'elles sont le remède à tous les maux humains. Cette illusion est beaucoup plus dangereuse que vous ne pouvez l'imaginer puisque chaque fois que vous considérez quelque chose comme une solution dans un domaine, des blessures concomitantes manifestent leurs symptômes dans celui-ci. Prenons l'exemple d'un homme qui a souffert d'un échec financier. Au lieu d'aborder la crise de front et de manière spécifique, il se pourrait qu'il ait une crise cardiaque. De la sorte, une panacée en laquelle il croit, la médecine en l'occurrence, viendra peut-être à sa rescousse pour lui apporter la seconde jeunesse dont il a besoin. En règle générale, les gens en sont arrivés à considérer les médicaments de synthèse comme une panacée, même si bien des souffrances humaines ne sont pas de nature chimique. De nos jours, un monde plein de détresse est en train de transférer ses symptômes dans la dépendance chimique.

C'est la nature de n'importe quelle panacée que de susciter un tel transfert. Tôt ou tard, elle échoue dans son entreprise, qui est de vouloir procurer toutes les solutions promises. En attendant, elle attire des maux qui ont besoin d'être traités autrement. Vous devriez essayer de bien comprendre que tout problème transmettra ses symptômes à tout ce qui, à son avis, contient la solution. Mais la vérité éternelle est que les solutions ne se trouvent que dans les causes réelles. Toute démarche scientifique devrait au préalable avoir bien intégré cela. Cet univers est infiniment malléable, mais vous ne pouvez cependant pas le faire fonctionner en évitant ses problématiques ni en vous cachant derrière des généralités qui vous promettent monts et merveilles.

Le phénomène de la panacée ne se limite pas à la santé physique. Toutes les panacées sont de dangereuses illusions et finissent par s'autodétruire. L'éducation familiale, par exemple, peut être très bénéfique. Mais l'éducation institutionnalisée et obligatoire n'est pas un remède comme on l'a déjà cru. Tous les maux que l'éducation familiale ne peut plus prendre en main ont transféré leurs symptômes au système d'éducation scolaire.

Le meilleur exemple que je puisse vous donner des dangers de la panacée a trait à l'argent. L'argent facilite la vie et fait avancer les choses. Mais l'espoir de le voir guérir tous les maux possibles a ramené tous les démons du monde dans son champ d'action.

Cet univers fonctionne par spécificité et honore la présence

du Créateur en toutes choses. »

L'explication de Jésus sur le fonctionnement de la vie était un modèle de simplicité. Pendant que je l'absorbais, une question me vint du tréfonds de ma conscience et, avec un grand respect, je lui demandai avec délicatesse : « Se peut-il que l'idée de Dieu soit elle aussi perçue comme une panacée ? » À son regard amusé et à son amorce de sourire, je compris qu'il s'attendait à cette question de ma part. Avec un plaisir radieux et une grande douceur, il me répondit : ***« Tout dépend si l'on fait allusion à Dieu en tant qu'idée ou en tant que réalité ! Comme réalité, Dieu s'attache aux particularités. Il est une force qui nous guide dans tout ce qui est. Quand on connaît Dieu en réalité, on a toutes les réponses devant soi. Y a-t-il un endroit où Dieu ne soit pas ? »***

Sa réponse me laissa coite. Et soudain, comme si une porte venait d'être déverrouillée, je perçus une nouvelle profondeur de sentiment et de compréhension qui ne m'était auparavant pas accessible. Je saisis l'ampleur de l'erreur entre comprendre Dieu par les idées et le connaître par l'expérience. Avec les idées, on peut au mieux espérer connaître Dieu en tant que généralité. Tout d'un coup, l'histoire des généralités me sauta aux yeux et, avec elle, l'ensemble des panacées qui ont attiré à elles toutes les dysfonctions du monde. J'avais désormais fini de me demander pourquoi la science et la théologie s'étaient, au cours de l'histoire, enfargées les pieds dans des points de vue si contradictoires. Et élément encore plus important, j'avais compris que les choses n'avaient pas à rester ainsi.

Chapitre 13

Les voies de la réussite

Par un matin de février particulièrement vif, la lumière du soleil pénétrait à flots par la fenêtre pleine hauteur de mon studio, comme pour venir confirmer de l'extérieur la Grande Lumière qui se trouvait déjà dans la pièce. Il faisait plus chaud qu'à l'ordinaire et les oiseaux voletaient çа et là en quête de graminées pendant que Gunnar, mon chat bien-aimé, observait avec fascination leur manège de son poste, sur le rebord ensoleillé de la fenêtre. Devant la fenêtre, un cognassier en fleurs annonçait la venue du printemps. Tout cela formait une image de bonheur et de beauté qui me poussa à poser au Maître la question suivante : « Devons-nous atteindre une dimension supérieure pour réaliser notre amour et notre raison d'être, pour accomplir notre tâche et être totalement la création de Dieu que nous sommes ? »

« Les dimensions supérieures sont très bien telles qu'elles sont. Vous êtes tous ici pour actualiser la création de Dieu dans celle-ci. »

« Devons-nous alors faire autre chose de cette dimension ? »

« Vous êtes ici pour apprendre le processus par lequel la transformation sacrée s'effectue en tout lieu et en tout temps. La planète Terre est un terrain fertile qui enseigne aux enfants de Dieu une vérité éternelle : QUAND L'INTÉRIEUR S'ACCOMPLIT, L'EXTÉRIEUR LUI EMBOÎTE LE PAS ET LE MANIFESTE. De même, lorsque l'extérieur est créé selon la volonté de Dieu, l'intérieur

retrouve sa perfection d'origine. Vous avez été créés à l'image de Dieu pour étendre ses pouvoirs créateurs à toutes les dimensions que vous occupez, cherchez et créez. Votre tâche doit s'accomplir là où vous êtes. Et vous êtes là où vous êtes censés être. »

Cette affirmation était réconfortante, mais en même temps, représentait un défi. En pensant aux problèmes qui existent dans notre monde et aux obstacles qui peuvent surgir au cours des tâches les plus triviales, je fus confrontée à l'idée frappante que j'avais besoin d'adopter une meilleure attitude pour réussir ma vie. Avec le plus de simplicité possible, je lui demandai : « Comment pouvons-nous donc réussir à mieux vivre ? »

À sa façon habituellement lucide de répondre, il m'expliqua quatre principes pour y arriver, principes qui constituent une application simple et ciblée de bien des choses ayant déjà été expliquées. Néanmoins, de par sa nature puissante mais peu compliquée, cet énoncé mérite d'être à nouveau présenté.

« LE PREMIER PRINCIPE EST LE SUIVANT : SOYEZ L'AMOUR QUE VOUS ÊTES. Vois-tu, quand vous êtes tous l'amour que vous êtes, vous êtes également les enfants de Dieu. C'est qui vous êtes en réalité. Vous êtes faits à l'image de Dieu et êtes sur terre pour poursuivre les créations de votre père, peu importe les situations dans lesquelles vous vous trouvez. Ceci transforme immédiatement votre attitude et vos réalisations. La première chose qui se produit, c'est que vous pouvez dépasser les problèmes auxquels vous faites face. Ceci est essentiel pour réussir, car aucun problème ne peut être résolu dans le plan où il a été créé. La solution de tout problème réside sur un plan légèrement ou très au-dessus du plan où les perceptions sont conflictuelles. Aussi longtemps que vous abordez la difficulté sur le plan même où elle a été créée, vous vous battez avec celle-ci au lieu de la résoudre. Quand vous êtes l'amour que vous êtes, vous prenez conscience que le secret du succès existe déjà de par la nature de votre être-là. Les solutions aux problèmes, les exaucements à vos prières et les révélations de votre raison d'être existent déjà. Votre défi et votre devoir sont de vous rendre disponibles pour pouvoir les accueillir.

L'amour régit l'univers. L'homme ne recourt au contrôle que lorsque l'amour fait défaut. Le contrôle est un substitut très miteux de l'amour en ce qui concerne l'ascendant et il est extrêmement épuisant ! Une des plus grandes révélations que vous puissiez avoir en étant l'amour que vous êtes, c'est de ressentir une impression de grand repos. Dans un monde obsédé par le contrôle, il est difficile de s'offrir ne serait-ce qu'un instant de repos. De bien des manières, le contrôle est une course à la domination du temps et à l'organisation temporelle. Lorsque vous régirez par l'amour, vous remarquerez que le déroulement des choses dans le temps s'effectue beaucoup plus en résonance avec votre raison d'être et en fonction de votre nature véritable. Quand vous régissez ainsi, vous pouvez vous reposer. D'où l'importance de reconnaître le repos du Seigneur le jour du sabbat.

LE SECOND PRINCIPE DE LA RÉUSSITE EST LE SUIVANT : FAITES CE QUI EST JUSTE. Et continuez de faire ce qui est juste avec persévérance jusqu'à ce que vous ne fassiez que des choses justes une après l'autre dans votre vie. Faites de ceci le moteur de votre existence. Toutefois, il ne faut pas confondre les choses. Je ne parle pas ici de jugements quant à ce qui est bien ou mal selon la moralité en cours. En fait, la moralité est sans cesse sujette à des modifications, en fonction des changements de croyances et de protocoles. Ce qui est vu comme moral aujourd'hui aura probablement été ostracisé au XVIIe siècle. Il y a seulement quelques décennies, on considérait comme immoral dans votre pays de danser et de laisser les femmes porter un pantalon ! Aujourd'hui, ces deux choses vous permettent d'exprimer agréablement votre liberté. Les concepts propres à la moralité évoluent et se transforment constamment, tout cela découlant de la vérité supérieure selon laquelle la moralité est quelque chose qui change pour le mieux. Il y a une certaine droiture à toute chose qui change ainsi. En faisant ce qui est correct, vous êtes en harmonie avec votre vie sans avoir à vous conformer aux formules restreignantes des conduites codifiées des autres. La meilleure façon de déterminer si un acte est juste ou pas, c'est de le poser en fonction des sept principes du cœur : l'unité, l'amour, la vie, le respect, l'honnêteté, la justice et la bienveillance. Chaque fois que vous appliquez ces sept principes, vous faites instinctivement la chose adéquate, et ce, dans n'importe quelle situation.

Il y a par contre un autre moyen d'établir la droiture des choses. Posez les questions suivantes : Qu'est-ce qui exprime ce qu'il y a de meilleur en moi ? Qu'est-ce qui exprime ce qu'il y a de meilleur dans une situation ? Qu'est-ce qui exprime ce qu'il y a de meilleur chez les autres ? »

Son explication ramena à ma mémoire une situation que je venais de vivre avec une amie. Elle était malade depuis plusieurs années et sa santé déclinait sérieusement. Pour compliquer les choses, elle ne voulait pas entendre parler de traitements médicaux. Un jour, je lui demandai pourquoi. Elle me répondit qu'elle voulait être guérie d'une manière qui ne glorifierait que Dieu. Je convins que son désir était louable, même si je me posais de sérieuses questions sur sa compréhension du concept. Je lui demandai donc : « Qu'est-ce qui te laisse croire que Dieu ne pourrait pas œuvrer par l'intermédiaire d'un spécialiste ou d'un acte médical ? Est-ce qu'il ne t'est jamais venu à l'esprit que Dieu veut tout simplement ce qu'il y a de mieux pour toi ? Ne penses-tu pas que c'est sa volonté que tu ailles mieux et que tu fasses tout ce qu'il faut pour que cela se produise ? » Peu après cette discussion, elle se laissa fléchir et accepta une aide médicale. Même si son rétablissement fut lent, elle connut pendant sa convalescence une transformation intérieure qui fut suscitée par la confiance qu'elle avait accordée à quelqu'un d'autre. Le fait d'avoir fait confiance à un humain autant qu'à Dieu l'aida à tirer le meilleur d'elle-même.

Je vais vous raconter une petite histoire qui illustre la même chose. Un homme du nom de Jean arrive au paradis et se dirige vers saint Pierre, qui lui dit : « Je suis content de te voir. Entre et viens rencontrer le Seigneur. » Jean rencontre donc Jésus, qui le prend dans ses bras. « Je suis content que tu sois ici, mais dis-moi, pourquoi as-tu choisi de venir si tôt ? Tu n'avais pas besoin de mourir dans cette inondation. Y a-t-il une raison particulière qui t'a fait penser que tu devais mourir ? » Jean eut un regard perplexe et passa en revue les événements qui lui avaient enlevé la vie. Alors que les eaux faisaient déborder la rivière de son lit et inondaient sa maison, il s'était réfugié sur son bateau. Puis, quand les eaux déchaînées avaient fait chavirer son embarcation, il s'était hissé sur le toit d'une maison. Un hélicoptère arriva et quelqu'un tenta de le sauver, mais Jean lui fit signe de partir. « Pourquoi n'as-tu pas attrapé l'échelle qu'il te tendait ? » demanda Jésus. « Parce que je pensais que vous me sauveriez en faisant baisser les eaux. » Jésus lui dit qu'il lui avait envoyé toute l'aide possible. Essayant pour une ultime fois de défendre ses attentes très limitées, Jean marmonna : « Je voulais te donner tout le mérite. » Jésus le consola en le prenant dans ses bras et lui dit : « Tu m'aurais rendu très heureux si seulement tu avais fait la chose juste. »

Jésus fit remarquer que nous pouvons parfois rester prisonniers de nobles idéaux qui nous empêchent tout bonnement de faire la chose appropriée. Par tous ses enseignements, j'en suis venue à croire que les idéaux et les idées préconçues doivent être mis de côté pour pouvoir faire ce qui est juste. Pour cela, il faut parfois vouloir atteindre les étoiles. À d'autres moments, il faut avoir l'esprit pratique. Parfois, il faut s'exprimer tout haut et, d'autres fois, se taire. Parfois, cela demande du courage et, d'autres fois, de l'humilité. Il y a des situations où il est correct de se défendre et d'autres où il faut se mettre au service de nos pairs. Composer avec la vie telle qu'elle est vraiment semble être un leitmotiv quand il s'agit de faire ce qui est juste.

« LE TROISIÈME PRINCIPE DE LA RÉUSSITE SE FOND TELLEMENT DANS LA VIE QUE LA PLUPART DES GENS NE VOIENT PAS QU'IL REPRÉSENTE LA BASE MÊME DE LA RÉUSSITE ET DE L'ACCOMPLISSEMENT : Suivez simplement la vie et tout ce qui vit ! Tout l'univers est fait en fonction d'une priorité : la vie. Par conséquent, vous ne pouvez vous permettre d'ignorer ce principe. Ne suivez donc pas la mort et tout ce qui sans vie. Je veux dire par là que vous ne devez pas vous conformer à des manières de vivre, des structures, des idées ou des démarches qui s'avéreront inefficaces et désuètes. Soyez en quête de nouveaux schèmes, de nouvelles ouvertures et de nouvelles prises de conscience qui assureront à votre vie une vitalité toujours renouvelée. »

Il y a très longtemps, Jésus dit : « *Laissez les morts enterrer leurs propres morts*[16]. » Il m'expliqua que ces paroles faisaient directement allusion à ce principe. Quand nous empruntons le sentier de la vie, nous allons de l'avant et la vie se recrée chaque jour. Et la conscience s'élargit à chaque nouvel éclat de vie. Ceci ne signifie aucunement que nous devons éviter de nous pencher sur notre patrimoine et de l'honorer. Cependant, nous ne pouvons avancer efficacement dans notre vie en regardant dans le rétroviseur. Notre véritable propension à vivre provient du fait que nous adoptons envers la vie une attitude d'ouverture vers le futur et que nous valorisons les changements et la transformation qu'elle peut nous apporter.

Jésus ne me parla de la souffrance humaine qu'à trois occasions. Ce fut l'une d'entre elles. Il mentionna le fait que les gens souffrent inutilement dans la vie parce qu'ils s'efforcent de préserver la mort et les mourants au lieu d'emprunter la voie de la vie et des vivants. Ce faisant, ils privilégient les attitudes, entreprises, situations, structures et façons de vivre défuntes ou mourantes. Il précisa que *« Dieu créa cet univers pour célébrer la vie et aller sans cesse de l'avant. Pour s'assurer qu'il en serait toujours ainsi, il donna la priorité aux vivants. Les enfants qui arrivent dans votre monde sont votre futur. Si vous ne leur faites pas honneur et n'en prenez pas bien soin, votre futur sera regrettablement dénué de sens et de qualité. Une vie animale et végétale fleurit actuellement en abondance sur terre. Si vous ne faites pas honneur à ce cadeau de la vie, vous ne pourrez rien récolter dans votre vieil âge. Si vous ne servez que ce qui est mort et les mourants, c'est eux que vous aurez comme compagnons.*

Respecter ce qui a préalablement été créé est un signe de sagesse. Néanmoins, il est important que vous ne confondiez pas un tel respect avec le culte des ancêtres. Ce culte a toujours été le dieu le plus faux sur terre, plus encore que l'argent. Les gens dépendent de vieilles traditions et d'us et coutumes rattachés à la mort et aux mourants. Ces traditions ont autrefois fait partie de la vie et des vivants. Mais aujourd'hui, c'est vous qui en faites partie. La raison la plus importante d'étudier le passé et d'honorer ceux qui vous ont précédés, c'est de redonner une nouvelle vie à leur accomplissement et aux services qu'ils ont rendus à la vie en offrant ces connaissances au futur. À l'instar des enfants qui amènent du sang neuf, une vie et une énergie nouvelles, des idées et des visions nouvelles dans une famille, toute création nouvelle peut elle aussi amener vitalité et régénération à tout ce qui a précédé. Si vous voulez réussir votre vie, accordez-lui totalement et inconditionnellement votre soutien ainsi qu'à tout ce qu'elle comprend.

Quand une décision doit être prise, demandez-vous si elle va dans ce sens. Bien des situations comportent un mélange de vie et de mort. Ceci est particulièrement vrai en ce qui a trait au travail. Quand vous êtes conscients de cela, reportez simplement votre attention sur ce qui vit et utilisez cette force pour régénérer ce qui meurt.

Quand vous suivez la voie de la vie, vous faites instinctivement la chose juste. Et quand vous faites la chose juste, vous êtes l'amour que vous êtes. La logique est l'élément inhérent à ce processus. Tous ces principes se tiennent. »

« Mais qu'en est-il du quatrième principe ? Tu as dit qu'il y en avait quatre. Quand nous agissons selon les trois premiers, que reste-t-il à faire ? »

« Rien, sinon pardonner aux éléments qui ne s'appliquaient pas de manière constructive à votre vie et faire cela sur un mode continu pour garder votre temple pur. LE PARDON EST LE QUATRIÈME PRINCIPE DE LA RÉUSSITE DE LA VIE. Un des miracles du pardon, c'est que vous éliminez tout ce qui n'a pas fonctionné pour vous. La plupart des gens restent aux prises avec la mort et les mourants parce qu'ils ne veulent pas pardonner. Les gens s'accrochent à leurs récriminations comme à des trésors sacrés. Ce qu'il y a de tragique avec les récriminations, c'est qu'elles vous maintiennent en contact avec une situation qui n'a pas fonctionné, qui vous a laissés tomber, qui vous a trahis ou qui a échoué. Les récriminations pèsent lourd sur vous et vous empêchent de tourner le regard vers la réussite. Le ressentiment fait de la vie un imbroglio de désarroi qui n'a jamais de sens. Si vous compariez les âmes à des véhicules en mouvement, vous pourriez dire d'une âme qui n'a pas pardonné qu'elle est un camion à ordures traînant derrière lui des boîtes de conserve vides. Dingling ! Dingling ! Dingling ! Si vous tendez l'oreille, vous pouvez les entendre venir. »

Depuis que j'ai entendu cette allusion, je ne peux plus me rendre dans un centre commercial sans comparer les « camions à ordures » et les « Porsches ». La vie est synonyme de légèreté, de liberté et d'action, tout comme la Porsche. Le camion à ordures, quant à lui, est tout le contraire. Il est tellement rattaché à la mort et à ce qui est dépourvu de vie qu'un authentique futur lui est presque inaccessible. *« La principale préoccupation d'une personne qui « traîne des ordures », c'est de redresser sa situation financière, que ce soit à la Bourse ou dans d'autres affaires ayant mal tourné. Elle ira peut-être consulter un avocat tous les mois pour une chose ou une autre, jusqu'au moment où l'accumulation de stress exigera une attention médicale. Un individu ne s'entendra pas avec ses voisins parce qu'il leur en veut à propos de tout et de rien. Cette situation est typique pour bien des gens. La vie de telle autre personne est tellement cousue de regrets et de difficultés, qu'un regard vers le futur n'est plus possible pour elle. Puis, elle se demandera : « Comment se fait-il que je n'aie jamais plus d'inspirations ? Quand j'avais vingt ans, le monde m'appartenait et j'avais plus d'idées que je ne pouvais en utiliser.*

Il serait bien plus facile à cette personne d'avancer dans de telles difficultés si elle pardonnait les offenses et les déceptions qui se sont accumulées. Pour cela, il est important de mieux comprendre un aspect essentiel du pardon, voire l'harmonie qui existe entre l'intelligence et le pardon. Il s'effectue non pas en oubliant, mais en comprenant ce qui est allé de travers et la façon dont cela s'est produit. En général, les choses vont mal parce que la personne en cause n'a pas été en état de faire preuve de discernement ou n'a pas eu la capacité, l'habileté ni la maturité voulues pour faire face à une situation. Vous ne redresserez pas les choses en oubliant ce qui s'est passé, pour ensuite répéter le même scénario. De plus, vous ne pouvez pas totalement laisser aller les doléances que vous avez envers les autres à moins de comprendre comment vous avez participé à la situation.

Bien que je vous demande de pardonner sans cesse, il y a tout de même quelque chose d'intelligent et de ciblé dans cela. Le pardon ne doit pas être un sacrifice de la conscience où chacun se soumet passivement à des abus répétés. L'objectif du pardon, c'est de se défaire des attachements négatifs pour pouvoir atteindre la véritable illumination et permettre à la justice d'être appliquée de façon constructive dans n'importe quelle situation. Par exemple, pardonner systématiquement à un enfant destructeur sans essayer de le corriger sous-entendrait implicitement que l'adulte consent à ce qu'il continue de se comporter ainsi. Vous pardonnez pour rétablir l'amour, pas pour perpétuer une situation destructive ou non fonctionnelle. Le pardon est quelque chose d'éminemment pratique. Si vous pardonnez à votre voisin d'avoir bloqué votre entrée sans le faire exprès, vous en retirerez davantage que si vous pardonnez un acte de terrorisme perpétré de l'autre côté de la Terre. PLUS L'OFFENSEUR EST PRÈS DE VOUS, PLUS IL EST IMPORTANT DE PARDONNER. J'espère que tu réalises, Glenda, que ceci veut dire que la personne la plus importante à qui tu dois pardonner, c'est toi. Si chacun se pardonnait et pardonnait à ses proches, le monde avancerait tout seul !

Quand vous pardonnez, vous connaissez une nouvelle jeunesse dans la vie et ceux à qui vous avez pardonné, aussi. Et instinctivement, vous serez attirés par la vie et tout ce que cela implique, après quoi vous ferez naturellement ce qui est juste. Et quand vous faites ce qui est juste, vous devenez de plus en plus l'amour que vous êtes. Ces quatre principes représentent un cycle sans fin de soutien à la vie. Peu importe où vous entrez dans le cycle, les autres parties du cycle en seront renforcées. Quand vous mettez ces principes en application, vous redonnez à l'amour les rênes de votre vie. »

« Peux-tu me donner des clarifications sur le concept de la volonté, particulièrement la volonté de Dieu ?

« La première chose que vous devez tous comprendre c'est que la volonté de Dieu est déjà à l'œuvre. Il ne s'agit pas d'une entité séparée attendant qu'on l'invite à jouer. La vie dans son entièreté est la volonté de Dieu. Votre vie se déroule là où elle le fait pour une bonne raison. Découvrez-la. Le meilleur moyen de vérifier si vous vous trouvez au bon endroit, c'est d'observer la relation que cet endroit a avec le Cœur sacré, le seul lieu d'innocence qui vit en vous. C'est là que la volonté de Dieu se fait connaître.

L'amour est la volonté de Dieu. Voilà pourquoi je vous ai donné à tous l'amour comme mon seul commandement. Car l'amour triomphera de tout en tant que volonté divine. »

« J'aimerais que tu me parles à nouveau de la vérité. »

« Il y a quelque chose de miraculeux dans la vérité en ce sens qu'elle est unique pour chacun et cependant constante pour tous. Ceci a rapport avec un autre principe essentiel à votre syntonisation sur la volonté du Père. Il s'agit de la loi de la mutualité. La mutualité permet à l'expansion et à la différence d'exister dans l'univers ou au sein de l'humanité sans qu'il y ait perte d'harmonie. Toute communication est fondée sur cette loi. S'il n'existait pas de mutualité ou de réciprocité entre deux personnes, il ne servirait à rien de parler puisque aucune des deux personnes ne comprendrait l'autre. Par contre, s'il n'y avait pas d'expériences ou d'opinions différentes à partager, quel sens la communication aurait-elle ? De toute évidence, avoir un langage commun est une forme de mutualité. En effet, un tel langage permet d'établir des différences et de les dépasser, si nécessaire. Quand il y a compréhension mutuelle, chacun est libéré du point de vue de l'autre. Vous n'avez pas à répondre aux rêves d'un autre. Il vous suffit d'honorer LE DROIT DE L'AUTRE À RÊVER. *Ce faisant, vous honorez votre propre droit à rêver. Voilà le bienfait de la mutualité.*

La réciprocité est peut-être la meilleure directive en ce qui concerne la volonté de Dieu, car le Créateur ne peut lui-même violer ses propres lois. La volonté divine veut que vous vous épanouissiez et que vous vous mettiez au défi en fonction des possibilités réelles. Elle veut aussi que vous appliquiez vos efforts à ce qui sera mutuellement bénéfique à tous. Ce que vous serez amenés à faire pourra vous sembler ardu par rapport à votre confiance en vous ou à votre estime personnelle. Mais de telles considérations sont souvent des négations de la réalité. En fonction de ce qui est vraiment, il n'est jamais impossible de faire ce que vous êtes incités à faire. »

Cette vérité fut clairement illustrée par ma propre expérience, à savoir ici d'avoir peint « L'agneau et le lion ». L'appel ressenti pour réaliser ce tableau dépassait tout à fait le degré de confiance que j'avais en moi. Néanmoins, la vérité veut que j'aie en fait passé toute ma vie à me préparer à relever ce défi. C'est juste que, jusqu'en 1991, mon pacte avec le divin et ma préparation personnelle n'étaient pas encore entrés en résonance de manière significative ou révélatrice.

Jésus poursuivit son enseignement de la volonté en la comparant à l'intention. C'est ce qui me permit de réaliser pourquoi la volonté n'est pas une force imposée de l'extérieur. L'éducation reçue durant mon enfance m'avait amenée à croire que la volonté de Dieu et celle de mes parents étaient des forces extérieures venant façonner ma vie. Ce sont de telles croyances qui nous font souvent réagir à des choses que l'on nous impose. Nous devons accepter des ordres au travail, à l'école et dans d'autres situations où l'obéissance aux règles et aux supérieurs est obligatoire. Parfois, nous acceptons ces impératifs avec grâce, et d'autres fois nous nous rebiffons. En réfléchissant à tout cela, je compris que certaines de mes problématiques sur la volonté et le contrôle étaient liées à de la confusion. Pour pouvoir comprendre plus vite, il me suggéra d'employer un autre terme que « volonté ».

« Nous pourrions plutôt utiliser le terme "intention" », suggéra-t-il, et je tombai vite d'accord avec sa proposition.

« Quel âge avais-tu, Glenda, quand tu as décidé ou eu l'intention de devenir peintre ? »

« J'avais à peine trois ans. »

« Très bien. Ceci est un exemple d'intention », dit-il.

Je réfléchis un peu et tombai encore d'accord avec lui. Cela me semblait avoir du sens. Je n'avais jamais pensé à cela en tant que volonté, seulement en tant qu'intention.

Il poursuivit sur sa lancée en me demandant : *« As-tu pensé à cette intention et l'as-tu mise en application chaque jour de ta vie à partir de cet instant-là ? »*

« Non, bien sûr. J'étais une toute petite fille et je faisais des coloriages dans mes cahiers. En fait, je n'ai jamais demandé à suivre des cours de dessin. C'est ma mère qui a pris cette initiative. »

« En réalité, elle a réagi à ton intention », ajouta-t-il.

« Plus tard à l'école, c'est dans les arts que j'obtenais les meilleures notes. On me confiait donc des travaux qui me donnaient davantage d'expérience dans ce domaine. »

Il m'incita à continuer en disant : *« Alors, même tes professeurs allaient dans le sens de ton intention. Quand tu es entrée au collège, as-tu pensé à embrasser la carrière de peintre ? »*

« Adolescente, je n'ai jamais vraiment planifié de carrière. Vois-tu, ma passion, c'était les chevaux à l'époque, même si, à la fin de ma dernière année, on m'a remis une bourse pour étudier la peinture à l'université. »

Il saisit l'occasion pour aller au bout de sa pensée. *« Était-ce là l'univers qui réagissait à ton intention ? »*

À ce point-ci de la discussion, le Maître dut avoir constaté que j'étais prête à entendre une explication plus profonde. « *Glenda, tu dois comprendre que l'intention est une graine qui est semée à un certain moment de ta vie. Tout ce qu'il te reste à faire de temps en temps, c'est reconnaître qu'elle est là, l'arroser et lui donner de l'engrais. Tu n'as pas besoin d'y penser tout le temps. Songe aux lis qui décident de prendre vie et qui poussent à l'état sauvage. Vois-tu, Dieu a créé un univers qui honore les intentions de tous les cœurs. Si tu sèmes les intentions de ton cœur, elles germeront et les autres les verront. Tes intentions germeront comme se forment les petites pousses pour ensuite se doter de feuilles, de fleurs et de fruits. Tu as semé une graine quand tu avais seulement trois ans et voilà que nous sommes maintenant réunis pour réaliser cette peinture.*

C'est ainsi que fonctionne l'intention. Dieu a créé un univers qui honore toute graine semée. Les graines que tu sèmes sont tes intentions. Tu n'as pas besoin de mettre en jeu une force extérieure, bien que cela aide à aller dans la direction de tes intentions. Malheureusement, certaines intentions représentent plus des mauvaises herbes qu'autre chose. Alors que tu décidais d'être peintre, il se peut qu'un autre enfant ait décidé de quitter le domicile familial. Ou qu'un autre encore ait réagi à une situation négative, à un abus ou à une émotion destructrice. Un autre enfant aura peut-être décidé de s'orienter vers la médecine en raison d'une grave maladie dans sa famille. Peu importe la graine qui a été semée : elle pousse et donne des fruits.

L'univers est fondé sur quatre niveaux d'intention. TOUT D'ABORD, IL Y A L'INTENTION DE DIEU. On peut la résumer simplement en disant qu'il s'agit de l'AMOUR. Car l'amour triomphera de tout en tant que volonté divine. Peu importe que les illusions donnent l'impression de contrôler le processus, en fin de compte, l'amour l'emportera. La volonté de Dieu est telle que ce qui vous arrivera est ce qu'il y a de mieux pour vous. La volonté de Dieu est telle que ce qui survient dans la vie est ce qu'il y a de mieux. Ainsi, chacun dépassera l'illusion de la division et retrouvera sa demeure originelle. Vous ne vous retrouverez jamais dans une situation qui aura le pouvoir de détruire votre âme. La volonté de Dieu, c'est l'amour, seulement l'amour. Il est facile de reconnaître la volonté divine une fois que vous comprenez ceci.

LE DEUXIÈME NIVEAU D'INTENTION APPARTIENT AUX FONCTIONS PHYSIQUES DE L'UNIVERS OÙ LE CRÉATEUR L'A PLACÉ. Ce niveau opère selon deux principes. Le premier veut que la vie et les vivants aient préséance sur la mort et les mourants. Telle est la volonté de Dieu. Donc, quand vous êtes du côté de la vie et des vivants, vous êtes en harmonie avec la volonté de Dieu. Le second principe veut que ce soit la loi de cause à effet qui régisse le bien-être physique. L'intention du Créateur est que, dans l'univers, les choses reviennent toujours à un état d'équilibre. Même si le mouvement du balancier est parti loin d'un côté, il repartira aussi loin de l'autre pour ensuite venir se stabiliser au centre. Le Créateur a appliqué cette loi de l'équilibre dans le monde physique pour que vous puissiez récolter ce que vous avez semé. Ce que vous avez fait aux autres vous sera rendu. Et vous récolterez exactement ce que vous aurez semé. C'est là un système fondamental de justice qui exige que toute chose trouve finalement son équilibre. Si vous vivez en ne vous attendant pas à ce que cela se produise, vous risquez d'être très surpris par ce qui se passera dans votre vie. Pourquoi ? Parce que votre vie deviendra la force même qui devra venir rééquilibrer tout déséquilibre que vous aurez créé. Tous les comptes finissent par s'équilibrer, et la vie et les vivants ont préséance sur la mort et les mourants. C'est tout ce dont vous devez vous souvenir sur le fonctionnement de l'univers. Si vous comprenez bien ces deux principes, vous savez qu'elle est l'intention de Dieu dans le royaume de l'existence physique.

La seule chose qui complique ou déforme la perception que vous pouvez avoir de la perfection de cet équilibre, c'est l'immensité de l'univers. Quand Job subit les affres du désespoir, il implora Dieu de lui dire pourquoi cela lui arrivait. Et Dieu lui répondit : « Et où étais-tu lorsque j'ai créé le soleil, la lune et les étoiles ? Où étais-tu quand j'ai créé les baleines ? Où étais-tu quand j'ai créé la diversité de l'univers ? Autrement dit, Job, il y a quelque chose de très grand qui doit aussi retrouver son propre équilibre. L'univers tout entier ne peut pas s'occuper de tes besoins personnels d'équilibre à tous les instants de ta vie ! » Il vous est parfois demandé de servir le Grand Tout en étant tolérants et patients, et en mettant votre petit univers sur la touche. Le Grand Tout doit s'harmoniser et s'équilibrer en premier lieu pour que les choses durent et aient un sens dans votre vie, et aussi pour que vous bénéficiiez d'un bonheur et d'une prospérité durables. La meilleure façon de travailler de concert avec le Grand Tout, c'est de suivre les quatre principes du succès.

Votre vie subira les effets d'un grand nombre de choses que vous n'aurez pas vous-mêmes occasionnées. Par conséquent, il est important que vous ayez un certain sens de la tolérance et du pardon. Assumer la responsabilité des choses que vous avez causées est une marque de sagesse. Mais observer le macrocosme et le laisser vous démarquer des responsabilités qui ne sont pas les vôtres est également une marque de sagesse. Certaines personnes se brûlent littéralement à vouloir se rendre responsables de trop de choses. Vous ne pouvez pas vous rendre responsables de tout. Par contre, vous pouvez vous efforcer d'assumer une plus grande responsabilité vis-à-vis des choses que vous avez causées. La manière la plus sûre d'y arriver, c'est d'emprunter la voie de la vie et des vivants, et de toujours respecter les lois de cause à effet.

LE TROISIÈME ASPECT DE L'INTENTION CONCERNE LE RESPECT ET

LA JUSTICE AU SEIN DE LA FRATERNITÉ HUMAINE. Vous ne vivez pas seuls. Vous vivez au sein d'une grande famille, d'une fraternité qui, selon le plan divin, devra un jour être quelque chose de merveilleux. Pour le moment, cette fraternité présente des aspects plutôt hétéroclites. Que cette fraternité soit merveilleuse ou non, il n'en reste pas moins que vous devez tous vivre ensemble. La seule façon de pouvoir vivre les uns avec les autres, c'est de reconnaître et de respecter les intentions de chacun ainsi que les vôtres. Parfois, cela peut être aussi simple que vous demander ce qui vous appartient dans une situation et ce qui appartient à l'autre, de regarder cela ensemble et de convenir que telle est la situation entre vous.

Enfin, LE DERNIER ASPECT, MAIS NON LE MOINDRE, SE RAPPORTE À VOS INTENTIONS PROPRES. Si vous voulez mener votre vie de façon significative et ciblée, vous devez connaître vos propres intentions et comprendre ce que vous avez mis en marche. Les graines que vous avez semées il y a probablement longtemps continuent de pousser. Ce n'est pas quelque chose que vous devez suivre de près chaque jour. Cependant, mieux vous comprendrez ce que vous mettez en route, plus sagement vous mènerez votre vie.

Si vous voulez réussir votre vie, vous devez tenir compte de ces quatre niveaux d'intention. Pour comprendre et respecter le besoin impératif universel d'équilibre et de soutien à la vie et aux vivants, vous devez œuvrer dans tout avec la volonté de Dieu. Il vous faut observer et reconnaître les intentions des autres et les honorer ou composer avec elles. Il arrive bien trop souvent qu'une personne reproche à une autre d'être la source de son problème alors qu'elles ont en fait toutes deux une part de responsabilité dans la situation en question. Enfin, il vous faut reconnaître vos propres intentions en en prenant pleinement conscience. Il vous faut les entretenir, en prendre soin et au besoin les changer. Et pour finir, revenir à vous. Lorsque vous faites cela, vous vous tournez vers quelque chose que vous pouvez effectivement changer. »

Le Maître ajouta une remarque absolument fondamentale : NOUS NE POUVONS CHANGER QUE NOS PROPRES INTENTIONS. *« Il est peut-être possible de persuader une autre personne de changer d'intention, mais vous ne pouvez le faire à sa place. Étant donné que les intentions sont logées dans le cœur, il vous faut d'abord altérer votre cœur si vous voulez transformer votre vie. Vous pouvez bien changer d'avis mille fois, jamais cela n'aura d'effet sur votre intention. Si vous n'avez jamais accès à votre cœur, vous oublierez les desseins que vous y avez déposés et perdrez tout ascendant sur ceux-ci.*

Vous ne pouvez pas manier la volonté divine. Vous ne pouvez pas contourner les deux principes d'intention que Dieu a mis dans l'univers. Et vous ne pouvez pas non plus modifier le dessein d'une autre personne comme il est tout à fait avisé que vous sachiez composer avec les personnes qui ne vous encouragent pas et vous associer avec celles qui le font. La seule chose que vous pouvez rectifier, ce sont vos propres intentions. C'est par là que vous devez commencer.

L'erreur humaine la plus typique dans des situations de crise ou de détresse où certaines transformations sont nécessaires consiste à essayer de métamorphoser les choses sur lesquelles on n'a aucun pouvoir. Par exemple, une femme insatisfaite de sa vie professionnelle essaiera probablement de changer de service, de programme, d'affectation ou de lieu de travail. Elle fera peut-être une demande de transfert de Milwaukee à Denver, essaiera de modifier un certain nombre de choses qui n'ont rien à voir avec son propre dessein. Cependant, elle n'a qu'à faire le point sur ses intentions personnelles d'origine et à examiner la façon dont elles ont progressé ou stagné. De la sorte, elle peut reprendre du pouvoir sur cet aspect de sa vie et retrouver une certaine certitude quant à sa raison d'être dans ce lieu de travail et à la démarche à entreprendre ultérieurement.

Ces quatre aspects de l'intention existent dans n'importe quelle situation. Par exemple, supposons que vous attrapiez la grippe et soyez malade. Il se peut que vous vous reposiez et preniez du temps pour rester seul avec vous-même, méditer et retrouver votre équilibre. Parfois, cela suffit. Mais, en général, cela ne suffit pas. Vous vous demandez peut-être pourquoi. Je vais vous l'expliquer. Tout d'abord, telle n'était pas votre intention de tomber malade. Par conséquent, cela veut dire que d'autres facteurs sont à l'œuvre, avec lesquels vous devez composer.

La première chose que vous ferez peut-être est de prier

pour que l'amour et la grâce de Dieu, qui prévalent sur tout ce qui est, interviennent et accomplissent leurs miracles. Ensuite, vous voudrez peut-être étudier la question sous un angle plus universel quant à l'équilibre des choses. Peut-être avez-vous trop travaillé et l'univers veut-il rétablir l'équilibre en vous accordant un petit repos ? Demandez à une personne qualifiée de vous aider – un médecin, un guérisseur spirituel ou un ami. Et, en dernier lieu, vérifiez en quoi vos propres intentions ont pu influer sur cette situation. Quelle est l'intention émise qui a pu se traduire ainsi ? Il est clair que vous n'avez pas eu l'intention de tomber malade. Mais en réalité, peut-être ne vouliez-vous pas aller travailler. Une intention se dissimule sous la situation. En mettant à l'œuvre toute votre conscience et en observant bien les conjonctures, vous pouvez résoudre toutes les difficultés de n'importe quelle situation. Certaines personnes ont connu de grands désastres financiers et s'en sont sorties totalement transformées. Parce qu'elles ont été forcées de quitter une affaire qui appartenait au passé, leur attention a été libérée et a pu se tourner vers le futur. Il faut très peu d'argent pour cultiver une authentique capacité à l'épanouissement. Si les entreprises exigent généralement tant de capital et d'efforts pour démarrer, c'est parce que la plupart d'entre elles se conforment aux exigences de la structure. Il faut beaucoup d'argent pour entretenir un potentiel conservateur ou sans vie, alors qu'il en faut très peu pour mettre en valeur une ressource vivante. Vous seriez surpris de voir à quel point il faut peu de choses pour recommencer une vie totalement nouvelle lorsque vous êtes entièrement du côté de la vie et de tout ce qui est vivant.

Que votre difficulté se trouve dans le domaine de la santé, des affaires, des finances ou de la famille, n'oubliez pas de tenir compte des quatre aspects de l'intention. Fort de la compréhension que vous en retirerez, vous pourrez appliquer les quatre principes du succès et aurez ainsi un grand pouvoir sur la vie.

Il y a cependant autre chose que vous devez prendre en considération de temps en temps et que bien des gens rechignent à faire. C'est d'aider les autres ou de leur demander de l'aide. Une personne entre donc en jeu dans la situation et apporte son assistance. Ce principe est grandement valorisé et mis en œuvre dans le cas de troubles émotionnels et de toxicomanie. L'intervention extérieure est souvent employée et utile dans le cas d'abus familial. Elle représente bien souvent le seul recours valable. Par contre, il y a des situations beaucoup moins dramatiques où l'aide peut prendre la forme de consolation, de clarification ou d'appui professionnel. Par conséquent, il est important que vous sachiez pourquoi vous pouvez et devriez demander du soutien quand besoin est. La raison principale est que bien des intentions peuvent dépasser la capacité d'une seule personne à les cerner et à les résoudre. Ce qu'une personne n'aura pas causé exigera la collaboration d'un tiers. C'est à Dieu que vous devez en premier lieu demander d'intercéder. Demandez-lui que l'amour régisse la situation et que la grâce vous élève au-dessus de celle-ci. Puis, s'il s'agit de santé, allez consulter un médecin ou tout autre praticien. Selon la nature de votre problème, demandez de l'aide auprès des membres de votre famille, de vos amis, d'un conseiller en finances ou d'un thérapeute. Quand les choses sont complexes, il est judicieux de solliciter le concours de ceux qui peuvent élargir votre entendement. »

Après toutes les années durant lesquelles j'ai observé et mis en pratique les merveilleux enseignements du Maître, je peux témoigner du fait que l'on peut constater que la volonté de Dieu se manifeste à la manière dont l'amour agit dans une situation. Parfois, il suffit simplement de pardonner pour pouvoir aller de l'avant. Et les quatre principes permettant de réussir à bien vivre deviennent plus faciles quand on les applique avec conscience. Soyez l'amour que vous êtes. Faites la chose juste. Suivez la voie de la vie. Et pardonnez. Jésus me rappela qu'il est aussi important de reconnaître les limites de ses responsabilités que d'assumer celles-ci totalement quand elles existent. Certaines conjonctures malheureuses nous dépassent tout bonnement : nous devons alors faire preuve d'humilité et demander de l'aide. Je suis restée surprise de constater à quel point des requêtes sincères et nécessaires ont pu tirer le meilleur de moi-même et des autres. Lorsque nous donnons l'occasion aux autres de nous aider, nous n'avons plus besoin de nous battre tout seuls. Quand nous traversons les problèmes de la vie ensemble, nous bâtissons foi, confiance et fraternité. Le travail à l'unisson éclaire aussi bien notre monde extérieur que notre monde intérieur. Comme Jésus l'a dit : *« Vous ne connaîtrez jamais la vérité inhérente à une situation si vous n'êtes pas simultanément en contact avec le monde extérieur et le monde intérieur. »*

La dernière directive importante pour réussir notre vie et travailler selon la volonté divine a trait à ce que nous autres humains pouvons ou non créer. Étant artiste peintre, cet aspect est crucial pour moi. J'aime penser que je suis une personne créative, même si je sais que tout a déjà été créé. Tout ce qui vient à notre connaissance a toujours été. C'est seulement que les choses sont représentées, recréées et reformulées sous de nouvelles formes, pour de nouvelles fonctions et de nouvelles raisons d'être.

Voilà pourquoi je posai la question suivante à Jésus : « Alors que créons-nous ? De toute évidence, le Créateur nous a déjà donné tout ce qu'il faut pour œuvrer. Que faisons-nous avec cela et comment procédons-nous ? »

« Il faut avant tout comprendre que vous ne pouvez pas créer la réalité. Dans l'existence, la réalité fondamentale, entre autres l'esprit qui est un, est universelle. La réalité a été créée par le Créateur et ne fait qu'un avec lui. Elle est donnée à tous de façon démocratique et égale.

Si quelqu'un d'autre que la Source sacrée pouvait changer ne serait-ce qu'un iota de l'existence, l'équité et la démocratie dans l'univers seraient rompues. Vous ne pouvez pas modifier la réalité. Par contre, l'univers vous invite à la modeler, à l'élaborer, à la transformer et à la reformuler pour que vos besoins, vos désirs et vos objectifs soient comblés. Tel est votre domaine de création et d'expression. Cette invitation vous permet de voir les fruits de votre labeur et de votre créativité se manifester. C'est ce que tu fais, Glenda, lorsque tu peins. Ce n'est pas toi qui as créé les molécules de peinture et les couleurs, fait pousser le lin et tissé la toile. Tu as pris ce qui t'était offert et tu as donné aux fruits de ton labeur la forme qui correspondait aux raisons d'être de ta vie.

Tous, vous créez également vos visions de la réalité. Ces visions vous amènent à conduire votre vie, à donner forme à vos valeurs et à diriger vos intentions. La nature de vos visions et ce que vous faites de celles-ci est un élément essentiel de votre vie. Il faut vous demander : "Quelle est ma vision du monde ? Quelle est ma vision de la vie ?" Ne sous-estimez jamais la valeur et le pouvoir des visions que vous avez. Il est tout aussi important de comprendre la nature fondamentale de la réalité. Comment pourriez-vous changer de point de vue sur la réalité si la réalité elle-même n'était pas une constante ? Vous n'auriez pas la liberté de changer quoi que ce soit si la fonction de défaut n'était pas prévue. Et votre unicité ne pourrait pas être honorée si la fonction d'unicité n'existait pas. Il est très important que vous soyez tous conscients de ces deux choses. »

Il me regarda droit dans les yeux et me demanda : *« Glenda, combien de fois as-tu changé d'avis au cours de cette vie ? »*

Avec un ton un peu embarrassé, j'admis avoir changé d'avis plus de fois que je ne pourrais les compter. Sa réponse fut sans équivoque. *« Tu as le droit inaliénable de formuler des avis et d'en changer. Ceci te permet de faire l'expérience de la réalité, d'y prendre part et de grandir avec elle. Les concepts de constance et de loyauté humaines ne doivent pas être remplacés par une négation immuable du droit au changement.*

La chose la plus importante que vous créez tous est peut-être le lieu où vous demeurez. À l'instar du Créateur, l'humanité crée également des lieux de vie et des espaces intérieurs. Vous aussi avez la capacité et le droit de créer des lieux où vous et d'autres peuvent demeurer. Ce faisant, vous ressemblez à votre Père, car tel est son plaisir de vous voir perpétuer sa création à travers les générations alors que vous créez un lieu dans lequel vous vivez avec d'autres. Vous créez même un lieu pour le Père. Chaque fois que vous priez, vous créez un lieu, un espace pour votre Père. Chaque fois que vous exprimez gratitude et appréciation, vous créez un lieu pour votre Père. Chaque fois que vous exprimez de l'émerveillement pour la beauté qui est autour de vous, vous créez un lieu pour votre Père. Il y a aussi des moments pour rester seul, pour se retrouver dans le cœur et baigner dans la paix. Dans ces moments, vous créez un espace pour vous. Il est très important que vous créiez un lieu où vous pouvez simplement être vous-même, inconditionnellement, sans jugement, sans contrainte. Un lieu où vous vivez la paix et êtes l'amour que vous êtes. Dernière chose, mais pas la moindre, lorsque vous vivez dans la fraternité, vous vous créez un espace les uns pour les autres.

En somme, en créant un lieu les uns pour les autres, pour Dieu et pour vous-mêmes, vous accomplissez parfaitement mon commandement selon lequel je vous dis d'aimer Dieu de tout votre cœur et votre prochain comme vous-mêmes. En aimant, vous créez de nouveaux espaces. En étant l'amour que vous êtes, vous restez tous centrés sur votre espace d'immortalité. En connaissant la Source de votre amour, vous créez votre place auprès de Dieu. Et en faisant bénéficier les autres de cet amour, vous vous faites une place dans la fraternité. Telles sont les choses que vous créez... les lieux où être, vos visions de la réalité et les fruits de votre labeur. Cependant, il n'existe pas de meilleure façon de perpétuer la création qu'en aimant simplement Dieu de tout votre cœur et votre prochain comme vous-mêmes. »

Chapitre 14

Le bien-aimé

Quand, il y a deux mille ans, naquit ce merveilleux enfant, on demanda à Joseph de l'appeler Joshua. C'était son nom hébreu, tant aimé de sa famille, ses amis et de ses disciples. Par la suite, le nom de Joshua fut traduit dans toutes les langues connues de l'homme. En français, c'est Jésus. Cependant, il existe un nom universel, précieux au plus haut point. Grâce à nos conversations, j'eus le grand privilège d'apprendre ce nom sacré, qui est tout simplement « le bien-aimé ».

Pour mesurer pleinement le sens de ce nom, nous devons tout d'abord nous souvenir que nous sommes aussi amour et que, comme descendants du mystère divin, nous sommes également les enfants bien-aimés de Dieu. Le problème, c'est que dans notre situation actuelle, nous avons perdu la mémoire de ce que nous sommes dans ce contexte sacré. Nous nous sommes tellement éloignés de la Source de notre être que nous nous croyons différents de Jésus et dissociés de l'amour. Ceci est principalement dû au fait que nous essayons de nous connaître et de nous comprendre à travers les yeux des autres, par leurs opinions, leurs évaluations et leurs réactions. Jésus appela cela « l'image-reflet ». Si l'on peut parfaitement comprendre pourquoi une flamme ne peut faire un pas de côté pour se voir brûler ou pourquoi l'eau ne peut s'observer elle-même en train de couler, alors on peut pleinement apprécier notre propre et éternel mystère. Se rendre à ce mystère mènera à bien plus de sagesse que n'importe quelle réflexion illusoire. Une fois que nous accepterons ceci avec une foi totale, nous ne dépendrons plus de l'extérieur pour déterminer notre valeur personnelle.

Jésus affirme : *« Vous cherchez à connaître l'amour qui est en vous par vos efforts et ceux des autres puisque vous avez appris à considérer l'amour comme une denrée, une action ou quelque chose d'extérieur à vous. De telles approches vous ont conduits au jugement et à la division. Et chose encore plus grave, cela vous a amenés à vous diviser intérieurement.*

La meilleure façon de connaître l'amour qui est en vous, ce n'est pas par le reflet que les autres vous en donnent, mais plutôt par la joie que vous ressentez en sa présence. Cette joie est le plaisir que l'âme ressent en présence de l'amour. Tout ce dont vous faites l'expérience en tant que joie n'est que le débordement d'amour de votre coupe. C'est votre joie qui vous fait connaître votre amour et la nature de votre âme, car c'est cette joie qui projette votre amour dans la vie. »

En sa présence, il y avait débordement d'amour. Entouré d'une auréole de contentement et de bonheur, son visage irradiait la joie et il souriait souvent à pleines dents. Ce qui me fascinait par contre, c'était qu'il ne riait jamais. Et ce qui m'intriguait beaucoup, c'était que je ne le faisais pas rire même si, en général, mon humour naturel entraîne l'effet contraire. J'oubliai tout de cet aspect de son comportement jusqu'à quelques mois plus tard. Par le fruit du hasard, je me trouvai à lire deux documents qui étaient censés être d'anciennes descriptions du Maître. Une avait été rédigée par l'historien Josephus et l'autre, par un gouverneur romain du nom de Publius Lentulus. Une chose était particulièrement intéressante en ce qui concerne ces deux documents : ils présentaient une très grande similarité quant à la description du Maître. Même si les descriptions étaient brèves, elles précisaient qu'on n'avait jamais vu rire le Maître. Ces passages me rappelèrent la qualité des moments passés avec lui. Puis, je me mis à me demander comment il faisait pour me faire éclater de rire alors que lui-même ne semblait jamais éprouver ce besoin.

Finalement, dans un moment d'inspiration, je crois avoir compris pourquoi. La joie est un débordement d'amour, alors que le rire est ce que nous ressentons quand nous laissons aller ce qui bloque l'amour. Le rire fait partie du processus qui nous amène à connaître l'amour. Il nous permet de faire face à quelque chose que nous ne pouvions affronter jusqu'ici, d'accepter ce que nous rejetions et de rétablir le flot d'énergie là où celui-ci était bloqué auparavant. Le relâchement nous fait rire et la liberté nous rend heureux. Sur le plan de l'amour, Jésus n'avait aucun blocage. C'est pour cette raison qu'il pouvait être si humoristique et me faire rire si souvent, tout en restant si calme. Cela peut sembler être un élément trivial, pourtant je vous assure que ceci est un fantastique indicateur d'une vérité monumentale qui transparaît dans tout son être : SA DIVINITÉ.

J'ai toujours un peu rechigné à partager mes pensées par rapport à cela. Pourquoi ? Parce que j'ai l'impression que je pourrais de la sorte entrer dans le domaine de la théologie alors que je n'estime pas que ce soit ma tâche ou ma raison d'être sur terre de formuler des croyances. C'est donc pour cette raison que je ne voulais pas divulguer mes impressions et mes sentiments.

Aussi imposante que fut sa divinité, elle m'apparut de la plus bienveillante des manières. La seule fois où je me suis sentie complètement subjuguée par sa présence, ce fut lors de sa première apparition, le 23 novembre 1991. Puis, à partir de ce jour-là, sa maîtrise me parvint avec bienveillance, humanisme et courtoisie, alors qu'il prenait avant tout mes besoins en considération et ne cherchait absolument pas à m'impressionner. Il voulait que je sois heureuse et à l'aise dans mon travail et n'exprimait jamais aucune réserve à me rencontrer sur mon plan de réalité. À sa merveilleuse et gracieuse façon, il incarnait le contentement même. Chaleureux, compatissant et souvent humoristique, il était un parfait galant homme et me parlait en termes que mon esprit pouvait saisir. Et la moindre des choses avait un sens pour lui.

Toute mon expérience ayant trait à ma rencontre avec le Maître eut pour cadre les réalités habituelles. Cependant, dès le premier jour, je ressentis une dimension supérieure et nouvelle de conscience s'ouvrir en moi. Et c'est dans cette dimension que j'ai éprouvé une émotion rare qu'il m'est encore difficile de décrire. Je pense que je peux seulement la qualifier d'adoration. En définitive, c'était une émotion beaucoup plus totale et complète que n'importe quel amour que j'ai connu. C'était un amour si pur qu'il en avait même un son et une fragrance. L'adoration n'est pas une émotion que l'on éprouve facilement dans le monde séculier. Même la vénération ne comporte ni ne confère cette profondeur de sentiment, de joie et de paix.

Si nous réussissons à imaginer une gradation croissante d'émotions, gradation qui commence avec un enthousiasme pour la vie, se poursuit avec la joie de vivre et va même jusqu'à une sérénité et une paix qui dépassent tout entendement humain, il est clair que notre ascension en est une émotionnelle. Celle-ci nous amène en dernier lieu au point ultime de la passion sacrée et c'est à ce niveau qu'il y a adoration. L'adoration est quelque chose d'exceptionnel qui ne ressemble à rien d'autre. C'est la reine des émotions, car c'est l'amour d'une âme qui reconnaît et honore l'amour d'une autre âme. Dans le plan de la matière, on passe facilement à côté de cette émotion, car on est trop axés sur la forme corporelle et on oublie de regarder dans le cœur des autres avec les yeux de l'amour. En étant avec Jésus, l'accès à ce niveau de perception fut inévitable pour moi, puisqu'il n'y avait rien d'autre que de l'amour pur devant moi. Très souvent, saint Paul fit mention de Jésus dans ses écrits en le qualifiant de « bien-aimé », montrant ainsi qu'il avait parfaitement saisi le sens de cette émotion. Celle-ci est cependant beaucoup plus qu'un sentiment ou une expression. C'est une force, un pouvoir ! « Le bien-aimé » est l'apogée de l'amour en tant qu'être-là ! La grande présence du « JE SUIS », qui est la source de toute l'existence, ne pouvait s'accomplir avec rien d'autre que le grand pouvoir de l'existence que nous connaissons comme l'Amour.

L'apôtre Jean comprit bien ce concept supérieur de l'amour, comme ses écrits l'attestent, puisque Jésus lui confia sa mère. L'Évangile indique que Marie-Madeleine savait aussi ce qu'était cet amour. Ce fut d'ailleurs cette intensité de dévotion qui lui valut calomnies et ressentiments de la part des autres. Il n'y a en fait dans la Bible aucune allusion explicite au fait qu'elle ait pu être une prostituée. Il n'empêche que sa vertu a toujours été questionnée tout au long de l'histoire. Certaines personnes ont même avancé qu'elle avait été la femme du Maître. Je doute quant à moi que cela soit vrai. Par contre, je crois que son niveau de conscience ainsi que son degré de passion pour le Maître étaient si élevés que sa dévotion était totale, rappelant par là même le lien qui existe entre époux. Cette grande passion suscita bien des jalousies et des accusations de vertu spoliée qui étaient fort probablement sans fondement aucun. Son courage et son entendement de la vérité étaient si grands que rien ne pouvait arrêter son dévouement envers Jésus, car elle avait effectivement « vu » le « bien-aimé ». Et dans les rues de Calcutta, Mère Teresa œuvra avec la même détermination pour ramener « le bien-aimé » dans la vie des gens totalement démunis et en proie au désespoir. De quelle façon ? En les regardant dans les yeux et en y voyant « le bien-aimé ». C'est ainsi que les miracles humains fonctionnent !

Jésus est venu sur terre pour éveiller en chacun de nous le feu du « bien-aimé ». Saint Paul fut le premier à comprendre la profondeur de ce concept, ce qui lui permit de formuler un message qui bouleversa le monde. Il se rendit compte que l'adoration sans amour est une formalité vide de sens et dénuée de toute raison d'être ou valeur intrinsèque. L'adoration est souvent mal dirigée. Nos ancêtres primitifs vouaient habituellement un culte aux forces de la nature parce qu'il leur était impossible de comprendre les phénomènes naturels. De nos jours, l'homme est obnubilé par l'argent, le statut social et la réussite, risquant dangereusement d'en faire des cultes. La véritable adoration est une aspiration vers tout ce qui est sacré, puisqu'elle représente la transcendance de l'ego au profit d'un pouvoir supérieur. Même à cela, l'adoration peut encore être une pratique où l'ego se positionne comme ayant lui-même ce pouvoir supérieur. Par contre, ce dernier est totalement décontenancé en présence du « bien-aimé » ; il ne peut absolument pas appréhender cet état de perfection. L'adoration ne peut exister avec l'illusion. L'homme peut certes vouer un culte à l'argent ; mais je peux vous assurer qu'il ne peut l'adorer dans le sens propre du terme. L'homme voue peut-être un culte à la célébrité, mais je peux vous assurer qu'il ne peut l'adorer. Chaque fois que nous revenons à cette émotion à nulle autre comparable, nous nous retrouvons directement devant Dieu, directement devant le « bien-aimé ». Il est très difficile de décrire l'adoration, mais il est facile et merveilleux d'en faire l'expérience si on lâche totalement prise.

Le roi Salomon, un écrivain prolifique et un génie littéraire à son époque, manquait lui aussi de mots pour décrire l'amour. Jésus me recommanda de lire le « Cantique des cantiques » de Salomon en raison des merveilleuses façons dont celui-ci a su exprimer l'adoration. Dans cet ouvrage, la beauté et la splendeur de l'amour sont louangées de bien des manières. Salomon a employé la parabole des jeunes mariés pour communiquer ce qu'était l'adoration. Une des expressions les plus pures et les plus tendres de l'adoration sur cette terre est l'amour passionné qui vibre entre de jeunes mariés. Leur adoration réciproque constitue également un lien très spécial avec le Divin qui a voulu et béni cette union.

Il y a eu de nombreuses conjectures quant à savoir si le « Cantique des cantiques » avait été écrit par Salomon pour chanter son propre mariage ou s'il s'agissait purement et simplement d'une allégorie dont il se servit pour décrire les passions de l'amour supérieur. Tout cela n'a aucune importance puisque l'histoire est racontée comme une parabole qui comporte de multiples significations sur plusieurs plans. Jésus m'expliqua que sa signification la plus profonde concerne le lien sacré qui unit l'âme immortelle au Cœur sacré. Il y a dans l'âme de chaque être une profonde aspiration, une quête à vouloir que cette aspiration s'accomplisse et qui ressemble assez à la recherche de l'âme sœur. Espérant que votre véritable amour existe quelque part, vous cherchez avec tout votre cœur pour trouver cette personne bien spéciale. Une fois que vous vous êtes trouvés et que vous êtes amoureux, la séparation peut devenir une douleur tout simplement insupportable. Enfin, il y a reconnaissance, mais la réalisation ne sera durable que s'il y a union. Même à cela, quand les deux moitiés se voient séparées de temps en temps, elles ont hâte de se retrouver réunies par cette union sacrée. Quelle merveilleuse façon de formuler l'amour véritable entre le Cœur sacré et l'âme ! Jésus dit du Cœur sacré qu'il est la fille de Dieu et de l'âme, qu'elle est le fils de Dieu. Les deux sont frère et sœur sacrés qui s'aiment éternellement comme de jeunes mariés et qui cherchent à connaître la passion de l'autre à travers l'éternité. Dans le « Cantique des cantiques », l'âme de Salomon personnifie celui qui dit son amour au cœur.

> « Qu'il est beau, ton amour, ma sœur épouse ! Qu'il est bon ton amour, meilleur que le vin ! C'est du miel vierge que distillent tes lèvres, mon épouse, le miel et le lait sont sous ta langue et l'odeur de tes vêtements est comme l'odeur du Liban. Tu es un jardin bien clos, ma sœur épouse[17]. »

Jésus parla à plusieurs reprises du Cœur sacré comme d'un jardin en disant : ***« C'est un jardin auquel vous aspirez avec force. »*** Il est intéressant de remarquer que l'histoire de Salomon se déroule presque entièrement dans un jardin ou un vignoble. Cela ne rappelle-t-il pas le jardin d'Éden?

> « Ton verger regorge de grenadiers aux fruits opulents, de henné et de nard. De nard et de safran, de calumus et de cannelle, de tous les arbres à encens. Avec la myrrhe et l'a-loès, ainsi que les épices les plus fines, tu es une fontaine de

> jardin, un puits d'eau fluide qui arrive du Liban. Tu es belle, ma compagne, comme Tirzah, charmante comme Jérusalem, redoutable comme des bataillons. Détourne les yeux de devant moi, car ils me troublent ! Tes cheveux sont des troupeaux de chèvres qui dévalent du Galaad, tes dents sont blanches comme un troupeau de brebis qui remontent de la baignade ; toutes ont des jumeaux et il n'en est point de stériles. Comme une tranche de grenade est ta joue derrière ton voile. Il y a soixante reines et quatre-vingts concubines, et des jeunes filles sans nombre. Une seule est ma colombe, ma parfaite, elle est l'unique de sa mère, elle est la préférée de celle qui lui donna le jour. Les filles qui la voient la proclament heureuse, les reines et les concubines font aussi son éloge : « Qui est celle-ci qui surgit comme l'aurore, belle comme la lune, resplendissante comme le soleil, redoutable comme des bataillons[18] ? »

Il ne put répondre à sa propre question, car le Cœur sacré est un éternel mystère. On ne peut que le reconnaître et le chérir. Puis le cœur chanta sa chanson à l'âme.

> « Mon bien-aimé est rayonnant et vermeil, il se distingue entre dix mille. Mon amant est radieux et haut en couleur, remarquable parmi dix mille. Sa tête est d'or fin, pur. Ses boucles sont des palmes noires comme le corbeau. Ses yeux sont comme des colombes sur le bord d'eaux courantes se baignant dans le lait, demeurant sur la berge. Ses joues sont comme des parterres de baumiers, des massifs odorants. Ses lèvres sont des lis, elles distillent de la myrrhe liquide. Ses bras sont des cylindres d'or sertis de chrysolithes. Son ventre est un bloc d'ivoire couvert de saphirs. Ses jambes sont des colonnes d'albâtre posées sur des socles d'or pur. Son visage est comme le Liban, distingué comme des cèdres. Son palais n'est que douceur, et tout en lui est délices ! Tel est mon bien-aimé et tel est mon compagnon[19] . »

Voici ce qu'est l'amour entre le Cœur sacré et l'âme. La réunion de ces deux essences crée l'amour de pure adoration. Il y a les beaux moments de retrouvailles et les moments d'aspiration profonde aux retrouvailles après une longue séparation. N'avons-nous pas tous connu ces émotions en nous-mêmes et avec d'autres ? N'y a-t-il pas des moments où l'unité intérieure en nous est extatique et d'autres où la détresse nous fait nous sentir divisés au plus profond de nous-mêmes ? Nous nous demandons alors où est la complétude de ce que nous sommes. Cet éternel drame a été décrit de manière exquise par Salomon sous la forme d'une parabole de l'amour entre un homme et une femme.

Salomon répète très souvent une chose qui a une grande importance dans le message transmis par le Maître. *« Filles de Jérusalem, je vous commande de ne pas stimuler ni éveiller l'amour à moins qu'il ne le désire. »*

L'amour n'est pas quelque chose qui peut se forcer ni se juguler. Ce n'est pas une chose à laquelle on fait frivolement appel, sauf quand c'est l'amour lui-même qui le décide. L'amour est un pouvoir qui se situe au-delà de notre contrôle. Par contre, lorsque nous comprenons le pouvoir de l'amour, nous reprenons les rênes de notre vie. En présence de l'amour, nous connaissons la véritable humilité, et son pouvoir nous ravit totalement. On ne peut jamais prédire complètement la façon dont l'amour s'exprimera et il est important d'accepter l'amour tel qu'il se présente, même lorsqu'il nous est retiré pendant un certain temps.

« Pourquoi l'amour nous est-il donné et parfois retiré ? » demandai-je à Jésus.

« Afin que vous cherchiez le bien-aimé en vous et dans le cœur de vos frères et sœurs. Si tout ce que vous connaissiez du bien-aimé se résumait à une seule personne, alors quelle place pourriez-vous accorder aux autres ? Même si votre unique amour était Dieu, vous vous priveriez tellement des autres que tout ce qu'il vous resterait à faire, ce serait de les juger. Un échantillon de l'amour vous est donné et ensuite retiré pendant une certaine période pour que cela vous incite à trouver l'amour en vous et dans des dimensions de la réalité de plus en plus grandes. Dieu ne veut pas que vous viviez dans des bulles protectrices, repliés sur vous-mêmes, mais plutôt que votre terrain de jeu soit la réalité tout entière. »

« Pourquoi nous créons-nous de telles bulles protectrices ? Et pourquoi nous accrochons-nous à ces illusions avec une telle détermination, au détriment de la raison d'être de notre vie ? »

« Parce que ces bulles sont élaborées en fonction de l'ego. »

« Pourrais-tu en dire un peu plus à ce sujet ? » demandai-je.

« L'ego est fait de toutes les illusions que vous avez utilisées pour remplacer l'amour que vous êtes. Dans le langage actuel, on confond ego avec orgueil et pouvoir personnel. L'ego est cependant la vanité qui vous amène à bâtir votre vie en fonction d'illusions que vous avez sur vous-mêmes. Il est fait à l'image du château de sable qui n'a aucun pouvoir puisqu'il ne peut résister à la force des marées éternelles. Ironiquement, ces illusions n'ont en majeure partie rien à voir avec l'estime personnelle. Au contraire, elles viennent la saper. C'est le cas du sentiment de manque de valeur, de la victimisation qui cache la tyrannie et de l'obéissance qui masque la peur. Au cœur de la plupart des ego, on ne trouve pas grande estime de soi. Ce qu'ils ont en commun, c'est l'illusion qui vient se substituer à l'amour.

L'amour que vous êtes est votre véritable gloire personnelle. Par conséquent, la suprématie de l'ego vient détruire toute possibilité de connaissance de votre être véritable. Quand j'ai dit qu'un homme devait donner sa vie pour la trouver, je parlais du malheureux fait que la seule vie que la plupart des gens connaissent en général est bâtie en fonction de l'ego. Cette fausse vie doit être éliminée si vous voulez trouver l'amour que vous êtes. Vous continuerez à réprimer celui-ci et à éliminer ce qu'il ne faut pas, aussi longtemps que vous n'aurez pas compris ce qu'est l'ego. »

« Certaines personnes estiment qu'elles ont besoin d'expérimenter une vie de sacrifices afin de se purifier et de réaliser leur potentiel d'amour. Le sacrifice est-il nécessaire pour éliminer l'ego ? »

« La création de votre ego est le plus grand sacrifice que vous ayez pu faire ! Quel plus grand sacrifice peut remédier à cela ? Comment pouvez-vous aimer la vie et en même temps la nier ou

vous nier vous-mêmes ? Je vous ai toujours demandé d'être cléments, pas de vous sacrifier ! Faire preuve de clémence, c'est sacrifier l'ego ! Lorsque vous pouvez vous débarrasser de tout désir de vengeance et de tout désir de justification, lorsque vous pouvez vous arrêter de jouer de petits jeux avec la justice, lorsque vous réussissez à accepter qu'il n'est pas en votre pouvoir de vous déclarer dans le droit et de déclarer l'autre dans l'erreur, quand vous réussissez à ne plus vous opposer à une autre personne pour l'unique besoin de dominer, alors vous comprenez ce qu'est la clémence. Et votre ego ne pourra survivre au pouvoir de la clémence.

RAPPELEZ-VOUS QUE L'EGO EST L'ILLUSION PERSONNELLE QUI ESSAIE DE SUBVERTIR L'AMOUR QUE VOUS ÊTES ET DE PRENDRE SA PLACE. La plus commune des illusions est le manque de valeur personnelle. Ce genre d'illusion ne vous conduira jamais vers Dieu et n'importe quelle religion qui se sert de cette illusion comme croyance de base ne fera que renforcer l'édification de l'ego et sa nature autoinductive. L'amour est ce que vous êtes ! À cela viennent s'ajouter des éléments personnels comme les points de vue, les rêves, les désirs, les acquis et les talents uniques.

À l'inverse de l'amour, l'ego se nourrit de peur et opère en fonction des mécanismes de celle-ci. Étant donné que l'ego est une invention, il est très périssable. Il se sent très menacé quand la lumière de la réalité brille sur lui. C'est pour cette raison qu'il a besoin de s'enfermer dans une existence illusoire, ainsi que de se sécuriser et se protéger avec la structure et les programmes établis.

De plus, l'ego est très en colère contre Dieu, car ce dernier ne fait qu'un avec la réalité et la Source de votre être véritable, l'amour. Quand j'ai dit que, à mon retour, je séparerais le bon grain de l'ivraie, je parlais en fait d'exposer l'ego au grand jour comme une entité distincte du vrai moi ! On a faussement interprété cette déclaration en avançant que je sélectionnerais certaines personnes et pas d'autres. Ceci est absolument faux, car mon amour, ma vérité et mes dons ont été donnés à tous également. Par ma présence, je viendrai renforcer ce qu'il y a de vrai en chaque personne et les ego tomberont. »

La force de l'amour en nous est plus puissante que tout ce que notre entendement peut appréhender. Il existe un nombre incalculable d'histoires d'accomplissements héroïques et de prouesses miraculeuses qui ont prouvé la force de l'amour dans le quotidien. Voici une des histoires que je préfère. Au cours d'un accident de la route, une femme qui était au volant fut éjectée de son siège et sa voiture se retourna avec, à l'intérieur, son enfant pris au piège. Les portes étaient coincées et l'enfant blessé hurlait de douleur. Même si cette femme était de petite stature, ses forces furent décuplées par son intention de sauver son enfant qui était totalement motivée par l'amour. Avec une prouesse herculéenne, elle remit la voiture sur ses quatre roues et en retira son enfant. Il arriva quelque chose de semblable pendant la Seconde Guerre mondiale. Un groupe de religieuses firent traverser la plus infernale des zones de guerre à des orphelins afin de les mettre à l'abri des tirs. Il est tout simplement effarant que tous survécurent et parvinrent à l'abri sains et saufs. Telle est la force de l'amour. Il est malheureux que dans la vie quotidienne ordinaire, nous n'ayons pas plus profondément accès à cette force et que nous ne puissions pas l'appliquer plus amplement ni encore lui faire confiance. Dans les situations extrêmes, c'est l'amour qui débusque nos doutes et nos hésitations. Je suis convaincue que nous sommes bien plus puissants que nous le croyons.

« Tout ce que j'accomplis, vous l'accomplirez aussi. Et plus encore. Telle est la grandeur de l'amour. Par ces paroles, je veux vous signaler que je ne parle pas de votre moi illusoire. Je ne vous invite pas à croire que la bêtise propre à l'obstination et à l'illusion a un pouvoir en soi. La force, la coercition et la manipulation seront mises à contribution mais ne dureront pas. Ce n'est que le pouvoir de l'amour qui vous permettra d'accomplir ce que j'ai accompli. »

À cet instant-là, je fus submergée par un intense désir de poser une question jusqu'ici impensable si Jésus n'avait pas parlé de l'ego. « À plusieurs reprises dans les Écritures, il est mentionné que tu élimines les démons du corps ou de l'âme d'une personne. L'Église catholique pratique l'exorcisme depuis des siècles, et bien des thérapies crédibles reconnaissent actuellement dans la psyché humaine la présence de forces qui engendrent un dédoublement de la personnalité. Les démons font-ils partie de l'ego ? Sont-ils des entités réelles à part entière ou bien des illusions qui constituent des dysfonctions ? »

« On pourrait considérer cela sous un angle ou sous l'autre. Mais sachez bien une chose : il n'y a rien d'autre dans l'existence que l'être et qu'être. Tout ce que vous ne réussissez pas à être en tant que vous-même colle à votre vie, ainsi que tout le reste qui va avec, pour venir actualiser votre raison d'être. Les problèmes surgissent parce que ce reste n'est justement pas totalement en harmonie avec vous ni avec lui.

Toute chose a été créée en tant qu'être et être-là. Quand l'être-là se multiplia en de nombreux êtres, il y eut une diversification de la conscience pour ce qui est du potentiel en expansion. C'est par les pouvoirs de l'être-là que tout se manifeste dans l'existence.

Au cœur de chaque aspect de l'existence, il y a l'être-là, qui est totalement en syntonie avec la Source de tout être. Quand il se déclare autonome et se détourne de la Source, il y a alors discordance et absence de syntonisation. La dissociation s'effectue par degrés, accompagnée d'une accumulation d'empêchements sur le plan physique et de densités matérielles. En dehors de la linéarité temporelle, la fluidité immédiate des interactions et des rajustements se perd. Par conséquent, chez un être, l'illusion du passé et du futur se met à dominer pour ce qui est du désir de changement. En vérité, la seule chose qui existe, c'est l'ÊTRE, l'amour, la syntonisation avec la Source, qui est l'unique DEMEURE de tout être !

Un être qui s'est éloigné de la conscience de ce qu'est sa demeure intérieure et dont les perceptions sont conditionnées par de multiples couches de substance, par des fleuves de temps et des barrières de contrôle aura l'impression d'être piégé par quelque chose de visible ou d'invisible qui s'infiltre dans son existence tout entière et menace son libre arbitre. Un être qui s'est éloigné de sa demeure intérieure attirera d'autres êtres comme lui. La plupart du temps, ces attirances sont inconscientes.

Parfois, ces rencontres sont tout bonnement destructrices et on doit y mettre fin. C'est ce que j'ai fait en amenant les démons à fuir. En réalité, les démons ne sont que des âmes perdues qui errent si loin de leur être véritable qu'elles ne réagissent plus positivement à l'harmonisation. Au contraire, elles essaient de renverser le potentiel positif qui pourrait autrement leur fournir l'appui nécessaire.

Peu importe à quel point elle est égarée, toute âme qui se tourne vers sa Source et vers la lumière de sa demeure intérieure retrouve une merveilleuse harmonie dans sa vie. Pourquoi ? Parce que tout ce qui existe provient de la même source. Toute personne qui se détourne de la Source connaîtra la discordance. Toutes les tentatives qu'elle fera pour faire d'elle-même une nouvelle source d'harmonie pour les autres échoueront lamentablement. À un moment donné, de tels malencontreux efforts l'amèneront à se sentir piégée, à souffrir et à s'éloigner encore plus de la Source véritable. Le pacte original que chacun a avec le Divin transparaît dans l'harmonie qu'il entretient avec la Source. L'être-là ne devient pas quelque chose d'autre que ce qu'il est de par sa nature intrinsèque. Tout au plus, sa raison d'être lui fait prendre de l'expansion alors qu'il rencontre d'autres êtres et évolue dans la vie. L'histoire est vraie en autant qu'elle n'est que la mémoire de vos expériences. Par contre, croire que votre histoire personnelle est à l'origine de ce que vous êtes vous amènerait à vivre dans le cadre d'une immense illusion. C'est pour cette raison et grâce à la rapidité d'action du cœur qu'une personne peut se révéler totalement différente de ce que son histoire laisse entendre. Ceci se produit surtout lorsqu'elle retrouve sa vraie raison d'être ou son état d'amour originel. À l'opposé, quand l'éloignement s'effectue par la linéarité, l'irresponsabilité et l'inconscience se mettent à forger son caractère. Un être qui se trouve dans une telle situation ne peut plus façonner la réalité pour répondre à ses besoins ; il l'inventera donc en fonction de ses illusions. C'est pour cette raison que l'histoire ne peut que se répéter, avec ses leçons, ses défis et ses difficultés. Par contre, les réussites, les victoires et les accomplissements ne sont pas le produit de l'histoire, mais plutôt celui de l'élévation de la conscience et des actes au-delà de celle-ci.

L'histoire est seulement la mémoire des expériences finies et en cours qui sont partiellement finies et en suspens jusqu'à ce que les conditions soient favorables à leur actualisation. D'une façon comme d'une autre, l'histoire est cette partie de vous qui correspond le moins à votre expérience du moment ! L'histoire, c'est ce dont vous vous êtes tous pour l'instant détachés.

Considérez maintenant les choses sous un angle différent. Il est essentiel que vous inversiez la vision du temps que le monde a si vous voulez retrouver votre véritable nature. L'univers estime que l'histoire et le temps sont la force et le fondement qui sustentent l'expérience dans le présent. Avec ce raisonnement, vous êtes certainement ce que le passé a fait de vous. À l'inverse, l'être vrai considère le passé comme un agrégat d'expériences, d'apprentissages, d'objectifs et de désirs qui ont été réduits à une relative impuissance. C'est vous qui réduisez le passé et non pas le passé qui vous fabrique ! Il ne peut en être autrement, si vous tenez compte de l'intemporalité de l'être. »

« Alors, qu'est donc le futur ? » demandai-je avec une curiosité grandissante.

« Le futur est la promesse de la complétude que vous gardez tous en mémoire et que vous cherchez à retrouver. Pour cela, le potentiel infini est à votre service et voit à tous vos besoins, aspirations, apprentissages et harmonisations jusqu'à ce que vous preniez conscience que la véritable complétude a toujours existé et qu'elle s'atteint seulement quand vous êtes libérés du désir et de l'attachement. »

Assise en silence, je laissai cette réponse pénétrer mon cœur et ma conscience. J'étais stupéfaite de l'aisance avec laquelle le Maître avait couvert le sujet de l'être-là et de la simplicité avec laquelle on pouvait le faire. Une émotion me submergea que je pus à peine cerner. Ce que je ressentis en particulier, alors que ma conscience prenait de l'ampleur grâce à l'expansion de l'esprit infini, ce fut de l'adoration. Je compris que PAR CE QUI EST UN EN NOUS TOUS, NOUS SOMMES AUSSI LE BIEN-AIMÉ. Dans un tel parfait état d'être, aucune parole ou aucun concept n'est nécessaire puisque c'est la perfection.

Je savais que notre quête suprême s'orientait vers le retour à cet état et vers la gestion adéquate de notre vie afin de pouvoir harmoniser cette dernière avec cet état. À un moment donné, mes pensées revinrent à mon présent, seul creuset de mes apprentissages et de mes défis. Revenue dans ce contexte pratique, je voulus m'enquérir davantage du moi illusoire.

« Votre moi illusoire a très peu de pouvoir parce que la réalité le terrifie. En fait, il peut si facilement se faire détruire par la clarté de la vérité, qu'il ne peut perdurer qu'à l'abri d'une zone de

confort, dans une bulle protectrice et par du renforcement constant. La réalité est un flot mouvant actif de vie qui se perpétue éternellement sur bien des plans de l'existence. La réalité fait honneur à chaque être et réagit à l'amour que celui-ci porte en lui. La vie vous invite et vous encourage toujours à façonner la réalité en fonction de vos besoins et de vos raisons d'être. Cependant, la différence est grande entre façonner la réalité et l'inventer. Vous seriez avisés d'apprendre à faire cette distinction et de savoir que le moi illusoire est celui qui crée les fausses réalités qui vous ont défaits. »

C'était sa deuxième allusion à la différence qu'il y a entre façonner la réalité et l'inventer. C'est pourquoi je lui demandai de m'expliquer la différence entre ces deux concepts. Il poursuivit avec entrain : *« Le processus qui voit au façonnement de la réalité peut se comparer à la vie d'une maison de cinquante ans ayant appartenu à huit familles. Au début, c'était une ferme. Puis, la seconde famille la rendit pimpante en choisissant un décor de style victorien. Ensuite, six autres transformations ramenèrent peu à peu la maison à son style campagnard original. À tout moment, ce fut toujours la même maison, mais avec un nouveau style venant chaque fois satisfaire les préférences, les goûts, les plaisirs et les besoins des huit familles différentes. Il est facile et bénéfique d'ouvrager la réalité, car elle réagit à son bien-aimé en l'honorant et en le soutenant aussi certainement qu'elle évincerait et ignorerait une réalité illusoire. Inventer la réalité reviendrait à louer une maison dans un quartier qui est au-dessus de vos moyens pour prétendre à une réussite que vous n'avez pas atteinte. Et si vous réussissez sur un plan fonctionnel, vous ne serez pas heureux.*

Toute prière formulée dans l'amour ou honorée par l'amour sera exaucée. Par contre, le Créateur n'a pas établi de pacte avec vous pour exaucer les prières provenant de votre ego, pour résoudre ses problèmes ou transformer ses illusions en bonheur. Dieu ne fait qu'un avec la réalité. Comment pourrait-il exaucer une prière qui cherche à se dissocier encore davantage de l'amour et de la réalité qu'il est ? Et même s'il était disposé à le faire, comment le pourrait-il ? Lorsque vous priez pour que votre compréhension de la réalité et votre aptitude à la vivre soient renforcées, vous êtes sans aucun doute exaucés, souvent de manière spectaculaire.

Dieu est patient avec vos illusions, tout comme les parents sont tolérants envers les inventions de leurs enfants, qu'ils trouvent souvent amusantes. Si un enfant construit un château de sable au bord de l'eau, il se peut que son père éprouve de la fierté en voyant sa dextérité et son imagination. Mais, une fois que l'eau vient défaire cette magnifique mais fragile création, le père devrait jouer un rôle très important. Il devrait s'employer à faire comprendre à son enfant que ce château n'était qu'une fantaisie passagère, qu'une expérience de jeu en vue du futur. C'est exactement la même chose avec Dieu.

Malheureusement, la plupart des prières ressemblent plutôt à ceci : "S'il te plaît, mon Dieu, fais que mon château soit sauvé." Tout ce qu'il pourra alors vous répondre, c'est : "Mon enfant, tu dois apprendre à distinguer un château de sable d'une maison faite de poutres et de ciment installée sur de solides fondations. Si je sauvais ton château de sable, qu'est-ce qui t'inciterait à apprendre à faire cette distinction ?" »

Comme Jésus venait de mettre l'accent sur Dieu et sur la réalité, il me vint à l'esprit de lui demander une chose au sujet de la Bible qui me troublait depuis l'enfance. « Un passage dans le psaume XI me met mal à l'aise, car il rapporte que "la crainte de Dieu est le début de la sagesse". Tout n'est qu'amour dans ce que tu as dit de Dieu et je n'arrive pas à croire que ce qui est divin puisse être suscité par la crainte. »

« Dieu est amour et tu as le cœur qu'il faut pour le voir ainsi. Dans la Bible, le terme "peur" doit plutôt se lire comme "respect". Si tu tiens compte du fait que Dieu ne fait qu'un avec la réalité, tu verras que cet enseignement comporte quelque chose de très pragmatique. Son message sera amplifié si tu le lis ainsi : LE RESPECT DE LA RÉALITÉ EST LE COMMENCEMENT DE LA SAGESSE ET DE LA CONNAISSANCE. Te sens-tu plus à l'aise avec cette expression ? »

« Oui, effectivement. »

« Une fois que tu as accepté que Dieu et la réalité ne font qu'un, la réalité devient alors une source de réconfort et de clarté. Elle devient la servante de ton amour plutôt qu'un facteur de

déception, comme elle peut l'être si tu y réagis avec crainte et par la peur. »

« Comment pouvons-nous faire la distinction entre la réalité et l'invention afin de pratiquer le discernement ? Ne devrions-nous pas être vigilants face au péril et à la traîtrise ? »

« Oui, montrez-vous toujours vigilants et sachez bien que votre ego est ce qui attire justement le plus le péril, la traîtrise. Tout ce qui sera dirigé vers vous dans le but de vous leurrer visera directement votre ego ou votre mental. L'ego considère tout ce qui lui permet de survivre comme vrai, tout comme le mental considère comme vrai tout ce qui vient renforcer la suprématie de sa logique. En fait, le mental ne sait pas faire la distinction entre les faits et la fiction si on lui présente les deux avec la même logique !

La pratique du discernement appartient à la conscience supérieure. Le discernement n'est pas seulement un échelon au dessus du jugement. Dans la vie, il est l'opposé du jugement. En effet, par le jugement, un homme révèle aux autres ce qu'il doit encore affronter et apprendre. Par le discernement, il révèle aux autres ce qu'il a su maîtriser !

Votre cœur saura toujours ce qui est juste, bien qu'il faille vivre à fond pour apprendre les détails ! La réalité réagit d'instinct à l'amour. Vous n'avez pas besoin d'employer la force pour que la réalité soit. Ayez du courage, car la réalité existe. Point besoin de persuasion ou de relations influentes pour que le potentiel de réalité soit activé ! La réalité appartient également à tous. Par conséquent, aucune permission spéciale, formation particulière ni originalité quelconque n'est requise. La réalité représente le summum de l'honnêteté, de l'innocence et de l'accessibilité, même en ce qui concerne le plus jeune et plus innocent des enfants. Il vous suffit de savoir que la réalité ne fait qu'un avec Dieu et d'avoir le courage d'accepter cela. Le cœur reconnaît la vérité à ce qui le libère.

Votre cœur ne fait qu'un avec l'amour de Dieu et Dieu ne fait qu'un avec la réalité. Vous pourriez dire que la vérité est la triade Dieu, amour, réalité. C'est aussi le point de rencontre entre l'amour et la réalité, point où ces deux éléments ne font plus qu'un avec Dieu. C'est pour cette raison que la vérité est le solvant universel de tous les blocages, limites, conflits et problèmes inhérents à l'existence mortelle. Certains disent que la vérité blesse. Elle ne blesse que l'ego, jamais l'amour que vous êtes. La vérité est la conscience la plus élevée qui soit, la présence perpétuelle de Dieu dans la réalité. Quand vous savez cela, vous savez quand la vérité entre en résonance avec l'amour.

La vérité n'est révélée qu'en présence de l'amour. Avez-vous jamais connu une personne colérique qui soit honnête ? Les vérités qui vous sont inaccessibles sont celles étouffées par les encoches que vous avez faites à l'amour qui est en vous. C'est là qu'un ami ou un amour véritable s'avère précieux. En leur présence, la vérité est une véritable révélation. Si vous voulez connaître la vérité au sujet d'une personne, regardez-la dans les yeux avec amour et acceptez la réalité qui est sienne. Il n'y a qu'un esprit, qu'un Dieu et qu'une base sur lesquels toute réalité repose. C'est le grand plaisir de notre Père que de nous accorder la liberté de percevoir et d'appréhender la réalité. Par contre, il ne faut pas oublier que les points de vue personnels servent à personnaliser et à amplifier la réalité de chacun, non à la remplacer. »

De nos jours, on trouve dans le langage psychologique un monceau de concepts et d'idées selon lesquels l'individu a le pouvoir de créer sa propre réalité. Quand je demandai à Jésus son avis sur cette croyance, il répliqua sans équivoque qu'il existe une réalité universelle sur laquelle nos visions de celle-ci créent de subtiles ou grandes différences. *« Ne sous-estimez pas le pouvoir de votre vision de la réalité, puisque celle-ci vous amènera les choses que vous entrevoyez et désirez. Votre vision de la réalité est une clé importante puisqu'elle vous permettra de manifester votre vie. Il est cependant judicieux de vous rappeler qu'une vision de la réalité a d'autant plus de pouvoir qu'elle respecte les éléments universels de l'existence commune à tous. »*

Ceci peut se comparer aux différents résultats obtenus par dix artistes réunis au même endroit pour peindre le même paysage. Un observateur pourrait conclure qu'ils ont peint dix paysages différents, étant donné qu'ils l'ont chacun interprété à leur façon respective. Les réalisations de ce paysage sont toutes diverses de par leurs riches touches personnelles. Pourtant, si votre regard se porte au-delà des coups de pinceau et s'attarde sur les éléments figurés, vous découvrirez que ces tableaux ont la même réalité en commun.

« Le peuple d'Israël a très tôt eu la faveur de Dieu en raison de sa profonde compréhension de la complétude de l'existence. Ce peuple avait compris qu'il n'y a qu'un Dieu, qu'un esprit et qu'un fondement cohérent à la réalité. Ceci lui conféra une grande sagesse et une influence incontestable dans l'histoire du monde.

À l'époque où je suis né, la doctrine religieuse commençait déjà à servir de structure plus que de guide spirituel. La nation d'Israël fut fidèle à Dieu dans sa foi, en ce sens qu'elle ne fit pas appel à la traîtrise ni à la force pour se sauver. Elle avait néanmoins perdu contact avec la réalité, et les épreuves qui s'ensuivirent détournèrent peu à peu les cœurs de l'amour. De nos jours, ceci est vrai pour bien des religions. Elles observent des doctrines et la parole de Dieu, mais dans bien trop de cas, elles font entrer en jeu des croyances qui les maintiennent dans une zone de confort située en dehors de la réalité. Ce faisant, les épreuves augmentent et les cœurs se détournent encore plus de l'amour. En fin de compte, l'entendement supérieur des choses se perd. L'amour régit la réalité et la réalité répond à l'amour comme une jeune mariée à son nouvel époux. Vous êtes les bien-aimés de Dieu, tout autant que je le suis. Si vous voulez bénéficier de ce bienfait, vous devez vous extirper de cette gangue protectrice et laisser votre moi illusoire voler en éclats à la lueur de la réalité. L'amour que vous êtes doit être fort en vous si vous voulez hériter du pouvoir divin qui est latent en vous.

Ne craignez pas, car vous êtes les bien-aimés de Dieu. Il ne permettra pas que vous vous envoliez pour ensuite venir vous écraser au sol. Seuls votre moi illusoire et les ornements que vous avez employés pour le sustenter périront. C'est l'unique mort requise en ce monde. Par conséquent, lorsque vous choisissez volontairement d'anéantir votre moi illusoire, vous faites le premier des pas qui vous mèneront à l'immortalité consciente. Avec l'amour et la grâce de Dieu, vous ferez vos prochains pas jusqu'à ce que vous retrouviez totalement votre filiation divine. Pour certains, ceci s'effectuera en un clin d'œil. Pour d'autres, il faudra un peu plus de patience. C'est comme les enfants : certains deviennent des adultes du jour au lendemain, alors que d'autres prennent des années. Ces différences de transformation ne résultent pas d'une préférence, d'une hiérarchie ni d'un statut. La croissance a une dynamique propre à chaque individu. »

Je lui demandai à cet instant-là s'il pouvait me résumer de nouveau ce qu'était le moi illusoire. Il acquiesça en disant : « *Le moi illusoire est ce que vous pensiez être alors que vous aviez oublié que vous étiez amour. À cela, vous pourriez rajouter toute réalité inventée ayant servi à enjoliver toutes vos fausses conceptions. Chaque chose doit exister dans le cadre d'un contexte, l'ego y compris. Lorsqu'un aspect fonctionnel de la personnalité est confondu avec la véritable existence, certaines questions émergent : "Qui suis-je ? De quelle façon cette invention peut-elle être intégrée à la réalité ? Comment ces facteurs inconnus peuvent-ils être rendus réels ?" L'existence révèle la vérité et peut être le grand défenseur de votre propre vérité si vous lui permettez de détruire ce qui n'est pas réellement vous. Si, malgré les défis et les révélations qui se présentent à vous, vous persistez à opérer en fonction de votre réalité inventée, et ce, en vous dupant intentionnellement, vous évoluerez dans le monde du péché. Le péché est quelque chose de beaucoup plus simple que vous ne pouvez l'imaginer. Il est juste la force et la malice qui sont employées pour instiller et habiliter les réalités inventées. La mesure selon laquelle vous vous êtes investis dans le péché détermine la mesure de votre éloignement de Dieu.*

Le monde gaspille énormément d'énergie en jugements. Juger n'est rien d'autre que l'expression de la rivalité entre diverses réalités inventées. L'amour ne juge pas. Le jugement est cruel. Il est le jeu enfantin des ego qui rivalisent pour se hisser en première place. Mais l'intention sournoise et cachée derrière cela laisse croire que celui qui réussit à soutenir un jugement est au-dessus du jugement, ce qui est faux. En fait, l'ego ne peut et ne veut pardonner. Ce refus de la part de l'ego est la violence qu'il fait à la vie. Seul l'ego juge, et par le jugement il sera éradiqué. L'amour que vous êtes entretiendra votre immortalité, car l'amour ne sait rien du jugement.

Le péché originel de l'homme fut en fait le jugement. C'est le seul péché qu'une âme pure et innocente puisse commettre. La conséquence immédiate, inévitable et inéluctable du jugement est la dissociation d'avec l'objet de votre jugement et Dieu, puisque le Créateur fait également partie de ce que vous avez jugé. Les jugements ont une propension à l'expansion et à la multiplication pour faire de cette dissociation d'avec Dieu un réel et monumental problème. Un être divisé est inconscient de sa Source et, par conséquent, s'efforcera sans cesse de se créer lui-même.

Sans ce long oubli, cette longue division, et les nombreuses densités rattachées à l'identité inutile qui en découle, une âme ne pourrait jamais s'égarer ainsi ni concevoir de méfaits. Ce que le monde qualifie de péché n'est que la prolongation de cette dissociation d'avec Dieu, la réalité et la fraternité, dissociation qui prend sa source dans le jugement. Tous les méfaits sont une triste chose bien sûr. Par contre, le fait que vous les considériez comme étant un réel péché ne fait qu'aggraver le problème. Si l'homme veut vivre fraternellement avec les autres, il ne peut condamner son immoralité. Pourquoi ? Parce que faire cela reviendrait à alimenter le cercle vicieux du jugement. Tel a toujours été le dilemme de l'homme. Si tous les jugements avaient cessé et que l'esprit du pardon avait prévalu, l'homme aurait retrouvé son innocence par la grâce et mon intervention n'aurait pas été nécessaire.

Quand je suis venu sur terre il y a deux mille ans, je n'étais en rien différent de vous sur le plan du potentiel. Toutefois, je n'avais jamais connu la dissociation d'avec mon Père, je ne m'étais jamais exprimé à travers autre chose que l'amour et je ne m'étais façonné aucune illusion. Il était nécessaire que je sois conçu par une femme vierge. Ce n'est pas que je réprouve la manière dont les humains sont habituellement conçus, mais il faut reconnaître qu'un problème devait être dépassé dans mon cas. Sur le plan de la vie organique, l'ADN sert à mener à bien les complexes et mystérieuses fonctions de l'amour et à assurer leurs très hauts niveaux de fonctionnement. Lorsque ces fonctions sont accélérées en vous, votre ADN est modifié de façon correspondante. Dans mon cas, l'emploi d'un ADN provenant d'un état de dissociation aurait eu le même effet que de mettre du combustible à fusée dans une Volkswagen. Mon "essence" n'aurait pu être rattachée à un tel corps et le moment n'était pas encore venu pour moi de faire l'expérience de la division. De ma conception à ma crucifixion, je me suis préparé à la division que j'avais accepté de vivre. La grossesse de ma mère fut donc tout à fait normale et ordinaire, ainsi que ma croissance, de l'enfance à l'adolescence.

Voyez-vous, le sens de mon sacrifice sur la croix ne réside pas tant dans le fait que je suis mort pour vous que dans le fait que je me suis séparé pour vous. La mort ne signifie rien pour moi, car je suis totalement convaincu de mon immortalité et la souffrance aurait pu être effacée en un instant par mon amour. Le don que j'ai fait à l'humanité fut ce choix de vivre la séparation. Et cela se produit chaque fois que l'homme s'éloigne de Dieu, de la Source d'amour et de la réalité en privilégiant ses illusions personnelles et les projections de son ego. La poursuite irréfléchie de petits programmes personnels et de réalités inventées a amené l'homme à oublier l'amour qu'il est réellement.

J'ai effectué cette séparation en tant qu'acte d'amour pour que l'amour puisse ensuite être réunifié même dans un état de division. Et ainsi, le long éloignement de Dieu prendrait fin. Bien des gens sont morts pour vous. Bien des gens ont donné leur vie pour un frère, la liberté ou l'humanité, en l'honneur de principes qui leur étaient chers. Bien des saints sont morts pour vous. Un nombre incalculable de gens ont souffert pour vous. Mais jamais personne ne s'est séparé pour vous ! Je l'ai fait dans un esprit d'amour, pour que celui-ci puisse être entier même dans la séparation et que celle-ci ne soit plus alors qu'une simple illusion. Cet événement fut pour moi la chose la plus pénible de mon existence. Sur la croix, j'ai momentanément connu un détachement total de mon Père et reçu en même temps toutes les séparations du monde. Maintenant, tout ce qu'il vous reste à faire, par la loi de la grâce, c'est d'accepter le fait que vous êtes amour et de retourner vers Dieu. Ceci est le miracle permanent dont j'ai inconditionnellement fait don à l'humanité entière. Il est à la disposition de tous ceux qui choisissent de l'accepter. Bien qu'elle soit essentiellement une illusion, la séparation a déjà été un problème très réel. Maintenant, elle n'est qu'une illusion à laquelle n'importe qui peut mettre fin en brandissant le sabre de la vérité et en déchirant le voile qui la masque.

Le miracle rattaché à ma mort concerne l'annulation de la séparation par le fait qu'elle a été mise en équation avec l'amour et non avec le jugement. Ce qui est extraordinaire par rapport à ma résurrection ne tient pas tant au fait que mon corps ressuscita, mais plutôt que l'homme retrouva son lien avec Dieu et que la séparation fut transmutée en illusion. Cette transmutation est maintenant accessible à quiconque accepte l'amour qu'il est. Vous avez le choix : VOUS POUVEZ PERPÉTUER L'ILLUSION OU ACCEPTER CE DON. Ce bienfait a été accordé librement par moi et mon Père à quiconque désire envisager le potentiel de transformation qui est actuellement offert à l'humanité.

Je préférerais plutôt qu'on publicise le don que le donneur. En effet, en savourant ses bienfaits, le receveur voudra à un certain moment trouver le donneur. Un grand nombre de mes amis et de mes adeptes ont de la difficulté à accepter cela, car ils veulent protéger ma gloire. Il est triste que cette bénédiction ait été ignorée par tant de gens, surtout parce qu'ils l'ont mal comprise ou qu'on leur a imposé le donneur. Je préférerais le contraire, c'est-à-dire que le don soit compris et accepté de tous universellement. Il fut offert librement et inconditionnellement.

PAS PLUS QUE MES DISCIPLES, JE N'AI JAMAIS REVENDIQUÉ NI ENSEIGNÉ LE SALUT PERSONNEL TEL QU'ON LE CONSIDÈRE AUJOURD'HUI. UN HOMME NE TROUVE LE SALUT QUE PAR SON PROPRE RETOUR À L'AMOUR, NON PARCE QUE J'AI RENDU CELA POSSIBLE ! Le libre arbitre est toujours ce qui détermine la rédemption ou la chute. L'homme a choisi de juger, de se dissocier et de se créer à mauvais escient. Maintenant, il revient à chacun de retrouver le chemin de l'amour. Ainsi que je vous l'ai dit à de nombreuses reprises, vous n'êtes pas tributaires de la loi de cause à effet comme la structure et l'existence le sont.

Un équilibre parfait gouverne toute forme physique et se traduit par des réactions justes et immédiates ne nécessitant aucun consentement. Le comportement humain a lui aussi ses conséquences. Cependant, grâce à l'amour et à la sagesse du Père, les enfants de ce dernier ont reçu la liberté de choisir la nature des conséquences de leurs actes. Vous trouvez toujours le salut par la grâce et par le choix.

Ce que j'ai accompli pour l'humanité a été un cadeau à nul autre pareil. Je vous ai donné la possibilité de retrouver le chemin de votre DEMEURE INTÉRIEURE, de recouvrer la connaissance de l'amour que vous êtes et de rétablir un lien personnel avec votre

Père. La séparation est actuellement un requin dépourvu de dents, une illusion qui peut être démystifiée par quiconque cherche à connaître la vérité. Néanmoins, il vaut mieux que le requin ait des dents pour ceux qui restent en marge par peur et prisonniers de leurs propres jugements et créations. De telles personnes continueront de craindre ce retour spirituel en raison de leur propre haine.

Le problème qui m'a amené à faire ce don à l'humanité, c'est que le libre arbitre a presque entièrement été anéanti par le cycle dysfonctionnel du jugement dont l'homme est devenu prisonnier. À chaque génération, il y a toujours eu quelques âmes dévouées et vertueuses qui ont retrouvé la pleine conscience de Dieu. Ceci n'a malheureusement pas été possible pour la majeure partie de l'humanité. Ceux qui ont retrouvé leur demeure sacrée éternelle ont laissé en héritage à la conscience humaine une plus grande clarté et davantage de compassion. Même à cela, la dangereuse division a conservé son pouvoir. »

Ce fut exactement à cet instant-là que je fis une découverte renversante que Jésus me confirma immédiatement. Personne n'évolue vers la perfection ! La perfection est la condition originelle vers laquelle nous devons revenir ! Avec une clarté pénétrante, je vis le piège qui consiste à croire à l'évolution personnelle. Seules les illusions peuvent évoluer, puisque la vérité est constante en tout temps. Additionnant cette découverte à ses explications sur la raison d'être de sa vie, je perçus soudainement avec clarté qu'il n'avait pas évolué spirituellement ni personnellement pour arriver à la transcendance. Dès le début, il savait parfaitement qu'il œuvrait dans le sens d'une séparation intentionnelle au nom de l'amour afin que le pouvoir supérieur de l'innocence soit révélé à l'homme comme étant sa condition originale et inhérente. Je ne fus pas portée à lui demander, ni n'en eus l'occasion, s'il avait déjà foulé le sol de cette planète dans une autre vie. Il a très certainement été avec nous depuis toujours. Certains croient d'ailleurs qu'il est réapparu de temps en temps et a influé sur le cours des événements humains. Peut-être est-ce vrai et peut-être n'est-ce pas important du tout. La plus grande révélation dans tout cela, nonobstant le comment de sa présence auprès de nous, c'est la constance de son esprit d'innocence. En retrouvant nous-mêmes ce même esprit d'innocence qui est en nous, nous pouvons rétablir le pouvoir de *l'amour*.

N'a-t-il pas dit plus tôt :

« Ce retour à l'amour peut se manifester de bien des manières : la paix du cœur, un pas de danse quand vous marchez, un baiser d'enfant ou la rutilance d'un matin printanier. L'amour de Dieu est là : c'est ce que cela veut dire. Si l'amour semble disparaître pendant un moment, ne vous inquiétez pas. Ce n'est qu'apparence, afin que vous le cherchiez de nouveau. L'amour est un mystère, le plus grand des mystères de l'univers. L'amour est votre véritable moi, qui prend sa source en Dieu, cette éternelle fontaine d'existence indéfinissable.

L'amour est un cadeau, un miracle, un mystère. Ce qui vous y amène, ce sont vos intérêts, vos penchants et les aspirations de votre cœur. Mais c'est surtout sa grâce qui lui confère pouvoir et forme, pas les attentes, les exigences ni les demandes. L'amour est l'ultime paradoxe, car il est l'agneau qui est aussi le lion. L'amour est l'ultime pouvoir qui se manifeste par la reddition. Le pouvoir de l'amour réside dans le fait qu'il régit le point zéro où temps et espace deviennent un, dans l'éternité de l'énergie divine et de la conscience divine. Alors, dans le présent sacré, toute dualité est dissoute par le miracle du paradoxe. En donnant, vous recevez. En rendant les armes, vous vainquez. En pardonnant, vous êtes pardonné. En ne faisant rien, tout se fait. En lâchant prise, tout se conquiert. Cela fonctionne ainsi uniquement en présence de l'amour. Voilà pourquoi, si vous donnez sans amour, le don que vous avez fait s'avère vain. Car le mystère et le miracle de l'amour font que celui-ci peut transmuter des éléments opposés en un paradoxe vivant et dynamique.

Ayez de la gratitude chaque fois que l'amour fleurit pour vous. Voyez le bien-aimé en tout. Les gens dans votre entourage et les situations qui se présentent dans votre vie sont vos alliés et votre source de joie. Lorsque vous ne voyez pas l'amour, n'en concluez pas que vous faites face à un ennemi ou à une situation hostile.

Tous et chacun ont leur raison d'être. Bénissez-les, respectez-les et pardonnez-leur si cela s'avère nécessaire. Surtout, ne forcez pas l'amour et, s'il est absent, n'instillez pas de culpabilité chez les autres en les accusant. L'amour ne peut être forcé. On doit accepter l'absence d'amour avec grâce et humilité, car elle fait aussi partie du plan de Dieu. Bien des conflits pourraient être écartés si les parties comprenaient mutuellement que l'absence d'amour veut dire que le moment d'évoluer ensemble n'est pas encore venu ou qu'il est peut-être déjà passé. Quand c'est le cas, bénissez-vous réciproquement et vaquez chacun de votre côté à vos activités. Lorsque l'amour est absent, il faut accepter cela avec humilité et détachement. Vous ne pouvez pas forcer quelqu'un à vous aimer.

Même la plus vaste des définitions ne peut contenir l'amour, car la compréhension que vous en avez ne provient pas de l'extérieur. Étant donné que l'amour est ce que vous êtes, vous ne comprendrez jamais totalement ses mystères. On ne peut contrôler l'amour. On ne peut le prédire. On ne peut le forcer. On ne peut l'asservir. On ne peut l'anéantir. On ne peut le définir. Et lorsque vous parlez de sa profondeur, de son pouvoir et de sa capacité infinie, pensez aussi à sa capacité à mettre fin à toute dualité. L'amour n'a pas d'opposé. On ne peut le cerner et pourtant il est à notre service. Il est infiniment libre mais ne fuit pas la captivité. On ne peut l'appliquer de force et pourtant il sert de fondement à toutes les lois. Il est porteur de vérité et ne porte cependant jamais de jugement. Il voit tout mais ne condamne jamais. Il conquiert par la reddition. Il règne en élevant. De par sa mystérieuse propension au paradoxe, l'amour met fin à toute dualité.

Si vous pensez à la fonction de l'amour dans une optique scientifique, voyez-le comme un transfert, comme le point où deux forces complémentaires se rencontrent en présence d'un facteur stabilisant et échangent leur mode de fonctionnement pour devenir l'un l'autre. C'est pourquoi les chercheurs n'ont pas encore réussi à isoler la particule suprême. Au point zéro de l'amour et par le pouvoir de celui-ci, un élément devient toujours l'autre, et vice versa. Cette fonction de transfert est constante en ce qui a trait à toutes les particules premières d'énergie ainsi qu'à tous les êtres investis dans l'amour. Une fois que les fonctions de l'amour sont comprises, le mystère est résolu.

C'est l'amour qui modifie votre ADN, et non l'inverse. Ce serait un dangereux piège de croire qu'en modifiant scientifiquement l'ADN, l'humanité pourrait s'élever vers des plans supérieurs. L'amour EST l'agent causal qui entraîne la modification de l'ADN. Le seul empêchement à cela, c'est votre ego, la structure de rétention de toutes vos défenses personnelles. L'ego empêche l'énergie d'amour de procéder à la guérison et aux miracles qui pourraient survenir dans votre vie. L'ego doit toujours contrôler, car au plus profond de lui se cachent des sentiments de dévalorisation et d'échec souvent emballés dans de la pudeur. Même si la dévalorisation et l'échec sont tous deux des mensonges, ils peuvent avoir l'air très réels si on y met tout son esprit créateur. En définitive, l'ego est la source de tout échec parce qu'il déclenche lui-même sa fin par la résistance. C'est pour cela qu'un ego ne peut tolérer l'anxiété que le paradoxe et le transfert suscitent. Par contre, une fois que vous savez qui vous êtes, l'ego et l'anxiété s'évanouissent et vous retrouvez enfin votre potentiel infini d'amour. »

Jésus transmit ces messages le 12 mars 1992, comme d'ailleurs presque tout le reste des enseignements de ce chapitre. Ce jour-là, ma toile était quasiment terminée. Je mis presque toute la journée à perfectionner des détails. Je passai plus de temps qu'à l'ordinaire à converser avec le Maître, une sourde anxiété présente en moi me faisant sentir que quelque chose était sur le point de se produire. En levant les yeux vers l'horloge, je vis qu'il était déjà quatre heures et demie et que le meilleur de la lumière diurne ne serait bientôt plus là. Je m'activai donc à mélanger certaines couleurs pour ajouter quelques touches à ses cheveux voguant au vent. Lorsque je relevai la tête de ma palette, je constatai que le fil énergétique qui avait relié la vision à mes yeux avait disparu ! Jésus était encore debout devant moi, mais son image était en train de s'estomper. Je sus qu'une grande phase de ma vie prenait fin à ce moment-là. Mon tableau était terminé, et pourtant il continua de parler avec une grande clarté.

« Je suis le lion qui s'est présenté comme l'agneau et l'agneau qui a rugi comme le lion. Je suis le paradoxe vivant de l'amour exalté sur terre... une force qui met fin à la dualité. » Un large sourire illumina son visage et, en me fixant de ses yeux ardents mais paisibles, il me dit ces dernières paroles, qui s'adressent non seulement à moi, mais également à vous et à toute l'humanité : *« Et vous êtes mes bien-aimés. »*

Épilogue

Voici l'utilité de la mémoire :
elle sert à libérer. Il n'y aura pas d'amour,
mais une expansion d'amour au-delà du désir.
Il y aura libération du futur et du passé[20].

Le passage du Maître dans ma vie était chose passée, mais mon expérience et mon évolution s'amorçaient à peine. Même si les déplacements exigés pour exposer mon tableau étaient grisants, ils me semblaient interminables. À l'automne 1993, j'en avais assez de faire de la route et aspirais à un peu de repos et de détente. Les premiers dix-huit mois qui suivirent l'achèvement de cette toile furent suivis d'un tourbillon d'activités, d'expansion, de défis et de croissance personnelle. De plus, quand je n'étais pas sur la route, je recevais souvent chez moi des gens venus de tous les coins du pays. Les enfants qui venaient me visiter étaient particulièrement plaisants, car ils avaient une perception candide et innocente du Maître. Ils étaient toujours une grande source d'inspiration pour moi. En retour, ils pouvaient caresser Gunnar ou au moins jeter un coup d'œil sur le chat qui avait vu le Christ.

Les obligations que je ressentais devoir prendre envers « L'agneau et le lion » avaient une importance qui reléguait tout le reste au second plan. De toute manière, quoi d'autre pouvait alors me procurer une telle passion et une telle paix ? Jusqu'à l'automne 1992, je mis mon amour de la peinture de côté.

On me priait fréquemment de créer d'autres portraits de Jésus, la requête la plus fréquente étant que je le peigne avec sa mère dans une traditionnelle pose de madone. Avec toute la diplomatie possible, je déclinais poliment ces demandes en rappelant aux gens que, s'il devait y avoir d'autres portraits de Jésus, il faudrait qu'ils soient commandés selon un mode identique au premier. Et que si le Maître voulait vraiment qu'une autre peinture soit réalisée et désirait faire le nécessaire en ce sens, cela serait pour moi un plaisir et un privilège que d'y consentir. En dehors de circonstances bien particulières comme celles-ci, l'art religieux n'a jamais eu grand attrait pour moi. Toutes choses considérées, je croyais donc qu'il risquait fort probablement de ne pas y avoir d'autre composition de ce genre, ce qui s'avéra juste pendant six mois.

Mais, à ma grande surprise, au cours de l'automne 1992, de telles circonstances spéciales se présentèrent une fois encore et j'eus une nouvelle vision. Ceci se produisit dans une petite église rurale où je venais de présenter la toile du Maître. Au moment de la prière de clôture, je détectai le parfum unique que j'avais toujours humé lorsque Jésus se trouvait dans mon atelier. En relevant la tête et en ouvrant les yeux, j'eus la confirmation de mon impression. IL ÉTAIT LÀ ! Sans dire un mot aux autres pour ne pas les alarmer, j'observai le phénomène qui se déroula sous mes yeux. À chaque seconde qui passait, il rajeunissait, jusqu'au point où il atteignit l'âge d'un nourrisson que sa mère tenait dans ses bras. Marie était jeune et son allure dénotait ses origines hébraïques. Toute en douceur, elle était l'image même de l'innocence, étant elle-même à peine plus vieille qu'un enfant. Quelques instants plus tard, la vision se stabilisa et resta ainsi durant les deux mois au cours desquels je la peignis. « La flamme d'amour », le nom qui lui fut attribué, fut achevée le douzième jour du douzième mois à midi, exactement neuf mois après l'achèvement de « L'agneau et le lion ». J'eus à peine le temps d'y mettre quelques touches finales pour la présenter lors d'une réception formelle organisée chez nous en son honneur cet après-midi-là tout particulier. Plus de deux cents personnes s'étaient présentées. Certaines eurent les larmes aux yeux et restèrent bouche bée devant l'authenticité de l'apparence de Marie. D'autres furent confondues par la ressemblance entre le nourrisson et l'homme de « L'agneau et le lion ». À partir de cet instant-là, notre vie devint un tourbillon d'activités et mes pinceaux se contentèrent de ramasser la poussière.

J'étais si enthousiasmée par le fait de partager mes visions que j'en oubliai pratiquement mon amour de la peinture jusqu'en septembre 1993. Mais, finalement, par cette belle matinée automnale lumineuse, la volition de créer me prit de nouveau. Qui plus est, je voulais m'adonner à cela dans un chez-moi qui n'appartiendrait pas au reste du monde. Tout en prenant conscience de mes aspirations personnelles, la sérénité que je ressentais en sa présence me revint à l'esprit. C'était tellement autre chose que le rythme effréné que j'avais soutenu des années durant ! Posant mon regard sur la toile à partir de l'autre bout du salon, je m'arrêtai plus particulièrement sur ce qui se dégageait de lui, espérant ainsi me retrouver en sa compagnie dans cette sensation si spéciale de paix. Exactement à ce moment-là, il se produisit quelque chose de très intéressant. Au lieu de voir son visage, j'en aperçus des centaines d'autres, ceux des gens dont la vie et le cœur avaient été transformés à tout jamais après avoir vu ce portrait leur rappelant son éternelle présence. Puis, une à une, les couches de visages s'estompèrent jusqu'à ce qu'il ne reste que le sien. Cette transmission visuelle eut une signification spéciale pour moi. Par cette expérience, qui fut simple mais emplie de révérence et de sacralité, je sus que mon tableau était arrivé à un point charnière de son histoire. Juste au moment où je souhaitais retrouver la solitude et le refuge de mon atelier, voilà qu'on me disait que cette peinture devait elle aussi trouver son propre asile. Il fallait que cela soit un endroit révérencieux et paisible où les cœurs, les vies et les croyances de tous ceux qui s'en approcheraient seraient respectés de manière égale.

Je pris alors une de mes premières décisions concernant cette peinture : elle devait se perpétuer et servir dans un cadre œcuménique, n'être rattachée à aucune confession ni doctrine religieuse. La caractéristique qui distingue probablement « L'agneau et le lion » des milliers d'autres représentations du Maître, c'est l'attitude de bienvenue personnelle et gracieuse qui émane de lui envers tous. Il était hors de question pour moi qu'il en soit autrement. Mes hésitations à installer cette toile dans une église provenaient de ces considérations et du fait que la plupart des églises ne sont ouvertes au public que durant quelques heures, un jour par semaine. Je ne pouvais faire abstraction de ces réalités qui me préoccupaient. Je n'avais pas les réponses à mes questions, mais j'étais certaine que lui les avait. Par la prière et la méditation, je me débarrassai de mes anxiétés en me fiant à une instance supérieure.

Parfois, cependant, ce lâcher-prise ne se traduit pas par les espoirs escomptés. Pendant plusieurs semaines, aucune solution logique ne se présenta et mon inquiétude augmenta. Je ne savais absolument pas par où commencer. Aux journées de tension succédèrent des nuits agitées, alors que mon mari et moi poursuivions nos démarches et maintenions notre routine normale. J'aurais dû m'attendre à un miracle, mais il me prit par surprise.

Pour la seconde fois dans ma vie, j'allais être réveillée en plein milieu de la nuit par une lumière sacrée dans ma maison. Cette fois-ci, cela survint à trois heures du matin. Tirée soudainement de mon sommeil, je me redressai dans mon lit et me frottai les yeux. Je me rendis rapidement à l'évidence : cette lumière était surnaturelle, tout comme l'avait été la première. Je remontai mes oreillers contre le mur, m'y appuyai et attendis. En l'espace de quelques minutes, la lumière se concentra dans un coin de la pièce et prit la forme d'un ange. Peut-être cette forme n'était-elle qu'un ajustement automatique de mon esprit pour donner une forme familière à l'incontestable inconnu que j'avais devant les yeux.

Quel phénomène époustouflant ce fut ! Enfant, j'avais cru aux anges, même si je pensais à eux seulement à Noël et n'imaginais jamais en rencontrer un au cours de ma vie sur terre. J'avais donc sous les yeux une apparition rare que je n'étais pas préparée à expliquer. Même si une vie vouée à l'art m'avait aidée à développer une forte et vive imagination, mes perceptions jusqu'en 1991 n'avaient jamais outrepassé la trame normale de l'expérience humaine. Si quelqu'un m'avait demandé de peindre un ange, j'aurais probablement répondu comme Courbet, ce grand peintre réaliste français qui avait lancé, plus d'un siècle plus tôt : « Montrez-moi un ange et je vous peindrai un ange. » Ironiquement, mes exigences logiques me laissaient démunie face à ce qui se présentait à moi.

Déconcertée et stupéfaite, je fixai la lumière. L'ange dit alors : *« N'aie pas peur. Je suis venu te dévoiler que tes prières ont été entendues et que des dispositions sont prises pour que ta toile trouve sa place. »*

Je fus ravie d'entendre ses paroles, mais une chose me ravit encore plus : sa façon de déclarer cela. Le son que mes oreilles entendirent fut une superbe musique céleste, alors que, simultanément, mon esprit perçut des mots prononcés en anglais. J'eus la nette impression que la musique qu'il « parlait » était un langage universel qui aurait pu être traduit, par la personne l'entendant, dans n'importe quelle langue lui étant propre. Au cours des jours suivants, en réfléchissant à cet événement, il me vint à l'esprit que même cette forme visuelle avait pu traduire les réalités d'une présence universelle d'une manière plus perceptible.

J'eus l'impression que cette apparition resta environ vingt minutes, mais ce fut probablement moins que cela. Comme c'est le cas des anges dans les légendes, celui-ci était porteur d'une bonne nouvelle et de réponses à des questions. Malgré mes demandes répétées, il ne me donna aucun détail sur la situation globale. Avant de s'en aller, il posa sa « main » sur mon cœur et dit : « Je te laisse ce germe de conscience à partir duquel tu recevras d'autres visions et instructions. »

J'attendis passivement en supposant que les instructions ou les réponses dont j'avais besoin se présenteraient spontanément. Environ une semaine plus tard, la curiosité prit le pas sur ma patience. Attendre n'a jamais été mon fort, et encore moins en ce qui concerne les choses du destin. Je pensai à mille et une prières, mais préférai adopter une méditation silencieuse dans l'espoir d'entrer en syntonie avec cet espace sacré dans mon cœur où l'ange avait déposé ce fameux « germe de conscience ». Je restai dans cet état de paix le plus longtemps possible, puis je fus dans l'expectative, invoquant et incitant le ciel. Rien ne se passa. Alors que je m'apprêtais à sortir de mon état contemplatif, j'entendis à nouveau la musique. Comme je l'avais fait la première fois, j'intériorisai mon attention et des paroles me parvinrent.

« Quoi ? » Je secouai la tête, incrédule. Ce qu'il venait de me dire n'avait aucun sens par rapport à mes préoccupations du moment. Il me précisa que je devais faire un « paravent à prière ».

Mais qu'était donc un paravent à prière et pourquoi avais-je besoin d'en construire un ? J'attendais une réponse et je venais de recevoir une commande ! Pendant le restant de la journée, je cherchai toutes sortes d'explications, mais aucune n'avait de sens. Le seule conclusion logique que je pus tirer de cette idée de paravent à prière est qu'un tel objet pourrait susciter l'esprit de révérence permettant de prier et de méditer avec plus d'efficacité.

De toute manière, je me prenais pour qui en voulant argumenter avec un ange ? Je me rendis donc immédiatement chez notre quincaillier local dans l'espoir d'y découvrir des idées quant à l'objet et à la façon de le fabriquer. Je pris un temps considérable à déambuler dans toutes les allées, y cherchant une étincelle d'inspiration et des indices sur la manière de procéder. Après avoir passé plusieurs mois à rénover notre maison, je connaissais les lieux assez bien et les vendeurs m'appelaient par mon prénom. Malgré cela, mes recherches n'aboutissaient pas ce jour-là. Tous les matériaux que je vis étaient bruts et lourds, exigeant des outils spécialisés. En sortant, je passai devant la section des portes. Soudain, je trébuchai sur un objet et faillis presque me retrouver par terre. Quelqu'un avait laissé une porte à plat sur le plancher, dans l'allée. Je me baissai pour la ramasser, m'attendant à ce qu'elle soit lourde. À ma grande surprise, elle était très légère. C'était une porte creuse en frêne. En la tenant devant moi, je remarquai le beau grain du bois. De plus, elle ne faisait que soixante centimètres de large, une dimension tout à fait appropriée pour ce dont j'avais besoin. En quelques minutes, j'entrevis toutes les possibilités. Avec des charnières, je pouvais accoler trois de ces portes et en faire un superbe paravent ! Quelques décorations, du vernis, et cela ferait un « paravent à prière », quoi que fût cet objet.

La synchronicité et les coïncidences ne faisaient que commencer. Je dus raccourcir un peu les portes. Pas de problèmes, puisque j'avais vu les ouvriers qui avaient travaillé chez moi le faire. Une fois les trois panneaux prêts à être assemblés, je les emportai dans mon atelier. En les observant de près, je remarquai que le grain du bois sur un de leurs côtés était beau et prêt à recevoir le vernis. Par contre, sur l'autre face, ces grains étaient ordinaires et avaient besoin d'être améliorés. Mais comment ? Sans réfléchir, j'attrapai un pinceau et me retrouvai devant un des panneaux en train d'y peindre un ange.

Ceci me sembla être la réponse appropriée à celui qui m'avait commandé le paravent. Je ne savais pas que cette porte serait bien plus qu'une peinture, qu'elle serait le début d'une autre grande phase de mon évolution. Ce jour-là, dans mon atelier, je n'eus consciemment qu'une seule intention ou un seul objectif : décorer un « paravent à prière » en réponse à une commande. Comme récompense, j'espérais bien trouver la réponse sur le côté fini. Celle-ci mit du temps à arriver, mais la récompense qui l'accompagna fut bien plus grande que tout ce à quoi je m'attendais.

Tout d'abord, j'eus un surcroît remarquable d'énergie et de joie pendant que je peignais les anges sur les portes. Ensuite, le paravent fini était bien plus beau que je ne l'avais envisagé. Il fut achevé juste à temps pour être présenté dans le cadre de la réception annuelle que nous donnions dans le temps des Fêtes, même s'il n'était pas à vendre. Cela faisait neuf mois que je n'avais exposé aucune nouvelle oeuvre.

Par ce seul fait, le paravent devint le centre d'intérêt de la soirée. Par ailleurs, les réactions qu'il suscita furent rafraîchissantes et candides. Une femme, en particulier, s'en enticha et insista à plusieurs reprises pour me l'acheter. Refusant sa proposition, je lui expliquai du mieux que je le pus que ce paravent avait une valeur spéciale pour moi sur le plan de l'inspiration, d'où le fait qu'il n'était pas à vendre. Ignorant mon refus, elle me rappela tous les jours jusqu'à ce que je finisse par céder et consente à cela. Son argument de persuasion fut que je pouvais toujours en refaire un autre pour moi. C'est avec cette idée en tête que finalement j'acceptai sa proposition.

Mais dès qu'elle arriva chez elle, elle remarqua que le paravent était trop volumineux pour la pièce où elle voulait l'installer. Ne se laissant pas prendre de court par de telles considérations, elle m'appela pour me demander mon avis au sujet d'une idée qu'elle avait eue. Elle voulait en réalité démonter le paravent en trois éléments qu'elle accrocherait séparément sur le mur. Tout compte fait, elle préférait les anges au paravent. Son influence suscita également chez moi de nouvelles perceptions et possibilités.

Entre-temps, il y eut un enchaînement d'événements synchrones que je ne pouvais vraiment pas considérer comme accidentels. Deux jours plus tard, elle me rappela pour me demander si je voulais bien lui refaire les panneaux. Je lui demandai la raison de tout cela et s'ils avaient été endommagés.

Hésitant un peu, elle admit qu'elle les avait vendus et m'expliqua pourquoi. Un groupe de prières auquel elle participait et qu'elle avait rencontré la veille au soir ainsi que deux membres du groupe voulaient acquérir les panneaux pour leur église. Avec une insistance qui lui rappelait la sienne, ils avaient apparemment ignoré son refus.

Toute cette affaire semblait placée sous l'égide d'une volonté bien plus grande que la mienne. J'étais curieuse de savoir ce qui était en train de se tramer. Aussi, j'assemblai de nouveau le matériel et entrepris de lui faire de nouveaux panneaux. Bien que cette démarche prit un départ placé sous le signe de l'accomplissement d'une tâche, cela devint rapidement un merveilleux processus de découverte me révélant des formes d'expression et de liberté inédites. D'instinct ou par anticipation, j'avais dû savoir que cela se produirait parce que j'avais déjà pris une décision cruciale. J'avais sélectionné des portes plus larges et en avais considérablement réduit leur hauteur pour que les proportions se prêtent mieux à l'expression, au dessin et à l'élaboration. En fabriquant ce nouveau paravent, mon intuition s'approfondit, la confiance en ma créativité s'affirma, ainsi que mon instinct pour la beauté, qui auparavant aurait buté sur les barrières de mes habitudes de travail classique et mes attentes. De plus, tout ceci se passa très rapidement. En moins de deux semaines, les nouveaux panneaux furent prêts et livrés.

À peine la dame venait-elle de les accrocher au mur qu'elle me téléphona de nouveau : « Glenda, pourriez-vous me repeindre un panneau ? Je viens d'en vendre un. » Les choses se précipitaient ! Et ce n'était que le début du phénomène, puisque pendant presque deux ans je ne fis que peindre des anges sur des portes. À peine avais-je fini une porte que quelqu'un se présentait dans mon atelier et s'exclamait : « Ça, c'est mon ange ! »

Ce qui m'étonne encore aujourd'hui, c'est le choix parfait que fit l'ange en optant pour du frêne. Ce n'était pas seulement une porte, mais également un passage qui me permit de donner de l'expansion à ma conscience et d'exprimer métaphoriquement la fonction des anges dans l'univers. Après tout, ne sont-ils pas les gardiens du passage vers la conscience supérieure ? Une chose est sûre : en tant qu'artiste formée par l'école classique, je n'aurais jamais choisi un tel support de travail sans une intervention extérieure pour m'influencer. Je ne l'aurais certainement pas accepté en tant que médium pour évoluer sur le plan stylistique.

Mais ne nous éloignons pas du sujet. La raison de tous ces événements devait être révélée en février 1994. Les amis de ma première cliente (ceux de l'église) voulaient d'autres anges et désiraient me rencontrer personnellement. Je les invitai chez moi, où ils virent « L'agneau et le lion » pour la première fois. Cela fut pour eux une expérience chaleureuse et émouvante, ainsi que le début d'une grande amitié entre nous. De plus, ils me demandèrent de leur peindre sept archanges pour leur chapelle.

Ce travail me tint occupée presque tout le printemps et nous donna l'occasion de faire plus ample connaissance. Ces gens appartenaient à une congrégation chrétienne qui était en fait plus qu'une simple église. Au moment de sa fondation en 1939, cette fraternité sans confession déclara qu'elle voulait rester ouverte à tous ainsi qu'à tous les aspects de la vérité chrétienne, d'où son nom « La ligue de la vérité du Christ ». Depuis, elle rayonne et dispense discrètement ses enseignements dans un beau domaine de plusieurs hectares situé à Fort Worth. Forte de cette vision œcuménique, « La ligue de la vérité du Christ » transmet son message par le biais de publications et par le soutien qu'elle accorde à d'autres congrégations chrétiennes. La chapelle, qui est constituée d'un charmant mélange de motifs classiques et modernes, est située en plein centre d'un jardin magnifiquement aménagé. Dans l'ensemble, cet endroit possède la sérénité et un esprit de recueillement susceptible de ravigoter l'âme la plus lasse. En tout cas, cela fut le cas pour moi.

La peinture « L'agneau et le lion » inspira beaucoup M. Applegate, le pasteur de cette congrégation. Il me demanda si je voulais l'exposer dans leur chapelle et faire une présentation. Finalement, la journée que nous choisîmes pour cela fut également le premier jour où les nouvelles toiles représentant des anges allaient être accrochées au mur.

La journée débuta par une matinée printanière éblouissante, sans un nuage. J'étais contente qu'il fasse beau, mais cela ne semblait pas avoir une importance quelconque pour la peinture. Chaque fois qu'il avait fait mauvais le jour où une présentation était prévue, le ciel s'était toujours dégagé lors de notre arrivée sur les lieux. Et à plus d'une reprise, la plus tombant à verse par rafales s'était arrêtée au moment où nous devions sortir le tableau de la voiture. Et spontanément se produisait une éclaircie ! C'étaient les miracles communs et prévisibles que j'en étais venue à tenir pour acquis. Néanmoins, j'étais contente que les oiseaux chantent et que le soleil brille ce dimanche-là. C'était au moins une chose dont je n'avais pas à me soucier... du moins pour l'instant !

Pendant la bénédiction, le ciel s'assombrit et le tonnerre lança un amen retentissant en même temps que fusa un éclair. En l'espace de quelques minutes, il se mit à tomber des cordes. Dans d'autres circonstances où le temps avait présenté quelques obstacles, un peu de patience nous assurait de pouvoir sortir la peinture en toute sécurité. Mais ce ne fut pas le cas ce jour-là, puisque la pluie tomba sans interruption pendant trois jours, même la nuit. La seule chose claire dans tout cela, c'était que la toile devait rester dans la chapelle.

Pour la première fois, elle se retrouvait sous la garde de quelqu'un d'autre que nous. Elle n'était pas assurée en dehors de chez nous (ce qui ne m'inquiétait pas outre mesure) et la congrégation accepta donc cette nouvelle responsabilité avec une certaine appréhension et une certaine révérence. Les membres de la congrégation et le pasteur lui-même dormirent dans la chapelle et assurèrent une garde de soixante-douze heures qui s'avéra un bienfait aussi bien pour eux que pour cette oeuvre. En effet, ils rêvèrent beaucoup cette nuit-là, eurent de nombreuses visions et sentirent que s'établissait un lien profond entre leur âme et l'amour et la grâce naturelle qui émanaient du portrait du Maître. Ce fut Debbie Truman, la personne qui m'avait acheté les premiers anges, qui fit le rêve le plus significatif. Elle reçut le message que « L'agneau et le lion » avait enfin trouvé sa demeure définitive.

Si ce rêve n'avait pas été d'inspiration divine, cette affirmation aurait été une présomption audacieuse, puisque je n'avais jamais mentionné à quiconque, sauf à mon mari, que nous cherchions une nouvelle demeure pour ce tableau. En fait, Debbie prit plusieurs semaines avant d'avoir le courage de nous avouer son rêve, et ce, seulement après que je lui eus dit que notre visite à la congrégation avait été le clou de notre printemps. Mais sa révélation me prit par surprise ainsi que la possibilité que la peinture ait trouvé sa maison. Comme je n'avais rien su de cette congrégation avant le mois de février, je me trouvais une fois de plus confrontée à l'inattendu. Cependant, après avoir analysé tous les aspects de la question, je dus convenir que la chapelle répondait à tous nos critères, y compris le fait qu'elle était ouverte sept jours sur sept à tous ceux qui voulaient venir prier et méditer. En plus, elle était belle, facile à trouver et empreinte d'un esprit de révérence.

Des dispositions furent donc prises et, dès le mois de juin, « L'agneau et le lion » et « La flamme d'amour » furent installées dans leur nouvelle demeure[21]. Un long périple venait de se conclure merveilleusement bien. En fait, chaque étape de ce périple avait été facilitée par des miracles. Mais ce ne fut qu'au moment où j'admirai les deux toiles accrochées côte à côte et escortées de leurs anges que je pris peu à peu conscience du rôle important que la synchronicité avait joué dans ma vie et que je reconnus avec clarté dans tout cela la volonté divine. La synchronicité doit as.surément être le processus dynamique qui amène les miracles à se produire. Il nous suffit d'y prêter attention et d'agir en conséquence.

Ces tableaux avaient dorénavant leur vie à eux. De mon côté, je continuai à peindre des anges sur des portes de frêne jusqu'au début de l'année 1996. Peut-être est-ce là le temps qu'il me fallut pour atteindre un degré d'entendement et de réalisation personnelle plus élevé. Pour moi, la présence des anges représentait les forces de l'amour évoluant dans un milieu ou une situation, une présence cependant puissante et source de grâce, protection et de possibilités accrues. De temps en temps, il m'arrivait de voir du coin de l'œil une lumière passer ou une fragrance inhabituelle se présenter. Néanmoins, mon champ de perception se situait toujours dans la dimension commune que nous qualifions de normale, quoi que cela veuille dire. Il était beaucoup plus important pour moi d'avoir une conscience élargie de l'amour, plutôt que n'importe quelle vision, pour traduire la présence d'un être céleste. Je peignis des anges parce que mon âme était assoiffée de connaître et de contempler la réalité des royaumes supérieurs. Mais, bien plus que cela, le geste de lâcher prise, si douloureux au départ, s'était transmuté en une soumission à la joie alors que je laissais dorénavant les forces de la conscience supérieure se déverser en moi et manifester la beauté de celle-ci.

Je n'avais dorénavant plus besoin d'un modèle ni d'une vision. La « vision », c'était maintenant la supplication de mon cœur qui ne désirait rien d'autre que d'avoir l'occasion de faire honneur et de servir un guide supérieur, ainsi que d'avoir le privilège d'établir des contacts d'âme à âme avec mes semblables. Après avoir créé plus d'une centaine de peintures d'anges, je remarquai qu'elles avaient toutes quelque chose en commun, soit un peu de la présence des personnes pour lesquelles elles avaient été exécutées. J'entends ici un portrait physique, car cela ne se produisit que rarement. Je veux dire une présence personnalisée par un choix particulier de couleurs, de symboles, d'encadrement et aussi par la nature de la représentation. J'étirerais la vérité si j'affirmais comprendre la nature des anges ou leur relation à nous, bien que je sache pertinemment qu'ils n'ont ni le devoir ni le droit d'interférer dans nos vies. Apparemment, en tant que compagnons évoluant dans d'autres dimensions, ils cherchent parfois à nous faire éviter le danger et essaient toujours d'élever notre niveau de compréhension. Ceci s'effectue dans le cadre d'un lien d'âme à âme. Ce lien m'est devenu de plus en plus évident avec le temps. Quand je me suis mise à peindre des anges, je mettais l'accent sur le fait que chacun d'eux était une manifestation unique des plans supérieurs d'existence. Cependant, dès 1995, il y eut une grande modification par rapport à cette optique. La partie la plus élevée de l'âme humaine, celle qui est en contact avec les anges, devint au moins aussi importante dans mes nouvelles peintures que la présentation des motifs angéliques. Il ne fait aucun doute que ceci reflète et accompagne en parallèle ma propre évolution spirituelle de cette époque.

Il y eut également un autre changement significatif : j'appris à vivre sans « L'agneau et le lion » en tant que source constante d'inspiration pour peindre et pour vivre. Au début, cela me fit la même impression que lorsque des amis chers déménagent et que leur présence se fait encore sentir partout, malgré leur absence physique. Puis, je tombai dans une rêverie nostalgique qui me faisait revisiter des souvenirs chéris. Le temps aidant cependant, je me rendis compte que rien de primordial ne s'était perdu. Le Maître était encore avec moi en esprit et mon enrichissement personnel par mon évolution était plus grand que ce que tous mes espoirs m'avaient laissé entrevoir.

Tous les jours, en peignant, je cherchais sa présence et je trouvais habituellement un ou des rappels de son influence. Cependant, il se produisit un changement dans ma relation au Maître, comme ce fut le cas avec les anges. Notre lien sur le plan de l'âme devint pour moi plus essentiel que n'importe quelle manifestation physique. Ce qui me permit de me souvenir de sa visite sacrée de façon encore plus vive que la vision qui m'apparut. Ce jour spécial, le 23 novembre 1991, je ne savais absolument pas qui se tenait devant moi dans cette lumière blanche d'origine purement spirituelle. Je n'étais certaine que de sa sacralité. Au cours de ces dernières années, tout en savourant ce souvenir et en m'y accrochant afin d'être guidée, j'en suis venue à comprendre qu'il s'agissait de Jésus en tant qu'âme pure et éternelle. Cette réalisation eut alors un profond impact sur ma propre conscience de moi-même. Cette vision est le phare qui guide tout ce que je cherche à devenir.

En l'honneur de ce souvenir et de ma conscience grandissante de sa pureté, j'ai créé une toile à partir de ma première rencontre avec le Maître et je l'ai intitulée « Première lumière ». Elle constitue pour moi le début et l'achèvement de ma quête. Pourquoi ? Parce que dans la paix parfaite du cœur, de la vérité et de la sérénité se trouve notre ultime refuge. C'est le Cœur sacré, le royaume des cieux en nous.

En accueillant les inspirations suscitées par mes méditations, mes prières et mes activités créatives, je découvris un lien vital et encore plus profond avec le Christ vivant. Bien qu'il n'y eût aucune autre longue apparition semblable à la première, il y eut cependant au fil des années de brefs contacts avec le Maître, contacts qui s'accompagnèrent de moments de communion éclairants et réconfortants. Mais chose encore plus importante, il existe entre lui et moi une relation grandissante qui vibre d'un potentiel excédant de loin tout ce que j'aurais pu imaginer en 1992.

Pendant la période où il m'apparut, je pris de nombreuses notes, parfois même pendant que je peignais, et souvent le soir dans mon journal personnel. Ces notes ne s'adressaient qu'à moi, du moins c'est ce que je pensais à l'époque. Je savais qu'un jour nos conversations prendraient fin et que ces notes me serviraient alors à en retrouver l'essence dans le moindre détail. J'espérais ainsi continuer à m'instruire de ses enseignements pendant le reste de mes jours.

Je n'ai soufflé mot à personne de ces notes du fait qu'elles servaient à amoindrir le choc émotionnel que ces rencontres suscitaient en moi. La révérence et l'adoration dont les gens firent preuve envers ma peinture ne firent qu'accentuer mon désir de garder le silence. Les choses en seraient restées ainsi s'il n'était pas intervenu au printemps de 1996, me demandant de parler. Un peu nerveuse, je cédai volontiers à sa demande et commençai à transmettre ses messages dès le mois de mai de la même année. Ces allocutions furent les premières à être faites à partir de mes notes vierges. Je n'ai cependant pas encore publié toutes ces notes. Ces allocutions ont été enregistrées sur cassettes et forment désormais une série intitulée *Conversations avec le Christ*.

Le courage de dire ma vérité se traduisit pour moi par le début d'une nouvelle vie. En partageant ce qui est sacré, j'atteins mon sanctuaire intérieur non pas par l'intermédiaire d'une retraite passive, mais par celui d'un processus vivant et dynamique qui oriente ma vie et mon travail. Je sais enfin que le Cœur sacré est l'église de l'humanité, le lieu de retraite intérieure où l'âme est toujours en communion avec Dieu et affiliée à toute vie.

Références

1. T. S. Eliot, « Little Gidding », dans *The Norton Anthology of Modern Poetry*, publié par Richard Ellmann et Robert O'Clair, New York, 1973, p. 472.
2. Paroles rappelant celles que le Maître prononça à de nombreuses reprises dans l'Évangile. Les deux mentions les plus proches se trouvent dans Matthieu, chapitre 10, verset 26 et dans Marc, chapitre 8, verset 18.
3. T. S. Eliot, *op. cit.*, p. 472.
4. T. S. Eliot, *op. cit.*, p. 473.
5. Jeffrey Furst, *Edgar Cayce's Story of Jesus*, New York, 1969, p. 212. Cette citation d'Edgar Cayce a été reproduite dans de nombreux ouvrages. J'ai toutefois choisi cette source parce qu'on y retrouve également la vision du Maître par l'auteur, à la page 213.« Une représentation de Jésus sur une toile... qui serait complètement différente de toutes les descriptions connues à ce jour quant au visage, au corps, aux yeux et à la forme du menton. Il y aurait une absence totale de traits juifs ou aryens, qui sont très nets et marqués. Ses cheveux seraient semblables à ceux de David, d'un brun roux avec des reflets dorés. »
6. T. S. Eliot, *op. cit.*, p. 478.
7. Job, versets 38 à 40.
8. Chilton Pierce, *Journal of Family Life*, vol. 5, nº 1, 1999.
9. Jean, chapitre 10, verset 30.
10. Matthieu, chapitre 5, exorde a, versets de 3 à 10.
11. Matthieu, chapitres 5, 6 et 7.
12. Matthtieu, chapitre 22, versets 37 à 40.
13. Exode, chapitre 20, versets 1 à 18.
14. Corinthiens, chapitre 13, verset 1.
15. Genèse, chapitre 1, verset 1ff.
16. Matthieu, chapitre 8, verset 22.
17. Le Cantique des cantiques, chapitre 4, versets 10 à 12.
18. Ibid., chapitre 6, versets 4 à 10.
19. Ibid., chapitre 5, versets 10 à 16.
20. T.S. Eliot, op. Cit., p.472
21. La ligue de la vérité du Christ est une fraternité chrétienne sans confession à portée internationale. Sa chapelle et ses bureaux sont situés au 2409 Canton Dr., Forth Worth, Texas 76112. Bien que les directeurs et les membres de cette organisation m'ont soutenue généreusement, et sans aucune réserve, dans la publication de ces messages, je me dois d'ajouter que cette communauté existait antérieurement à ces écrits et est indépendante d'eux.

À propos de l'auteure

Ayant ses œuvres accrochées dans des lieux aussi reconnus que le Smithsonian Intitution, le musée municipal de New York et le musée d'art William College, Glenda Green est considérée depuis de nombreuses années comme un des plus grands peintres réalistes américains spécialisés dans la peinture à l'huile. Sa longue et florissante carrière a commencé en 1967, année où elle sortit diplômée avec la mention très bien de l'université chrétienne du Texas. Poursuivant ses études, elle obtint sa maîtrise en histoire de l'art de l'université de Tulane en 1970. Elle y reçut une bourse d'études pendant trois ans et y enseigna l'histoire de l'art. Elle fut conservateur des collections pour le département des arts du collège Newcomb et travailla deux ans (1968-1969) au musée d'art Kimbell de Fort Worth en tant qu'assistante de recherche auprès du premier directeur de l'institution. Cette formation supplémentaire s'avéra précieuse pour sa carrière de peintre, qui se mit vraiment à fleurir en 1971. Quand elle arriva au département des beaux-arts de l'université de l'Oklahoma en 1972, elle était déjà devenue un des plus grands portraitistes du monde, comme l'attestent les plus grands érudits, critiques et responsables de musées.

À mesure que la créativité propre à son style s'épanouit, elle fut marquée par une spiritualité intuitive, un profond sentiment de subjectivité, des couleurs évocatrices et une exécution raffinée. Dès 1980, ses gravures furent publiées et distribuées par Bruce McGaw Graphics, de New York, qui les fit connaître aussi bien sur le marché national qu'international. Aujourd'hui, ses toiles figurent parmi les plus grandes collections un peu partout aux États-Unis.

Au cours des dernières années, la majeure partie de son temps a été consacrée à des allocutions où ses façons chaleureuses, pleines d'esprit et assurées éveillent chez l'auditeur la certitude de sa propre conscience supérieure. Forte d'un style énergique et net, elle maîtrise bien la compréhension des questions spirituelles les plus cruciales et offre aux membres de l'auditoire l'occasion exceptionnelle de comprendre plus complètement et fondamentalement l'univers ainsi que la place qu'ils y occupent.

Références biographiques : *North American Women Artists of the Twentieth Century*, édité par Jules Heller et Nancy Heller ; *Angels A to Z*, par James R. Lewis et Evelyn Oliver, 1996. *Who's Who in American Art* ; *Who's Who in the South and Southwest* ; *Who's who of American Women* ;

Pour de plus amples renseignements sur ses plus récentes créations, vous pouvez visiter sa galerie d'art à l'adresse suivante : glendagreen.com.

Spiritis

Le livre *L'amour sans fin* a donné lieu à un ministère qui a rapidement pris de l'expansion. Nous avons choisi de l'appeler Spiritis, en l'honneur de l'Esprit qui est un et qui nous unit tous. Spiritis est une congrégation sans confession qui croît à la manière dont le fit l'Église originelle, par l'intermédiaire de petits groupes d'étude et de messagers évangélistes.

Nous nous vouons à promouvoir Jésus-Christ
comme étant l'incarnation et le Maître de l'amour divin ;
à avancer que l'amour est le plus puissant pouvoir que l'humanité doive connaître et maîtriser ;
à promouvoir la fin de la dualité, de la division et du conflit ;
à aider les autres à trouver et à actualiser le pacte qu'ils ont avec Dieu ;
à aider les autres à retrouver leur demeure intérieure et à se reconnaître comme étant le bien-aimé.

Pour des renseignements concernant la formation de groupes d'étude ou pour en savoir plus sur les activités, colloques, ateliers et tournées d'allocution de Glenda Green, veuillez écrire à : Spiritis, P.O. Box 239, Sedona, AZ 86339 ou à Spiritis@minister.com.

Vous pouvez également visiter notre site Web à l'adresse suivante : www.lovewithoutend.com.